Михаил
Афанасьевич
Булгаков

불가코프 문학의 이해

정연호 지음

신아사

한편 불가코프는 살아 생전에 소비에트 당국으로부터 낙인이 찍힌 반체제 작가로서 당시 스탈린이 직접 전화를 걸어 올 정도로 상당한 중량감의 작가이기도 하였다. 또한 그는 자신에게 반복적으로 내려지는 '상연금지' 처분 속에서도 수많은 작품들을 남기며 죽기 직전까지 대작『거장과 마르가리타』를 완성할 정도로 시대에 굴하지 않는 작가 정신의 소유자였다. 그러므로『거장과 마르가리타』는 불가코프 문학을 대표하는 대표작으로서 불가코프 문학의 집대성임에는 틀림없다. 한동안『거장과 마르가리타』는 국내 대학원 석사논문의 단골 주제로 애용될 정도로 국내 불가코프 문학 연구의 주 연구대상이었다.

하지만 이와 같이 불가코프 문학 연구가『거장과 마르가리타』작품 하나에만 집중됨으로써『거장과 마르가리타』자체가 불가코프 문학의 전체인 것처럼 오도되는 것은 보다 폭넓고 깊이 있는 연구를 위하여 바람직한 방향이라고 할 수는 없을 것이다. 이에 필자는 그동안 나름대로 불가코프의 여러 작품들을 여러 가지 관점에서 조명함으로써 불가코프 문학 연구의 폭을 넓힐 수 있는 여러 편의 논문들을 발표하였다. 비록 발표된 논문들이 불가코프 문학 연구의 폭을 확연히 넓히는 깊이있는 연구가 못될지라도, 이쯤에서 발표된 논문들을 한번 정리해 봄으로써 불가코프 문학 연구의 방향을 가름해 보고자 한다. 아울러 불가코프 문학 연구에 참고할 만한 도서 하나 제대로 없는 국내 연구 실정에서, 불가코프 문학에 흥미를 느끼는 학부생들 그리고 불가코프 문학을 연구하고자 하는 대학원생들에게 본 도서는 하나의 좋은 길잡이가 될 수 있을 것이다.

길잡이 역할을 충실히 하기 위하여, I부에서는 작가의 전기적 사실과 관련하여 불가코프의 여러 작품들에 나타난 여러 가지 형상들을 정리하였으며, II부와 III부에서는 불가코프가 소설가이면서 극작가인 점을 감안하여 II부에서 불가코프 소설에 나타난 테마를, III부에서 불가코프 희곡에 나타난 테마를 중심으로 정리하였다.

아무쪼록 본『불가코프 문학의 이해』가 불가코프 문학을 연구하고 싶어하는 러시아 관련 학과의 학부생 및 대학원생은 물론, 러시아 문학에 관심을 갖고 있는 일반학생, 그리고 러시아 문학을 애호하는 순수 일반 독자들에게도 러시아 문학의 깊이를 알리는 좋은 길잡이가 되어 주기를 간절히 바라며, 끝으로 본 도서가 나오기까지 편집과 교정에 남다른 수고와 배려를 아끼지 않은 신아사 편집부에게도 깊은 감사를 드린다.

2013. 10월

키예프에서...

차 례

Part 1:
불가코프 작품의 여러 가지 형상

I.
불가코프 초기 작품에 나타난 '도시'의 형상

불가코프 작품에 나타나는 공간으로서 '집(Дом)'과 '도시(Город)'의 두 공간이 존재한다. '집'을 중심으로 보면 '도시'는 '집'과 대조되는 공간이다. 예를 들면 『백위군』에서 집 안의 시간은 천천히 흘러가는 반면에 집 밖의 도시의 시간은 급박하게 돌아가며, 집 안의 따뜻하고 안락한 분위기와 대조적으로 집 밖의 도시에서는 치열한 전투가 벌어진다. 하지만 '도시'를 중심으로 보면 '도시'는 '집'을 포함하는 포괄적 공간이며 '집'–'도시'–'세계'로 연결되는 연속적 공간이다.

불가코프의 대표작 『거장과 마르가리타』 이전의 초기 작품들에 나타나는 '도시'의 형상에는 크게 3가지의 형상이 나타난다. 첫째, 고대–도시 '로마'와 '예루살렘'의 형상이 나타나며, 작가는 여기에 전설적–신화적 인물의 종교적 모티브를 첨가시키거나 역사적 인물을 신화적 인물로 변형시킴으로써 '신화적 도시'의 형상을 추구해 나아간다. 둘째, 도시 전체가 하나의 무대가 됨으로써 '오페레타적'인 무대로서의 도시의 형상이 나타난다. 셋째, 불가코프 초기 작품에 등장하는 '도시'에는 '물' 혹은 '불'에 의하여 '집–도시–제국–문명'이 파괴되는 '도시–파멸'의 형상이 존재하며, 이러한 도시의 파멸은 '바빌론'의 파멸과 같은 묵시록적–종말론적 '파멸'의 형상을 띠며 나타난다.

I–1. 들어가는 글

불가코프 초기 작품들에는 많은 도시들이 등장한다. 『Киев–город(도시 키예프)』, 『Москва 20–х годов(20년대의 모스크바)』 등과 같이 작품명 자체에 아예 도시의 이름이 포함되어 있기도 하고, 『Белая гвардия(백위군)』, 『Роковые яйца(비운의 달걀)』 등과 같이 작품명에 도시의 이름은 포함되어 있지 않지만, 작품 속 배경이 구체적으로 '키예프'와 '모스크바'를 가리키는 작품들도 많이 등장한다. 하지만 작품 속에서 구체적으로 기술되는 도시는 실제 도시의 외형 혹은 지형의 사실적 모습과는 상당한 거리가 있는 것으로 밝혀지고 있다.[1] 즉 사실적 지명과 다른 임의의 지명으로 개칭되거나 사실적 지형과 다른 가상적 지형으로 변형됨으로써 '도시'는 작품 전체에 환상적인 이미지를 더해 줄 뿐만 아니라, 전체 작품의 중요한 예술적 구조를 이루는 예술적 공간으로서의 역할을 다하고 있다. 또한 '도시'는 불가코프 작품 속에서 매우 중요한 예술적 형상을 이루고 있는 'Дом'과 항상 연계되어 있다.[2]

일반적으로, 불가코프 문학 속에서 'Дом'은 전쟁, 혁명, 눈보라 등의 이미지와 대립되면서[3], 영원히 보존되고 지속되어야 할 러시아–인텔리

---

1) Филкова Л. Л, "Пространство и время в романе М.А.Булгакова 『Белая гвардия』: К проблеме изучения жанра и композиции произведения", *Жанр и композиция литературного произведения*, Петрозаводск, Изд.Петрозаводского гос.университета, 1986, стр.153.

2) 특히 『백위군』에서의 'Дом'의 형상은 'Город'의 형상과 밀접하게 연관되어 있다. 작가는 항상 'Город'에 대한 성서적이고 높은 음조를 뚜르빈의 'Дом'의 안정되고 쾌적한 서정적 분위기와 연계시킨다. Т. А. Никонова, "『дом』 и 『город』 в художественной концепции романа М. А. Булгакова 『Белая гвардия』", *Поэтика русской советской прозы*, Уфа, 1987, с с.55–56.

3) Лидия Яновская, *Творческий путь Михаила Булгакова*, Москва, Советский писатель, 1983, с.98.

겐찌야 가정의 근원지를 상징하며,[4] 변하지 않는 세태 풍속과 견고한 도덕적 삶의 표상으로 나타나고 있는 것으로 밝혀진다.[5] 뿐만 아니라, 'Дом'에 대한 연구는 '갓이 딸린 청동 램프'의 이미지에 대한 전기적 고찰에[6] 이르기까지 세세히 이루어져 왔다.

이와 같이 불가코프 문학 속에서 'Дом'이 차지하는 고유한 형상은 많은 문학 연구가들에 의하여 이미 연구되어졌으며, 이제 어느 정도 그 결과가 정립되었다고 볼 수 있다. 하지만 이에 비하여 '도시'에 대한 연구는 상대적으로 빈약하다고 보며, 특히『거장과 마르가리따』이전의 불가코프 초기 작품들에 나타나는 '도시'의 형상은 부분적으로 다루어져 왔을 뿐, 체계적으로 정립되었다고는 볼 수 없을 것이다. 즉 부분적으로 'Дом'과 연계하여 시간-공간의 구조적 측면에서 '도시'의 형상이 추출되었다.[7]

이와 같이 불가코프 문학 속에서의 '도시'의 형상은 'Дом'의 형상에 비

---

4) Мария Шнеерсон, "Что может выйти из этого Шарикова?", *Грани*, Год XLII No 150 (1988), p.142.

5) Великая Н. И., "『Белая гвардия』М. Булгакова. Пространственно-временная структура произведения, её концептуальный смысл", *Творчество Михаила Булгакова*, под. ред. Ю. А. Бабичевой, Издательство Томского университета, Томск, 1991, с.40.

6) 어머니의 영향을 받아 쓰여진『백위군』에는 어머니의 품과 같은 'Дом'의 형상이 나타나며, '갓이 딸린 청동 램프'의 이미지는 아버지의 영향에서 온 것으로, 이러한 아버지의 영향하에『거장과 마르가리따』가 쓰여졌다. 한편 전기적 소설『백위군』에서 어머니는 임종하며, 결코 램프에서 갓을 벗기지 말 것을 당부한다. -Edythe C. Haber, "The Lamp with the Green Shade: Mikhail Bulgakov and His Father", *The Russian Review,* vol.44, 1985, pp.334-5.

7) '도시'의 형상을 부분적으로 다루고 있는 논문들로, Светлана М., "Булгаковская Москва не исчезла", *Отчизна*, Москва, No.5(май 1990), сс.58-61.// Тан А, "Москва в романе М. Булгакова", *Декоративное искусство*, Москва, No.2(1987), с с.221-29.// Мягков Б. С., *Булгаковская Москва*, Московский рабочий, Москва, 1993.// 이외에, "Киев Михаила Булгакова", "Велая гвардия: Киев-город" 등이 있는데, 이들 논문들에서는 지나치게, 작품 속 '도시'와 실제 모스크바 및 키예프 사이의 실증적 일치를 증명하거나, 혹은 '도시'와 작가의 전기적 사실과의 일치를 강조하고자 하는 관점에서 부분적으로 '도시'의 형상을 다루고 있다.

해 상대적으로 소홀히 다루어져 왔을 뿐만 아니라, 항상 'Дом'이 중심이 되어 그 상대적인 개념으로서의 '도시'의 형상이 파악되었다. 'Дом'과 '도시'와의 관계는, 'Дом'이 중심이 되어 'Дом' 안의 세계와 'Дом' 밖의 세계라는 관점에서 'Дом'과 '도시'와의 관계를 파악하는 시각과 'Дом'–'도시'–'세계'로 이어지는 연속적(혹은 포괄적) 관계로 파악하는 시각이 존재할 수 있다. 전자의 시각은 'Дом'을 중심으로 'Дом' 안의 세계와 'Дом' 밖의 세계로 나누어짐으로써 'Дом'과 '도시'가 서로 대조를 이루는 반면에, 후자의 시각은 'Дом'–'도시'–'세계'로 이어짐으로써 '도시'는 'Дом'을 포함하는 보다 큰 공간이며, 'Дом'은 '도시'의 한 종속적 형태임과 동시에, '도시'는 'Дом'의 독특한 계속적 형태로서 하나의 연속적 관계를 이룬다.

앞서 살펴본 'Дом'의 형상은 모두 전자의 시각, 즉 'Дом'과 '도시'의 대조적 관계에서 추출된 형상이라고 할 수 있다. 즉 'Дом'은 예전의 생활세태와 풍속, 문화 등의 전통을 보존하고 고수하려는 안락한 보금자리인데 비하여, '도시'는 치열한 전투가 벌어지고 화재가 발생하는 등의 불가항력적인 자연재해의 공간이며,[8] Дом 안의 세계는 시간이 천천히 흘러가는데 비하여, Дом 밖의 도시에서는 시간이 급박하게 흐르고,[9] Дом 안의 시간이 '영원한 시간(вечное время)'을 나타내는데 비하여, Дом 밖의 '도시'는 '역사적 시간(историческое время)'의 한 작은 단편만을 나타냄으로써 서로 대조를 이룬다.[10]

한편 후자의 경우는, 'Дом'–'도시'–'세계'로 이어짐으로써 'Дом'은 극장 안의 여러 층계단 좌석들 가운데 하나와 같이 '도시'라는 극장에 완전히 종속되어 있으며, '도시'의 멸망은 단순한 'Дом'의 파멸만이 아닌

8) Альтщулер А. М, "『Дни Турбиных』 и 『Бег』 М. А. Булгакова в истории советского театра 20–годов", Автореф. канд. дис., Москва, 1972, с.9.

9) Фиалкова Л. Л., там же, с.154.

10) Великая Н. И., там же, с.40.

'정신세계'의 붕괴에까지 영향을 미친다.[11)]

물론, 이와 같은 'Дом'과 '도시'와의 관계가 불가코프 초기 작품들 가운데 주로 『백위군』을 중심으로 파악되었다는 제한성을 지니지만, 불가코프 전체 작품세계에서 'Дом'과 '도시'의 관계를 정립하는데 있어 『백위군』은 주요한 단초를 제공하는 작품임에는 틀림이 없다고 본다.[12)]

불가코프 문학 속에서 '도시'는 도시 자체만의 고유한 형상을 지니고 있다. 이런 관점에서 본 장에서는 앞서 살펴본 'Дом'과 '도시'의 관계에 대한 시각 중에서 후자의 경우, 즉 연속적 관계로 보는 시각에 중점을 두어 '도시'의 형상을 추출하고자 한다. 그 이유는 앞서 살펴본 바와 같이 전자의 경우가 'Дом' 중심의 시각이라면 후자의 경우는 '도시' 중심의 시각이라고 볼 수 있으며, 또한 그 동안의 많은 연구들이 주로 전자의 시각에서 'Дом'의 형상만을 추출하는데 많은 관심을 집중하였기 때문이다. 이에 본 장에서는 후자의 시각, 즉 'Дом'–'도시'–'세계'로 이어지는 연속적(혹은 포괄적) 관계의 시각에서 '도시' 자체의 고유한 형상을 추출하고자 한다.

본 장에서는 불가코프적인 도시의 고유한 형상을 추출하는데 있어, 우선 초기 작품에 나타난 '고대–도시'의 형상('역사적 도시'의 형상)과 '신

---

11) Никонова Т. А., там же, c.55–59.

12) 불가코프 작품들 가운데 『거장과 마르가리따』 이전에 작품들로서 'дом' 혹은 '도시'가 출현하는 작품들로 1920년대의 세중편소설들(『악마의 서사시』, 『비운의 달걀』, 『개의 심장』)과 몇몇 단편 및 소편들(『Китайская история』, 『Москва 20–х годов』, 『Москва краснокаменная』, 『No.13–Дом Эльпит–Рабкоммуна』, 『Ханский огонь』, 『Столица в блокноте』 등), 그리고 장편 『백위군』이 있다. 하지만 『백위군』 이외의 작품들에서는 'дом' 혹은 '도시' 중 어느 한 쪽의 형상에 치우쳐져 있으며, 『백위군』에서와 같이, 'дом' 과 '도시'를 '대조적' 혹은 '포괄적'으로 볼 수 있을 정도로 비중있게 다루워지지 않는다. 또한 불가코프 문학의 완성을 장편 『거장과 마르가리따』로 보았을 때, 그의 최초의 장편소설이며 20년대 초기 작품에 속하는 『백위군』이야말로, 불가코프 전체문학에서 'дом' 과 '도시'의 관계를 정립하는데 기초가 될 수 있는 유일한 작품이다.

화적 도시'의 형상을 살펴볼 것이며, 불가코프적인 도시에 나타나는 서로 대조적인 두가지 측면에서[13] '도시-무대'의 형상과 '도시-파멸'의 형상을 살펴보고자 한다.

본 장에서는 『Белая гвардия(백위군)』, 『Роковые яйца(비운의 달걀)』, 『Собачье сердце(개의 심장)』, 『Дьяволиада(악마의 서사시)』, 『N°13 Дом Эльпит-Рабкоммуна(13번지 엘리삐트 노동콤뮨의 집)』, 『Ханский огонь(따따르 왕의 불)』 등의 20년대 불가코프 초기 작품들 가운데서 '도시'가 등장하는 작품들을 중심으로 다룰 것이다.

I-2. 고대-신화적 도시의 형상

불가코프 초기 작품들에는 러시아 역사상 가장 중요한 시대를 상징하는 3대(大)도시 가운데 주로 2개의 도시(키예프, 모스크바)가 등장한다.[14] 하지만 앞서 이야기한 바와 같이 작품 속에서 기술되고 있는 도시와 실제의 도시 사이에는 상당한 거리가 있는 것으로 밝혀지고 있다.[15]

---

13) 불가코프적인 도시에는 서로 대조적인 두 가지 측면이 있다. 즉 '오페레타(Оперета)'적인 면이 있는가 하면, '묵시록적'이고 '종말론적'인 면이 있으며, '일시적(временное)'이고 '세속적(земное)'이며 '광대극(буффонада)'적인 면이 있는가 하면, '영원적(вечное)'이고 '천상적(небесное)'이며 '신비극(мистерия)'적인 면이 있다.— М. Петровский, "Мифологическое городоведение Михаила Булгакова", *Театр* No.5, Москва, 1991, с.22.

14) 물론, 이미 30년대 초에 씌어지기 시작했던 희곡 『Адам и Ева』에 등장하는 도시 '뻬쩨르부르그'를 포함시키면 러시아의 3대 도시가 될 것이다. 하지만 본 논문에서는 20년대에 씌어진 초기 작품들을 중심으로 살펴보고자 한다.

15) 『백위군』에서 명명되고 있는 알렉세이 거리(Алексеевский ул)는 실제의 안드레이 비탈길(Андреевский спуск)에서 온 것이며, 말로 쁘로발리나야 거리(Мало-Провальная ул)는 뽀드발리나야 거리(Подвальная ул)에서, 상점 파리의 풍류(Парижский шик)는 극장 거리에 있던 상점 쁘로레즈나(Прорезна)에서 온 것으로서 실제의 거리와 상점의 이름이 작가에 의해서 개칭되고 있다.—Фиалкова Л. Л., там же, с.154.

특히 『백위군』에서 묘사되고 있는 '도시'는 단순히 실제의 지명을 다른 명칭으로 개명하는 데서 오는 거리감의 차원을 넘어, 작품 속에서 기술되는 사건이 실제의 도시 안에서 도저히 실현 불가능할 정도로 변형되고 있음이 밝혀진다.[16] 실제 작품 속에서도 '도시'는 앞에 형용사 하나 붙는 것 없이 대문자를 사용하여 'Город'로 표기되고 있을 뿐, 그 어디에도 '키예프'라는 구체적인 지명을 가리키는 말은 찾아볼 수 없다.[17] 그러므로 『백위군』에 나타난 'Город'는 실제 도시 키예프가 아닌 다른 도시의 형상을 지니고 있다는 말이 된다. 이에 대하여 뻬뜨롭스키(Петровский)는 『백위군』 속의 '도시'는 고대 로마와 예루살렘의 형상을 동시에 지니고 있다고 한다.[18] 즉 고대에서 현대에 이르기까지의 유럽적인 전통 속에서 도시를 대문자 'Город'로 표기하는 경우는 오로지 '로마' 하나뿐이며, 따라서 『백위군』에서 대문자 'Город'로 표기되고 있는 '도시'는 '로마'를 가리킨다는 것이다.

또한 그는 고대 예루살렘의 지형적 특성이 키예프와 매우 유사할 뿐만 아니라, 러시아인들에게 있어 키예프는 '러시아의 예루살렘'으로 불림으로써 모스크바는 로마에, 키예프는 예루살렘에 비유될 수 있으며,

---

16) 『백위군』에서 형 알렉세이와 동생 니꼴까가 뻬뜨류라군에 각각 쫓기는 탈주 장면이 나오는데, 특히 형 알렉세이가 뻬뜨류라군에 쫓기면서 몇 개의 거리와 담장을 가로지르고 뛰어 넘은 끝에 다다른 높다른 곳의 거대한 정원은 키예프의 실제 지형상 도저히 실현 불가능하다.—М. Петровский, там же, с.15.

17) 소문자 'город'로 사용되고 있는 경우가 약15번 정도되며, 그 나머지는 모두 대문자 'Город'로 사용되고 있다.—Фиалкова Л. Л., там же, с.153// "Сходным, хотя, конечно, не совпадающим образом строится киевское пространство в романе Булгакова 『Белая гвардия』: место действия везде обозначено как『город』(в речи персонажей) и 『Город』—в авторской речи; название『Киев』встречается только в цитированных документах—в чужой и заведомо чуждой речи; в поток киевских реалий включены и вымышленные—например, названия улиц, которых в Киеве нет и никогда не было."—М. Петровский, *Городу и миру*, Киев: Радянськый Пысьмэннык, 1990, с с.228–9. 참조.

18) М. Петровский, там же, с.22.

특히 키예프인들이 키예프-루시의 블라지미르와 야로슬라프를 예루살렘의 다윗과 솔로몬에 비교하기를 좋아하였다는 등의 근거를 제시하고 있다.[19] 한편 그는 두 도시의 형상 가운데서도 특히 예루살렘의 형상에 더 무게를 두어 강조한다. 즉 작가와 작가 주변 인물들의 전기적 고찰을 통하여『백위군』에 나타난 도시의 형상이 작가의 눈에 비친 예루살렘과 키예프의 지형학적 유사성과 무관하지 않음을 밝히고 있다.[20] 뻬뜨롭스키의 이러한 견해는 다른 비평가들의 주목을 받았고,[21] 특히 '도시'를 가족-'Дом'-거리-'도시'-세계로 이어지는 마뜨료쉬까 인형[22] 가운데 하나에 비유하여 보는 시각은 매우 인상적일 뿐만 아니라, 앞서 'Дом'과 '도시'의 관계를 연속적(포괄적) 관계로 파악한 시각과도 일맥상통 하는 것이다. 즉 '도시'를 'Дом' 밖의 대조적인 공간으로 보는 것이 아니라, 많은 층계단('ярус')의 좌석('Дом')을 포함하고 있는 극장과 같이[23] 보다

19) М. Петровский, там же, с.24.

20) 불가코프는 예루살렘을 한번도 방문한 적이 없지만, 아버지의 동료이며 같은 신학대학 교수였던 Климентий Фоменко가 예루살렘을 다녀온 후 여러 곳에 기고한 글들을 통하여 예루살렘 도시에 대하여 잘 알고 있었으며, 이러한 영향하에 작가는 고대 예루살렘의 키예프적인 모습과 키예프의 예루살렘적인 성질을 작품 속에서 그리고 있다. Петровский, там же, сс.22-23. 참조.

21) "Картина большого города, рассмотренного с высокой, удаленной точки зрения, не раз являлась в творчестве Булгакова, начиная с первых же московских фельетонов и рассказов. 〈...〉 Она присутствует и в белой гвардии, впрочем, уже там кажется не без влияния Гоголя. Отметим ещё само употребление наименования『Город』, ведущее, несомненно, к латинской традиции (обычное наименование Рима—Urbs) и прямым образом предваряющее картины Рима, Ершалаима и. т. д. в инсценировке и во втором романе—их строение, и структурную их роль."—М. О. Чудакова, *Архив М. А Булгакова. Материалы для творческой биографии писателя,* Записки отдела рускописей Всесоюзной библиотеки им. В. И. Ленина, xxxvii (1976), сс.128-9.참조.

22) М. Петровский, там же, с.18.

23) 실제로 도시-'키예프'는 구릉과 언덕 위에 건설된 도시로서 똑바르고 평탄한 길이 거의 없다고 할 정도로 수많은 비탈길과 'S'자형 커브길로 이루어져 있다. 'Дом(뚜르빈가의 집)'도 경사진 비탈길에 위치해 있다. 이러한 '키예프'의 실제 외형에서도 수많은 'ярус(뒤

큰 공간('большое пространство')으로 보는 시각[24]과 같은 맥락이다.

여기서, 불가코프의 초기 작품『백위군』에 나타난 도시에는 뻬뜨롭스키가 말하는 고대-도시(로마와 예루살렘)의 형상과 더불어 '신화적'도시의 형상이 하나 더 존재함을 발견할 수 있다. 불가코프는 자신의 작품 속에 등장하는 실제적-역사적 인물을 전설적-신화적 인물로 변형시킴으로써 자신이 그리는 '도시'에 영원한 신화적 도시의 형상을 추구해 나아간다. 즉『백위군』에서 뻬뜨류라(Петлюра)의 도시 침입을 막기 위하여 알렉산드르(Александр) 중학교 대강당에 모인 어린 학도병들을 말을 탄 2층 벽면 그림 속의 알렉산드르 황제가 내려다 보는 장면 묘사는(МБ-1,c.257)[25] 마치 조국전쟁 때 나폴레옹의 모스크바 침입을 막기 위하여 벌어졌던 보로지노 전투에서 알렉산드르 황제가 말을 타고 벌판을 굽어보는 장면을 연상시키는데,[26] '뻬뜨류라'라는 역사 속의 실제인물을 나폴레옹에[27] 비유시키면서 마치 존재하지도 않았던 신화적인 인

로 갈수록 높아지는 관람석의 각 계단)를 지닌 '극장'의 비유는 매우 타당하며, 또한 극장('도시') 안에 불('혁명'과 '내란')이 나면 'ярус'가 '미로(迷路)'로 바뀌는 대혼란이 좌석('Дом')에 직접 영향을 미친다는 점에서도 매우 적절한 비유라고 생각한다.

24) Великая Н. И., там же, с.38. 참조.

25) М. Булгаков, *Собрание сочинений в пяти томах Том первый*, Москва, Художественная литература, 1990, с. 페이지 수. 이하, 이 책으로부터의 인용은 (МБ-1, с.페이지 수)로 표기하고, 그 선집을 МБ로 약칭한다.

26) 불가코프는『백위군』에서 어린 생도들이 집총자세로 집합하여 있는 알렉산드르 중등학교 강당 안의 넓은 홀을 톨스토이의 보로지노 벌판에 비유함으로써 또 하나의 '새로운 보로지노'를 창조하고 있다. 또한 키예프를 가리키는 작품 속의 도시(Город)는 '나폴레옹'에 의해서 위협받던 도시 모스크바와 같이, '새로운 나폴레옹': '뻬뜨류라'에 의해서 점령당할 운명에 처해진다.—정연호, "불가코프의『백위군』에 나타난 톨스토이적 모티브", 한노회, 노어노문학 10권 제1호, 1998, pp.253-254. 참조.

27) 불가코프의 역사소설인『백위군』에 등장하는 역사적 실제인물 '뻬뜨류라(Петлюра)'는 '새로운 나폴레옹'으로 '신화화'되고 있다. 톨스토이의『전쟁과 평화』에서 뻬에르는 나폴레옹에 대한 어느 비밀공제조합원의 예언을 상기시키면서 나폴레옹의 이름이 가리키는 헤브라이적 계수법의 총계가 '666'이 됨을 가리키고 있는데("иже имать ум да почтет число

물인 것처럼 묘사하고 있다.

> Ну её к дьяволу! Миф. Миф Петлюра. Его не было вовсе. Это миф, столь же замеча–тельный, как миф о никогда не существовавшем Наполеоне, но гораздо менее красивый. (МБ–1, с.238)
>
> 젠장! 그것은 순전히 신화 같은 이야기였지. 뻬뜨류라도 신화에 불과했어. 그는 실제로 존재했던 인물이 아니었던 것이다. 그것은 훨씬 덜 화려하기는 하지만 결코 존재하지 않았던 나폴레옹의 신화만큼이나 그럴싸한 신화였다.

> Ну, так вот что я вам скажу: не было. Не было! Не было этого Симона вовсе на свете. Ни турка, ни гитары под кованым фонарем на Бронной, ни земского союза... ни черта. Просто миф, порожденный на Украине в тумане страшного 18–го года. (МБ–1, с.229)
>
> 자, 내 말 좀 들어 보게나. 그런 사람은 없었어. 그런 사람은 없었다고. 시몽이라는 사람은 이 세상에 존재하지도 않았던 인물이란 말일세. 터키, 인도, 브론나야 거리에 있던 제련된 철로 만든 가로등 밑의 기타도, 지방 자치회의 동맹도, 그 어느 것도 존재하지 않았던 거야. 그것들은 몸서리쳐지는 1918년 우크라이나의 안개 속에서 생겨난 신화에 불과해.

이와 같이 작가에 의해서 추구되는 '신화적' 도시의 형상은 작품 속에서 화성(Марс), 금성(Венера), 달(Луна), 별(Звезда) 등의 우주적–천상

зверино: число бо человеческо есть и число его шестьсот шестьдесят шесть" ЛТ–6 с.84) 이때의 숫자 '666'은 불가코프의『백위군』에서 뻬뜨류라가 갇혀 있던 감옥의 죄수 방 번호로서 사용되고 있다. ("коей предписывалось выпустить из камеры No 666 содержащегося в означенной камере преступника." МБ–1,с.228). 톨스토이 작품에서 나폴레옹에 대한 소문이 반그리스도로서 널리 퍼지는 것과 같이, 불가코프의 작품에서도 뻬뜨류라에 대한 반그리스도 소문이 시내 전역을 퍼져 나아간다.—정연호, 같은 책, 259면. 참조.

적 세계가 쥐또미르(Житомир), 돈강(Дон), 모스크바(Москва) 등과 같은 지상의 수평적 공간보다도 '도시(Город)'에 훨씬 더 가깝게 느껴지도록 묘사되고 있다는 사실에서도 밝혀진다.[28] 화자는 작품 서두에서부터 앞으로 작품 속에서 그려질 '도시'가 금성, 화성 등의 우주적-천상적 세계와 밀접히 연관되어 있음을 장중하고 성서적인 어조로 밝히고 있다.[29]

> Велик был год и страшен год по Рождестве Христовом 1918 от начала же революции второй Был он обилен летом солнцем а зимою снегом и особенно высоко в небе стояли две звезды: звезда пастушеская—вечерняя Венера и красный дрожащий Марс. (МБ-1, с.179)
>
> 제2차 혁명이 일어난 지 두 번째 해가 되던 1918년은 그리스도께서 탄생하신 이래 가장 엄청난 일들이 일어나기도 했거니와 동시에 끔찍하기도 했던 한 해였다. 그 해 여름은 유난히도 더웠고 겨울에는 눈이 무척이도 많이 내렸다. 그리고 하늘에는 두 개의 별이 유난히도 높이 떠 있었는데, 하나는 목동들의 별인 금성이였고, 다른 하나는 붉은 빛으로 떨고 있는 화성이였다.

이와 같이 『백위군』 도시에 나타나는 '신화적' 도시의 형상은 작가가 작품 속에서 소재로 삼고 있는 역사적 사건의 이면에 차용한 종교적 모티브에서도 드러나고 있다. 앞서 밝혔듯이, 역사적 사건 속의 등장인물 '뻬뜨류라'를 신화적 인물로 묘사하고 있을 뿐만 아니라, 20세기 초의 역사적 시대를 2000년전의 고대 시대에 비유하여 종교적 모티브를 차용함으로서 '신화적' 도시의 형상을 추구하고 있다. 즉 불가코프는 20세기 초 우크라이나의 키예프 도시에서 반혁명당 괴수 '뻬뜨류라'에 의해 발생한 파괴와 약탈, 방화등의 내란사건을 단순한 역사적 사건으로 묘사

28) Филкова Л. Л, там же, сс.156-7.

29) 작품 서두에서 이야기되는 금성과 화성은 삶의 양극적인 순간을 나타내는 비세태 풍속적-성서적인 상징이다.—Никонова Т. А., там же, с.55. 참조.

하는 것이 아니라, 2000년 전으로 거슬러 올라가 기원전 1세기에서 기원후 1세기에 걸쳐 로마에서 벌어졌던 이교도(반-그리스도)들의 전쟁에 비유하여 묘사한다. 이는 작품 속에서 '뻬뜨류라'라는 인물이 '반-그리스도'로 그려지고 있고(МБ-1, с.388),[30] 도시 전체가 '반-그리스도'의 물결로 출렁일 때 오직 '뚜르빈의 집'만이 망망대해(茫茫大海)에[31] 떠있는 외로운 조각배와도 같이 그리스도적 구원의 손길이 미치는 유일한 '안식처'로서의 역할을 다하고 있는 데서 찾아볼 수 있다.[32]

또한 작품 속 주인공의 집인 '뚜르빈의 집'이 실제의 지명인 '안드레옙스키 비탈길(Андреевский спуск)'[33]에 위치해 있지 않고, '알렉세옙스키 비탈길(Алексеевский спуск)'에 위치해 있는 것 역시 단순한 우연으로 보기 어렵다. 작가는 이 도시('Город')에 처음으로 그리스도의 복음을 전파한 것으로 알려진 키예프 도시의 전설적인 창립자, 성(聖) 안드레이 뻬

30) Видали? Видали? Який важный.... Вин по Рыльскому переулку проехал у кареты. Шесть лошадей... — Виноват, разве они в архиереев верят? — Я не кажу, верят — не верят... Кажу — проехал, и больше ничего. Самы истолкуйте факт... — Факт тот, что попы служат сейчас...— С попами крепче...— Петлюра. Петлюра. Петлюра. Петлюра. Петлюра... (МБ -1, с.388).

31) '망망대해'와 같은 이미지는 주위가 온통 '절망'뿐이며, 그 어느 곳에도 '구원'의 손길이 없는 다음 인용문에서 느낄 수 있다: "Вот головушка горькая у украинских мужиков! Ниоткуда нет спасения!!" (МБ-1, с.231).

32) 부상당한 알렉세이의 꿈 속에 나타난 나이-뚜르스 대령과 쥘린의 이야기를 통하여 '바오로 사도'와 '그리스도'가 등장하며(МБ-1, с.236), 사경을 헤메는 오빠의 쾌유를 비는 엘레나의 기도 속에서도 '그리스도'가 등장함으로써(МБ-1, с.411), '뚜르빈의 집'은 그리스도적 구원의 손길이 미치는 유일한 공간이며, '집'-'조각배'('дом'-'корабль')의 형상을 지니고 있다. // 또한 급박하게 돌아가는 카오스적인 바깥세계와 달리 뚜르빈의 집 안에서는 시간이 천천히 흘러가며, 옛 것에 대한 향수가 느껴질 정도로 안락한 보금자리로서의 역할을 하고 있다.— Фиалкова Л. Л., там же, с.154. 참조.

33) 실제 지형에 있어서, 알렉세이 집('뚜르빈가의 집')은 실제로 '성 안드레이'의 이름을 딴 안드레옙스키 교회 바로 밑에 위치해 있으며, 교회가 위치한 '블라지미르(Владимир) 언덕' 위에는 이교(異教)적인 키예프에서 그리스도교적인 키예프로의 이행을 상징하는 '블라지미르-십자가상'이 세워져 있다.

르보즈반느이(Андрей Первозванный)[34]의 이름을 딴 실제의 지명 '안드레옙스키 비탈길'을 사용하지 않고, 자신의 주인공인 알렉세이(Алексей)의 이름을 따서 '알렉세옙스키 비탈길'로 명명하고 있는 것이다(МБ–1, с.179, 180). 즉 작가는 자신의 주인공과 그리스도적 성인을 동일시함으로써 종교적–신화적 도시의 형상을 추구해 나아간다. 그러므로 알렉세옙스키 비탈길 13번가에 위치한 '뚜르빈가의 집(Дом Турбиных)'은 뚜르빈의 가족뿐만이 아니라, 주변의 모든 친구들에게 있어서 그리스도적인 안락한 분위기를 느낄 수 있는 유일한 안식처이며, 뻬뜨류라의 반–그리스도적인 폭풍우와 풍랑을 피할 수 있는 유일한 피난처이다.

이 곳의 안식처로, 백군에 가담하였다가 망망대해(茫茫大海)와 같은 눈밭에서 동사(凍死)할 뻔한 므이쉴라예프스키(Мышлаевский)가 찾아들고, 이미 독일로 달아나 버린 헤트만 정부의 수뇌부에서 마지막까지 일하던 쉐르빈스키(Шервинский)가 찾아드는가 하면, 멀리 쥐또미르에서는 조카 세르게이(Сергей)가 어머니의 전보가 도착하기도 전에 찾아오고 있다.

> Башлык заиндевал, а тяжелая винтовка с коричневым штыком заняла всю переднюю.—Здравствуйте,—пропела фигура хриплым тенором и закоченевшими пальцами ухватилась за

34) "Андрей–святой апостол, брат Петра, занимался ловлей рыбы на Галилейском озере, когда Иисус призвал его следовать за ним. По повествованию евангелиста Иоанна он был одним из учеников Иоанна Крестителя. И ещё раньше был призван Иисусом на реке Иордан. Поэтому по греческому преданию носит имя Первозванный. Был ближайшим учеником Христа. По церковному преданию с братом Петром проповедовал христианство Скифам (народам, жившим на берегах Чёрного моря). Проповедовах на территории нынешней России, доходил до Киева, где водрузил Крест, и до Новгорода. В Патрах (Греция) он был распят по приказанию проконсула Эгея. Кроме России Шотландия чтит этого святого как патрона свой страны. В этих странах есть орден Андрея Первозванного. Память святого Андрея Первозванного празднуют 30 н оября."— Христианство Энциклопедический словарь в 2 томах том первый, Москва, 1993, с.81.

башлык. — Витя! 〈...〉 Мышлаевский внезапно зевнул и клюнул носом. 〈...〉 Маленький, укладистый и действительно чрезвычайно похожий на карася, Карась столкнулся с Шервинским у самого подъезда Трубиных, минут через двадцать после отъезда Тальберга. 〈...〉 Понимаешь, ну, только что перед тобой, минутки две, не больше, явление: Сережин племянник из Житомира. (МБ–1, с.189, 193, 206, 329)

방한용 두건은 서리에 덮여 있었고, 갈색 총검이 끼워진 무거운 소총은 현관 전체를 차지하는 듯한 느낌이었다. 「잘들 있었나?」 꽁꽁 얼어붙은 손가락으로 두건을 벗으며 그는 쉰 듯한 테너 음성으로 인사말을 꺼냈다. 「비짜!」 〈...〉 므이쉴라예프스키는 갑자기 하품을 하더니 꾸벅꾸벅 졸기 시작했다. 〈...〉 땅딸막하고 실제로 너무나도 붕어를 닮은 까라스는 딸베르그가 떠난 지 20십여 분 후에 바로 뚜르빈가의 현관에서 쉐르빈스키와 마주쳤다. 〈...〉 저 사람은 오빠가 오시기 바로 2분 전쯤에 나타났어요. 그는 쥐또미르에서 온 세료쟈의 조카예요.

이와 같이 불가코프의 초기 작품에 나타난 '도시'에는 고대–도시 '로마'와 '예루살렘'의 형상('역사적 고대–도시'의 형상)이 존재할 뿐만 아니라, 역사적 실제 인물을 신화적 인물로 변형시킴으로서 신화적 도시의 형상이 추구되고 있으며, 키예프 도시의 역사적 사건을 고대–로마 시대에 비유하여 종교적 모티브를 차용함으로써 또한 신화적 도시의 형상이 추구되고 있음을 발견할 수 있다.

I–3. 무대로서의 도시 형상

앞서 불가코프 작품에 나타난 '도시'의 형상을 'Дом'에 대비되는 공간이 아닌, 'Дом'을 포함하는 보다 큰 공간으로서 마치 수많은 층계단(ярус)과 좌석(дом)을 보유한 거대한 극장(театр)과도 같은 형상으로 보았듯이, 불가코프 작품에 나타난 '도시'는 그 자체가 하나의 거대한 '무대'로서의 형상을 지니고 있다. 본래 불가코프는 소설가이면서 동시에 극작가로서 극장과 연극 무대에 남다른 애착을 지녔으며, 또한 산문 형태의 다른 작품들을 희곡으로 각색하기까지 한 전기적 사실에 비추어 볼 때[35] 그의 거의 모든 소설은 드라마화 할 수 있다고 이야기할 정도로[36] 불가코프 소설 속에 연극적인 요소들이 내포되어 있음을 짐작하는 것은 그리 어려운 일이 아닐 것이다. 불가코프는 자신의 작품 속 등장인물들을 마치 연극 무대 위에 출현시키듯이 작품을 기술하였던 것으로 보여진다. 이는 그의 자전적 소설『죽은 자의 수기(Записки покойника)』에 나오는 전기적–주인공 작가 막수도프(Максудов)의 작품 기술방법을 통하여 쉽게 엿볼 수 있다. 그는 자신의 작품을 읽으면서 마치 자신의 작품 속의 등장인물들이 '작은 상자(коробочка)' 안에서 살아 움직이는 듯한 착각 속에 빠져들고 있다.

---

35) 『뚜르빈가의 하루』 이외에도 불가코프는 '30년대 중반에 세르반테스의 소설『돈키호테』를 드라마로 각색하기까지 하였다. Вас. Новиков, "Ранняя проза М. Булгакова", Г. С. Файман(ed) М. А. Булгаков–Повести. Рассказы. Фельетоны, Москва: Издательство 'Советский писатель', 1988. c.26–27.// 불가코프는『조이까의 아파트』,『도망』,『몰리에르』,『행복』,『뿌쉬킨』,『이반 바실리예비치』,『바툼』 등의 많은 희곡을 직접 썼을 뿐만 아니라,『죽은 혼』,『전쟁과 평화』 등의 장편소설들을 희곡으로 각색하였으며, 심지어 오페라 대본 혹은 영화시나리오(『미닌과 뽀좌르스키』,『죽은 혼』,『검찰관』)등을 집필하거나 집필계약까지 하였다.—『Я хотел служить народу...』: Проза. Пьесы. Письма. Образ писателя, Москва: Педагогика, 1991, cc.712–35. 참조.

36) Кораблев А., "Время и вечность в пьесах М. Булгакова",『М. А. Булгаков–драматург и художественная культура его времени』, Москва, 1988, c.49.// 불가코프의 거의 모든 소설이 드라마화되고 영화화되는 이유는 그가 한번도『개의 심장』의 각본을 쓴 적이 없음에도 불구하고, 1987년 이후 오늘날까지도 러시아 전역의 수많은 예술극장에서『개의 심장』의 공연이 성공적으로 이루어지고 있는데서 찾아볼 수 있다. Вас. Новиков, там же, cc.26–28. 참조.// 중편『악마의 서사시(Дьяволиада)』,『비운의 달걀(Роковые яйца)』,『소맷동 위의 수기(Записки на манжетах)』와 단편『급습(Налёт)』 등의 소설은 작품 전체가 하나의 드라마와 같은 인상을 지울 수 없으며, 이와 같은 인상은 실제로『뚜르빈가의 하루』,『비운의 달걀』,『개의 심장』,『이반 바실리예비치』 등의 작품이 직접 영화화되어 출시됨으로써 한층 더 짙게 하고 있다.

> Тут мне начало казаться по вечерам, что из белой страницы выступает что–то цветное. Присматриваясь, щурясь, я убедился в том, что это картинка. И более того, что картинка эта не плоская, а трехмерная. Как бы коробочка, и в ней сквозь строчки видно: горит свет и движутся в ней те самые фигурки, что описаны в романе. (МБ–4, с.434)

> 그런데 밤마다 하얀 종이면에서 무엇인가 색깔있는 것이 나타나는 것처럼 생각되기 시작했다. 실눈을 하고 가만히 바라보다가 나는 이것이 그 장면이라는 것을 확신하기에 이르렀다. 더구나 이 장면은 평면이 아니고 입체의 장면이였다. 그것은 작은 상자 같은 것이였는데, 글줄을 통하여 그 상자 속에 불이 켜지고 소설 속에서 묘사된 사람들과 꼭 같은 인물들이 상자 안을 돌아다니고 있는 것이 보였다.

이와 같이 막수도프에 의하여 창조된 '작은 상자'와 유사한 형상을 우리는 불가코프 초기 작품들에 나타난 '도시' 속에서 찾아볼 수 있다. 즉 '작은 상자'의 형상이 보다 작은 공간(маленькое пространство)이라면, '도시'는 보다 큰 공간(большое пространство)으로서 '도시' 전체가 하나의 무대가 되는 '무대로서의 도시의 형상'을 발견할 수 있는 것이다.

우리는『거장과 마르가리따』에 등장하는 도시–모스크바 전체가 하나의 무대화되고 있음을 익히 알고 있다.[37]『거장과 마르가리따』에서 이반이 볼란드를 쫓기 위하여 모스크바 시내와 강가를 반미치광이처럼 헤매는 장면은,『악마의 서사시』에서 주인공 까로뜨코프가 깔리소네르를 쫓기 위하여 미치광이처럼 모스크바 시내 곳곳을 누비는 장면과 유사하다. 즉『악마의 서사시』에 등장하는 도시 또한 전체가 하나의 무대가 되고 있는 것이다.[38]『백위군』에 등장하는 '도시'(Город)는 혁명과 내란의

37) Фиалкова Л., "Москва в произведениях М. Булгакова и А. Белого",『М. А. Булгаков–драматург и художественная культура его времени』, Москва, 1988, с.365.

38)『악마의 서사시』는 당시 1920년대의 대중적인 무성영화의 영향을 가장 많이 받은 것으로 밝혀지고 있다. 특히 마지막 장면에서 사람들이 까로뜨코프를 잡기 위하여 빨리빨리 걷거나 이리저리 뛰고 있는 모습은 마치 유명한 희극배우 채플린의 광대연극 혹은 그의 코

소용돌이 속에 휘말린 '도시-키예프'를 나타내는 소설 속의 '도시'임과 동시에, '도시' 그 자체가 역사적 사건이 펼쳐지는 하나의 오페레타 무대를 연상시킨다.[39] 그러므로 마치 수많은 층계단과 좌석을 포함하고 있는 거대한 '극장(театр)'과도 같은 『백위군』의 '도시' 안에 등장하는 마담 앙쥬의 가게 '파리의 풍류(Парижский Шик)'가 '극장거리(Театральная улица)'에 위치해 있는 것은 우연이 아닐 것이다.

> Магазин『Парижский Шик』мадам Анжу помещался в самом центре Города, на Театральной улице, проходящей позади оперного театра, в огромном многоэтажном доме, и именно в первом этаже. (МБ–1,с.240)
>
> 『파리의 풍류』라는 이름을 가진 앙쥬 부인의 가게는 시내 한복판의 오페라 극장 뒤로 난 극장거리에 있는 거대한 다층 건물 안의 바로 1층에 위치해 있었다.

빼뜨류라군에 대항하여 말리셰프 대령이 백위군의 대대 임시 참모부로 사용하는 이 가게 안에는 마치 연극무대의 소품과도 같은 물건들이 가득 쌓여 있다. 대령 자신이 무대 위에 올려놓는 것과 비슷하게 생긴 푸르스름한 안락의자 위에 앉아 있으며, 그의 옆에는 수류탄과 탄띠가 수북히 쌓여 있고, 왼편 쪽에는 다리로 페달을 밟아 사용하는 재봉틀이 놓여있는가 하면, 오른쪽 다리 옆에는 총구가 툭 튀어 나온 기관총이 놓여있다(МБ–1,с.243–244). 이와 같은 여러 가지 종류의 물건들이 마치 오페레타 무대의 소품과 같은 역할을 함으로써 작품 속의 '도시'를 하나의 무대공간과 같이 변형시켜 준다. 이러한 무대 공간으로의 변형과 유사한 공간의 변형을 『악마의 서사시』에서도 찾아볼 수 있다.

메디적인 연기를 회상시켜 준다. Вас. Новиков, там же, с.21. 참조.

39) "Все, происходящее в Городе, носит старательно прописанный театральный характер, и слово『оперетка』"— М. Петровский, там же, с.22.

혁명 전에 레스토랑('알프스의 장미')이었지만, 현재는 '성냥자재중앙창고본부'로 사용되는 소비에트 정부기관의 겉모습 이면에 구정권의 모습이 등장하면서 유사한 공간변형이 이루어진다. 즉 나폴레옹과 같은 모습의 깔리소네르(Кальсонер)가 등장하자, 까로뜨코프(Коротков)가 우연히 실수로 잘못 건드린 오르간이 갑자기 잊혀진 '나폴레옹 화재'의 노래를 연주하면서, 소비에트 정부기관은 순식간에 구정권 시대의 선술집으로 변형되는 것이다(МБ–2, с.26).

한편 하나의 도시를 나타내는 무대적 공간 안에 또 하나의 다른 도시가 삽입되면서 '무대 속의 무대'를 연출하는 경우도 찾아볼 수 있다.『백위군』에서 중상을 입고 돌아온 장남 알렉세이 오빠의 쾌유를 위하여 성모 마리아에게 간절히 기도를 드리는 엘레나의 방은 점차 확장되고 팽창되면서 고대 예루살렘 도시로 변형된다.

> Шепот Елены стал страстным, она сбивалась в словах, но речь её была непрерывна, шла потоком. 〈...〉 День исчез в квадратах окон, исчез и белый сокол, неслышным прошел плещущий гавот в три часа дня, и совершенно неслышным пришел тот, к кому через заступничество смуглой девы взывала Елена. Он появился рядом у развороченной гробницы, совершенно воскресший, и благостный, и босой. (МБ–1,с.411)

> 엘레나의 기도는 점점 더 열을 띠었고, 비록 가끔씩 말이 끊기기는 했으나 그녀의 말은 청산유수와 같이 쉬임 없이 흘러나왔다. 〈...〉 창문 밖에는 날이 어두워지며 하얗게 쌓였던 눈도 보이지 않게 되었고, 오후 3시를 쳤던 시계도 소리 없이 가고 있었는데, 참으로 놀라운 일은 어둠에 덮인 성모 마리아를 통해 엘레나가 기도를 올리고 있던 그 분도 소리 없이 오고 있었다는 사실이다. 그분은 열려진 무덤으로부터 부활하시어 맨발인 채로 나타나셔서 자비로운 표정으로 서 계셨다.

이와 같이 불가코프 초기 작품에 등장하는 '도시'에는 도시 전체가 무대화됨으로써 오페레타적인 '무대로서의 도시 형상'이 있음을 발견할 수 있을 뿐만 아니라, '도시-무대' 속에 또 다른 '도시'가 삽입되는 '무대 속의 무대'의 형상도 찾아볼 수 있다.

I-4. 도시-파멸의 형상

불가코프 작품 속에 등장하는 '도시'는 작품 종반부에 가서 결국 파멸되고 만다. 『거장과 마르가리따』에 등장한 도시 '예루살렘'과 '모스크바'는 온데간데 없이 어둠 속으로 사라져 버리며, 『백위군』의 '도시' 또한 '혁명'과 '내란'이라는 엄청난 재앙 앞에 곧 파멸할 운명을 맞이한다.[40] 또한 『비운의 달걀』에서도 파충류 떼의 습격으로 전 도시와 마을이 유린되는가 하면, 성난 군중들에 의해 동물학 연구소가 방화되면서 도시-모스크바는 파국[41]으로 치닫게 된다.

> а через час институт пылал, возле него валялись трупы, оцепленные шеренгою вооруженных электрическими революьверами, и пожарные автомобили, насасывая воду из кранов, лили струи во все окна, из которых, гудя, длинно выбивалось пламя. (МБ-2,с.114)

> 한 시간이 지나서 연구소는 활활 타고 있었고, 그 주위에는 시체들이 널려져 있었으며, 시체들은 전자 권총으로 무장한 대열에 의해 포위되어 있었다. 소방차들이 수도 밸브에서 물을 빨아들여서는 연구소 창문 안으로 길게 뿌려댔으며, 창문 안쪽에서는 계속하여 시커먼 연기와 불길이 하늘 높이 치솟아 올랐다.[42]

---

40) 『백위군』은 '백위군'의 파멸에 관한 이야기가 아니라, '도시'의 파멸에 관한 이야기이다.—Петровский, там же, с.25.

41) 『비운의 달걀』에서 제10장의 소제목은 이름 그대로 'Катастрофа(파국)'이다.(МБ-2, с.103)

42) 미하일 불가코프, 『비운의 달걀』, 정연호 옮김, (대구: 대구효성가톨릭대학교 출판부, 1999), pp. 172-173.

이와 같이 불가코프 작품에 등장하는 '도시'는 결국 파괴되고 만다는 공통점을 지닌다.[43] 그런데 여기서 우리는 불가코프 작품에 등장한 '도시'의 파멸은 '물'이나 혹은 '불'에 의해서 이루어지고 있다는 공통점을 또한 발견할 수 있다.

『백위군』에서 '물(혹은 눈)'에 의한 파멸은 직접 일어나지 않지만, 작품 첫머리에 실린 제사(題詞)는[44] 도시 전체에 휘몰아칠 파멸의 운명을 예고하고 있으며, 따라서 작품 중간 중간에서 '뻬뜨류라'의 움직임이 눈보라가 휘몰아치는 폭풍우에 비유된다. 화자는 작품 첫머리에서 그해 겨울은 유난히도 '눈'이 많이 내렸음을 강조할 뿐만 아니라(МБ–1, с.179), 무시무시한 뻬뜨류라군대 또한 차가운 '안개' 속에서 나왔음을 강조한다.

> Откуда же взялась эта страшная армия?...Соткалась из морозного тумана в игольчатом синем и сумеречном воздухе... Ах, страшная страна Украина!... Туманно... туманно... (МБ–1, с.320)
>
> 이 무시무시한 군대는 도대체 어디서 생겨난 것일까? 그들은 어둑어둑한 해질녘의 살을 에는 듯이 매서운 공기 속에서 차디찬 안개를 헤집고 갑자기 나타났다. 아, 무시무시한 나라 우크라이나여! 이제 안개 속을 헤메이게 되었으니... 안개 속을...

또한 뻬뜨류라가 '도시'에 입성한 1918년 12월 중순에서 1919년 1월에 이르기까지의 47일 동안 도시는 온통 '눈'과 '얼음'으로 뒤덮힌 동토(凍

43) 도시-파멸의 형상으로 묘사되며 문화적 파국을 상징하는 '세상의 종말'은 불가코프의 모든 작품 속에서 독특하고 주요한 테마이다:"Конец света, изображенный в виде гибели Города и символизирующий культурную катастрофу,—кажется, единственная и, во всяком случае, главная тема всего творчества Булгакова".— М. Петровский, там же, с.32 참조.

44) "Пошёл мелкий снег и вдруг повалил хлопьями. Ветер завыл; сделалась метель. В одно мгновение темное небо смешалось с снежным морем. Все исчезло. — Ну, барин,— закричал ямщик,—беда: буран! 『Капитанская дочка』" (МБ–1, с.179)

土)의 땅이 되며, 그가 떠나자 곧 '눈'이 녹기 시작하고 '도시'는 다시 예전의 모습으로 돌아가기 시작한다.

> Пэтурра. Было его жития в Городе сорок семь дней. Пролетел над Турбиными закованный в лед и снегом запорошенный январь 1919 года, подлетел февраль и завертелся в метели. (МБ–1, с.413)
>
> 뻬뜨류라. 그가 도시를 점령한 지도 47일이 지났다. 얼음이 얼고 눈으로 온통 더럽혀진 1919년의 1월이 뚜르빈가를 지나쳐 갔고, 눈보라에 휩싸인 2월이 찾아왔다.

> Просто растает снег, взойдет зеленая украинская трава, заплетет землю... выйдут пышные всходы... задрожит зной над полями, и крови не останется и следов. Дешева кровь на червонных полях, и никто выкупать её не будет. Никто. (МБ–1, с.422)
>
> 눈은 곧 녹을 것이고, 우크라이나의 초원은 다시 자라나 대지 위에 카펫을 짤 것이다. 눈부신 일출이 다시 찾아올 것이다. 공기는 들판 위로 피어오르는 아지랑이로 가물거릴 것이고, 피의 흔적은 더 이상 남아 있지 않을 것이다. 피로 물들었던 들판에서 흘린 피는 싸구려에 불과한 것이었고, 어느 누구도 그것을 보상하지 않을 것이다. 어느 누구도.

또한 작품 속에서 도시(Город) 자체가 'снежный город(눈 덮힌 도시)'로 묘사되고 있는데(МБ–1,с.186), 이를 제사(題詞)에 인용된 『대위의 딸(Капитанская дочка)』과 연상시켜 볼 때, 『백위군』에 등장하는 '언덕 위의 하얀 도시(белый город на горах)'는 『대위의 딸(Капитанская дочка)』의 '벨로고르스크 요새(Белогорская крепость)'와 매우 유사한 명칭임을 발견할 수 있으며, 따라서 『백위군』의 '도시'는 『대위의 딸』에 등장하는 '요새'와 같이 파멸할 운명을 지니게 된다. '물'(혹은 '홍수')에 의한 도시–파멸의 형상은 『개의 심장(Собачье сердце)』에서도 발견된다. 쁘레오브라젠스키(Преображенский) 교수에 의해서 창조된 개-인간 샤리꼬프(Шариков)는 평화롭던 도시-아파트 전체에 암적 존재로 등장하면서 하마터면 교수의 아파트뿐만이 아니고 칼라부호프스키 아파트 동(Калабуховский дом) 전체를 물바다로 만들 뻔한 사건을 일으킨다.

> Волна хлынула в коридорчик. В нем она разделилась на три потока: прямо в противоположную уборную, направо на кухню и налево в переднюю. 『.....』 Вода уходила через дверь на гулкую лестницу, прямо в пролет лестницы, и падала в подвал. (МБ–2, с.178)
>
> 세찬 물결이 복도를 향해 막 쏟아져 나왔다. 물결은 복도에서 세 갈래로 갈라져 흘러갔다. 하나는 곧장 바로 맞은편에 위치한 화장실 쪽으로, 또 한 줄기는 오른쪽의 부엌 쪽으로, 나머지 한 줄기는 왼쪽으로 돌아 응접실 쪽으로 흘러갔다. 『......』 물은 뒷문을 통과하여 계단 쪽으로 빠져나가면서 공허한 울림소리를 내더니, 곧장 층계참 사이의 빈틈으로 스며들어 지하실로 떨어지기 시작했다.[45)]

한편 '불'에 의한 '도시'의 파멸은 파충류떼와 성난 군중들에 의해 연구소 건물('дом')과 도시('город') 곳곳에 화재가 발생함으로써 아비규환을 이루는 『비운의 달걀』에서뿐만 아니라(МБ–2,с.114), 단편 『13번지 엘리삐트 노동콤뮨의 집(N°13 Дом Эльпит–Рабкоммуна)』과 『따따르 왕의 불(Ханский огонь)』에서도 찾아볼 수 있다. 이들 두 단편에서 직접 '도시(город)'는 등장하지 않으므로 'дом(집 혹은 건물)'의 파멸만 묘사되고 있지만, 본 장에서 견지하는 'Дом'–'Город'–'Мир'의 포괄적(연속적) 시각에서 크게 '도시'의 파멸로도 볼 수 있으며, 또한 이들 두 단편에 등장한 'дом'[46)]이 단순한 집이나 혹은 건물이 아닌 멸망하는 구시대–구세

---

45) 미하일 불가코프, 『개의 심장』, 정연호 번역, (서울: 열린책들, 1998), p.131–132.

46) 이들 두 단편에 등장하는 'дом(집 혹은 건물)'은 혁명 전의 세력과 혁명 후의 세력이 충돌하는 중심 센터이다—This is especially striking in two important stories in which

계('мир')의 상징이라는[47] 점에서도 타당하다고 본다.

불가코프 초기 작품 가운데 하나인 이들 두 단편에서 'дом' 즉 '도시'는 '불'에 의하여 파멸되고 있으며, 이러한 '불'에 의한 '파멸'은 'дом'–'город'의 현 주민(혹은 주인)뿐만 아니라 옛 주민(혹은 주인) 모두가 저지른 죄에 대한 징벌로서 이루어진다. 즉 이들 두 작품 속에서의 '불'은 우연히 일어나는 방화사건이 아니라, 당연히 일어날 수밖에 없는 필연적인 사건으로 묘사되고 있으며, 하나의 제재 범주에 속하는 집(дом)–도시(город)–제국(империя)–문명(цивилизация)의 파멸에 대한 모티브로서 이용되고 있다.

『13번지 엘리삐트 노동콤뮨의 집』에서 화자는 현재 '노동콤뮨의 집'에 살고 있는 현주민들(프롤레타리아)에 대하여 묘사하면서 이름 그대로의 '노동자들의 콤뮨(рабочая коммуна)'으로 기술하는 것이 아니라, 마치 '노예들의 콤뮨(коммуна рабов)'과도 같이 아주 경멸적인 어조로 묘사하고 있는데, (МБ–2, с.243–244)[48] 이러한 어조는 과거 혁명 전에도 이

the house becomes the center of conflict between pre– and post–revolutionary forces,— Edythe C. Haber, "Dwellings and devils in early Bulgakov", *SEEJ*, Vol.37, No.3, Fall 1993, p.327.참조.

47) Щеглов. Ю. К., "О горячих точках литературного сюжета (мотивы пожара и огня у Булгакова и других)", А. К. Жолковский, Ю. К. Щеглов, *Мир автора и структура текста*, ЭРМИТАЖ, 1986, с.149.

48) У ворот рядом с фонарем (огненный『No 13』) прилипла белая таблица и странная надпись на ней:『Рабкоммуна』. Во всех 75 квартирах оказался невиданный люд. Пианино умолкли, но граммофоны были живы и часто пели зловещими голосами. Поперек гостиных протянулись веревки, а на них сырое бельё. Примусы шипели по–змеиному, и днем и ночью плыл по лестницам щиплющий чад. Из всех кронштейнов лампы исчезли, и наступал ежевечерне мрак.(МБ–2, с.243–244) 13번지 불빛 표시등과 나란히 위치한 출입문 가에는 하얀색 테두리에 '노동콤뮨'이라는 이상한 글씨가 적힌 간판이 하나 나 붙었다. 이 건물의 75세대 아파트 안에는 기괴한 사람들이 살고 있었다. 피아노 소리는 이미 멈추어버렸으나, 축음기는 그대로 살아서 자주 불길한 소리를 내었다. 응접실을 가로질러 길게 끈이 늘어뜨려지고 그 위에 축축한 시트며 속옷가지들이 널려졌다. 석유난로들이 쉬쉬소리를 내며 타면서, 밤이나 낮이나 탄내가 계단을 따라 진동하였다. 선

엘리뻬트(Эльпит)의 집이 귀족들의 온갖 부패와 타락의 온상이었음을 강조하는 대목에서도 계속되고 있다.

즉 건물 관리인인 보리스 사모이로비치 흐리스찌(Борис Самойлович Христи)는[49] 창녀 매매 상인으로서 검은 금고의 소유자였으며, 3호 아파트에는 라스뿌찐(Распутин)이 수시로 드나들었고, 2호에 사는 니콜라이 2세(Николай Ⅱ)의 정부(情婦)를 비롯하여, 낙태전문의, 은행장, 공무원, 장군등의 부패한 귀족들이 살았던 타락의 '도시-아파트'였다(МБ-2, с.242-243). 그러므로 『13번지 엘리뻬트 노동콤뮨의 집』에서의 '불'은 단순히 현재의 주민 안누쉬까(Анушка)의 무지(無知)에 의해서만 비롯된 것이 아니라, 구시대 귀족들이 저지른 온갖 죄에 대한 징벌로서도 발생한다.[50]

『따따르 왕의 불』에서도 '불'은 옛주인 뚜가이-벡(Тугай-Бег) 공작에 의해서 저질러지지만,[51] 현재의 주인인 알렉산드르 에르투스(Александр Эртус)의 겉모습이 옛주인의 외모와 같게 그려지고 있는 점은 단순한

반받이 위에 놓여있던 램프들은 이미 모두 사라져버렸으며, 매일 밤마다 칠흑 같은 어둠이 찾아들었다(필자번역).

49) Edythe C. Haber는 자신의 논문에서, 주인공들의 이름에 연유하여 '흐리스찌(Xristi)'를 'Christ(Xristos)'에 비유하고, 그의 주인이자 'Дом'의 옛주인인 '엘리비트(Adol'f El'pit)'의 이름 'Adol'f'는 히브리어에서 '주인(the Lord)'을 뜻하는 'Adonai'와 러시아어에서의 지옥('Адов')이 합쳐진 것으로 풀이하기도 한다. ('Adonai'(주인) + 'Adof'(지옥) ═ '지옥의 주인') — Edythe C. Haber, Ibid, p.329. 참조.

50) 불의 연속적인 확산은 안누쉬까 혼자만의 잘못에 있지 않으며, 구시대인들의 탐욕과 새시대인들의 무지가 결합됨으로써 일어난다.—The subsequent spread of the fire is not, significantly, the fault of Annuska alone. Its cause is the combined forces of the greed of the old and the ignorance of the new,—Edythe C. Haber, Ibid, p.330.참조.

51) 『따따르 왕의 불』에서 '불'은 자신의 옛 궁전을 점령해 버린 야만인들에 대한 증오보다도 자신의 옛 과거에 대한 사랑이 더 컸던 옛주인 뚜가이-벡 공작에 의해서 저질러짐으로써 찬란했던 도시-궁전은 부활하지 못하고 영원히 파멸되어 버리고 만다.

우연의 일치로 보기 어려우며(МБ–2, с.394),[52] 따라서 '불'에 의한 이 궁전의 파멸은 옛 주인뿐만 아니라 현재의 주인 모두가 저지른 죄에 대한 대가임을 암시한다고 볼 수 있다.

이와 같이 불가코프 초기 작품들에는 '물' 혹은 '불'에 의하여 '집–도시–제국–문명'이 파괴되는 '도시–파멸'의 형상이 존재함을 알 수 있으며, 또한 이러한 파멸은 '물' 혹은 '불'과 같은 묵시록적 테마와 연관되면서 묵시록적 혹은 종말론적 파멸의 형상을 띠고 있음을 발견할 수 있다.

즉『백위군』에서 화자는 '도시'로 유입되는 이주민(移住民)들에 대하여 묘사하면서, 이주민들 가운데는 창녀들, 입술을 선홍색으로 물들인 뻬쩨르부르그의 창백한 도락가들, 관공서의 비서관들, 젊고 힘없어 보이는 동성연애자들뿐만 아니라, 심지어 잘 알려진 이름의 매춘부도 있었음을 강조한다(МБ–1,сс.219–20).[53] 또한 이주민들이 유입된 '도시' 안에서는 밤마다 술집파티와 요란한 현악기 소리가 들려오고, 뽀얀 담배 연기 속에 피곤할대로 지친 창녀들의 하얀 얼굴은 이 지상의 것 같지 않은 아름다움을 발하고 있다(МБ–1,с.220). 이와 같은 종말론적–묵시록적인 '도시–파멸'의 형상은 이미 작품 초반부(제1장)에서 인용된 '도시–바빌론'의 형상과 연관되면서 예고되어져 있었다.[54] 즉 작품 속에서 어머니의 장례식이 끝난 후 슬퍼하는 알렉세이에게 알렉산드르 신부는 어떤 어려운 일이 닥

---

52) Перед глазами вынырнул Александр Эртус образованный человек в таких же самых, как и князь. Человек строгий и важный. (МБ–2, с.394).

53) 앞의 제2장에서 살펴본, 고대–도시('로마'와 '예루살렘')와 신화적–도시의 형상 속에서, 고향–도시 키예프에 대한 작가의 사랑을 느낄 수 있다면, 이와 반대로『백위군』의 '도시'가 지니는 '파멸'의 형상 속에서는 도시–키예프에 대한 작가의 경멸과 그 어조를 발견할 수 있다.

54) 고대 세계문명의 중심지인 로마와 예루살렘과 같은 도시들이 지니는 신화적 도시의 형상과 나란히『백위군』의 '도시'는 타락으로 멸망한 문명도시의 상징인 바빌론(Бабилон)을 연상시킨다.—L. Milne,『Mikhail Bulgakov: A Critical Biography』, Cambrige, 1990, p.81, 참조.

쳐와도 낙담해서는 안된다는 위로의 말과 함께 곧 닥쳐올 아주 큰 시련에 대하여 요한 묵시록(제16장)의 성경 구절을 읽어주는 것이다.

> Третий ангел вылил чашу свою в реки и источники вод; и сделалась кровь. (МБ–1, с.182)
>
> 세 번째 천사가 자기 대접에 든 것을 강과 샘물에 쏟았습니다. 그러자 그것은 모두 피로 변했습니다.

이상에서 살펴본 바와 같이, 불가코프 초기 작품에 등장하는 '도시'에는 '물' 혹은 '불'에 의하여 '집–도시–제국–문명'이 파괴되는 '도시–파멸'의 형상이 존재함을 발견할 수 있으며, 이런 '도시'의 파멸은 '도시–바빌론'의 파멸과 같은 묵시록적–종말론적인 '파멸'의 형상을 지니고 있음을 알 수 있다.

I–5. 맺는 글

불가코프 작품 속에서 '도시'는 도시 자체만의 고유한 형상을 지니고 있다. 그동안 불가코프 작품 속에서의 '도시'의 형상은 'Дом'의 형상에 대한 변수로서 다루어지거나, 지나치게 전기적 사실 혹은 사실적 지형과의 일치를 증명하는 관점에 치우친 감이 없지 않았다. 또한 대표작 중심으로 치우친 불가코프 문학 연구 경향에 힘입어 『거장과 마르가리따』에 나타난 '도시'에 대하여는 다각적인 검토가 이루어져 왔지만 『거장과 마르가리따』 이전의 초기 작품들, 특히 20년대의 소설들에 등장한 '도시'에 대한 연구는 'Дом'에 대한 연구에 비하여 상대적으로 충분치 않았다. 이에 본 장에서 불가코프의 20년대 초기 작품들에 나타난 도시들을 분석–정리한 결과 크게 3가지의 형상을 추출할 수 있었다.

첫째, 불가코프 초기 작품에 나타난 '도시'에서 고대–도시 '로마'와 '예루살렘'의 형상을 동시에 발견할 수 있으며('고대–도시'의 형상), 전설적–신화적 인물의 종교적 모티브를 첨가시키거나, 역사적 인물을 신화적 인물로 변형시킴으로써 '신화적 도시'의 형상이 추구되고 있음을 발견할 수 있다.('신화적–도시'의 형상).

둘째, 불가코프 초기 작품에 등장하는 '도시'에는 도시 전체가 하나의 무대가 됨으로써 '오페레타적'인 무대로서의 도시의 형상이 있음을 알 수 있다.

셋째, 불가코프 초기 작품에 등장하는 '도시'에는 '물' 혹은 '불'에 의하여 '집–도시–제국–문명'이 파괴되는 '도시–파멸'의 형상이 존재함을 발견할 수 있으며, 이런 '도시'의 파멸은 '도시–바빌론'의 파멸과 같은 묵시록적–종말론적인 '파멸'의 형상을 지니고 있음을 알 수 있다. 이와 같이 불가코프 초기 작품들에서 부분적으로 나타나고 있는 '도시'의 3가지 형상은 후에 『거장과 마르가리따』에 이르러 종합적으로 나타나게 된다.

II.

불가코프 작품에 나타난 '외국인'의 형상

러시아 문학 작품 속에서 '외국인'은 다른 세계의 사람, 즉 저승세계의 사람 또는 반그리스도적 '악마'로 묘사되곤 하였다. 불가코프는 '외국'에 대하여 서구주의자적인 시각을 견지하여 러시아도 외국, 즉 유럽의 한 부분으로 간주하면서, 뒤쳐진 러시아가 발달된 유럽을 따라가야 한다고 주장하였다. 즉 불가코프는 외국, 외국인, 민족, 인종 등의 구별에 대하여 개방적이며 평등적인 시각을 지녔다. 하지만 볼셰비키처럼 민족, 국가, 인종 구별 없이 모두가 평등하며 오로지 사회주의 이념과 계급투쟁만이 존재한다는 '세계주의'에 대하여는 단호히 반대하였다. 이처럼 볼셰비키에 반대하며 볼셰비키가 '부르조아적'이라고 비난하였던 '애국주의'적 세계관을 견지하였던 작가 불가코프는 자신의 수많은 작품들이 당시 소비에트 당국의 검열에 의하여 출판도 되지 못할 정도로 불운한 작가의 삶을 살다가 갔다.

그러므로 그의 작품 속에 등장한 '외국인'은 작가의 세계관을 나타내는 여러 가지 형상을 띠고 있다. 예전부터 러시아 문학 속에서 '외국'을 '머나먼 저승세계'로 묘사하였던 문학적 흐름 속에서, 1920년대 초에도 '외국인'을 '악마'로 묘사하는 문학적 경향이 아주 강했으며, 따라서 불가코프의 작품 속에서도 '외국인'의 형상은 비밀리에 등장하는 '악마'의 형상을 띠며 나타낸다. 하지만 혁명, 내란의 주원인을 외국, 외부세계가 아닌 인간 자체 내부에서 찾았던 불가코프의 '악마'는 인간 세상의 '악'을 응징하는 풍자화된 악마의 형상으로 발전해 나아간다. 즉 비밀리에 나타나는 '뚜가이-벡'(따따르 왕의 불) 공작과 같은 외국인의 형상은 '볼란드'(거장과 마르가리따)와 같은 악마의 형상으로 발전하였다.

불가코프 작품 속에 등장한 외국인들이 나타내는 형상 속에는 비밀스러운 악마의 형상과 더불어, '칼리소네르'(악마의 서사시), '록'(비운의 달걀), '뻬뜨류라'(백위군), '볼란드'(거장과 마르가리따) 등의 등장인물에서와 같이, 러시아 문화 속에서 오래 전부터 악마-반그리스도로 여겨져 온 '나폴레옹'의 형상이 나타난다. 또한 이와 반대로, 뻬뜨류라군에 대항하다가 전사한 나이-뚜르스 대령과 볼셰비키 혁명에 반대한 '쁘레오브라젠스키' 교수와 같은 등장인물에서는 나폴레옹과 정반대적인 '프랑스 중세기사'의 형상이 나타난다.

또한 불가코프 작품에 등장하는 '딸베르그'(백위군)와 '코르주힌'(도망) 같은 '외국인'(Русский немец)의 형상에는 조국과 민족을 배반하는 '배신자'의 형상이 나타나며, '유대인'(еврей)의 형상에는 역사적 소용돌이 속에서 죄 없이 죽어가는 '희생자'의 형상이 나타난다.

한편 '뻬르시코프'(비운의 달걀), '거장', '볼란드', '예수아'(거장과 마르가리따) 등과 같이 진리에 근접한 등장인물들은 수개의 외국어를 구사하는 것으로 묘사되고 있으며, 반면에 검은 마술의 공연과 외국인 전용상점에서와 같이 외국어를 전혀 모르면서 외국어를 알아듣거나 외국인 행세를 하는 가짜-외국인, 즉 러시아인은 코믹하게 풍자적으로 묘사되고 있다.

II-1. 들어가는 글

불가코프 문학작품 속에 등장하는 등장인물들 가운데 '외국인'으로 등장하는 등장인물들은 일정한 유형의 특징을 지니고 있다. 이들은 러시아 문화에 동화되거나 혹은 러시아적인 전통을 지켜 나아가고 있는 것처럼 보이지만, 이들이 나타내는 형상의 이면에는 불가코프 예술세계의 고유한 작가적 세계관이 배어있다. 만일 불가코프를 19세기의 '서구주의자'와 '슬라브주의자', 둘 중의 하나로 자리매김하라고 한다면, 당연히 불가코프는 서구주의자에 자리매김할 수 있을 것이다. 이처럼, 불가코프에게 있어서 '러시아'라는 나라는 항상 유럽의 한 부분이였으며, 유럽은 러시아가 따라가야 할 가장 중요한 목표치로 인식되었다. 작가의 이러한 세계관은 그가 제일 첫 번째로 게재한 "미래의 전망"(Грядущие перспективы)이라는 글 속에 뚜렷이 표현되어져 있다. 불가코프는 이 글 속에서 이미 평화를 되찾은 '유럽'과 끊임없이 울부짖고 있는 '러시아'를 비교하면서 다음과 같이 이야기한다.

> Мы так сильно опоздаем, что никто из современных пророков пожалуй, не скажет, когда же, наконец, мы догоним их и догоним ли вообще? 〈...〉 Там, на Западе, будут сверкать бесчисленные электрические огни, 〈...〉, там будут строить, исследовать, печатать, учить-ся...А мы...Мы будем драться...[55)]
>
> 이처럼 우리들은 아주 뒤쳐져 있다. 현대의 예언자들 가운데 그 누구도 우리가 그들을 마침내 언제 따라잡을 것이며 대체로 따라잡게는 될 것인지를 말 못하고 있지 않은가? 〈...〉 그곳, 서구에는, 수많은 전기 불빛이 번쩍일 것이며, 〈...〉 그곳에는 건설이 있고, 연구가 있으며, 출판이 있고, 배움이 있을 것이다... 하지만 우리들은... 우리들은 서로 싸움질만 할 것이다...

---

55) М. А. Булгаков, *Под пятой: Мой дневник.*, Москва, 1990, с. 45.

이와 같이 불가코프는 발전하는 서구와 비교하여 뒤쳐진 러시아를 강하게 풍자하면서, 서구 선진문명과 러시아 사이에 갈수록 벌어지는 격차의 주 원인을 러시아 내부의 내란에서 찾고 있다. 즉 러시아를 후퇴시키는 주범은 어느 한 쪽 진영에 있는 것이 아니라, 서로 반목하고 질시하며 싸우는 양 쪽 진영 모두에게 있으며, 또한 어느 특정한 사회계층에 있는 것이 아니라, 사실상 러시아 인민 모두에게 있다는 것이다. 그러므로 불가코프는 자신의 작품 속에서 '내란'에 대하여 백군이든, 적군이든 어느 쪽에도 호감을 갖거나 동감하지 않는다. 불가코프 자신은 백군과 적군, 어느 쪽에 대하여도 냉담하려고 무던히 노력하였던 것으로 적고 있다(Булгаков–5, p.447).[56] 하지만 정치적으로 둘로 갈라져서 각각 적군과 백군에 가담하여 서로 피비린내나게 싸웠다고 하더라도, 그들은 모두 하나의 민족이며 하나의 문화적 공통성을 지니고 있다. 이러한 민족적, 문화적 공통성을 표현하기 위하여 상대적으로 다른 민족이며 다른 문화적 특성을 지닌 '외국인'의 형상이 문학 속에 종종 등장하여 일정한 역할을 수행하게 된다.

러시아 문학 속에서도 이러한 예들을 무수히 찾아볼 수 있는데 푸쉬킨의 『스페이드의 여왕』에 등장하는 게르만(Герман), 곤차로프의 『오블로모프』에 등장하는 쉬톨리쯔(Штольц), 톨스토이의 『전쟁과 평화』에 등장하는 베르그(Берг)와 같은 러시아계 독일인(русский немец)[57]들이 있다. 그런데 이러한 외국인들에게는 자신을 나타내는 구체적인 민족성이

56) М. А. Булгаков,, *Соб. соч. в 5 тт*, Москва: Художественная литература, 1989–1990, т.5, стр. 447. 이하, 본 전집으로부터의 인용은 (Булгаков–권 수, p.페이지 수)로 본문에 병기한다.

57) 'немец'라는 말은 요즈음 '독일인'을 지칭하는 말로 쓰이나, 예전에는 보다 폭넓게 '유럽인' 또는 '외국인'을 지칭하는 말로 쓰였다. 본래, 어원적으로도 형용사 'немой'는 'не умеющий говорить'(말을 못하는), 'не знающий русского языка'(러시아어를 모르는) 등의 뜻을 지닌다.

없으며, 더구나 러시아적인 민족성이나 러시아적인 정신은 전혀 지니고 있지 못한다. 그저 근본적으로 뭔가 '다르다'는 뜻에서의 '외국인'의 형상을 나타낼 뿐이다.

한편 불가코프 작품에서는 순수한 의미에서의 '외국인'은 아예 존재하지 않는다. 즉 해외에 살다가 일시적 또는 일정한 기간 동안 러시아에 체류한 후 때가 되어 다시 자신의 조국으로 돌아가는, 순수한 의미에서의 사실적인 '외국인'이 등장하는 경우는 없는 것이다. 불가코프 작품에 등장하는 외국인들의 대부분은 어느 정도 러시아적인 문화에 동화된 것으로 나타난다. 즉 이들이 유전학적 특성까지 완전히 러시아적일 정도로 러시아 민족과 같은 하나의 민족으로 합치되고 있지는 않지만, 반면에 순수 외국인이라고는 할 수 없을 정도로, 어느 정도 상당한 부분이 '러시아적'인 것에 동화된 상태로 나타나는 것이다.

그러므로 불가코프 작품에 등장하는 외국인들을 '외국인(иностранец)'이라 부르기보다는 '이민족(инородец)'이라 부르는 것이 더 합당할 수도 있다. 왜냐하면, 러시아에서는 보통 슬라브족이 아닌 사람들이나 혹은 그리스 정교를 믿지 않는 '비-그리스정교도'들을 가리켜 '이민족'이라 부르는 경우가 종종 있기 때문이다. 하여튼, 러시아와 같이 수많은 언어, 인종문화, 종교 등이 혼재하는 다민족 국가에서, 각 민족 간의 상호관계 및 민족성의 문제는 러시아 역사 이래 항상 존재하여 왔고, 특히 20세기 초 격변기를 거치면서 보다 더 첨예화되었다.

그러므로 누구보다도 혁명의 격동기를 몸소 체험하며 살았던 작가 불가코프의 작품 속에는 이러한 민족성의 문제를 나타내는 여러 가지 형태의 '외국인'들이 등장하며, 이들이 나타내는 일정한 유형적 특징들을 정리하여 보는 것은, 향후 불가코프 연구의 기초를 제공하는 측면에서 매우 필요하다고 본다.

II-2. 비밀스러운 악마의 형상

혁명 후 러시아인들의 망명이 한창이던 1920년대에 서구문화에 대한 슬라브문화의 독자성과 우월성을 주장하는 철학적 경향의 하나로서 '유라시아주의(евразийство)'가 한때 유행하였었다. 유라시아주의자들은 러시아를 '유라시아 대륙'과 동일하게 보았으며, 단순히 지리적인 특성에서뿐만이 아닌 문화적인 특성에서도 러시아를 유럽과 아시아 사이의 중간지대로서 동일시하였다.

1924년에 불가코프는 단편 『따따르 왕의 불(Ханский огонь)』을 쓰게 되는데, 이 작품 속에서 작가는 당시에 유행하였던 '유라시아주의'를 풍자적으로 잘 묘사하고 있다. 작품에서 서구식 겉모습을 하고 마치 러시아 귀족처럼 등장하는 공작의 내면에는 아시아-동양의 피가 흐른다. 작품의 배경이 된 장소도 모스크바 근교의 옛 궁전이며, 궁전은 18세기에 세워졌고, 당시에 아주 유행하였던 유럽 스타일의 암피르(ампир) 양식으로 지어졌다. 작가는 조화로운 건축물의 아름다움을 사실적으로 묘사하면서, 이 사원이 예전에 따따르 공작 가문과 관계가 있었음을 암시한다. 주인공 '뚜가이-벡'(Тугай-Бег) 공작은 이 암피르 양식의 궁전에서 자라고 성장하였으며, 후에 외국에서 유럽식 교육을 받았다. 그러므로 그는 아무 어려움 없이 자신을 서구식 복장을 한 유럽 여행객으로 가장할 수 있었던 것이다.

소설의 첫 부분에서 공작은 금빛 안경을 끼고 연한 빛 외투에 지팡이를 든 부유한 중년의 외국신사로 등장한다(Булгаков-2, p.385). 하지만 작가는 공작 가문의 초상화들로 장식된 회랑을 묘사하면서, 공작이 비록 서구식 복장을 하고 몇 개의 외국어를 배워서 거의 완벽할 정도로 중년의 외국 신사처럼 보인다 할지라도, 그의 피 속에는 수백 년 내려온 가문의 혈통이 흐르고 있음을 암시한다(Булгаков-2, pp.387-8). 또한 유럽에서 은밀하게 소비에트 러시아로 돌아온 공작에게 왠지 국내 환경은 아주 친숙하게 느껴지며, 그의 몸 속에 배어있던 서구적 스타일은 급속히 사라지고, 대신 그 자리에 동양적인 스타일이 자리잡는 기현상이 자연스럽게 일어난다.

> Тугай–Бег съежился в кресле, поскреб подбородок ногтями, затем зажал бородку в кулак и стал диковинно похож на портрет раскосого в мурмолке. (Булгаков–2, p.394)
>
> 뚜가이-벡이 안락의자에 움크리고 앉아서 손톱으로 턱을 긁고 난 후, 턱수염을 주먹으로 꽉 쥐었는데 묘하게도 모피모자를 쓴 사팔뜨기의 초상화와 똑같았다.

또한 세련된 외국신사의 절제함은 사라지고, 야생적이며 억제되지 않은 스텝 기질이 그대로 드러나면서, 공작은 광기있게 이를 갈고 늑대처럼 속 이빨을 드러내며, 적개심에 불타 무자비한 복수를 꿈꾸는 즐거움에 곧 빠져든다(Булгаков–2, p.395).

이와 같이 단편소설『따따르 왕의 불』에서 묘사된 중년의 외국신사 뚜가이-벡은, 훗날『거장과 마르가리따』에서 비밀스러운 낯선 외국인으로 모스크바 시내에 나타나는 볼란드를 연상시킨다. 처음에 베를리오즈와 베즈돔느이도 볼란드를 가리켜 외국인, 백위군 망명자, 외국계 스파이 등으로 생각하였으며, 소설 말미에 볼란드가 멀리서 지켜보는 가운데 그의 심복들이 모스크바 시내 외국인 전용상점에 불을 지름으로써 화재가 발생하듯이, 뚜가이-벡 공작도 자신이 직접 궁전에 불을 지름으로써 화재가 발생한다.

이와 같이 불가코프의 초기 단편소설『따따르 왕의 불』에 등장하는 외국신사 뚜가이-벡 공작이 작가의 최후 장편소설인『거장과 마르가리따』에 등장하는 외국신사 볼란드와 유사하게 연상되는 것도 흥미로울 뿐만 아니라, 뚜가이-벡 공작 가문의 혈통에 대하여 불가코프 자신이 직접 애착심을 지녔었던 것은 더욱더 흥미로운 일이다. 불가코프는

1929년에 『악마에 관한 소설』(роман о дьяволе)의 한 단편을 문예지(Недра)에 게재하려고 타이핑된 원고를 편집자에게 넘겨주면서 'К Тугай'라는 필명을 사용하였다.

『따따르 왕의 불』에 뒤이어 곧 쓰여진 중편소설 『비운의 달걀』(Роковые яйца)에는 뚜가이-벡이나 볼란드와 같이 처음에 스파이로 오인받는 외국인이 아닌, 진짜 스파이가 등장한다. 뻬르시코프(Персиков) 교수의 '생명 방사선'에 눈독을 들인 낯선 신사는 화려한 복장을 하고 나타나 이름도 성도 없는 이상한 명함을 건네면서, 교수에게 영수증 없는 돈 5000루불을 은밀히 건네주려 한다. 하지만 뻬르시코프는 낯선 사내를 호통을 쳐서 쫓아 버리고 난 후, 그동안 자신과 소비에트 당국 사이의 불편하였던 관계에도 불구하고, 곧 비밀경찰에 전화를 걸어 낯선이의 비밀스러운 내왕과 스파이 혐의에 대하여 소상하게 알린다(Булгаков-2, pp.66-67).

이와 같이 1920년대 불가코프 작품에 등장하는 비밀스러운 외국인의 형상은 예전부터 러시아 문학에 내려오는 유행적인 흐름 속에서 나왔다고 볼 수 있다. 우리는 종종 러시아 문학 속에서 '외국'이 '다른 세계' 또는 '내세', '저승세계' 등으로 묘사되고 있음을 본다. 특히 '아메리카(Америка)'는 지구 저 편에 멀리 떨어져 있는 지리적 위치로 인하여, 지구에서 아주 멀리 떨어진 반대편의 세계, 즉 저승세계로 자주 쓰여졌다.

예를 들면, 도스또옙스키의 작품들에서 미국(США)은 러시아인들이 죽었을 때 떠나가는 저승세계로 종종 묘사되고 있다. 『죄와 벌』에서 스비드리가일로프(Свидригайлов)는 자신의 삶을 자살로서 마감할 뜻을 내비치면서 자신이 아메리카로 떠날 것이라고 말한다(уезжает в Америку).[58)]

58) 스비드가일로프는 자살하기 전에 쏘피야를 찾아가 어쩌면 자신이 미국으로 떠나버릴지도 모른다고 이야기하며(Я, может, в Америку уеду,—сказал Свидригайлов,) 자살하기 바로 직전에는 먼 딴 나라 미국으로 간다고 이야기하고는 권총을 꺼내 방아쇠를 당긴다. // Ф. М. Достоевский, *Соб. соч. в 10 тт,* (Москва: Художественная литература, 1957), т.

또한 『악령』의 키릴로프(Кириллов)와 샤토프(Шатов)는 아메리카에 갔다가 나중에 러시아로 돌아오게 되는데, 마치 이들이 내세에 잠시 체류하였다가 다시 현세로 부활한 것처럼 묘사된다(воскресают).[59] 이미 알려진 바와 같이, 도스또옙스키의 작품들은 불가코프에게 많은 영향을 주었으며, 그 중에서도 『악령』은 불가코프 작품들 속에서 여러 번 인용되어지고 있다.

도스또옙스키 작품의 영향뿐만이 아니라, 부닌(Бунин)의 『샌프란 시스코 신사』에서도 유사한 영향을 찾아볼 수 있다. 여기에서도 미국은 마치 저승세계와도 같은 '새로운 세계'로 묘사되며, 새로운 세계로부터 유럽에 온 미국의 백만장자가 어느날 갑자기 카프리(Капри)섬에서 죽자, 그의 시체는 무시무시한 증기선의 선창에 실려서 다시 자신의 조국, 즉 '미국-저승세계'로 돌아간다.

또한 안드레예프(Андреев)의 미완성 소설 『사탄의 일기』에서도 매우 유사한 영향이 발견된다. 여기에서는 아예 악마가 인간들 사이에 나타나 자신을 '외국인-미국인'으로 사칭한다. 이러한 상황은 다시 『거장과 마르가리따』의 첫 도입부분에 나타나는 외국인 '볼란드'를 연상시킨다. 『사탄의 일기』의 주인공 '원더굳(Вандер гуд)'은 미국인의 모습을 하고 인간들 사이에 나타나서, 인간들로부터 거부당하는 메시아의 모습과 흡사하다. 갑자기 인간들 사이에 나타난 악마 '원더굳'은 처음에 인간들과 잠시 놀기를 원한다.

5, сс. 522–535.

59) 샤토프는 자신은 키릴로프와 함께 미국의 한 오두막집에서 4달 동안이나 함께 뒹굴었다고 이야기 하는데, (Мы с ним там четыре месяца в избе на полу пролежали) 여기서, 바닥 위에 누워있었다는 말은 '죽었었다'는 의미를 지니며, 그러므로 미국에서 돌아온 것은 '부활한 것'이나 같다. // Ф. М. Достоевский, *Соб. соч. в 10 тт,* (Москва: Художественная литература, 1957), т. 7, сс. 147–148.

В настоящую минуту Я ещё неведомый артитст, скромный дебютант, но надеюсь стать знаменитым.[60)]

현재 나는 아직 알려지지 않은 배우이며 변변치 못한 데뷔자에 불과합니다. 그러나 나는 유명하게 되기를 바랍니다.

하지만 악마는 곧 인류의 구원을 위한 메시아로서 자신이 이곳에 왔음을 밝힌다. 그는 외국식으로 풍자화된 자신의 인류구원 프로젝트를 추진하면서, 전세계적인 자선가로서의 자신의 역할을 수행하려 한다.

Человека надо делать! Вы в Европе плохие мастера и сделали плохого человека, мы–сделаем хорошего. Извиняюсь за резкость: пока Я, Генри Вандергуд, делал только свиней, и мои свиньи, скажу это с гордостью, имеют орденов и медалей не меньше, нежели фельдмаршал Мольтке, но теперь я хочу делать людей.[61)]

인간을 만들어야 해! 당신들은 나쁜 장인들이어서 유럽에서 나쁜 인간을 만들어냈어. 하지만 우리들은 좋은 인간을 만들어 낼거요. 내가 격한 표현을 써서 미안합니다만, 나, 헨리 원더굳은 한동안 돼지들만 만들어 냈어요. 나는 아주 자랑스럽게 이야기할 수 있는데, 나의 돼지들은 저 원수 몰리트케보다도 더 많은 훈장과 메달을 가지고 있소. 하지만 나는 이제 인간들을 만들기를 원합니다.

여기서 우리는 성경에 나오는 복음서 이야기가 풍자화되고 있음을 본다. 즉 예수가 귀신들린 여인의 악귀를 쫓아내자, 그 악귀가 돼지 떼 속으로 들어갔으며, 공수병에 걸린 돼지들은 강물로 뛰어들어가 빠져 죽었다는 성경 복음서(누가복음: 8장 32–36절) 이야기가 연상된다. 도스또옙

60) Леонид Андреев, *Дневник Сатаны*,, Гельсингфорс: Библион, 1921, с.13

61) Там же, с.31.

스키는 이 복음서 중의 한 구절을 『악령』의 에피그라프에 인용하였다.[62]

한편 점차로 자신의 외모에 완전히 익숙해진 악마는 점점 더 인간화되고 세속화되면서 아주 비극적인 인물로 변모해 가며, 결국은 자신의 삶을 자살로써 끝마친다. 안드레예프의 논리에 따르자면, 악마는 이미 자유로운 배우가 아니며 세상의 종말을 염원하는 인간들의 손 안에 놀아나는 로봇이며 희생양인 것이다. 등장인물 가운데 한 사람인 포마 마그누스(Фома Магнус)가 말하듯이, 사탄은 인간들한테 늦게 나타났으며, 그 사이에 인간들은 이미 '악'을 창조하여 버렸다.[63] 안드레예프의 사고에 의하면, 인간 세상에서의 모든 악은 밖으로부터 오는 것이 아니고, 인간들에 의하여 만들어지는 것이며, 따라서 이 지구상에 행해지는 모든 비극적 사건들의 죄는 바로 인간들 스스로에게 있다는 것이다. 불가코프의 악마에 대한 사고 또한 안드레예프의 이러한 사고에 매우 근접하여 있음을 본다. 그러므로 불가코프의 작품 속에서 현세를 뛰어넘어 환상적으로 그려지는 저승세계와 이에 등장하는 악마적 등장인물들은 종종 풍자적 색채를 띠며 묘사된다. 따라서 불가코프 작품을 읽는 독자들은 처음에는 이러한 악마적 등장인물들이 사건에 비극적으로 영향을 미치는 것으로 착각하지만 나중에는 비극적 대파탄의 주원인이 악마들이 아닌, 바로 인간들 내부에 존재함을 깨닫게 된다.

이와 같이 러시아 문학 속에서 외국인의 형상은 낯설고 비밀스러운 외국인의 형상, 머나먼 저승세계로부터 온 악마의 형상 등으로 존재하여 왔다. 추다코바(Чудакова)는, '외국적'인 것과 '악마적'인 것을 동일시한 것은 러시아 역사 속에서 깊숙이 뿌리내려 왔으며, 특히 1920년대 초

62) Тут на горе паслось большое стадо свиней,〈...〉 и бросилось стадо с крутизны в озеро и потонуло. // Ф. М. Достоевский, *Соб. соч. в 10 тт,* (Москва: Художественная литература, 1957), т. 7, с.5.

63) Леонид Андреев, *Дневник Сатаны,*, Гельсингфорс: Библион, 1921, с.277.

에 이러한 경향이 활발하게 되살아났다고 지적하고 있다.[64] 1920년대 초 소비에트 문학에 등단하는 일련의 작품들에는 외국인을 마치 옛날 이야기 속에 나오는 마법사인 것처럼 환상적이며 신기한 묘술의 소유자로 그리고 있다.

에렌부르그(И. Эренбург)의 소설『후리오 후레니토와 그 제자들의 기이한 여행(Необычайные похождения Хулио Хуренито и его учеников』(1922)의 주인공은 위대한 선동가이며 악마적인 외국인으로서 부분적으로는 안드레예프의『사탄의 일기』(1921)를 연상시킨다. 이와 같이 1920년대 초는 불가코프가 모스크바 문학계에서 문학활동을 시작하였던 시기였으며, 작품의 제재나 혹은 주제를 이루는 주인공으로서 '외국인'을 등장시키는 것이 매우 유행하였던 시기였다. 말끔히 면도를 한 얼굴에 세련미 넘치는 신사복을 입고, 항상 침착하고 공손한 외국인이 주인공으로 등장하든가 하면, 비밀탐정의 임무를 띠고 외국인 복장을 한 채 은밀히 입국한 망명자, 즉 사이비 외국인이 주인공으로 등장하였으며, 이들 주인공들의 악마적인 특성이 암시되도록 내용이 전개되어졌다.[65] 이와 같이 하나의 문화적 전통처럼, 외국인의 형상에 악마적 특성을 부여하는 문학적 흐름 속에서 불가코프에게 특히 영향을 주었던 몇몇 작가들의 작품들을 찾아볼 수 있었다.

그런데 여기서 한가지 더 특징적인 것은 이미 야블로코프(Е. Ябло ков)가 자신의 책(Художественный мир Михаила Булга кова)에서 지적하였듯이, 불가코프 작품에 등장하는 일련의 악마적 인물들은 거의 모두가

64) Иностранное』 как『дьявольское』 — отождествление, уходящее в глубь россиискои истории, но, как видим, сильно оживившееся в самом начале 20–х годов.『Иностранец』 появляется на Патриарших прудах в романе Булгакова в 1928 году отнюдь не на пустом месте, как могло бы паказаться, а скорее замыкая собою длинную вереницу иностранцев–космополитов — персонажей с дьявольщиной. // М. О. Чудакова, *Жизнеописание Михаила Булгакова,* Москва: Книга, 1988, сс.390–391.

65) Там же, с. 389.

이름과 부칭이 반복되는 이중적 구조의 이름을 지니는 특징이 있다.[66]

즉 예를 들어, 『악마의 서사시(Дьяволиада)』와 『도망(Бег)』에 등장하는 'Артур Артурович'(아르투르 아르투로 비치), 『젊은 의사의 수기(Записки юного врача)』에 등장하는 'Леопольд Леопольдович'(레오뽈리드 레오뽈리도비치), 『개의 심장(Собачье Сердце)』과 『사자의 수기(Записки покойника)』에 등장하는 'Филипп Филип пович'(필립 필립뽀비치), 역시 『개의 심장』에 등장하는 'Полиграф Полиграфович'(뽈리그라프 뽈리그라포비치), 또한 『사자의 수기』에 등장하는 'Альберт Альберто вич'(알베르트 알베르토비치)와 'Арнольд Арнольдович'(아르놀리드 아르놀리도비치), 그리고 『거장과 마르가리따(Мастер и Марга рита)』에 등장하는 'Арчибальд Арчибальдович'(아르치발리드 아르치발리도비치) 등이 있다.

이상에서 살펴본 바와 같이, 불가코프 작품에 등장하는 일련의 외국적 등장인물들(뚜가이 벡 공작, 볼란드, 낯선 신사 등)에는 외국에서 은밀하게 잠입하여 나타나는 외국계 스파이와도 같은 '비밀스러운 외국인'의 형상이 존재하며, '외국'을 단순히 지리적 위치에서의 외국이 아닌 '저승세계' 내지는 '내세' 등으로 표현하면서, '외국인'에게 악마적 특성을 부여하였던 러시아 문학의 오래된 전통적 흐름의 영향하에 환상적이며 풍자적으로 묘사되는 '비밀스러운 악마'의 형상이 나타나고 있음을 알 수 있다.

II-3. 나폴레옹과 중세 프랑스 기사의 형상

불가코프 작품에 등장하는 악마적인 외국인의 형상에는 종종 민족적, 역사적 신화들이 풍자화되고 있다. 그 중에 1812년의 조국전쟁(Отечественная война)은 역사적 사건이 아닌 하나의 유명한 신화로서

66) Е. А. Яблоков, *Художественныймир Михаила Булгакова*, Москва, 2001, с. 226.

풍자화된다. 즉 조국전쟁의 주인공 나폴레옹(Наполеон)이 역사적 인물이 아닌, 신화 속의 '반그리스도'로서 풍자화되는 것이다. 불가코프가 문학활동을 시작하던 1920년대 초로부터 이미 100여 년 전에 벌어졌던 역사적인 대사건과 역사적 등장인물이 이제 더 이상 '역사적'이지 않고, 하나의 신화처럼 변모되어, 나폴레옹이 곧 '반그리스도'로서 신화화된다. 나폴레옹을 반그리스도로 묘사하기 시작한 것은, 1812년 조국전쟁의 동시대에 있어서는 시대적 상황을 특징짓는 흐름이어서 톨스토이의『전쟁과 평화』와 고골의『죽은 혼』 등에서 묘사되었었다.[67] 이미 잘 알려진 바와 같이, 이들 두 작품은 불가코프의 창작에 많은 영향을 미쳤으며, 따라서 불가코프 작품 속에서도 나폴레옹의 형상은 '반그리스도'로서 자주 등장하고 있음을 발견할 수 있다.

우선, '나폴레옹적'인 유형의 등장인물들은 외모에 있어서 서로서로 비슷하게 생겼으며, 진짜 나폴레옹의 모습처럼 묘사되고 있다. 즉 이들은 모두 키가 작으며 블루네트(брюнет)[68]이고 말끔히 면도를 한 사람들로 묘사되는 것이다. 중편『악마의 서사시』에서 칼리소네르(Кальсонер)의 추격 과정 중 카로트코프(Коротков)에 의하여 우연히 저질러지는 에피소드 가운데, 대형 오르간이 나폴레옹에 대한 국민가요(Шумел–горел по жар московский...)(Булгаков–2, p.26)를 연주하기 시작하자, 무시무시 한 칼리소네르의 모습이 마치 모스크바 화재에 대한 노래에 응답이라도 하듯이 갑자기 자신의 진짜 모습으로 바뀌게 되는데, 바로 나폴레옹과 똑같게 묘사된다(Булгаков–2, p.27). 즉 푸른 빛이 돌 정도로 말끔히 면도를 하였고, 대머리를 하고 있으며, 갈색머리에 키가 매우 작달막하며, 어깨가 딱 벌어질 정도로 넓은 사각형의 몸통을 하고 있다.

---

67) 『죽은 혼』에서 주인공 치치코프(Чичиков)는 반그리스도와 나폴레옹으로 간주된다.

68) 블루네트(брюнет): 모발(피부, 눈)이 갈색인 사람. 블론드(блондин)–금발머리와 대조를 이룸.

Этот неизвестный был настолько маленького роста, что достигал высокому Короткову только до талии. Недостаток роста искупался чрезвычайной шириной плеч неизвестного. Квадратное туловище сидело на искривленных ногах,... (Булгаков–2, p.11)

이 낯선 사나이는 키가 아주 조그마해서 키 큰 카로트코프의 허리에나 겨우 닿을 정도였다. 그는 키 작은 결점을 굉장히 넓은 어깨로 보상하고 있었다. 사각형의 몸통이 구부러진 다리 위에 얹혀져 있었으며...[69]

또한 중편『비운의 달걀』에서도 나폴레옹을 연상시키는 많은 장면들이 묘사되고 있다. 이러한 사실에 대하여는 이미 당시 1920년대에도 많은 비평가들이 이야기한 바 있다. 가령, 1925년에 쉬클로프스키(В. Шкловский)는『비운의 달걀』의 종말에서 뱀 떼를 일시에 박멸시킨 것은, 바로 나폴레옹을 멸망시킨 모스크바의 살인적 추위였다고 말하였다.[70] 하지만 이러한 장면보다도 소설 속에서 나폴레옹에 더 가깝게 그려지면서 나폴레옹을 연상시키는 것은 바로, 뻬르시코프 교수가 고안한 발명품을 직접 실용화하기로 결정한 등장인물 알렉산드르 세묘노비치 록(Александр Семёновичи Рокк)이다.

Он был страшно старомоден. 〈...〉 Маленькие глазки смотрели на весь мир изумленно и в то же время уверенно, что–то развязное было в коротких ногах с плоскими ступнями. Лицо иссиня–бритое. (Булгаков–2, p.81)

그는 아주 구식 모양새를 하고 있었다. 〈...〉 조그만 눈동자들은 놀라서 온 사방을 두리번거렸으며, 그와 동시에 평발 발걸음에 짧은 다리는 뭔가 예의롭지 못함이 확실히 느껴졌다.[71]

---

69) 미하일 불가코프,『악마의 서사시』, 정연호 옮김, (서울: 열린책들, 1998), p.202.

70) В. Шкловский, *Гамбургскийсчет: Статьи—воспоминания—эссе.1914–1933*, Москва: Советский писатель, 1990, с.301.

71) 미하일 불가코프,『비운의 달걀』, 정연호 옮김, (대구: 대구효성가톨릭대출판부, 1999), pp.91–92.

이와 같이 나폴레옹과 유사한 외모를 갖춘 록(Рокк)은 수많은 뱀, 타조 등의 파충류 떼를 방출시켜, 파충류들이 떼를 지어 모스크바를 향해 진격하게 만듦으로써 결국 그가 파충류 떼의 통솔자이며 수괴처럼 되어 버린다. 그런데 여기서 흥미로운 것은, 록 자신이 결국 자신의 파충류 군대에 의해서 제일 먼저 고통을 당하는 첫 번째 희생양이 된다는 것이다. 즉 거대한 뱀이 그의 아내를 송두리째 집어삼키며, 이를 곁에서 지켜본 록은 공포로 인하여 노쇠한 백발의 노인이 되고, 결국 거의 죽은 것이나 진배없이 되어 버린다. 본래, '록(Рокк)'이라는 성(Фамилия)도 '운명'을 뜻하는 'Рок'과 똑같게 발음되며, 19세기 당시에는 프랑스 황제이며 사령관(나폴레옹)에 대하여 '운명의 인간(человек рока)'이라 불렀다.

또한 이와 같은 '나폴레옹적'인 연상은 장편소설『백위군』에서도 나타난다. 소설에 등장하는 우크라이나 반동정부의 지도자 뻬뜨류라(Петлюра)는, 18세기 말 프랑스 집정정부를 전복시키고 스스로를 황제라 선포한 나폴레옹과 유사하게 묘사된다. 이러한 나폴레옹적인 연상의 결과로, 소설 속에서 묘사되는 '도시(Город)'는 분명히 키예프(Киев)가 원형 모델임에도 모스크바(Москва)를 연상시키며, 도시의 수호자들도 마치 보로지노(Бородино) 전투를 준비하는 것처럼 묘사된다. 특히 알렉산드르 중학교의 중앙현관 대형홀 안에 모여든 학생들의 눈에 계단 옆에 내걸린 대형 초상화가 보이는데, 이는 바로 보로지노 들녘을 배경으로 한 알렉산드르 1세의 초상화이다. 이와 같이 '도시(Город)'를 사수하고자 하는 전투가 보로지노 전투와 비교되는 것은 작가의 풍자적 의도가 다분히 내재되어 있다. 즉 도시를 수호하려 하였던 어린 학생들은 그들의 지휘관들에게 배신당하며, 결국 '새로운 보로지노'에서의 승리는 바로 나폴레옹, 즉 뻬뜨류라에게로 돌아가는 것이다.

또한『거장과 마르가리따』에 등장하는 악마 볼란드도 나폴레옹에 비유된다.[72] 즉 그가 빠쉬코프(Пашков)의 집 테라스의 삼각의자 위에 앉아서 멀리 바라다보이는 모스크바의 화재를 굽어볼 때의 모습이 나폴레옹에 비유되는 것이다(Булгаков–5, pp.348–9). 사실상, 볼란드는 모발이 갈색인 블루네트(брюнет)로 묘사되기는 하나, 작은 키로 묘사되고 있지는 않다. 하지만 『거장과 마르가리따』에는 볼란드 이외에도 나폴레옹을 연상시키기에 충분한 몇몇 등장인물들이 나타난다. 이들은 슬라브족이 아닌 이민족이거나, 아니면 외국인을 사칭하며 외국인인 체 행동하는 러시아인이다.

예를 들면, 유태인으로 묘사되는 베를리오즈(Берлиоз)는 회색빛 여름 양복 정장을 입고, 위가 뻬로그 모양처럼 튀어나온 고상해 보이는 중절모를 쓰고 등장하는데 이는 나폴레옹이 항상 회색 프록코트에다 위가 뾰족한 삼각모자를 쓰고 있는 모습과 흡사하다. 게다가, 베를리오즈는 작달막한 키에 매우 살찐 타입으로 그려진다(Булгаков–5, p.7). 또한 베를리오즈와 유사하게, 그리보예도프(Грибоедов)의 집에서 이반 베즈돔느이(Иван Бездомный)한테 갑자기 얻어맞는 어느 무명의 문학가도 살찐 얼굴에 면도를 하고 있으며 매우 뚱뚱한 것으로 묘사되고 있다(Булгаков–5, p.64). 또한 외국인 전용상점에서 외국인 행세를 하다가 들통이 나는 가짜 외국인 역시 낮은 키에 완전 사각형의 땅달한 몸통에다 얼굴은 푸른 빛이 돌 정도로 말끔히 면도를 하고 있으며(Булгаков–5, p.338) 대머리이다(Булгаков–5, p.341).

하지만 불가코프 작품에 나타나는 '프랑스적'인 연상들이 위에서와 같이 반드시 나폴레옹과 같은 부정적인 이미지로만 그려지고 있지는 않다. 가령, 몇몇 등장인물은 프랑스의 중세기사와 매우 흡사한 모습으로 그려지고 있다. 장편소설 『백위군』에 등장하는 나이–뚜르스(Най–Турс)

---

72) Б. М. Гаспаров, *Литературные лейтмотивы: Очерки русской литературы XX века*, Москва, 1994, с.49.

대령은 우선, 이름 자체가 펠릭스 펠릭소비치(Феликс Феликсович)인데, 이는 '행운' 또는 '행복'을 뜻하는 라틴어 'felix'에서 기인되었다고 볼 수 있으며, 이름의 이중적 구조로 인하여 대령의 이름은 '가장 행복한'의 뜻을 지닌 것으로도 해석될 수 있다. 카간스카야(M. Каганская)가 지적하고 있듯이, 이러한 '프랑스적'인 연상들은 덕망 높은 중세기사 나이-뚜르스 대령의 형상에서만 나타나는 것이 아니라, 그의 가족들의 형상 속에서도 발견된다.[73] 예를 들면, 나이-뚜르스 대령의 어머니의 이름은 마리야 프란쩨브나(Мар ия Францевна)인데, 이는 마리야 프란추스카야(Мария Франчуз ская)식의 이름을 연상시키며, 대령의 누이동생 이리나(Ирина)는 외국인 여자와 비슷하게 생겼는데(Булгаков-1, p.403), 그녀는 발음이 분명치 않아 나이-뚜르스처럼 러시아어 'P'의 발음을 프랑스식으로, 즉 목젖으로 발음한다(Булгаков-1, pp.526 -32). 또한 나이 -뚜르스 대령이 죽은 후에, 그는 천국에서 십자군단 병사들 가운데 나타나는데, 이때 그려지는 그의 외모에서도 역시 중세기사의 특성이 잘 나타나고 있다.

> На голове светозарный шлем, а тело в кольчуге, и опирался он на меч длинный, каких уже нет ни в одной армии со времен крестовых походов. Райское сияние ходило за Наем облаком. (Булгаков-1, p.233)
>
> 머리에는 번쩍거리는 투구를 쓰고 갑옷으로 몸을 두르고 있었으며, 십자군 원정 이래로는 어느 군대에서도 써 본 일이 없을 것 같은 긴 칼에 몸을 기대고 서 있었다. 매혹적인 후광이 그의 뒤로 구름처럼 지나가고 있었다.[74]

이러한 중세기사의 모습은 『개의 심장』에 등장하는 쁘레오브라젠 스

---

73) M. Каганская, "Белое и красное" *Литературное обозрение*, 1991, No.5, c.99.

74) 미하일 불가코프, 『백위군』, 유승만 옮김, (서울: 열린책들, 1996), p.94.

키(Преображенский)교수의 외모에서도 잘 드러나고 있다. 그는 마치 중세 프랑스 기사(Французский рыцарь)처럼 끝이 뾰죽한 턱수염에 희끗하고 북슬북슬하며 위풍있는 콧수염을 지녔다(Булга ков-2, p.135). 특히 그가 조수 보르멘탈리(Борменталь)와 한밤중에 은밀한 대화를 나눌 때는, 고대 프랑스 왕과도 유사하게 묘사되고 있으며(Булгаков-2, p.192), 그가 자주 읊조리는 톨스토이(А. К. Толстой)의 시구 노래: "От Севильи до Гренады"의 로망스는 완전히 중세 기사도적인 테마로 구성되어 있다.

또한『거장과 마르가리따』에서도 여주인공 마르가리따(Маргарита)는 마지막 무도회에서 '프랑스적'인 연상과 관계되어 있음이 드러나는데, 즉 그녀를 무도회장으로 안내하면서 코로비요프(Коровьёв)는 다음과 같이 이야기한다.

> Вы сами—королевской крови. 〈...〉 Ах, королева, 〈...〉 вопросы крови—самые сложные вопросы в мире! 〈...〉 Я ничуть не погрешу, если, говоря об этом, упомяну о причудливо тасуемой колоде карт. 〈...〉 Одна из французских королев, жившая в шестнадцатом веке, надо полагать, очень изумилась бы, если бы кто-нибудь сказал ей, что её прелестную праправнучку я по прошествии многих лет буду вести под руку в Москве по бальным залам(Булгаков-5, pp.244-5).

> 당신 자신도 왕가의 혈통을 잇고 계십니다. 〈...〉 아, 여왕 폐하, 〈...〉 혈통의 문제는 세상에서 가장 복잡한 문제입니다! 〈...〉 설령 제가 이런 말씀을 드리면서 진묘하게 섞일 수 있는 한 벌의 트럼프의 카드 같다고 말하더라도 조금도 죄를 짓게 되지 않을 겁니다. 〈...〉 16세기에 살고 있었던 한 프랑스의 여왕께서는 여러 해가 지난 뒤 당신의 고손자의 아름다운 고손녀를 제가 팔을 잡고 모스크바의 무도회장으로 안내하고 있다는 말을 들으신다면 보나마나 크게 놀라실 겁니다.[75]

---

75) 미하일 불가코프,『거장과 마르가리따』하, 박형규 옮김, (서울: 한길사, 1991), pp.61-62.

불가코프 작품에서 이러한 혈통(крови)에 대한 유사한 모티브가 처음으로 나타나는 것은, 『개의 심장』에서 개 샤릭(Шарик)이 수많은 떠돌이 개 가운데 왜 하필이면 자신이 선택되었을까를 제 나름대로 곰곰이 상상해 보는 장면에서이다. 오랫동안의 묵상 끝에 결국 샤릭은 자신이 고귀한 귀족 출신의 혈통을 지녔기 때문에 '선량한 마법사', 쁘레오브라젠스키 교수가 자신을 선택한 것이라고 결론짓고 있다.

> Я — красавец. Быть может, неизвестный собачий принц-инкогнито,— раз мышлял пес, глядя на лохматого кофейного пса с довольной мордой, разгуливающего в зеркальных далях,— очень возможно, что бабушка моя согрешила с водолазом. То-то я смотрю, у меня на морде белое пятно. Откуда оно, спрашивается? Филипп Филиппович — человек с большим вкусом, не возьмет он первого попавшегося пса-дворника... (Булгаков-2, p.147).

> '나는 미남이야. 아마도 아직 세상에 알려지지 않은 익명의 개 황태자일지도 몰라.' 개는 묵상하면서, 거울 속 저만치에서 왔다갔다하며 폼을 잡고 있는 커피색 털복숭이 개의 만족스런 낯짝을 쳐다보았다. '우리 할머니가 뉴펀들랜드산 개와 눈이 맞아 잘못을 저질렀을 가능성도 다분하지. 바로 그래서 지금 보이듯이 내 낯짝에 하얀 반점이 생긴 걸거야. 그렇지 않다면 그 반점이 어디에서 생겨났는가 하는 데에 문제가 있지 않겠어? 필립 필립뽀비치는 대단한 미적 기호를 가진 사람이라고. 첫눈에 보아 그냥 아무 개나 집 없는 떠돌이 개를 데려오지는 않았을 거야'[76]

이와 같이 불가코프는 자신의 작품을 통하여 순수한 혈통, 또는 태생적 순수성 등의 문제에 대하여 근본적으로 이의를 제기하고 있으며, 어느 한사람을 놓고 그 사람이 어느 민족에 속한다고 정의하는 것은 실제로 불가능하다는 견해를 피력한다. 즉 모든 사람의 '피' 속에는 어느 정

76) 미하일 불가코프, 『개의 심장』, 정연호 옮김, (서울: 열린책들, 1998), p.70.

도의 '외국적'인 피가 흐르고 있으며, 따라서 어떤 임의의 사람도 어느 정도는 '외국인'일 수 있다는 것이다. 이에 반하여 순수한 혈통만을 자랑하는 것은, 어느 한 민족이 다른 민족보다 생물학적 또는 인종적 우월성을 지녔음을 불합리하게 주장하는 것과도 같이 어리석고 무의미한 짓인 것이다.

이상에서 살펴본 바와 같이, 불가코프 작품에서 그려지는 외국인의 형상에는 『악마의 서사시』의 칼리소네르, 『비운의 달걀』의 록, 『백위군』의 뻬뜨류라, 『거장과 마르가리따』의 볼란드, 베를리오즈 등에서와 같이 반그리스도로서의 나폴레옹의 형상이 나타나고 있으며, 『백위군』의 나이-뚜르스 대령, 『개의 심장』의 쁘레오브라젠스키 교수, 『거장과 마르가리따』의 여주인공 마르가리따 등에서와 같이 중세 프랑스 기사의 형상이 나타나거나 혹은 프랑스적 혈통과 연계되어져 있는 것으로 묘사되고 있다.

II-4. 러시아계 독일인의 형상

앞의 장에서 살펴본 바와 같이, 사람은 누구나 어느 정도 '외국인'일 수 있다는 기본적인 생각을 가졌던 불가코프는 민족성의 문제에 대하여 평등한 시각을 지녔다. 하지만 외국인에 대한 이러한 근본적인 세계관을 지니고 있었음과 동시에, 불가코프는 당시 소비에트가 주창하던 '세계주의'에 대하여는 철저히 반대하였다.[77] 즉 모든 인간은 자신의 조국을 사랑해야 할 의무를 지니고 있다는 것이다. 그러므로 작가 불가코프는 자신의 작품에서 자신의 개인적인 이익과 영달을 위하여 자신의 민족성을 속이고 조국과 인민을 배반하는 등장인물들을 날카롭게 비판

77) 1920년대-1930년대 소비에트 사회에서 '애국주의'는 '부르조아적'으로 비난되었다.

하고 있다. 이러한 민족 동일성 또는 민족 정체성의 문제가 확연히 제시되고 있는 작품은 바로 역사소설『백위군』이다.

『백위군』에는 당시 우크라이나의 드라마틱한 역사적 상황이 그대로 잘 반영되어져 있다. 우크라이나는 러시아 역사 이래로 러시아 제국으로부터 떼어낼래야 떼어낼 수 없는 한 부분이였으며, 오히려 러시아 최초의 고대국가는 바로 키예프(Киев)를 중심으로 발원하여, 키예프-루시(Киевская Русь)라 불렸다. 지금도 키예프를 가리키는 이름 중에는 '러시아 도시들의 어머니'(мать городов русских)라는 칭호가 있을 정도로 오래 전부터 키예프는 러시아인들의 마음 속에 '변방'이 아닌 '중심'으로 자리잡고 있었다. 하지만 1917년 이래로 우크라이나는 자신의 독자적인 길을 걷게 되며, 수많은 러시아인들의 의사와는 상관없이 정치적인 목적에 휘말려 완전히 러시아로부터 떨어져 나아가기 시작하였다.

1918년 우크라이나의 정치 지도자들[78]의 정치적 책략에 의하여 당시 우크라이나에서는 강한 민족적 경향이 맹위를 떨쳤었다. 하지만 놀라운 것은 '우크라이나 민족'을 외치고, '우크라이나어'를 강조하는 '민족성'의 문제가 날카롭게 대두되던 당시에 주민들의 대부분은 러시아인들이였으며,[79] 대다수의 사람들은 우크라이나의 운명을 결정짓는 중요한 '민족성'의 문제에 동의하지 않았다. 그러므로 역사소설『백위군』에는 정치적 시국에 편승하여 우크라이나인 행세를 하는 등장인물들이 신랄하게 풍자되어 있다. 그 중에 의사 쿠리쯔키(Курицкий)의 행세에 대하여 주인공 알렉세이 뚜르빈(Алексей Турбин)은 다음과 같이 빈정대는 말투로 이야기한다.

---

78) 처음에는 독일군 점령하(下)의 헤트만(гетман) 정부가 통치하였으며, 독일군이 물러나고 뻬뜨류라(Петлюра)의 반동정부(Директория)가 통치하였다.

79) 불가코프는 키예프에서 태어나 성장하였고, 1919년 중엽까지 사실상 키예프에 거주하였다. 당시에 러시아인들의 인구가 약 50%, 우크라이나인이 약 17%였던 것으로 알려져 있다.

> ...Он, извольте ли видеть, разучился говорить по-русски с ноября прошлого года. Был Курицкий, а стал Курицький... Так вот спрашиваю: как по-украински "кот"? Он отвечает "кит". Спрашиваю: "А как кит?" А он остановился, вытаращил глаза и молчит. (Булгаков-1, p.209)
>
> 그 놈은 작년 11월 이래로 러시아어를 잊어버린 것처럼 보였어. 이름도 우크라이나식 표기로 바꾸고.... 그래 우크라이나어로 '꼬트'를 뭐라 하느냐 하니까, '끼트'라고 하질 않겠어. 그래 이번에는 우트라이나어로 '끼트'는 뭐라 하느냐고 물었지. 그러자 그는 할 말을 잃고 눈살을 찌푸리며 말문을 못 열었지.[80]

이와 같이 자신만의 개인적 영달을 위하여 정치적 시국에 따라 자신이 태생한 민족의 이름을 자주 바꾸는 등장인물의 가장 대표적인 예(例)로 딸베르그(Тальберг)를 들을 수 있다. 그는 처음에 발틱해 연안 출신의 신중한 사람으로 등장하는 러시아계 독일인(русский немец)이다 (Булгаков-1, p.216). 그의 조상들은 뾰뜨르(Пётр)대제시대에 러시아로 이주하여 러시아에 동화되었다. 하지만 작품 속에서 불가코프에 의하여 그려지는 그의 행적에 따르면, 아무리 세월이 흐르고 수많은 세대를 이어 내려왔어도 자신의 '피'(유전인자)는 못 속이며, 아무 흔적도 없이 완전히 동화될 수는 없다는 것이다. 딸베르그 대위는 『전쟁과 평화』의 베르그(Берг)를 연상시키며, 베르그처럼 이중적이고 타산적이며 신중한 사람으로 묘사된다.

> Скверно действовали на братьев клиновидные, гетманского военного министерства погоны на плечах Тальберга. Впрочем, и до погон ещё, чуть ли не с самого дня свадьбы Елены, образовалась какая-то трещина в вазе турбинской жизни, и добрая вода уходила через неё незаметно. Сух сосуд. Пожалуй,

---

80) 미하일 불가코프, 『백위군』, 유승만 옮김, (서울: 열린책들, 1996), p.57.

главная причина этому в двухслойных глазах капитана генерального штаба Тальберга, Сергея Ивановича... (Булгаков–1, p.194).

딸베르그의 어깨에 달린 쐐기 모양의 우크라이나 전투부대 견장은 두 형제에게 꺼림칙한 느낌을 주었다. 이 견장 때문만이 아니라 그 이전, 그러니까 옐레나가 결혼하던 바로 그 날부터 뚜르빈가의 생활이라는 대야에는 어떤 균열이 생겼으며, 그 틈으로 알지 못하는 사이에 좋은 물이 새어나가고 있었던 것이다. 그 대야는 이미 말라 있었다. 그리고 그 주된 원인은 참모부장 세르게이 이바노비치 딸베르그의 이중적인 눈 속에 깃들여 있는 것처럼 보였다......[81]

이와 같이 딸베르그는 헤트만(Гетман)정부하의 참모부에 들어가기 이전에도 어딘가 뚜르빈(Турбин)가의 가족 구성원들과는 심리적으로 구별되어 있었고, 뚜르빈가의 안락한 분위기에 완전히 동화되지 못하고 있었다. 작품 속에서 딸베르그의 아내 옐레나(Елена)는 푸쉬킨의『스페이드의 여왕』(Пиковая дама)에 등장하는 리자(Лиза)에 종종 비유되고 있다(Булгаков–1, p.215). 그러므로『백위군』의 딸 베르그는『스페이드의 여왕』의 게르만(Германн)과 쉽게 비교된다.

Германн — человек двойной природы, русский немец, с холодным умом и пламенным воображением — жаждет внезапного обогащения. Это заставляет его вступить в чуждую для него сферу Случая.[82]

냉철한 이성과 열정적 상상력을 지닌 이중적 인격의 소유자이며 러시아계 독일인인 게르만은 벼락부자가 되기를 갈망한다. 이것이 그로 하여금 자신한테 낯선 도박판에 뛰어들게 만들고 있다.

---

81) 앞의 책, p.34.

82) Ю. М. Лотман, *Избранные статьи: В 3 тт*, Таллинн: Александра, 1992, т. 2, с.405.

푸쉬킨의 게르만이 확실한 카드 석 장의 비밀을 알아내기 전까지는 운명적인 부름에 과감히 자신의 몸을 내던지지 못하듯이, 불가코프의 딸베르그 또한 절대로 위험을 무릅쓰지 않으면서 확실한 것만 추구해 나아가기를 원한다. 즉 그는 자신이 추측한 대로 사건이 전개되어 나아갔다면 더할 나위없는 인생을 살았을 정도로 항상 미래의 일어날 일들에 대하여 헛되이 추측하려 하였다(Булгаков-1, p.198). 그는 독일 점령군이 헤트만 정부를 지지하고 나섰을 때 치러진 선거에 적극 참가하여 활발한 운동을 전개한다. 딸베르그는 어제까지의 부러움에 대상이었던 독일식 승마용 바지 대신에 이상하게 생긴 까자크 복장으로 갈아 입었으며, 대중들 앞에 서서는 모스크바를 향하여 저주스러운 욕설을 퍼부으면서 우크라이나 독립을 부르짖었다(Булгаков-1, p.197). 한 달 사이에 딸베르그는 '유일한 하나의 러시아'의 주창자에서 '우크라이나적 이데아'의 수호자로 변신하였으며, 진짜 우크라이나인인 것처럼 변장하기 위하여 무던히 노력한다. 즉 그는 우크라이나 문법책으로 문법 연습문제를 풀 정도로 우크라이나어를 열심히 공부하는 것이다(Булга ков-1, p.197).

하지만 독일군이 우크라이나를 떠날 상황에 부닥치고 헤트만 정부의 권력이 땅에 떨어지자, 딸베르그는 황급히 독일행 기차에 몸을 싣고 떠남으로써(Булгаков-1, p.196), 다시 독일인이 되기 시작한다. 이러한 딸베르그의 인간적 형상은 주인공 알렉세이 뚜르빈에 의하여 '명예심이라고는 눈곱만큼도 없는 비열한 놈'(Булгаков-1, p.217)으로 묘사되고 있을 뿐만 아니라, 그가 읽으려고 잡은 책의 첫 장에 쓰여진 글귀: "Русскому человеку честь—одно только лишн ее бремя...(러시아인에게 명예는 쓸모없는 부담거리일 뿐...)"(Бул гаков-1, p.217)에 의하여 재차 강조되고 있다. 그런데 알렉세이가 읽어내려 가다가 멈춰선 이 글귀는 도스또옙스키의 『악령』에 나오는 글귀인 것이다. 도스또옙스키의 소설에서 이 글귀는 기존의 도덕, 문화, 사상을 극단적으로 멸시하는 냉소주의자이며 세계주의의 신봉자인 작가 카르마지노프(Кармазинов)에게 해당된다. 그는 '러시아' 라는 곳은 언제든지 아무 저항 없이 무사통과할 수 있는 곳이며, 매년 해외로 빠져나가려 하는 러시아인들의 수가 점점 더 불어나는 이유를 다음과 같이 설명한다.

> Если кораблю потонуть, то крысы первые из него выселяются. Святая Русь—страна деревянная, нищая и... опасная, 〈...〉 Россия, как она есть, не имеет будущности. Я сделался немцем и вменяю это себе в честь.[83]
>
> 만일 배가 침몰되면, 제일 먼저 쥐들이 도망쳐 보금자리를 옮기는 걸세. 신성한 러시아—그것은 목조로 된 군색하기 이를 데 없는, 그리고...... 위태로운 나라일세... 〈...〉 현재에 있는 그대로의 러시아는 미래가 없어. 그래서 나는 독일 사람이 되었고 그것을 영광으로 생각하는 바이네.[84]

하지만 우연찮게도 사람들은 나중에 카르지마노프를 '배 밖으로 이주해 나가는 쥐'[85]라 부른다. 이와 유사하게 희곡 『뚜르빈가의 하루』(Дни Турбиных)에서도 니꼴까(Николка)는 딸베르그를 또한 쥐(крыса)에 비교하고 있다.

> Николка: Алёша, ты знаешь, я заметил, он на крысу похож.
> Алексей: А дом наш на корабль.(Булгаков–3, p.19).
>
> 니꼴까: 알료샤, 나는 그가 쥐와 비슷하다는 것을 눈치챘어.
> 알렉세이: 그러면 우리 집은 배가 되는 거네.

---

83) Ф. М. Достоевский, *Собр. соч. в 10 тт*, Москва: Художественная литература, 1957, т. 7, с.388.

84) 도스또옙스키, 『도스또옙스키전집-(1) 악령』, 이 철 번역, (서울: 정음문화사, 1983), p.304.

85) Ф. М. Достоевский, *Собр. соч. в 10 тт*, Москва: Художественная литература, 1957, т. 7, с.390.

또한 희곡『도망』에 등장하는 빠라몬 코르주힌(Парамон Корзухин)도 딸베르그와 매우 유사한 형상을 지녔으며, 딸베르그의 '민족성'보다 더 선명한 형태의 '민족성'이 극렬하게 드러나고 있다. 그는 안경을 쓰고 아주 값비싼 모피외투에 항상 서류가방을 들고 다닐 정도로 범상치 않은 유럽풍의 외모를 지녔다(Булгаков–3, p.230). 이는 앞서 살펴본 바와 같이,『따따르 왕의 불』에서 가짜 외국인 행세를 하는 뚜가이–벡 공작을 연상시킨다.『도망』의 첫 원고에서는 코르주힌의 이런 특징적인 외모에 대하여 보다 더 부정적으로 그리고 있다.

> Это необыкновенно европейского вида, бритый и красивый, но ртом несколько похожий на жабу человек.[86)]
>
> 범상치 않은 유럽풍 외모의 그 사람은 면도를 하였으며 잘생겼다. 하지만 그는 입이 두꺼비처럼 생긴 사람이다.

이와 같이 범상치 않게 외국인처럼 생긴 코르주힌은 양심도, 명예도 전혀 없으며 오로지 자신의 이익만을 걱정한다. 그는 자신의 아내 세라피마(Серафима)와의 친분이 탄로나면, 자신의 명예에 손상을 입을 위험 때문에, 결국 자신의 아내를 배신한다. 딸베르그가 처음에 러시아인으로 살다가 다음에 우크라이나인, 다시 독일인, 그리고 결국에는 프랑스인으로 변신하는 것과 유사하게 코르주힌도 프랑스 파리로 이주하여 프랑스인으로 변신하며, 자신의 주변을 프랑스인으로 변장한 러시아인들로만 둘러싸게 만듦으로써 자신을 철저히 은폐해 나아간다. 가령, 그의 주변에 있는 군인 안톤 그리셴코(Антон Грищенко)는 프랑스어를 한 번도 배운적이 없음에도 자신의 이름을 앙투앙(Антуан)으로 개명하는데, 코르주힌은 앙투앙에게 파리에서는 무조건 프랑스어만을 사용할 것

---

86) М. А. Булгаков, *Пьесы 1920–х годов,*, Ленинград, 1990, с.426.

을 충고하면서, 러시아어는 남을 욕할 때와 파괴적인 슬로건으로 선전 포고를 할 때만 사용하는 아주 쓸모없는 언어라고 말한다(Булгаков-3, p.264). 『백위군』의 딸베르그는 그가 없는 데서 '쥐'와 유사한 것으로 비교되었지만, 『도망』의 코르주힌은 바로 자신의 면전에서, 그의 정부(情婦) 류시카(Люська)로부터 '쥐새끼(крысик)', '두꺼비새끼(жабочка)'라는 칭호를 듣는다(Булгаков-3, p.272).

이상에서 살펴본 바와 같이, 불가코프 작품에는 시국상황의 변화에 따라 자신의 민족성을 속이거나 바꾸며 자신의 개인적인 안위와 영달을 위하여 조국과 민족을 서슴없이 배반하는 인물로서 '외국인'이 등장하며, 이러한 외국인의 형상은 대체로 러시아계 독일인(Русский немец)인, 『백위군』의 딸베르그, 『도망』의 코르주힌 등과 같은 등장인물들에서 찾아볼 수 있다.

II-5. 유대인의 형상

불가코프 작품에서 그려지는 외국인-유대인(еврей)의 형상 가운데는, 역사적 소용돌이 속에서 죄 없이 죽어가는 희생자의 형상이 나타난다. 『백위군』에서 극도로 흥분한 인민들에 의하여 벌어지는 살인이나 처형 장면 중에는 유대인에 대한 처형이 빠지지 않고 묘사되고 있다.

> Запорхали легонькие красные петушки. Затем показался в багровом заходящем солнце повешенный за половые органы шинкарь-еврей. (Булгаков-1, p.237).
>
> 여기저기서 발빠른 붉은색 수탉들이 날아들었다. 그리고는 적자색을 띠며 지는 태양 속에 생식기를 내놓은 채 교수형을 당한 유대인 술집 주인들의 모습이 보이기 시작했다.[87]

---

87) 미하일 불가코프, 『백위군』, 유승만 옮김, (서울: 열린책들, 1996), p.101.

또한 『백위군』에서 어용상인 펠드만(Фельдман)은 뻬뜨류라군(軍)이 도시로 진입하는 위험한 상황에도 불구하고, 출산의 고통에 신음하는 아내를 구하기 위하여, 길 건너편의 산파에게 알리려고 무모하게 거리에 뛰어들었다가 뻬뜨류라군(軍) 장교에 의하여 무참하게 살해되고 만다.

> Хорошо и то, что Фельдман умер легкой смертью. Некогда было сотнику Галаньбе. Поэтому он просто отмахнул шашкой Фельдману по голове(Булгаков–1, p.287).
>
> 하지만 펠드만이 큰 고통 없이 죽은 것은 다행스런 일이었다. 갈란바 중위가 시간이 없었기 때문에, 장검으로 그의 목을 한 칼에 베어 버렸던 것이다.[88]

이러한 유대인에 대한 처형 장면이 가장 적나라하게 나타나는 것은 『백위군』의 마지막 장에서 묘사된다. 즉 까자크 군인 두 명이 스파이로 추정된 유대인 한 명을 드네쁘르 강 다리 위로 끌고 가면서 총대로 두들겨 패서 무참히 죽이는 장면이 매우 사실적으로 그려지고 있다.

> В ночь со второго на третье февраля 〈...〉 ,а пан куренной бежал с ним рядом и бил его шомполом по голове. Голова моталась при каждом ударе, но окровавленный уже не вскрикивал, а только ухал. 〈...〉 Остался только стынущий труп еврея в черном у входа на мост, да утоптанные хлопья сена, да конский навоз. (Булгаков–1, pp.421–2)
>
> 2월 2일에서 3일로 넘어가는 밤에 〈...〉 어떤 까자크인이 그들과 나란히 뛰어가며 그 남자의 머리를 총대로 때리고 있었다. 그의 머리는 한 번 맞을 때마다 아래로 떨궈졌고, 그 피투성이의 남자는 비명도 지르지 못하고 단지 흐느끼기만 할 뿐이었다. 〈...〉 유대인의 굳어진 시체와 짓밟힌 건초와 말의 분비물만이 다리로 가는 길목 위에 남아 있었다.[89]

---

88) 앞의 책, p.174.

89) 앞의 책, pp.384–385.

이와 같이 유대인을 끌고가며 때리고 짓밟아 살해하는 장면은, 예수(Иисус)를 골고다 언덕으로 끌고 가며 고문하고 학대하는 장면을 생각나게 한다.[90] 『백위군』에 나오는 이 장면은 훗날 『거장과 마르가리따』의 고대 예루살렘 편에서 예수아 하노츠리에 대한 고문과 처형 장면으로 발전되었다고 본다. 이상에서 살펴본 바와 같이, 불가코프 작품에 나타나는 유대인의 형상 가운데는 『백위군』에서 묘사되고 있듯이, 역사적인 대변혁기의 소용돌이 속에서 아무 죄 없이 살해당하고 처형당하는 '희생양'의 형상이 나타나고 있음을 확인할 수 있다.

II-6. 외국인의 언어의 형상

작가 불가코프는, 진리는 언어적 기호로 기록된 텍스트의 모습으로 존재하는 것이 아니라, 진리 그 자체로 존재한다는 생각을 여러 번 피력하였다. 아울러, 언어로 인한 의사소통의 어려움은 아무런 의미를 지니지 못하며, 인간 사이의 진실된 대화와 상호이해는 오로지 말이 아닌 무언의 교감을 통해서만 이루어진다는 것이다. 그러므로 불가코프의 등장인물들은 진리를 더 깊이 이해하면 이해할수록 더 많은 언어를 알고 있다. 많은 수의 외국어를 자유자재로 구사할 능력을 지녔다는 것은 그가 이 세상에서 아주 특별한 철학적 위치에 존재함을 증명하는 것이다. '존재'의 숨겨진 비밀에 가볍게 접촉할 수 있는 능력을 지녔던 『비운의 달걀』의 주인공 뻬르시코프 교수는 러시아어 이외에 프랑스어, 독일어 등 4개국의 언어를 말하고 읽는다(Булгаков-2, p.46). 『거장과 마르가리따』의 주인공 거장은 정신병동에서 이반 베즈돔느이와 대화하면서, 자신이 5개국 언어를 알고 있다고 이야기한다.

---

90) "그에게 침 뱉고 갈대를 빼앗아 그의 머리를 치더라..." (마태복음: 27장 30절.) 참조.

Я знаю пять языков, кроме родного, 〈...〉 английский, французский, немецкий, латинский и греческий. Ну, немножко ещё читаю по-итальянски. (Булгаков-5, p.135).

저는 모국어 이외에 5개 외국어를 알고 있습니다. 〈...〉 영어, 프랑스어, 독일어, 라틴어, 그리스어, 그리고 이탈리아어도 조금은 읽을 줄 압니다.

또한 볼란드는 아예 자신이 수개국 언어에 통달한 사람이라고 말하면서, 베를리오즈와 베즈돔느이에게 자기는 수없이 많은 수의 언어를 알고 있다고 이야기 한다(Булгаков-5, p.18). 볼란드의 이러한 말에 베를리오즈와 베즈돔느이가 놀란 것 이상으로, 빌라도는 예수아(Иешуа)의 심문과정에서 죄수가 여러 가지 외국어를 구사하는 것에 감짝 놀란다. 예수아는 항상 대화 중에 한 언어에서 다른 언어로 자연스레 넘어가며 말하는 것이다. 이미 가스빠로프(Б. Гаспаров)는 예수아가 심문 과정 동안에 9번이나 언어를 바꾼다고 밝힌 바 있다.[91]

이와 유사하게, 의사소통에 있어서 외국어의 장벽이 완전히 허물어지는 순간은 볼란드에 의한 검은 마술의 공연에서 벌어진다. 공연무대 위에 화려한 부인용 가게가 펼쳐지고, 헬라(Гелла)가 완전히 자신만의 프랑스어로 중얼중얼거렸음에도 불구하고, 무대 위에 뛰어올라온 거의 모든 부인네들은 그 말을 어름어름 알아들었으며, 심지어 프랑스어를 한 마디도 모르는 부인들조차도 이상하게 그녀의 말을 바로 바로 알아듣는다(Булгаков-5, p.126).

한편 앞의 장에서 살펴본 바와 같은, 겉모습만 유사한 사이비-외국인에 대한 풍자뿐만 아니라, 러시아어를 알면서도 러시아어를 모르는 체, 외국어만을 사용하는 가짜-외국인에 대한 풍자도 돋보인다. 즉 코로비요프와 베헤못이 모스크바를 떠나기 전, 외국인 전용상점에 들렀을 때,

---

91) Б. М. Гаспаров, *Литературные лейтмотивы: Очерки русскойлитературы XX века*, Москва, 1994, с.29.

라일락 빛 코트를 입은 어떤 사내가 러시아어를 모르는 척 해가며 외국인 행세를 하다가 결국은 들통이 나게 된다(Булгаков–5, pp.338–9). 코로비요프의 연설에 감동을 받은 어떤 노인이 외국인의 머리를 쟁반으로 내리치자 큰 소동이 벌어지면서 화재가 발생하였고, 그 바람에 소금에 절인 청어가 든 통 속에 냉동이쳐진 외국인은 그제서야 자신의 진짜 외국어를 유창하게 발음하기 시작한다.

> Сиреневый, провалившись в кадку, на чистом русском языке, без признаков какого–либо акцента, вскричал: — Убивают! Милицию! Меня бандиты убива ют! — очевидно, вследствие потрясения, внезапно овладев до тех пор не известным ему языком. (Булгаков–1, p.341)

> 통 위에 넘어진 라일락 빛 코트의 사내는 어떤 사투리도 섞이지 않은 순수한 러시아어로 외쳤다. "살인이야! 경찰! 강도들이 나를 죽인다!" 그는 충격을 받아 지금까지 몰랐던 외국어를 갑자기 알게 된 것임에 틀림없었다.

이상에서 살펴본 불가코프의 견해에 따르면, '진리'는 활자화된 글자체 속에 존재하는 것이 아니라, 진리 그 자체로 존재하며, '진리'는 인간이 구사하는 말, 언어 속에 존재하는 것이 아니라, 또한 진리 그 자체로 존재한다. 즉 인간 세상에 있어서의 진리는 인간이 사용하는 '글자'나 또는 인간이 구사하는 '언어' 속에 존재하지 않는다는 것이다. 그러므로 '진리'에 가까이 근접하는 등장인물들은 많은 수의 외국어를 구사하는 능력의 소유자로 그려지고 있으며, '진리'를 전달하는데 있어서도 언어는 아무런 장애가 되지 않는 것으로 묘사된다. 그러므로 자신의 진실을 외국적인 모습과 외국적인 언어로 겉포장만 하였던 가짜 외국인의 형상은 곧 탄로가 나면서 코믹하게 풍자화되고 있다.

II-7. 맺는 글

불가코프는 키예프에서 태어나 키예프에서 성장하였고, 1917년 혁명 직후, 젊은 의사로서 까프카즈 등지에서 근무하다가 1920년대 초 모스크바 문단에 데뷔한 작가이다. 또한 그가 쓴 많은 작품들이 당시 소비에트 당국의 검열에 의하여 출판되지 못할 정도로 불가코프는 근본적으로 볼셰비키 혁명을 반대한 작가이기도 하다. 그는 서구주의자적인 사고로 러시아는 유럽의 한 부분으로서 서구를 따라가야 한다는 시각을 지녔지만, 볼셰비키처럼 전세계 모든 국가의 사회주의화를 외치는 '세계주의'에는 반대하였으며, 오히려 당시 볼셰비키에 의하여 '부르조아적'이라는 비난의 대상이 된 '애국주의'적 세계관을 견지하였다. 그러므로 서구주의자적인 사고에 바탕을 둔 작가는 서구, 즉 외국과 외국인, 민족, 인종 등에 대하여 개방적이며 평등적인 시각을 지녔지만 볼셰비키처럼 민족, 국가, 인종 구별없이 오로지 사회주의 이념과 계급투쟁만이 존재하는 '세계주의'에는 반대하였다. 이는 1917년 혁명 직후 우크라이나 키예프를 중심으로 벌어졌던 내란의 소용돌이를 직접 목격한 작가 불가코프의 체험에 기인한다고 볼 수 있으며, 작가는 이러한 내란의 주원인을 어느 특정 민족이나 세력이 아닌 인간 자체 내부의 문제에서 찾았다.

작가가 문단에 데뷔하였던 1920년대 초에는 그 이전부터 러시아 문학 속에서 '외국'을 '머나먼 저승세계'로 묘사하였던 문학적 흐름에 바탕하여, '외국인'을 '악마'로 묘사하는 문학적 경향이 매우 유행하였던 시기였으며, 따라서 작가 불가코프 작품 속에서도 '외국인'의 형상은 비밀리에 나타나는 '악마'의 형상을 지닌다. 하지만 내란의 주원인을 인간 자체 내부에서 찾았던 불가코프의 '악마'는 인간 세상의 '악'을 응징하는 풍자화된 악마의 형상으로 발전해 나아간다. 즉 비밀리에 나타나는 '뚜가이-벡'(따따르 왕의 불) 공작과 같은 외국인의 형상은 '볼란드'(거장과 마르가리따)와 같은 악마의 형상으로 발전하였다.

불가코프 작품에 등장하는 외국인들은 엄밀한 의미에서의 순수한 사실적 외국인은 등장하지 않으며, 대부분, 외국인과 비슷한 외모, 민족성, 언어의 소유자이거나 혹은 소유자인 체 가장하는 유사-외국인들이 등장한다. 이러한 불가코프의 외국인들이 나타내는 형상 속에는 비밀스러운 악마의 형상과 더불어, '칼리소네르'(악마의 서사시), '록'(비운의 달걀), '뻬뜨류라'(백위군), '볼란드'(거장과 마르가리따) 등의 등장인물에서와 같이, 러시아 문화 속에서 오래 전부터 악마-반그리스도로 여겨져 온 '나폴레옹'의 형상이 나타나고 있으며, 아울러 뻬뜨류라군에 대항하다가 전사한 나이-뚜르스 대령과 볼셰비키 혁명에 반대한 '쁘레오브라젠스키' 교수와 같은 등장인물에서는 반그리스도-나폴레옹에 정반대적인 '프랑스 중세기사'의 형상이 나타나고 있음을 발견할 수 있다.

또한 인간의 피 속에는 누구나 어느 정도의 '외국적'인 피가 흐를 수 있으며, 그런 의미에서 보면 어떤 임의의 사람도 어느 정도는 '외국인'일 수 있다는 생각을 가졌던 불가코프는 당시, 혁명과 내란의 소용돌이 속에서 각각 '우크라이나인', '러시아인' 등을 부르짖으며 거세게 일어났던 '민족주의'적 경향이 선동적 책략가-지도자들의 정치적 목적에 의하여 악용되고 있음을 몸소 체험하였다. 그러므로 이러한 체험에 기인하여, 불가코프 작품 속에 등장하는 '딸베르그'와 '코르주힌' 같은 '외국인'의 형상에는 조국과 민족을 배반하는 '배신자'의 형상이 나타나고 있으며, '유대인'의 형상에는 역사적 소용돌이 속에서 죄 없이 죽어가는 '희생자'의 형상이 나타난다.

또한 '진리'는 인간이 사용하는 글자나 혹은 언어에 존재하는 것이 아니라 진리 그 자체로 존재한다는 생각을 지녔던 작가 불가코프는, '뻬르시코프', '거장', '볼란드', '예수아' 등과 같이 진리에 근접한 등장인물들은 수개의 외국어를 구사하는 것으로 묘사하고 있으며, 반면에 검은 마술의 공연과 외국인 전용상점에서와 같이 외국어를 전혀 모르면서 외국어를 알아듣거나 외국인 행세를 하는 가짜-외국인 즉 러시아인은 코믹하게 풍자적으로 묘사하고 있다.

III.

불가코프 작품에 나타난 '의사'의 형상

불가코프는 작가이기에 앞서 의사였었다. 그러므로 불가코프를 가리켜 흔히들 체홉과 같이 '의사–작가'라고 부른다. 불가코프를 이와 같이 '의사–작가'라고 부르는 이유는 단순히 그가 의사였었다는 전기적 사실에서도 기인하지만 그의 작품에 등장하는 여러 명의 '의사'들이 나타내는 이미지에 의해서도 연유된다.

그런데 이처럼 불가코프가 작가이기에 앞서 의사였으며 의사에서 작가로 변신하였다는 것은, 그에게 '의사'라는 직업이 맞지 않아서 '작가'로 변신하였다는 것과는 거리가 멀다. 즉 그가 비록 어린 시절에 극장에 가는 것을 좋아하였고 작가 지망생다운 문학애호적 취향을 여러모로 나타내긴 하였지만, 어디까지나 그는 의사 가문 출신의 의사로서 '의사'라는 직업이 적성에도 맞았었다. 하지만 갑작스레 불어닥친 혁명과 내란의 소용돌이는 그를 의사에서 작가로 변신하게 만든다. 즉 그는 적군과 백군으로 나뉘어 동족끼리 서로 죽이고 죽이는 치열한 전투의 현장에서 군의관으로 복무할 수밖에 없었으며, 결국 이런 전기적 사실들은 그를 의사의 길에서 작가의 길로 변신할 수밖에 없도록 만들었다. 그러므로 그의 작품에 등장하는 '의사'의 형상 속에는 적군에도 백군에도 속하지 않는 정치적으로 '중립적'인 의사의 형상이 나타난다. 즉 정치적으로 적군이든 백군이든 그 어느 쪽에도 속하려 하지 않았던 불가코프의 중립적 견지가 의사의 길을 포기할 수밖에 없었던 전기적 사실들이 반영된 작품들 속에서 나타나는 것이다. 작품에서 이러한 '중립적-의사'의 형상은 상징적인 의미에서 '중간'을 뜻하는 '다리' 위에서 벌어지는 잔인한 폭력과 그 폭력을 힘없이 바라만 보는 '목격자-증인'의 형상으로 나타난다.

한편 불가코프 작품에 등장하는 '의사'의 형상에는 『몰핀』에서처럼 의사-불가코프와 작가-불가코프의 두 가지 직업적 이미지를 나타내는 '이중적-의사'의 형상이 존재하며, 『젊은 의사의 수기』에서처럼 의사의 형상 내부에 '또 다른 자아'의 모습으로 존재하면서, 항상 의사와 대립적인 다른 목소리를 내는 '이중적-의사'의 형상이 있다.

또한 『젊은 의사의 수기』의 단편들에서 발견되는 이중적-의사의 형상은 항상 '환자'의 형상과 동일시되는 특징을 지니고 있어, 『수탉이 그려진 수건』에서는 환자와 의사의 '다리'가 동일한 형상으로 묘사되며, 『태아전위 세례식』에서는 태아의 거꾸로 된 위치가 의사-주인공의 운명의 '반전'을 상징하고, 『칠흑 같은 어두움』에서는 환자의 외모가, 그리고 『사라진 눈』에서는 1살짜리 갓난애기가 의사의 '분신'처럼 묘사됨으로써 의사의 형상이 환자의 형상과 동일하게 그려지고 있다. 『개의 심장』에서는 그리스도교-신관과 정육점 푸주한의 속성을 지닌 '이중적-의사'의 형상이 나타난다.

한편 『거장과 마르가리타』에서 불가코프는 모스크바 이야기의 의사 스트라빈스키가 아닌 예루살렘 이야기의 예수아를 통하여 진정한 '구원자-의사'의 형상을 나타낸다.

III-1. 들어가는 글

불가코프가 키예프 의과대학을 졸업하고 한때 의사의 길을 걷다가 혁명과 내란의 소용돌이를 겪으면서 작가의 길로 들어서게 되었다는 것은 이미 잘 알려진 주지의 사실이다. 그러므로 그의 작품들 속에는 '의사직'과 관련된 여러 가지 전기적 사실들이 잘 표출되어 있을 뿐만 아니라, 작품에 종종 등장하는 '의사-주인공'의 형상은 작가의 예술적 세계의 한 부분을 잘 나타내 주고 있다. 본래 작가-불가코프가 '작가'로서의 본궤도에 오르기 훨씬 전인 키예프 의과대학 시절에 처음으로 습작하였던 작품도 '의사직'과 관련 있는 '질병'에 관한 것이였다. 즉 그의 누이의 회상에 따르면, 1912년인가 1913년경에 당시 의대생이였던 불가코프가 자신에게 『Огненный змей』라는 단편소설을 읽어 주었는데, 그것은 알코올 중독자의 무시무시한 죽음을 불러일으킨 정신착란증에 관한 이야기였었다는 것이다.[92)]

그런데 이와 같이 순전히 '질병' 그 자체에 관한 이야기도 혁명과 내란의 소용돌이를 겪으면서 단순한 '질병'의 의미를 벗어나 사회-철학적 의미를 지니며 정치적 위기를 상징하기 시작한다. 즉 추다코바가 언급하고 있듯이, 『소맷동 위의 수기(Записки на манжетах)』에서 주인공은 대파란에 대한 소식을 처음 전해들었을 때 자신의 병의 초기 증세를 감지하기 시작하여, 세상이 뒤바뀌고 다른 세상이 되었을 때에서야 비로소 의식을 되찾음로써 사회적 대변혁을 문자 뜻 그대로 '병적으로' 체험하고 있는데, 이는 작품 속에서의 '질병'이 단순한 의미의 질병을 벗어나

---

92) Земская Е. А., *Михаил Булгаков и его родные*, Москва, 2004, с.119. — 이 단편은 그 후 몇 년 지나 1917-1918년 작가가 스몰렌스크 현의 의사로 재직하면서, 『Зеленый змий』라는 제목으로 재집필하였던 것으로 알려진다. Кисельгоф Т. Н., "Годы молодости", *Воспоминания о Михаиле Булгакове*, Москва, Советский писатель, 1988, с.114.

생활체제의 완전한 파괴와 정권교체의 운명적 순간을 뜻하고 있다는 것이다.[93)]

불가코프가 이처럼 '질병'을 운명적인 것으로 받아들이게 된 것은, 1920년에 그가 몸소 발진티푸스에 걸리는 바람에 혁명 후 조국을 떠나려던 꿈이 운명적으로 좌절되었던 전기적 사실과 무관하지 않으며, 이는 작가로 하여금 질병을 운명(судьба) 또는 비극적 운명(рок)의 화신으로 인식하게 되는 계기가 되었던 것으로 알려진다.[94)]

이처럼 불가코프의 전기적 사실에 있어서의 '혁명'과 '내란'이라는 역사적 대변혁과 그 소용돌이는 질병의 의미를 '운명'으로 바꾸어 놓을 뿐만 아니라, 한 젊은 의사의 운명을 또한 바꾸어 '작가'라는 새로운 길을 걷게 만든다. 즉 의사와 관련된 집안 배경[95)] 속에서 자라나 키예프 의과대학을 우수한 성적으로 졸업하고 시골 병원에 부임하여 히포크라테스의 정신을 실천하려 하였던 풋내기 젊은 의사[96)]의 꿈은 전쟁의 소용돌

93) Чудакова М. О., "Рассказы. Записки на Манжетах [Комментарии]", *Булгаков М. А. Собрание сочинений в пяти томах* Том первый, (Москва, 1989). p.608. 이하, 이 전집으로부터의 인용은 (권 수: p.페이지 수)로 본문에 약칭한다.

94) Кисельгоф Т„ "Из семейной хроники Михаила Булгакова [Воспоминания Т. Кисельгоф]", Паршин Л. К., *Чертовщина в Американском посольстве в Москве*, Москва, 1991, сс.78–81.

95) 불가코프의 어머니의 형제들 가운데는 당시 유명한 모스크바 의사들로써 니콜라이(НиколайМихайлович)와 미하일(Михаил Михайлович) 외삼촌이 있었으며, 또한 그의 동생 니콜라이(Николай)는 내란 기간 동안에 망명하여 훗날 프랑스의 유명한 세균학자가 된다. 의사 니콜라이 외삼촌은 후에 『개의 심장』에 나오는 '쁘레오브라젠스키' 교수의 원형 모델이 된 것으로 알려진다.

96) 불가코프는 1916년—1917년에 스몰렌스크 현의 니콜리스키 시골 병원에 의사로 있으면서 몇몇 단편들을 썼으며, 1918년 키예프로 돌아와 자신의 친지 또는 친구들이 지켜보는 가운데 『수기』라는 이름의 초기 원고들을 낭독하였는데, 그의 매제 카룸(Л. Карум)의 회상에 따르면 아주 좋은 반응과 평판을 자아냈던 것으로 전해진다. 이때의 단편들이 훗날 『젊은 의사의 수기(Записки юного врача)』로 출판된다. "Материалы к биографии доктора М. Булгакова", *Булгаков М. Записки юного врача*, Киев, 1995, с.275. 참조.

이에 휘말리면서 작가의 길로 바뀌게 되는 것이다. 불가코프가 의사의 길에서 작가의 길을 가려 갈망하였던 사실은 그가 블라디카프카즈에서 자신의 희곡 『뚜르빈의 형제들(Братья Турбины)』의 시연에 대하여 사촌동생 콘스탄찐(Константин)에게 알리면서 쓴 다음의 편지 속에서 잘 드러난다. "내 영혼 속에 어떠한 고통이 있었는지 너는 상상할 수도 없을 거야. 〈...〉 나는 오래 전에 글쓰기를 시작했어야 했을 시점에서 4년이나 지각을 했어: Ты не можешь себе представить, какая печаль была у меня в душе, 〈...〉 что я запоздал на 4 года с тем, что я должен был давно начать делать—писать"(5: p.391).

하지만 불가코프가 '의사'라는 직업이 자신에게 전혀 맞지 않아서 작가의 길을 선택한 것은 아니었다. 그의 친구이자 전기 작가인 뽀뽀프(П.Попов)에 의하면, 불가코프는 의사직을 아주 훌륭하고 매혹적인 일로 여겼으며, 혁명 초기에 그가 쓴 여러 편의 문학 칼럼들 가운데서도 『주임 의사의 하루(День главного врача)』를 가장 우수한 칼럼으로 간주하였었다.[97] 똑같은 제목의 텍스트는 보존되고 있지 않지만, 훗날 단편 『의사의 이상한 모험(Необыкновенные приключения доктора)』의 텍스트 속에 부분적으로 수록되는 이 『주임 의사의 하루』 수상기에서, 의사는 거의 매일 같이 전투적인 환경 속에서 글을 썼던 것으로 전해진다.[98] 바로 이러한 전투적 환경이 불가코프로 하여금 의사직으로부터 작가의 길을 가게 만든 중요한 동기로 작용하였으며, 훗날 불가코프는 이에 대하여, 운명은 자신이 의사의 칭호를 오랫동안 사용하도록 내버려 두지 않았고, 1919년 어느 가을 밤 촛불 아래서 첫 단편을 쓰기 시작하여, 몇몇 단편과 문학칼럼들을 신문에 게재하였으며, 이어 1920년 초에는 의

97) Попов П. С., "М. А. Булгаков (Вместо предисловия)", *Булгаков М. А.«Я хотел служить народу...»: Проза. Пьесы. Письма. Образ писателя*, Москва, 1991. с.5.

98) там же.

사의 칭호를 완전히 내던져 버리고 집필에만 전념하였다고 쓰고 있다(5: p.604).

우리가 흔히 '불가코프'하면 그냥 단순하게 '작가 불가코프'라고 부르기보다는 '의사–작가 불가코프'라 부름으로써 '의사'라는 호칭을 하나 더 첨가하게 되는 것은 앞서 살펴본 전기적 고찰에서 연유되는 측면도 있겠으나, 그의 작품들 속에 등장하는 '의사–주인공'이 나타내는 일련의 형상들에서 비롯되는 측면도 간과할 수 없다고 본다. 이는 불가코프 작품 속에 등장하는 '의사–주인공'이 지닌 형상이 작가의 전기적 사실을 반영하고 있을 뿐만 아니라, 작가의 세계관과 예술적 세계를 잘 나타내 주고 있다는 측면과도 연관된다. 그러므로 본 장에서는 불가코프 작품들에 나타난 모든 의사–주인공 또는 등장인물들과 작품 속에서 묘사되는 '의사직'에 대한 형상들을 집중적으로 고찰하여 봄으로써 불가코프의 예술–세계를 좀 더 가까이에서 조명해 보고자 한다.

III–2. '중립적 의사'의 형상

1919년 말에서 1920년 초에 불가코프는 백군의 포로로 붙잡혀 의사로 종군하면서 혁명과 내란의 실상을 몸소 체험하게 된다.[99] 티푸스에 걸려 죽어 나가는 환자–병사들이 속출하는 전쟁 상황에서, 백군 군사위원은 붙잡혀 온 포로들 가운데 의사들을 찾아내어, "당신들이 우리들을 치료할 것입니까?"라는 질문을 던졌고, 마침내 다른 모든 포로들이 줄지어 총살형에 처해지는 가운데 불가코프만이 유일하게 살아남게 된다.[100]

---

99) 이 기간 동안의 인상에 대하여는『의사의 이상한 모험 Необыкновенные приключения доктора』에 잘 반영되어져 있다.

100) Чудакова М. О., *Жизнеописание Михаила Булгакова*, Москва, 1988, c.279.

이러한 백군에서의 종군의(從軍醫) 경력은 훗날 불가코프로 하여금 자신이 의사였었다는 사실을 숨기게 만들며, 나중에는 '의사직' 자체를 완전히 포기하게끔 만든다. 즉 내란이 끝나고 한참 세월이 지난 후에 소비에트 군사위원회로부터 병역복무 의사로서의 소환령을 받았을 때 불가코프는 이미 오래전에 의학에 대한 극단적 혐오로 인하여 의술 자체를 완전히 포기하였다는 내용의 소견서를 정식 문서로 제출하는 것이다.[101)]

불가코프가 이처럼 의사 자격을 완전히 포기하면서까지 자신의 의사 경력을 철저히 감추려 하였던 것은 내란 기간 동안의 자신의 활동 경력이 원하지 않는 문제를 불러일으킴으로써 자신의 첫 장편소설 『백위군(Белая Гвардия)』의 출판과 『뚜르빈가의 나날들(Дни Турбиных)』 공연 이후 공고화되기 시작한 '백위군'의 위험한 명성[102)]이 증폭되는 것을 염려하였기 때문이다.

또한 불가코프는 자신의 작품들이 연이어 상연금지를 당하는 가운데 소비에트 정부에 제출한 탄원서에서 백군이든 적군이든 동등하게 태연한 입장을 취하려 하였던 자신의 노력에 대하여 어필하고 있다.[103)]

불가코프의 이러한 전기적 사실들은 그로 하여금 자신의 작품들 속에서 백군이든 적군이든 어느 쪽에도 속하지 않으면서 중간적 위치를 견지하는 '중립적 의사'의 형상을 그리게 만든다. 즉 종군의(從軍醫)로서 혁

101) Колесникова Е. А., "Обзор биографических материалов М. Булгакова в Пушкинском Доме", *Творчество Михаила Булгакова: Исследования. Материалы. Библиография, Кн.3*, СПб., 1995, с.164.

102) 1928년 희곡 『도주(Бег)』의 상연금지에 이어 『조야의 아파트(Зоикина Квартира)』, 『뚜르빈가의 나날들(Дни Турбиных)』도 극장에서 철회되는 운명을 맞이하며, 그 이듬해인 1929년 7월에는 불가코프의 모든 희곡들이 상연목록에서 제외되는 결정이 공표된다.

103) 자신의 작품들의 공연과 출판이 모두 금지 당하자, 불가코프는 1929년, 스탈린, 고리끼 등의 인사에게 국외이주를 청하는 탄원서를 쓰며, 1930년에는 소비에트 정부에 자신의 창작활동에 대한 여러 편의 탄원서들을 다시 제출한다. 본문의 인용은 불가코프가 1930년 3월 28일자로 소비에트 정부에 제출한 탄원서 내용의 일부이다: "...великие усилия СТАТЬ БЕССТРАСТНО НАД КРАСНЫМИ И БЕЛЫМИ" (5: p.447) 참조.

명과 내란의 소용돌이를 몸소 체험하게 된 불가코프로서는 '백'과 '적'으로 서로 나뉘어 피비린내나게 싸우는 양 진영 사이에서 본질적으로 어떠한 차이점도 발견할 수 없었던 것이다. 작가의 이러한 시각은 『백위군』에서 의사-알렉세이가 꾸는 꿈 속에 잘 나타나 있음을 알 수 있다. 즉 의사 알렉세이 뚜르빈의 꿈 속에 나타난 특무상사 쥘린이 적군들은 그렇게 못된 짓을 많이 하고 또한 하느님을 믿지도 않기 때문에 죽어서 천국에 가지 못한다고 하자, 하느님은 아주 침착하고 태연하게 다음과 같이 반응하는 것이다.

> Ну не верят, говорят, что ж поделаешь. Пущай. Ведь мне-то от этого ни жарко, ни холодно. Да и тебе, говорит, тоже. Да и им, говорит, то же самое. Потому мне от вашей веры ни прибыли, ни убытку. Один верит, другой не верит, а поступки у вас у всех одинаковые: сейчас друг друга за глотку, а что касается казарм, Жилин, то тут как надо понимать, все вы у меня, Жилин, одинаковые—в поле брани убиенные. (1: p.236)

> 그들이 나를 믿지 않는다고 말을 해도 괜찮다. 마음대로 하도록 내버려두거라. 나에게 그런 건 아무렇지도 않도다. 그대에게도 마찬가지고, 그들에게도 마찬가지일 것이다. 그대가 믿는다고 해서 내가 이익을 보는 것도 아니요, 그렇다고 손해를 보는 것도 아니기 때문이다. 어떤 사람은 믿고 어떤 사람은 믿지 않으나, 그대들의 행동은 모두가 똑같다. 지금 서로의 목을 조르고 있지 않은가? 병영에 관한 것도 마찬가지다. 쥘린, 그대는 그대들이 전쟁터에서 목숨을 잃었다는 면에서 나에게는 모두가 똑같다는 사실을 이해해야 한다. (같은책: p.99)[104)]

이와 같이 인간은 말이 아니라 행위에 의하여 평가되어야 하며, 겉으로 드러나 보이는 신앙이나 믿음보다도 훨씬 더 중요한 것이 인간의 사

104) 미하일 불가코프, 『백위군』, 유승만 옮김, (서울: 열린책들, 1996), p.99.

실적인 행위임을 강조하는 불가코프의 예술적 시각은 『의사의 이상한 모험』에서 자신의 의지와 상관없이 이쪽 진영에서 저쪽 진영으로 물건처럼 팔려다녀야 했던 종군의사 N의 형상을 통하여도 잘 드러나고 있다. 주인공은 처음에 뻬뜨류라군(軍)에 동원되었다가 다음에 적군에 동원되고 나중에는 다시 백군의 종군의사로 복무하게 됨으로써 자신의 의지와 상관없이 서로 적대적으로 싸우는 양쪽 진영 사이를 오가는 운명적 삶을 살게 된다. 하지만 의사-N은 자신을 서로 '자기네 편'이라 부르면서 서로 적대적으로 싸우는 양쪽 진영의 '주인들'이 벌이는 행위들에서 아무 의미없는 어리석은 '동족살인'이라는 것 말고는 아무런 본질적인 차이점도 발견하지 못한다. 처음에 얼마동안 의사-N은 먼저 탈영한 조수와 달리 자신은 인텔리라 자부하며 의사로서의 본분만을 충실히 수행해 나아가려고 노력한다.

> Я всегда говорил, что фельдшер Голендрюк—умный человек. Сегодня ночью он пропал без вести. 〈...〉 Тень фельдшера Голендрюка встала передо мной... Но куда, к черту! Я интеллигент. (1: p.438, p.441)
>
> 나는 항상 조수 고렌드륙이 현명한 사람이라고 말하였다. 오늘 밤에 그는 소식도 없이 사라져 버렸다. 〈...〉 조수 고렌드륙의 환영이 내 앞에 나타났다... 하지만 어디로 간단 말인가, 젠장할! 나는 인텔리란 말이야.

그러나 결국 '의사-N'은 참지 못하고 마침내 탈영하고야 만다. 그가 자신을 이미 탈영한 '고렌드륙'과는 전혀 다른 인텔리라 자부하며 의사로서의 책무만을 묵묵히 수행하여 왔지만, 결국 그러한 노력들이 아무 의미가 없고 어리석은 행위라는 것을 실제 체험을 통하여 알게 된 것이다.

Довольно глупости, безумия. 〈...〉 Быть интеллигентом вовсе не значит обязательно быть идиотом... Довольно! (1: p.442)

아주 우매하고 어리석었어. 〈...〉 인텔리로 있는 것이 반드시 바보로 있어야 하는 것을 뜻하는 게 절대 아니였는데... 아주 바보 같이!

이와 같이 '백'과 '적' 그 어느 쪽에도 속하려 하지 않은 중립적 의사의 형상은 작품 속에서 의사-주인공이 한밤중에 드녜쁘르 강을 가로지르는 '다리'를 건너는 장면이 여러 번 제시되는 것으로도 나타난다. 물론, 여기에는 의사-불가코프가 실제로 건너다녔던 작가의 전기적인 사실적 에피소드가 반영되어져 있기도 하지만 예술적 문맥에서 '다리'는 서로 떨어져 있는 두 지점 사이의 '중간'을 뜻하는 상징적 의미를 지니고 있으며, 따라서 서로 다른 목적으로 서로 멀리 떨어져 있는 양쪽의 정치적 '해안가' 사이의 중간에 서 있는 의사-주인공의 중립적 위치를 상징하고 있다고 볼 수 있다. 이러한 상징적 의미의 '다리'와 연관된 의사-주인공의 중립적 형상은 다리 위에서 벌어지는 '처형' 장면을 아무 힘없이 바라보기만 해야 하는 '목격자-증인'의 형상으로 나타나고 있다. 즉 의사-주인공은 다리 위에서 벌어지는 잔인하고 무자비한 폭력을 관찰하며 예의주시하나, 그에게는 죄 없는 희생자를 구해낼 힘이 없다.

В ночь со второго на третье февраля у входа на Цепной мост через Днепр человека в разорванном и черном пальто с лицом синим и красным в потеках крови волокли по снегу два хлопца, а пан куренной бежал с ним рядом и бил его шомполом по голове. Голова моталась при каждом ударе, но окровавленный уже не вскрикивал, а только ухал. (1: p.421)

2월 2일에서 3일로 넘어가는 밤에, 드녜쁘르 강을 가로지른 체인교로 통하는 눈 덮인 길에는 검은 외투를 입고 온통 멍투성이에 핏자국이 낭자한 얼굴의 어떤 남자를 질질 끌고 가는 두 사람이 있었다. 어떤 까자크인이 그들과 나란히 뛰어가며 그 남자의 머리를 총대로 때리고 있었다. 그의 머리는 한 번 맞을 때마다 아래로 떨궈졌으나, 그 피투성이의 남자는 이미 비명도 지르지 못하고 단지 흐느끼기만 할 뿐이였다. (같은책: p.384)

이와 같이 '다리' 위에서 벌어지는 처형 장면에 대하여 가스빠로프(Гаспаров)는, 1920년대 초반의 불가코프 작품들에 특별히 집요하게 반복되는 슈젯이 하나 있는데, 그것은 같은 장면으로 유사하게 기술되고 있는 유태인에 대한 잔인한 살해 장면이며, 여기서 의사-주인공은 항상 힘없는 목격자로서 죄 없는 희생자를 구하고는 싶으나 공포감을 이겨낼 힘이 없어, 결국은 살인의 수동적 '목격자-증인'으로서만 남고 있다고 이야기한다.[105] 가스빠로프의 이러한 견해는 비록 모든 장면들에서 희생자의 민족성으로 '유태인'이 거론되고 있는 것은 아니지만, 1920년대 초반의 불가코프 작품들에 나타나는 중요한 특징 중의 하나를 아주 정확히 표현하고 있다고 본다.

한편 이와 같이 무자비하고 잔인한 폭력과 처형을 목격하고도 중립적 위치에서 아무 힘없이 바라만 보고 있었던 사실에 대한 '죄책감'은 정신병을 불러일으키는 것으로 나타나기도 한다. 즉 1920년대 초반의 단편 『붉은 관(Крас ная корона)』에서 이러한 폭력과 처형 장면에 대한 회상이 결국 주인공을 사로잡는 정신병의 근본적인 원인이 되고 있는 것이다.: "Я ушел, что б не видеть, как человека вешают, но страх ушел вместе со мной в трясущихся ногах."(1: p.443). 추다코바는 이와 같은 '죄책감'의 테마가 처음으로 언급된 이 단편 속에 불가코프의 예술적 세계관의 핵심이 들어있으며, 비록 아무런 영향을 미치지 않았다 할지라도 동족 살인의 현장에 참석하였었다는 전기-사실적인 모티브는 향후 불가코프 예술세계의 근본에 자리잡게 된다고 이야기 한다.[106] 그러므로

---

105) Гаспаров Б. М., *Литературные лей тмотивы*, Москва, 1994, сс.86-87.

106) Чудакова М. О., "Рассказы. Записки на манжетах [Комментарии]", *Булгаков М. А.*

불가코프는 이러한 '죄책감'을 『백위군』에서 죄 없는 희생에 대한 화자의 독백으로 다음과 같이 표현함으로써 작가 자신의 예술적 세계관을 분명히 밝히고 있다.

> И только труп и свидетельствовал, что Пэтурра не миф, что он действительно был...〈...〉 А зачем оно было? Никто не скажет. Заплатит ли кто-нибудь за кровь? Нет. Никто. Просто растает снег, взойдет зеленая украинская трава, заплетет землю...выйдут пышные всходы...задрожит зной над полями, и крови не останется и следов. Дешева кровь на червоных полях, и никто выкупать её не будет. Никто. (1: p.422)
>
> 시체만이 뻬뜨류라가 미신이 아니라 실제로 존재했었다는 사실을 증명하고 있었다. 〈...〉 그러나 무엇을 위하여 그러한 것이 존재했었는가? 아무도 대답할 수가 없다. 누군가가 그 피의 대가는 지불할 수 있는 것인가? 없다. 아무도 없다. 눈은 곧 녹을 것이고, 우크라이나 초원은 다시 자라나 대지 위에 카펫을 짤 것이며... 눈부신 일출이 다시 찾아올 것이고...공기는 들판 위로 피어오르는 아지랑이로 가물거릴 것이며, 피의 흔적도 더 이상 남아 있지 않게 될 것이다. 피로 물들었던 들판에 흘렸던 피는 싸구려에 불과한 것이였으며, 그리고 어느 누구도 그것을 보상하지 않을 것이다. 어느 누구도. (같은책: pp.385-386)

그런데 이와 같이 '의사-목격자'의 형상과 연관되어 나타나는 '죄 없는 희생'의 모티브는 『백위군』 다음에 바로 씌어진 단편 『나는 살인하였다(Я бил)』에서는, 단순히 수동적인 목격과 생각 속에 머무르지 않고 실제의 행위로서 실현되고 있음을 찾아볼 수 있다. 본래, 이 단편소설의 제목도 『백위군』에서 부상당한 알렉세이가 율리야와의 대화 중에 자신이 총으로 쏴 뻬뜨류라군을 죽인 사실을 뒤늦게 알고서, "Я бил?(내가 죽였다고?)"라고 반문한 텍스트에서 비롯되었음을 발견할 수 있다.

Собрание сочинений в пяти томах Том первый, Москва, 1989, с.594.

—Если бы не вы,—продолжал Турбин,—меня бы, наверное, убили. —Конечно,—ответила она,—конечно...А так вы убили одного. Турбин приподнял голову. —Я убил?—спросил он, чувствуя вновь слабость и головокружение. (1: pp.352–353)

「만약 당신이 아니었더라면, 저는 아마 죽었을 겁니다」 뚜르빈이 말하였다. 「물론이죠, 물론이고 말고요. 그런데 당신도 한 사람을 사살했어요.」 그녀가 대답했다. 뚜르빈은 순간 고개를 번쩍 들었다. 「내가 사람을 죽였다고요?」 그는 다시 힘이 빠지고 현기증이 나는 것을 느끼며 물었다. (같은 책: p.277)

이처럼, 제목을 'Я убил?'(의문문)에서 'Я убил'(긍정문)으로 변형시켜 정한 이 소설에 등장하는 의사–주인공의 성은, 대명사 'Я'를 연상시키는 'Яшвин(야쉬빈)'으로서 작가의 자전적 형상임을 암시해 준다. "Я убил?(내가 사람을 죽였다고요?)"라고 반문하는 『백위군』에서는 의사–주인공 알렉세이가 뻬뜨류라군(軍)에 대한 복수를 꿈꾸지만 실제로 행동에 옮기지 못하나, 『나는 살인하였다』에서 의사–주인공 야쉬빈은 실제로 대령을 총으로 쏴 살해한다. 즉 『나는 살인하였다』의 의사–주인공은 '죄 없는 희생'에 대하여 생각만 하는 수동적 '목격자–증인'의 형상으로서 상상 속에만 머물러 있는 것이 아니라, 실제의 사건 속으로 뛰어들어가고 있는 것이다. 이에 대하여 추다코바는 지식인은 무장폭력에 대해 자기관찰이나 반성이 아닌 보다 더 강력하고 단호한 투쟁으로 응답했어야 했다는 것을 작가–불가코프가 때늦은 유감과 더불어 사실상 피력한 것이라고 말한다.[107]

그런데 이와 같이 의사–주인공이 수동적인 '목격자–증인'의 형상에 머무르지 않고 실제 행위를 나타내게 된 요인은 백군이든 적군이든 그 어느 곳에도 속하려 하지 않았던 '중립적' 견지를 달리해서가 아니라 기

107) Чудакова М. О., Там же, сс.621–622.

본적인 양심의 발로였음을 알 수 있다. 즉 『나는 살인하였다』에서 부상당한 대령을 치료해 주고 있는 의사의 행위를 비겁하고 소심한 행위로서 맹비난하던 여인의 목소리가 실제 행위를 나타내게 된 요인이 되고 있음을 다음에서 발견할 수 있다.

> И вот она повернулась ко мне и сказала: —А вы доктор!.. Ткнула пальцем в рукав, в красный крест, и покачала головой. —Ай, ай, —продолжала она, и глаза её пылали, —ай, ай. Какой вы подлец...Вы в университете обучались и с этой рванью...На их стороне и перевязочки делаете?! Он человека по лицу лупит и лупит. Пока с ума не свел...А вы ему перевязочку делаете?..
> Все у меня помутилось перед глазами, даже до тошноты, и я почувствовал, что сейнас вот и начались самые страшные и удивительные события в моей злосчастной докторской жизни. (2: p.656)

> 그리고 그녀는 돌아서서 내게 말하였다: "당신이 의사야!.." 그녀는 손가락으로 소매와 붉은색 십자훈장을 가리키더니, 고개를 설래설래 흔들었다. "아, 아." 그녀의 외마디 소리가 이어졌고 그녀의 눈빛은 활활 타고 있었다. "아, 아, 아주 비열한 놈... 대학물씩이나 먹었다는 자가, 이런 누더기와 같이... 그들 편에서 그래 붕대나 감고 있다니?! 저 작자는 사람 얼굴을 마구 때리는 놈이라고, 미칠 때까지... 그런데도 저 작자한테 붕대를 감아줘?.." 모든 것이 눈 앞에서 아찔해지며 토할 것만 같았다. 그리고 나는 내 불행한 의사 생활에 있어서 가장 무시무시하고 놀라운 사건들이 지금 막 시작되었음을 직감하였다.

이와 같이 불가코프가 그리는 의사의 중립적 형상 속에는 단순히 직업적인 '중립성'을 뛰어넘는 범인간적인 도덕의 문제가 바탕에 깔려져 있음을 알 수 있다. 즉 '의사'로서의 길과 한 사람의 '인간'으로서의 길 중간에 서 있어야 했던 의사 야쉬빈은 히포크라테스의 선서와 인간의 도덕적 본능 사이에서 하나를 선택하여야 했다. 직업의 범주에서 보면,

비록 수많은 사람을 죽인 살인자이지만 동시에 자신의 환자인 대령을 의사-야쉬빈은 중립적 위치에서 계속 치료해 주어야 했지만, 의사이기에 앞서 한 사람의 인간인 야쉬빈의 도덕적 본능은 살인자를 용서하지 못하고 스스로 살인자가 되는 길을 택한다.

이상에서 살펴본 바와 같이, 혁명과 내란의 소용돌이를 겪으면서 의사의 길에서 작가의 길로 변신할 수밖에 없었던 작가-불가코프의 전기적 체험들은 불가코프로 하여금 백군이든 적군이든 그 어느 쪽에도 속하지 않는 중립적 견지의 의사-주인공을 창조하게 만들었으며, 이러한 '중립적-의사'의 형상은 상징적인 의미에서 '중간'을 뜻하는 '다리' 위에서 벌어지는 잔인한 폭력과 죄 없는 희생을 아무 힘없이 바라만 보는 '목격자-증인'의 형상으로 나타난다. 한편 이러한 '중립적-의사'의 형상 속에는 단순히 수동적인 목격자로서 중립적인 견지를 지닌 직업적 의사이기에 앞서, 한 사람의 인간으로서 인간의 도덕적 본능을 더 따르려 하였던 의사의 형상도 엿보이고 있다.

III-3. '이중적 의사'의 형상

불가코프 작품 속에 등장하는 의사-주인공은 의사의 길을 가는 것보다 작가의 길을 가는 것이 더 적합한 것으로 나온다. 『나는 살인하였다』에서 화자는 의사-야쉬빈이 의사보다는 오로지 작가의 길을 걸었어야 했다고 항상 생각한다(2: p.648). 이처럼 불가코프 작품에 등장하는 의사의 형상에는 '의사'의 형상 이외에 '작가'와 관련된 또 다른 '의사'의 형상이 존재함을 알 수 있다. 전기적 작품인 『몰핀 Морфий』에는 서로 친구 관계이며 서로 다른 형상을 지닌 두 명의 의사들이 등장한다. 의사 뽈랴코프(Поляков)는 의사-불가코프를 대변하고 있으며, 또 다른 의사 봄가르드(Бомгард)는 미래의 작가 불가코프를 대변하고 있다고 볼 수 있다.

의사 뽈랴코프는 정신병을 앓는 몰핀 중독자로서 꿈과 현실을 오가다 결국은 자살하는데, 『나는 살인하였다』에서 의사가 환자를 총으로 쏘아 살해하였다면 『몰핀』에서는 의사가 환자인 자기 자신을 총으로 쏘아 자살하는 것이다. 의사 뽈랴코프가 몰핀 중독자이듯이 의사 불가코프 역시 한동안 몰핀을 자주 사용하였던 것으로 알려지고 있다. 그의 아내의 회상에 의하면, 몰핀 주사를 맞고 잠시 잠들었던 그가 얼마 지나서 다시 고통을 호소하며 당장 몰핀을 더 가져올 것을 주문하였었다고 한다.[108] 또한 혁명 기간 동안에 의사 뽈랴코프가 몰핀을 맞고 아무 걱정 없이 보내듯이, 의사–불가코프 역시 1917년 혁명 때 모스크바에서 얼마 떨어져 있지 않은 곳에 살면서 몰핀을 맞으며 하루하루를 보냈었다.[109] 즉 의사–불가코프가 몰핀의 도움으로 혁명에 대하여 자신의 눈을 가리고 살았듯이, 의사–뽈랴코프 역시 몰핀의 도움으로 혁명 기간 내내 잠을 자듯이 바깥 세상을 잊고 지낸다.

> Но мысль бросить это лечение воровски созрела у меня ещё до боя на улицах Москвы. Спасибо морфию за то, что он сделал меня храбрым. Никакая стрельба мне не страшна. (1: p.166)

> 그러나 모스크바의 거리들에서 전투가 벌어지기 바로 전까지만 이 치료를 그만두어야지 하는 생각이 내게 은밀히 들었다. 나를 용감하게 만들어 준 몰핀에 대해 감사한다. 이제 어떤 총격 소리도 내게 무섭지 않다.

한편 의사 봄가르드는 몰핀 중독으로 인해 거의 폐인이 되다시피한 친구 의사 뽈랴코프가 죽기 바로 전에 건네주는 그의 일기를 보존해 오다

108) Кисельгоф Т., там же, с.47.

109) 이 기간 동안의 삶에 대하여 작가의 아내는 아침부터 모든 약국을 뛰어다니며 사모았던 몰핀만을 알고 있을 뿐이라고 회상한다. Кисельгоф Т., там же, с.52. 참조.

가, 10년이 지난 후에 그것을 출판한다. 의사 봄가르드는 죽기 바로 전에 자신의 환자가 된 친구 의사 뽈랴코프를 구원하기 위하여 의사로서 자신이 할 수 있는 일은 아무것도 없었으며, 오로지 그의 일기를 출판하는 것이 유일한 일이였다. 의사 뽈랴코프가 의사-불가코프의 암울하였던 과거 10년의 '염세적'인 면을 나타낸 것이라면, 의사 봄가르드는 미래 작가-불가코프의 '낙관적'인 면을 나타낸 것이라고 볼 수 있다. 즉 '불가코프'라는 한 개인의 개성 속에 담겨져 있는 두 개의 직업(의사, 작가)적 개성이 두 명의 의사-주인공을 통하여 발현된 것이라고 말할 수 있다.

이와 같이 불가코프 작품에 나타나는 의사의 형상에는 '죽은' 의사의 형상(Поляков)과 '살아남는' 작가의 형상(Бомгард)과 같이, 2개의 이중적인 형상이 존재함을 발견할 수 있다. 이러한 이중적인 형상과 유사하게 『젊은 의사의 수기(Записки юного врача)』 속에 들어있는 단편들에서도 공통적으로 '이중적-의사'의 형상이 나타난다.[110] 즉 시골 병원에 첫 부임한 젊은 풋내기 의사는 어려운 수술 환자를 대하고는 어떻게 대처하여야 할지 전혀 경험이 없다. 하지만 그의 마음 속 깊은 곳에서는 자신에게 위험 부담이 될지라도 환자를 위하여 수술을 감행하여야 한다는 본능적인 목소리가 들려온다. 그리고 항상 의사의 수술 감행 결정은 기적과도 같은 수술 성공으로 이어짐으로써 올바른 결정이였음이 판명되어진다. 즉 아무것도 할 줄 몰라 수술할 때마다 의학서를 급히 뒤져봐야 하는 풋내기 의사의 형상과 그 형상 내부에 존재하는 또 하나의 다른 '이중적-의사'의 형상이 함께 공존하고 있는 것이다.

『수탉이 그려진 수건(Полотенце с петухом)』에서 젊은 의사는 이미 다 죽어가는 환자임을 스스로 인식하면서도 갑자기 자신의 내부에서 자신도 모르는 소리가 튀어 나오는 것을 느낀다.

110) 『몰핀』에서는 '이중성'이 두 명의 의사를 통하여 나타난다면, 『젊은 의사의 수기』의 단편들에서는 한 명의 의사를 통하여 나타나는 것이 우선 차이점이라 할 수 있다.

> Хотел уже сказать: конец... по счастью, удержался... Опять прошла ниточкой волна. “Вот как потухает изорванный человек, —подумал я, —тут уж ничего не сделаешь...” Но вдруг сурово сказал, не узнавая своего голоса: —Камары. (1: p.79)
>
> 이미 죽었다고 말하고 싶었다... 다행히도, 참았다... 다시 실오라기 같은 맥박의 파고가 지나갔다. 나는 생각하였다. “갈갈이 찢겨진 한 사람이 여기 이렇게 죽어가는 구나. 그런데 너는 여기서 아무것도 하지 않을 것이고....” 그러나 갑자기 나는 그것이 내 목소리인지도 모르면서 준엄하게 말하였다. “캠퍼 주사를 준비하시오.”[111]

‘누군가’의 힘에 이끌려 내려진 의사의 이러한 결정은 처음에는 주위의 모든 사람들에게 아주 황당무계한 소리로 들리나, 의사는 끝까지 자신의 결정을 끌고 나아감으로써 결국은 수술을 성공시킨다.『강철로 된 목(Стальное горло)』에서 환자 보호자의 반대를 무릎쓰고 난생 처음 감행한 기관절개술은 마침내 다 죽어가던 소녀를 ‘기적’적으로 구해낸다. 이러한 기적적인 수술 성공에 대한 이야기는 주위 지방의 모든 시골 마을 농민들에게 퍼져, 먼 옛날 이야기로만 듣던 신화가 실제로 실현된 것처럼 여겨진다.

> Вы знаете, что в деревнях говорят? Будто вы больной Лидке вместо её горла вставили стальное и зашили. Специально ездят в эту деревню глядеть на неё. Вот вам и слава, доктор, поздравляю. (1: p.99)
>
> 마을에서 뭐라고들 하는지 아세요? 의사 선생님께서 환자 리드카에게 그녀의 목 대신에 강철로 된 목을 집어 넣고 꿰멨다고들 해요. 그녀를 보기 위하여 일부러 그 마을에 사람들이 드나들고 있어요. 당신께 영광이예요, 의사 선생님, 축하드립니다.

---

111) 미하일 불가코프,『비운의 달걀』, 정연호 역, (대구효성가톨릭대학교 출판부, 1999), p.194.

이와 같이 기적에 가까운 몇 번의 수술 성공 후에, 젊은 의사는 정말로 기적을 행하는 신성한 사람으로 간주되기 시작하며, 수없이 많은 환자들이 몰려온다. 『눈보라(Вьюга)』에서는, 하루에도 100명이 넘는 환자들이 눈길을 따라 썰매를 타고 오는 바람에, 의사는 매일 같이 식사할 시간도 없이 밤 9시까지 진료를 해야 했으며, 일과가 끝나고 숙소로 돌아갈 때는 거의 파김치가 되어, 먹고 마시고 잠자는 것조차 싫어지게 된다(1: p.100).

한편 이와 같이 『젊은 의사의 수기』 속에 나타나는 '이중적-의사'의 형상에는 '환자'와 동일시 되는 '의사'의 형상이 숨겨져 있음을 또한 발견할 수 있다. 예를 들면, 『수탉이 그려진 수건』에서, 젊은 의사의 첫 번째 환자가 될 처녀가 삼 다듬는 기계에 다리가 떨어져 중상을 입는 그 순간에, 젊은 의사는 시골 병원으로 가라는 발령을 받고서 40베르스타[112]나 되는 먼 거리를 마차를 타고 달려오고 있었다.[113] 즉 의사-주인공이 의사로서 첫 발을 내 딛는 순간에, 그의 첫 번째 환자도 역시 같은 신체 부위인 발을 다치고 있는 것이다. 이것은 의사-주인공이 그라체브카(Грачевка) 지방 소도시에서 시골 벽지의 병원까지 먼 거리를 마차를 타고 오면서, 의사 자신의 다리가 꽁꽁 얼어 붙고 마비되어 마치 다리를 상실한 것처럼 느끼는 것으로 묘사되고 있다.

> ...ноги окостенели, и настолько, что я смутно тут же во дворе мысленно перелистывал страницы учебников, тупо стараясь припомнить, существует ли действительно 〈...〉 болезнь, при которой у человека окостеневают мышцы? (1: p.71)

112) 베르스타(верста): 미터법 시행 전의 러시아의 거리 단위. 1베르스타는 약,1,067 킬로미터에 해당함.

113) Яблоков Е. А., *Текст и подтекст в рассказах М. Булгакова: «Записки юного врача»*, Тверь, 2002, с.8.

> 사람의 근육을 마비시키는 병이 실제로 있었는지를 골똘히 생각하며, 이곳 마당에 서서 뒤숭숭한 마음으로 생각 속에서 의학 교과서들의 페이지를 넘길 만큼, 나는 다리가 뻣뻣해졌다.

사실상, 『수탉이 그려진 수건』에서, 의사와 환자는 같은 병에 걸려 같은 고통을 겪고 있는 것과 진배없다. 왜냐하면, 은유적인 측면에서 보면, 수술치료의 결과는 환자인 처녀의 '생명'과 관련 있을 뿐만 아니라, 의사로서 이제 막 첫 발을 내딛어 자신의 다리, 즉 자신의 힘으로 일어서야 하는 의사 자신의 '운명'과도 직결되어 있기 때문이다. 이와 같이 환자의 으스러진 다리와 의사의 마비된 다리가 동일시되고, 수술 결과에 따라 환자의 생명과 의사의 운명이 함께 좌우되면서, 의사의 형상이 환자의 형상과 동일시되는 것을 발견할 수 있다.

『태아전위 세례식(Крещение поворотом)』의 젊은 의사는 태아의 위치가 전위된 산모의 분만 시술에서 올바르지 않은 위치의 태아를 교묘한 의술로써 분만시킨다. 여기서 올바르지 않은 거꾸로 된 위치, 즉 머리부터 나오는 게 아니라 발부터 나오는 상태의 태아 출생은 이제 막 의사로서 탄생하는 의사-주인공의 '운명'을 상징한다고 볼 수 있다.[114] 즉 올바르지 않게 거꾸로 뒤집어져 반전된 상태의 출생은 의사-주인공, 즉 의사-불가코프의 인생에 있어서의 '반전'에 대한 메타포라고 볼 수 있는 것이다.

또한 『칠흑 같은 어둠(Тьма египетская)』에서, 젊은 의사는 밤 늦게 찾아온 환자에게 호감을 갖은 나머지, 환자가 자신과 똑같이 생긴 형제인 것처럼 느낀다. 즉 의사에게 호감을 불러일으키는 환자의 외모가 의사로 하여금 자신의 분신을 보는 것처럼 느끼게 만드는 것이다.[115] 그러므

---

114) Яблоков Е. А., "Уснуть, чтобы проснуться: Подтекстные мотивы рассказа М. Булгакова 『Крещение поворотом』", *Славяне. Письменность и культура*, Смоленск, 2002, с.57.

115) Яблоков Е. А., *Текст и подтекст в рассказах М. Булгакова:«Записки юного врача»*, Тверь, 2002, с.65.

로 의사는 처방전을 쓰면서 다음과 같이 생각한다.

> Чувство у меня при этом было настолько приятное, будто не посторонний мельник, а родной брат приехал ко мне погостить в больницу. (1: p.119)
>
> 이때 나의 감정은, 나와 아무 관계없는 제분소 주인이 아니라, 마치 친형제가 내 손님으로 병원에 온 것처럼 느낄 만큼 좋은 기분이였었다.

이와 같이 『젊은 의사의 수기』 속의 단편들에 나타난 '이중적-의사'의 형상에서 '의사'가 '환자'의 분신처럼 여겨지면서 '의사'와 '환자'의 형상이 동일시되는 예(例)는 『사라진 눈(Пропавший глаз)』에서도 찾아볼 수 있다. 즉 의사로 부임하여 활동한지 꼭 1년이 지나, 주위 사람들로부터 축하를 받은 젊은 의사의 첫 번째 환자는 역시 1살된 어린아이로서 눈 한쪽이 없는 아이이다. 여기서 의사경력 1년의 풋내기 젊은 의사는 '사라진 눈'을 가진 1살배기 어린아이와 같은 형상의 '분신'처럼 여겨지고 있음을 알 수 있다.[116]

한편 앞서 『젊은 의사의 수기』 속의 단편들에서 살펴본 바와 같이, 의사 내부에 존재하는 '또 다른 자아' 모습의 '이중적-의사' 형상이 존재하는가 하면, 『개의 심장』에 등장하는 의사-쁘레오브라젠스키와 같이, 하나의 의사의 형상이 서로 다른 두가지 형상으로 묘사됨으로써 나타나는 '이중적-의사'의 형상을 발견할 수 있다. 『개의 심장』의 의사-주인공 쁘레오브라젠스키 교수는 신비로운 지식의 소유자로서 때로는 그리스도교 사제에 비교되기도 하고, 또 때로는 고대 이집트의 신관에 비유되기도 한다. 그는 희랍정교회 총주교의 모자를 연상시키는 하얀색 원추형 둥근 모자를 쓰고 있으며, 허리에는 마치 승려들의 견대와 흡사한

---

116) Яблоков Е. А., Там же, с. 89.

고무로 된 좁은 앞치마를 두르고 있다(2: p.153). 반면, 이러한 형상과 더불어 외과-수술 의사로서의 쁘레오브라젠스키는 마치 정육점의 푸주한을 연상시키듯이 묘사된다. 즉 개를 수술하는 동안의 의사 쁘레오브라젠스키의 손동작은 마치 다리야 뻬뜨로브나가 부엌에서 칼로 들꿩을 잡을 때의 손놀림과 매우 유사한 형상으로 미리 예고(豫告)되고 있다.

> Острым и узким ножом она отрубала беспомощным рябчикам головы и лапки, затем, как яростный палач, с костей сдирала мякоть, из кур вырывала внутренности. (2: p.150)
>
> 그녀는 날카롭고 폭이 좁은 칼로 힘없이 축 늘어져 있는 들꿩들의 목과 발을 잘랐다. 그리고 나서는 마치 격분한 사형 집행인처럼 뼈다귀에서 고기를 발라내었으며, 속에서 내장을 파내었다.[117)]

이처럼 들꿩을 잡을 때의 손놀림과 유사하게 의사-주인공의 손동작은 마치 완전범죄가 안되면 아주 나쁜 비열한 행위라도 저지르듯이 아주 리얼하게 묘사된다(2: p.153). 졸코프스키(Жолковский)가 밝히고 있듯이, 중편『개의 심장』의 텍스트 속에는 실제로 '싹둑 깊이 베었다 полоснул', '탐욕스럽게 달려들었다 набросился хищно', '뜯어내었다 вырвал', '깨뜨렸다 сломал', '교활하게 찔렀다 коварно кольнул' 등과 같이 짐승을 도살할 때 사용되는 표현들이 풍부하게 들어있으며, 피투성이가 된 뇌, 심장, 두개골 등을 교묘히 다루는 수술 장면들이 생생하게 그림처럼 묘사되고 있다.[118)] 이처럼, 수술할 때의 의사-주인공의 모습이 푸주한에 비유되는 예(例)는『수탉이 그려진 수건』에서도 또한 발견된다.

---

117) 미하일 불가코프,『개의 심장』, 정연호 옮김, (서울: 열린책들, 1998), p.75.

118) ЖолковскийА. К., *Блуждающие сны и другие работы*, Москва, 1994, с.153.

Я кругообразно и ловко, как опытный мясник, острейшим ножом полоснул бедро. (1: p.80)

나는 마치 숙련된 푸주한처럼 날카로운 칼로 그녀의 넓적다리를 둥글게 원을 그리며 민첩하게 싹둑 잘라내었다.

이상에서 살펴본 바와 같이, 불가코프 작품에 등장하는 '의사'의 형상에는 『몰핀』에서처럼 의사–불가코프와 작가–불가코프의 두 가지 직업적 이미지와 향후 운명을 나타내는 '이중적–의사'의 형상이 발견되며, 『젊은 의사의 수기』에서처럼 의사의 형상 내부에 '또 다른 자아'의 모습으로 존재하면서, 항상 의사와 대립적인 다른 목소리를 내는 '이중적–의사'의 형상이 발견된다. 또한 『젊은 의사의 수기』의 단편들에서 발견되는 이중적–의사의 형상은 항상 '환자'의 형상과 동일시되는 특징을 지니고 있어, 『수탉이 그려진 수건』에서는 환자와 의사의 '다리'가 동일한 형상으로 묘사되며, 『태아전위 세례식』에서는 태아의 거꾸로 된 위치가 의사–주인공의 운명의 '반전'을 상징하고, 『칠흑 같은 어두움』에서는 환자의 외모가, 그리고 『사라진 눈』에서는 1살짜리 갓난애기가 의사의 '분신'처럼 묘사됨으로써 의사의 형상이 환자의 형상과 동일하게 그려지고 있는 것을 발견할 수 있다. 한편 『개의 심장』에서는 그리스도교–신관과 정육점 푸주한의 속성을 지닌 '이중적–의사'의 형상이 나타나고 있음을 알 수 있다.

Ⅲ–4. '구원자-의사'의 형상

불가코프의 대표작 『거장과 마르가리따』에서도 우리는 '의사'의 형상을 찾아볼 수 있다. 이 장편소설에 나오는 모스크바 이야기와 예루살렘 이야기 모두 의학적인 테마와 관련이 있다. 모스크바 이야기에서 볼란드 일당과 접촉한 사람들은 거의 모두 정신분열증에 걸리거나 혹은 정신병원에 입원하게 되며, 예루살렘 이야기에서도 빌라도는 항상 정신병의 일종인 편두통에 시달린다. 이러한 정신분열증은 철학적인 메타포를 지니고 있어서 모스크바 이야기에서 머리를 상실하는 것은 곧 미치는 것을 뜻하는 비유 중의 하나로 쓰인다. 그러므로 베를리오즈의 머리가 잘려져 나가는 사건으로 소설이 시작되고, 후에 베헤못이 사회자 벤갈리스키의 머리를 떼어내고 하는 것은 결코 우연이 아니라고 본다. 실제로 소설 속에 등장하는 많은 등장인물들은 물리적으로 머리를 상실하지 않았을 뿐이지, 비유적 측면에서 보면, 사실상 머리를 상실한 것과 거의 진배없다. 볼란드 일당과 갈등을 벌이는 등장인물들은 거의 모두 정상이 아닌 상태가 되거나 갑자기 정신분열증을 앓기 시작하는 것이다. 그러므로 이때 등장하는 의사는 당연히 정신과 의사가 등장하게 되며, 의사 스트라빈스키는 "나는 정상이다(Я—нормален)"라고 외치는 이반에게 "만일 그렇다면 논리적으로 추론해봅시다...(а если так, то давайге рассуждать логически.)(5: p.90)."라고 말한 후, 그동안 이반 자신이 행한 행동을 열거해 보이게 한다. 즉 만일 당신이 정상이고 이성적으로 사고하는 상태라면, 논리적으로 당신이 미쳤다는 사실을 당신 스스로 인정하지 않을 수 없다는 것을 증명해 보이기 위한 '역설적인 논리'인 것이다.[119)]

하지만 이러한 의학적인 수단과 방법들로써 볼란드 일당에 대항해 보려는 정신병 치료의 시도들은 결국 수포로 돌아가며 매우 우습게 보인다. 왜냐하면 볼란드가 발휘하는 힘은 과학의 권능 밖에 있기 때문이다. 의사는 정신착란증에 빠진 환자들을 정상적인 상태, 즉 어떤 일정하게 평균화된 품행으로 돌려놓기 위하여 노력하지만 상황은 존재의 근본적인 문제에 부닥뜨리면서 '정상'의 의미는 상실되고 만다. 그러므로 매년

---

119) Яблоков Е. А., "Комментарии", *Булгаков М. А., Собр.соч.: В 8 т.* (Москва, 2007) Т. 7, с.629.

봄 만월이 되면 스트라빈스키 정신병원에 있었던 예전의 환자들은 '병(病)적인' 상태로 되돌아가며, 이반은 밤바다 모스크바 거리를 배회하면서 다시 '집 없는 사람(бездомный)'의 상태가 되어 몇 년 전에 발생했었던 사건들을 회상한다(5: p.381–382). 여기서 우리는 의학적인 관점에서만 보면, 정신병의 정기적인 재발을 보는 것 같으나, 『거장과 마르가리따』 소설 전반에서 제기되는 문제점의 측면에서 보면, 정신병 상태로의 회귀는 이 세상 최고의 진리에 가장 근접하고 있는 순간을 뜻한다. 즉 마취제나 최면술과 같은 의학적인 수단과 방법들로써 비정상(非正常)의 환자를 정상(正常)으로 돌려놓기 위한 의사의 치료는 진정한 구원이 되지 못하고 결국 일순간의 치료로 끝나며, 철학적 인생관의 관점에 보면, '비정상'으로 보이는 환자들이 의학적으로 '정상'적인 사람들보다 훨씬 더 건강한 것이다.

볼란드와 그 일당들을 가리켜 한편에서는 서커스 배우들이라고 이야기하는가 하면, 다른 한편에서는 '의사'들과 동일시(同一視)한다. 즉 볼란드와 그 일당들이 벌인 한 바탕의 소란에 대하여, 교양있는 사람들은 최면술과 복화술을 훌륭히 구사하는 무리의 소행이 틀림없다고 이야기하는 것이다(5: p.373). 이처럼 볼란드 일당들이 복화술을 구사하는 의사들로 여겨지면서 모스크바 시민들을 상대로 최면술을 펼치듯이, 의사 스트라빈스키는 정신병자로 간주되는 이반을 상대로 최면술을 건다(5: p.92). 즉 의사 스트라빈스키가 환자 이반에게 사용한 의학적인 최면술이나 볼란드 일당이 모스크바 시민들에게 사용한 서커스적 최면술이나 모두 비슷하게 사기처럼 여겨지고 있는 것이다.

이와 같이 모스크바 이야기에서 의사 스트라빈스키의 의학적인 최면술이 환자를 위한 진정한 치료와 구원이 되지 못하는 반면에, 예루살렘 이야기에서는 '예수아'를 통하여 진정한 '구원자–의사'의 형상이 나타난다. 방랑하는 거지–철학자 예수아는 총독의 고통스런 병을 정확히 진단해낼 뿐만 아니라, 한마디 말로써 편두통을 치료해냄으로써 빌라도에게 아주 강렬한 인상을 심어주는 것이다. 그러므로 빌라도는 예수아를 가리켜 '의사'인지를 두 번씩이나 물어 본다.

> Сознайся,—тихо по-гречески спросил Пилат,—ты великий врач? —Нет, прокуратор, я не врач, 〈...〉 Итак, ты врач? —Нет, нет,—живо ответил арестант,— поверь мне, я не врач. (5: pp.27–28)

> "자백하라" 빌라도는 그리스어로 조용히 물었다. "너는 대단한 의사이지?" "아니오, 총독님, 저는 의사가 아닙니다." 〈...〉 "그러니까, 너는 의사지?" "아니, 아닙니다." 죄수가 단호히 대답했다. "믿어주십시오, 저는 의사가 아닙니다."

물론 여기서도 모스크바 이야기에서와 같이 '머리'와 관련된 질병이 나타나며, 빌라도는 두개골의 반쪽이 부서지는 듯한 편두통의 증세를 겪는다. 그리고 이러한 편두통에 대한 테마는 곧 '진리'에 대한 테마로 연결되고 있다. 즉 "진리란 무엇인가?(Что такое истина?)(5: p.26)."라는 빌라도의 질문에 예수아는 다음과 같이 대답하는 것이다.

> Истина прежде всего в том, что у тебя болит голова, и болит так сильно, что ты малодушно помышляешь о смерти. Ты не только не в силах говорить со мной, но тебе трудно даже глядеть на меня. (5: p.26)

> 진리란 무엇보다도 지금 이 순간 당신의 머리가 아프다는 것과 그 고통이 너무 커서, 당신은 소심하게도 죽음에 대한 생각을 품고 있다는 것입니다. 당신은 저와 이야기할 힘도 없을 뿐만 아니라, 저를 쳐다보는 것조차도 당신에게는 힘이 듭니다.

이처럼 예루살렘 이야기에서 이용되는 성경-복음적 이야기들은 소설 전체에서 매우 중요한 역할을 수행하고 있으며, 작가는 이 '빌라도 이야기'를 통하여 성경에 나오는 구원자로서의 그리스도-의사의 형상을 실현시키고 있다. 즉 성경에서 예수는 "건강한 자에게는 의원이 쓸데없고 병든 자에게라야 쓸데가 있느니라, 〈...〉 내가 의인을 부르러 온 것이 아니라 죄인을 부르러 왔노라."[120]고 이야기 하며, 그의 열두제자도 또한 '의사'로서의 동일한 권능을 부여 받는 것이다.—"예수께서 그 열두제자를 부르사 더러운 귀신을 쫓아내며 모든 병과 모든 악한 것을 고치는 권능을 주시니라."[121]

이와 같이 작가 불가코프는 빌라도 이야기에서 펼쳐지는 의학적인 문맥을 통하여 성경의 '그리스도-의사'의 형상을 실현시키고 있으며, 예수아를 통하여 편두통 환자 빌라도를 고통 속에서 구해냄으로써 '구원자-의사'의 형상을 나타내고 있다. 이처럼 '의사'가 '구원자'로서의 동일한 형상을 나타내는 예(例)는 단편『눈보라』에서도 다시 찾아볼 수 있다.

> На обходе я шел стремительной поступью, за мною мело фельдшера, фельдшерицу и двух сиделок. Останавливаясь у постели, на которой, тая в жару и жалобно дыша, болел человек, я выжимал из своего мозга все, что в нем было. Пальцы мои шарили по сухой, пылающей коже, я смотрел на зрачки, постукивал по ребрам, слушал, как таинственно бьет в глубине сердце, и нес в себе одну мысль—как его спасти? (1: p.100)

회진할 때 나는 신속한 걸음으로 걸었으며, 내 뒤로 조수와 여조수 그리고 두 명의 간호보조원이 따라 붙어다녔다. 온 몸이 불덩이처럼 타들어가면서 애처롭게 숨을 몰아쉬는 환자의 침상 주위에 머물러 서서, 나는 그 사람 속에 들어있던 모든 것들을 내 자신의 뇌 속에서 쥐어짜냈다. 나의 손가락들이 메말라 붉게 타들어가는 피부가죽을 따라 이곳 저곳을 뒤졌으며, 나는 환자의 동공을 살펴보고 늑골뼈를 두드려 보았으며, 심장이 깊은 곳에서 비밀스럽게 박동치는 소리를 들었다. 그

---

120) 마태복음: 9장 12-13절.

121) 마태복음: 10장 1절.

리고는 내게 한 가지 생각만이 떠올랐다. "어떻게 그를 구원할 것인가?"

한편 이러한 '구원자-의사'의 형상을 지닌 예수아가 만성적 고통에 시달리던 환자 빌라도를 구원-치료할 때 사용하는 수단은 '말'이다. 총독 빌라도의 인생관과 세계관을 교정시키는 말과 어귀들로써 예수아는 빌라도를 완치시킨다. 성경-복음에서도 사람의 몸에 관한 육체적 병에 대한 것보다 사람의 영혼에 관한 정신적 병에 대하여 오히려 더 많이 이야기되고 있으며, 이때 주로 사용되는 '내과의사적'인 치료의 수단은 '말씀'이다. '치료하는 사람'은 무엇보다도 우선 '말하는 사람'으로 생각되는 것이다. 이러한 맥락에서 보면, 러시아어에서 '의사(врач)'가 어원적으로 동사 'врать-говорить(말하다)'와 관련이 있다는 것은 매우 중요한 사실이다. 이에 대하여 보그다노프(Богданов)는, 'врачевание'와 'говорение'의 개념은 어원학적으로 관련이 있으며, 의사직 자체의 웅변술적-사상전달적 특성이 의학과 문학의 합동을 위한 전제가 되고 있다고 이야기한다.[122)]

그러므로 앞서 살펴보았듯이, 불가코프가 '의사'에서 '작가'로 변신한 것은 어찌보면 당연한 귀결이라고도 볼 수 있으며, 문학은 전통적으로 인간 개개인 또는 사회 전체의 '치료'를 위한 수단으로 간주되어져 왔다.

이상에서 살펴본 바와 같이, 모스크바 이야기에서 의사 스트라빈스키의 의학적 최면술 등에 의한 정신병 치료는 일시적 치료로 끝나는 반면에, 예루살렘 이야기에서 그리스도-의사 예수아의 성경-복음적 대화에 의한 편두통 치료는 영원한 구원이 되게 묘사함으로써 작가 불가코프는 모스크바 이야기의 의사 스트라빈스키가 아닌 예루살렘 이야기의 예수아를 통하여 진정한 '구원자-의사'의 형상을 나타내고 있음을 알 수 있다.

---

122) Богданов К. А., *Врачи, пациенты, читатели: Патографическ тексты русской культуры XVIII~XIX веков*, Москва, 2005, с,16.

Ⅲ-5. 결론

불가코프의 개성 속에는 의사-불가코프와 작가-불가코프라는 두 가지의 개성이 있었다. 의사적 집안 환경으로 그는 먼저 의사의 길을 걸었고, 혁명과 내란의 소용돌이로 그는 의사의 길을 포기하고 작가의 길을 걸었다. 작가의 길을 걸으면서 그가 남긴 수많은 작품들 속에는 한때 그가 걸었던 '의사의 길'이 반영되어져 있을 뿐만 아니라, 작가로서 그가 추구하였던 '진정한 의사'의 모습이 그려져 있다. 본 장에서 살펴본 바와 같이, 의사-작가 불가코프가 남긴 수많은 작품들 가운데는 크게 3가지 부류의 형상이 있음을 알 수 있었다.

우선, 의사의 길을 포기할 수밖에 없었던 전기적 사실들이 반영된 작품들 속에서, 정치적으로 적군이든 백군이든 그 어느 쪽에도 속하려 하지 않았던 불가코프의 중립적 견지가 반영된 '중립적-의사'의 형상을 발견할 수 있었으며, 이러한 형상은 중간을 상징하는 다리 위에서 벌어지는 죄 없는 희생자에 대한 잔인한 폭력을 힘없이 수동적으로 바라만 보는 중립적 '목격자-증인'의 형상으로 나타나고 있었다. 한편 단순히 수동적인 목격자로서 중립적인 견지를 지닌 직업적 의사이기에 앞서, 한 사람의 인간으로서 인간의 도덕적 본능을 더 따르려 하였던 의사-불가코프의 형상도 반영되어져 있음을 발견할 수 있다.

두 번째로, 불가코프의 작품에 나타나는 '의사'의 형상들 가운데는 두 가지의 형상을 나타내는 '이중적-의사'의 형상이 존재함으로써 의사와 작가의 두 가지 직업적 이미지와 향후 운명을 나타내는 '이중적-의사'의 형상(『몰핀』), 의사와 '또 다른 의사'가 대립하는 '이중적-의사'의 형상(『젊은 의사의 수기』), 그리고 전혀 다른 두 가지의 이미지(그리스도교 신관, 정육점 푸주한)를 나타내는 '이중적-의사'의 형상(『개의 심장』)이 있음을 발견하였다. 한편 『젊은 의사의 수기』의 단편들에서 발견되는 의사의 형상은 '의사'와 '환자'의 형상이 동일시되는 특징을 지니고 있음도 발견된다.

세 번째로, 대작 『거장과 마르가리따』의 예루살렘 편에 나오는 '빌라도 이야기'를 통하여 성경-복음적인 그리스도-의사의 형상을 체현함으로써 작가-불가코프는 모스크바 이야기의 의사 스트라빈스키가 아닌 예루살렘 이야기의 예수아를 통하여 진정한 '구원자-의사'의 형상을 나타내고 있음을 알 수 있다.

IV.

불가코프 작품에 나타난 '동물'의 형상

불가코프 작품에는 여러 가지 종류의 동물들이 환상적으로 변화무쌍하게 출현하여 때로는 작품의 이해를 어렵게 만들기도 하는데, 이를 종류별로 분류해 보면 크게 곤충류, 파충류, 조류, 포유류 등으로 나누어 볼 수 있다.

불가코프의 작품에 출현하는 곤충류들 가운데, '이'는 전쟁에 충실히 참전하였다가 탈주해온 백군 주역들을, '빈대'는 전쟁에서의 탈영병 또는 겁쟁이들을, '바퀴'는 내란으로부터 백군을 따라 무작정 도망나온 피난민들을 가리킨다. 그리고 이들이 모인 콘스탄티노플은 고대 바빌론의 카오스를 연상시키는 대혼돈의 황국으로서 이미 '이'의 황국이 아닌 '바퀴'의 황국으로 바뀌어 있었다. 그러므로 '바퀴'의 황국에서 '바퀴의 황제'가 운영하는 회전기구처럼 이들은 원형을 따라서 운명의 '질주'를 계속하다가 각자 자신의 운명적 위치로 되돌아간다.

불가코프 작품에 출현하는 파충류들 가운데, '개구리'는 '인간'과 동일시되며 뱀, 용, 바실리스크 등의 파충류들은 '인간'의 세계가 아닌 '지옥'의 세계에 속하는 동물들이다. 평생 개구리만을 연구하다가 개구리처럼 변한 뻬르시코프는 개구리를 십자가 처형하면서 '붉은 광선'을 발견하며, 무식한 록에 의하여 잘못 적용된 '붉은 광선'으로 인해 지상의 파충류가 아닌 지옥의 파충류들이 출현한다. 여기서 개구리 실험에서 발견된 '붉은 광선'은 '붉은 혁명'을 상징하며, 실험 중에 처형된 '개구리'는 혁명 중에 숙청된 '인간'을 상징한다. '지옥'의 파충류들이 출현하는 때와 장소는 성 일리야의 날과 저승세계의 문을 상징하는 저수지와 관계있으며, 바실리스크는 전설처럼 독기어린 눈빛과 뜨거운 입김을 뿜어내고, 붉은 군대는 괴물 같은 뱀을 물리친 용사 게오르기처럼 모스크바를 구원하기 위하여 출동함으로써 불가코프 작품에 출현하는 파충류들은 고대슬라브인들의 구전설화, 전설, 민속 이야기 등의 전통적인 신화적 관념과 연관되어 있다.

불가코프 작품에 등장하는 '조류'들 가운데, 『백위군』에서 '뻬찌카'와 연관된 '꾀꼬리'는 밝고 낙관적인 형상을 나타내는데 반하여, '니콜카'와 연관된 '독수리'는 어둡고 비관적인 형상을 나타내며, '수탉'은 처음에 프랑스군을 상징하고 후에 등장한 새로운 '수탉'은 뻬뜨류라군을 상징한다. 『수탉을 수 놓은 수건』에서의 '흰색 수탉'은 풋내기 젊은 의사를 위한 번제물로 쓰이며, 이러한 수탉의 희생과 '죽음'이 바탕이 되어 젊은 의사와 처녀의 '부활'이 이루어지고, 이는 다시 살아있는 인간의 생생한 '삶'을 상징하는 '붉은색 수탉'의 등장으로 이어진다. 한편 『조야의 아파트』에서의 수탉과 암탉의 성변환은 당시 시대적 상황에 대한 풍자를 나타내며, 『비운의 달걀』에서의 암탉의 파멸은 혁명에 휩싸인 러시아의 운명을 미리 알리는 예언적 기능을 수행한다. 또한 예언적 기능을 수행하는 조류로서 『아담과 이브』에 출현하는 '새'들과 『거장과 마르가리따』에서 볼란드의 점괘 대상이 되는 '갈가마귀 떼', 그리고 빌라도에게 진리를 전달하는 '제비' 등을 찾아볼 수 있다.

불가코프 작품에 등장하는 포유류 가운데, 『백위군』의 '쥐'는 투르빈의 'Дом'-'배'를 버리고 떠나는 교활하고 간교한 탈베르그의 형상을 나타내며, '고양이'는 깔리소네르(『악마의 서사시』)와 베헤못(『거장과 마르가리따』)과 같이 갑자기 인간으로 바뀌었다가 고양이로 바뀌는 '도깨비'의 형상을 나타낸다. 한편 『개의 심장』에서 개와 고양이의 원수관계에 대한 모티브는 당시 사회계층적 문제와 반혁명적 인물들에 대한 무자비한 숙청을 풍자적으로 나타낸다.

불가코프의 작품에 출현하는 '늑대'는 스탈린에게 편지를 쓴 불가코프 자신, 『의사의 이상한 모험』에서 뻬뜨류라군에 의해 쫓기는 주인공, 『악마의 서사시』에서 사람들에 의해 추격당하는 까로뜨코프와 같이 박해받고 쫓기는 외로운 주인공으로서 자서전적인 '늑대-주인공'의 형상을 나타내며, 『신사 몰리에르의 생애』, 『알렉산드르 뿌쉬킨』, 『사자(死者)의 수기』의 주인공들과 같이, 모습과 생김새가 비슷한 '늑대-예술가'의 형상을 나타낸다. 이와 반하여 '늑대'는 『백위군』에서 강도로 돌변하여 바실리사 집을 강탈하는 뻬뜨류라군, 『개의 심장』에서 개-인간으로 변하여 쁘레오브라젠스키 교수를 몰아세우는 샤리코프와 같이 주인공에 대항하는 적대자로서 '늑대-강도'의 형상을 나타내기도 한다. 한편 『눈보라』 속에 출현하는 '늑대'는 결혼식에 참석하였던 하객들이 마법에 걸려 늑대로 변하는 슬라브 민속문화와 관련있으며, 『질주』의 흐루도프와 『거장과 마르가리따』의 빌라도는 죄 없는 희생자에 대한 죄의식에 사로잡혀 고통스러워하는 고독한 '늑대'의 유사한 형상을 나타낸다.

한편 불가코프의 작품에는 '투가이 백' 공작의 옛 하인 'Иона'(『Ханский огонь』), 뻬르시코프 교수의 동물원 수위 '빤크라트'(『비운의 달걀』), 뿌쉬킨의 시종 '니키타'(『알렉산드르 뿌쉬킨』)와 같이 '늑대-주인공'의 형상의 주인 곁에서 '충실견'의 형상을 끝까지 나타내는 인물들이 등장하는가 하면, '말하는 개'의 형상이 단편 『말하는 개』, 중편 『개의 심장』, 장편 『Роман о дьяволе』에 나타나고 있음을 찾아볼 수 있다.

불가코프 작품에 출현하는 돼지의 형상 가운데 『백위군』에서 바실리사의 꿈에 나타나 그의 채소밭을 습격하는 돼지는 성경에서와 같이 악령으로 가득 찬 돼지의 형상을 나타내며, '알리루야'(『조야의 아파트』), '분

쇼-코레쯔키'(『지극한 행복』, 『이반 바실리예비치』)와 같은 '돼지'의 형상은 주위 사람들을 괴롭히며 돼지처럼 재물만을 탐내는 속물적 근성의 '담콤'의 이미지를 나타내고, 『백위군』의 '바실리사'와 『거장과 마르가리따』의 '니꼴라이 이바노비치'는 젊은 나체의 마녀에게 유혹당하는 유사한 '돼지'의 형상을 나타낸다.

불가코프의 작품에 출현하는 '원숭이'와 관련된 모티브는 'Conan Doyle'의 『The Adventure of the Creeping Man』의 영향을 받은 것으로, 『개의 심장』에서는 '젊어지는 법'을 연구하는 과정에서 개-인간 샤리코프가 출현하여 무조건 인간과 같아지려는 '원숭이'의 형상을 나타내며, 『비운의 달걀』에서는 무조건 따라하는 '원숭이- 록'의 모방 유혹이 결국 엄청난 재앙을 불러옴으로써 모든 것을 '원숭이'의 원시시대로 돌려놓고는 마침내 '원숭이'처럼 생긴 사람에 의하여 주인공도 살해되고 만다.

불가코프에 의하여 창조된 동물들의 형상은 크게 두 개의 그룹으로 나누어진다. 하나는 우리들에게 이미 익숙한 지상의 실제적 동물들로서 곤충류, 파충류, 조류, 포유류 등의 동물들이며, 또 하나는 카오스적인 힘에 의하여 의인화된 환상적, 신화적 존재이다. 그러므로 불가코프 작품들에서 지상의 실제적 동물들 대신에 출현하는 기괴한 동물들의 환상적 출현은 인간의 정상적-자연적 삶의 질서가 이미 카오스적인 힘의 세력에 의하여 파괴되고 있다는 징후를 나타낸다.

IV-1. 들어가는 글

불가코프 작품들에는 개, 고양이, 늑대 등과 같은 포유류를 비롯하여 뱀, 악어, 개구리 등의 파충류 그리고 참새, 제비, 까마귀, 꾀꼬리 등의 조류, 심지어 이(蟲)와 바퀴벌레와 같은 여러 가지 곤충류에 이르기까지 실로 많은 종류의 동물들이 출현한다. 그리고 이들은 실제적인 모습을 띄기도 하지만 환상적이고 기괴한 모습으로 나타나거나 사람으로 의인화되어 출현함으로써 작품의 이해를 어렵게 만들기도 한다. 이것은 불가코프 작품에 출현하는 동물들이 단순히 동물의 형상으로 존재하는 것이 아니라 고대 슬라브적인 신화나 전설 또는 민속설화 등의 관념과 밀접히 관련되어 나타나거나, 작가에 의하여 의도된 여러 가지 상징성을 지닌 채 출현하고 있기 때문이다. 즉 지상 현실세계의 속세적인 속성과 내세 저승세계의 환상적인 의미가 결합된 형태로 출현함으로써 여러 가지 상징적인 기능을 수행하는 것이다. 또한 불가코프 작품에서 '동물'의 모습 또는 형태를 띤 등장인물들이 나타내는 속성들도 매우 중요한 상징적 의미를 지니고 있다. 즉 동물과 유사한 모습이나 특징 그리고 행동거지 하나하나는 오랜 세월동안 러시아인들과 범슬라브인들 그리고 유럽인들이 전통적으로 지녀왔던 문화적 관념 및 연상들과 밀접한 관련을 맺고 있다.

그러므로 본 장에서는 불가코프 작품에 나타나는 모든 동물들을 그 종류별로 즉 곤충류, 조류, 파충류, 포유류별로 살펴봄으로써 작품에 나타나는 '동물'의 형상이 무엇인지를 종합적으로 규명해 보고자 한다.

IV-2. 곤충류의 형상

불가코프 작품에 출현하는 곤충류의 동작과 모습은 인간들의 여러 유형을 은유적으로 나타내준다. 『질주(Бег)』에서 예전의 장군 차르노타(Чарнота)는 아르투르(Артур)의 회전기구에서 여회계원으로 일하는 리치카(Личика)와의 대화 중에 전쟁에 대하여 회상하면서 전투대형의 모습을 이(вошь)에 비유하여 다음과 같이 말한다.

И вши, конечно, были... Вошь — вот это несекомое! 〈...〉

> Вошь — животное военное, боевое, а клоп — паразит. Вошь ходит эскадронами, в конном строю, вошь кроет лавой, и тогда, значит, будут громаднейшие бои! (3: p.252)[123)]
>
> 그리고 물론 '이'들 이었어...'이', 바로 그 곤충! 〈...〉 '이'는 군사적이고 전투적인 동물이야. 하지만 빈대는 기생충이지. '이'는 기병중대 대열로 다녀. 그리고 '이'는 용암처럼 흘러 주위를 뒤덮어버리지. 그럴때면 은연히 어마어마하게 큰 전투가 벌어지게 마련이야!

차르노타는 '이'를 기생충 '빈대'와 다르게 '조직적'이며 '자기 헌신적'인 곤충으로 묘사한다.[124)] 즉 전쟁 상황 중에는 빈대와 같이 참호 속에서 겁에 질려 자신의 몸만을 지킨 사람들이 있었는가 하면[125)], 참호 속에서 "이를 끓이며"[126)] 용감히 싸우고 피를 흘린 사람들이 있었다. 차르노타는 '빈대'가 아니라 '이'에 속하였다. 그러므로 그는 이웃집 여자가 '이'에 대하여 혐오감을 불러일으킬 때에도 '이'에 대하여 아주 유연하게 말한다.

한편 희곡 『질주』에서 '바퀴'는 아주 중요한 역할을 하는 곤충이다. 흐루도프(Хлудов)가 사령관과의 대화 중에 퇴각하는 백위군과 그 뒤를 따

---

123) Булгаков М. А., *Собрание сочинений В 5 томах*, Москва: 1989~1990, с. 252, 이하, 이 선집으로부터의 인용은 본문에 (권 수: p.페이지 수)로 약칭한다.

124) 불가코프와 '이'와의 만남은 문학적이라기 보다는 리얼한 현실과의 만남이었으며, 작가의 운명에까지 영향을 미친 만남이었다. 즉 1920년 블라디카프카즈에서 군의관으로 종군할 당시, 불가코프는 심한 발진티푸스에 걸리는 바람에 퇴각하는 백위군에 합류할 수 없게 된다. 결국 이로 말미암아 불가코프는 조국 러시아를 영원히 떠나지 않게 되었다. 이렇게 보면 '이'는 불가코프의 운명에 '자기 헌신적'이었다고 볼 수 있다.

125) 작품에서 '빈대'는 '탈주병' 또는 '겁많은 소시민' 등에 비유된다. 즉 전쟁 중에 탈주하거나 참호 속에서 겁에 질려 자신의 몸만을 보호함으로써 열심히 싸우는 다른 사람들에 '빈대'처럼 붙어 사는 '기생충' 같은 존재인 것이다.

126) 러시아어 'кормить вшей(이를 끓이다)'는 말은 "불결하고 비위생적인 부자유한 생활을 하다"는 이야기이다.

르는 피난민들을 '바퀴'에 비교하는데서 연유되기 시작한다: "Смотрю и думаю, куда бегут? Как тараканы, в ведро. С кухонного стола—бух!" (3: p.245). 여기서 '바퀴'는 '빈대'나 '이'와 다르게 무조건 빠르고 분주하게 움직이는 형상을 나타내는데, 주요한 것은 그 움직임과 행동이 의미가 없다는 것이며 따라서 어떤 유용한 결과도 얻을 수 없다는데 있다.

이러한 '바퀴'의 형상은 희곡의 제목 '질주'와도 깊은 연상적 관계를 이룬다. 그러므로 희곡의 등장인물 목록에 오로지 '바퀴의 황제(тараканий царь)'로만 나오는 아르투르 아르투로비치(Артур Артурович)가 조직-운영하는 상연물의 명칭도 '질주의 바퀴들'이며, 이는 희곡 전체를 상징하는 중요한 상징들 가운데 하나를 차지한다. 이처럼 '바퀴의 황제'와 같이 모든 바퀴들의 '황제'라는 연상은 성경과 관련이 있다. 성경에서 악마의 명칭들 가운데 하나인 '바알세불'은 '마왕'으로 불리면서 어원적으로 '파리들의 통치자'를 의미한다.[127] 불가코프는 '파리의 통치자'를 변형하여 '바퀴의 황제'로 명명하고 있다. 즉 내란(Гражданская война)에서 활약하였던 주역들 대신에 새로운 삶의 새 주인이 나타난 것과도 같다. '이'들의 황국 대신에 '바퀴'들의 황국이 도래한 것이다.

이와 같은 성경적인 연상은 『질주』에서 또 발견된다. 즉 작품에 나타나는 '콘스탄티노플'의 형상은 혼란과 혼돈 그 자체로서 성경에 나오는 카오스적인 '바빌론'을 연상시킨다. 즉 서로 다른 언어로 말하는 군중들이 서로 알아들을 수 없는 말로 각자 소리높여 외쳐댄다(3: pp.250-255). 이러한 죄악의 세계의 중심에 아르투르의 '회전기구(вертушка)'가 위치해 있으며, 회전목마와 비슷하게 생긴 이 이상한 모양의 기구가 그 혼란의 진앙지 역할을 한다(3: p.250). 즉 전쟁에 참가하였다가 탈주해 도망온 '이'들이나 무조건 따라서 질주해온 '바퀴'들이나 모두가 서로 뒤얽혀

---

127) *Мифы народов мира Энциклопедия: В 2 томах. 2-е изд.*, Москва: Советская Энциклопедия, 1991-1992, т. 1, с.229.

각자의 소리로 외쳐대는 혼돈의 세계의 진앙은 회전목마처럼 원형으로 돌고 있는 것이다. 그러므로 이러한 '바퀴'의 형상은 희곡의 주요 등장인물들이 단순하게 질주를 하고 있는 것이 아니라 원형을 따라 질주하고 있음을 상징한다. 이것은 등장인물들의 운명이 마치 회전기구처럼 돌고 돌아서 여러 가지로 이루어지고 있는 것에서 확인해 볼 수 있다. 즉 흐루도프는 결국 자살로 생을 마감함으로써 번뇌와 번뇌의 수레바퀴를 돌고 돌아 결국 '비존재'의 세계로 돌아간다. 세라핌(Серафим)과 고루브코프(Голубков) 역시 조국으로 돌아감으로써 전원적이고 목가적인 가정으로의 귀환을 이룬다. 한편 차르노타(Чарнота)는 영원히 아르투르의 '회전기구' 옆에 붙어 남아있음으로써 바퀴들의 질주로부터 떨어지지 않는 상태가 되며 스스로도 회전식 운명으로부터 결코 떨어지려 하지 않는다. 그러므로 그는 희곡의 종말에 가서 자신을 스스로 '평생의 편력자(Вечный Жид)'라고 부르고 있다(3: p.278).

이상에서 살펴보듯이 불가코프의 작품(『질주』)에 출현하는 곤충류들 가운데 '이'는 전쟁에 충실히 참전하였다가 탈주해 온 백군 주역들을, '빈대'는 전쟁에서의 탈영병 또는 겁쟁이들을, '바퀴'는 내란으로부터 백군을 따라 무작정 도망나온 피난민들을 가리킨다. 그리고 이들이 모인 콘스탄티노플은 고대 바빌론의 카오스를 연상시키는 대혼돈의 황국으로서 이미 '이'의 황국이 아닌 '바퀴'의 황국으로 바뀌어 있었다. 그러므로 '바퀴'의 황국에서 '바퀴의 황제'가 운영하는 회전기구처럼 이들은 원형을 따라서 운명의 '질주'를 계속하다가 각자 자신의 운명적 위치로 되돌아간다.

Ⅳ-3. 파충류의 형상

고대 슬라브인들의 신화적 관념에서는 전통적으로 '사람'은 보통 '개구리'와 동일시되었다.[128] 그러므로 『비운의 달걀(Роковые яйца)』에서 평생 동안 개구리만을 연구해 온 뻬르시코프(Персиков) 교수는 개구리들과 너무나 친해진 나머지 아예 사람 자체가 개구리처럼 변해있다. 그는 전화를 받을 때도 전화기에 대고 말을 하는 것이 아니라 개구리처럼 개골개골하며 운다: "квакает в трубку"(2: p.91). 그의 삶에 있어서 개구리는 가장 중요한 존재였다. 그러므로 바로 이 개구리들 때문에 그의 아내는 쪽지 한 장을 달랑 남겨두고 그의 곁을 영원히 떠난다: "Невыносимую дрожь отвращения возбуждают во мне твои лягушки. Я всю жизнь буду несчастна из-за них"(2: p.46). 아내가 떠난 후 뻬르시코프 교수는 외롭게 지내며 아늑하지 못한 생활을 한다. 즉 개구리가 아내를 대신해주지 못한다: "Лягушка жены не заменит"(2: p.86).

이 이야기는 러시아의 유명한 설화 중의 하나인 '황녀 개구리(Царевна-лягушка)'에서 연상되었다. 하지만 설화에서는 개구리가 아름다운 처녀로 변하여 주인공에게 행운을 가져오는 반면에, 『비운의 달걀』에서는 모든 '인간적'인 것을 다 버리고 오로지 학문 연구에만 정열을 쏟아부은 교수가 직접 '개구리'처럼 변한다. 게다가 교수는 죽을 때도 성난 군중들에게 두들겨 맞아 '개구리'처럼 쭉 뻗어서는 '개구리들'과 함께 불에 타 죽는다(2: p.114). 이처럼 작품에서 '개구리'와 비교되는 인물은 뻬르시코프 교수뿐만이 아니다. 연구소의 예전 수위 브라스(Влас) 노인은 혁명과 내

128) Гура А. В., *Символика животных в славянской народной традиции*, Москва: Индрик, 1997, с.381. 이하, 이 책으로부터의 인용은 본문에 (Гура: p.페이지 수)로 약칭한다. // 또한 러시아 민속우화 『개구리-공주(Царевна-лягушка)』에 보면 개구리가 이반 왕자의 아내가 되어 황제가 내주는 과제를 훌륭히 수행하는 이야기가 나온다: 『세계의 옛날 이야기 러시아편』, 임은경 옮김, (서울: 글동산, 1995), pp.131-144. 참조.

란으로 인하여 모든 것이 붕괴된 대혼란 속에서 개구리들이 사료 부족으로 죽듯이 음식물 부족으로 인하여 죽은 것으로 묘사되고 있다.

> Непосредственно вслед за жабами 〈...〉 переселился в лучший мир бессменный сторож института старик Влас, не входящий в класс голых гадов. Причина смерти его, впрочем, была та же, что и у бедных гадов 〈...〉 Бескормица! 〈...〉 Власа нужно было кормить мукой, а жаб мучными червями. (2: pp.46–47)

> 바로 두꺼비의 뒤를 이어 〈...〉 연구소의 만년 수위 브라스 노인마저 파충류에 속하지도 않으면서 천상(天上)의 세계로 안주하셨다. 게다가 그의 죽음의 원인이 가련한 파충류들과 같아서 〈...〉 사료 부족! 〈...〉 브라스 노인에게는 밀가루 양식을 먹여야 했고 두꺼비에게는 구더기 벌레 양식을 먹여야 했다.[129]

사실 브라스 노인은 뻬르시코프처럼 개구리 같이 생기지도 않았으며 개구리와는 다르다. 하지만 작가는 그의 죽음을 파충류들의 죽음과 같은 것으로 묘사한다. 이것은 작가적인 풍자라기보다 오히려 실제상황에 대한 비판에 더 가깝다. 1920년대 당시 혁명과 내란의 소용돌이 속에서 많은 사람들이 실제로 음식을 비롯한 생필품 부족으로 죽어갔다.

또한 작품에서 묘사되는 환상적 이야기는 처음부터 끝까지 '개구리'와 연관되어져 있다. 환상적 사건의 발단도 '개구리'를 연구하던 와중에 발생된다. 조수가 연구하던 현미경을 봐주기 위해 뻬르시코프 교수가 자신의 현미경에서 물러났을 때, 현미경 안에는 이미 십자가형으로 처형당한 개구리가 고통과 아픔에 떨고 있었다: "полузадушенная от страха и боли лягушка была распята на пробковом штативе"(2: p.49). 여기서 '십자가 처형(распять)'의 단어는 성경의 십자가 처형의 재현을 연상시키면서 많은 의미를 불러일으킨다. 향후 벌어지는 어마어마한 사건들과 대

129) 불가코프, 『불가코프 중편선』, 정연호 번역 (서울: 신아사, 2010), p.69.

혼란 그리고 뻬르시코프의 죽음을 포함하여 모든 환상적 사건들은 개구리의 십자가 처형에 대한 '벌'처럼 여겨진다. 이에 대하여 가스빠로프(Гаспаров)는 개구리의 십자가 처형의 결과로 뻬르시코프에 의하여 창조된 '새로운 삶'이 파괴적인 혼돈과 힘을 향한 출구로 바뀌었다고 이야기한다.[130)]

이러한 '개구리'에 관한 여러 가지 상징적 의미들은 19세기 후반에서 20세기 초에 걸쳐 개구리의 형상이 러시아 사회사상사에서 갖는 여러 가지 속성들로서 설명될 수 있으며, 특히 '개구리 테마'는 19세기 후반의 뚜르게네프의 소설『아버지와 아들』로부터 특별한 발전을 이루기 시작하였다.[131)] 잘 알려져 있듯이 주인공 바자로프(Базаров)는 개구리 해부에 대하여 다음과 같이 이야기한다.

> я лягушку распластаю да посмотрю, что у нее там внутри делается; а так как мы с тобойте же лягушки, только что на ногах ходим, я и буду знать, что и у нас внутри делается.[132)]
>
> 나는 개구리를 잘라서 그 내부에서 무엇이 일어나고 있는지를 볼거야. 단지 두 다리로 걷는다는 것만 다를 뿐 우리들은 개구리들과 똑같기 때문에, 나는 우리 내부에 무엇이 일어나고 있는지를 알게 될거야.

이러한 '개구리'의 형상은 뚜르게네프의 소설『아버지와 아들』을 둘러싼 논쟁들의 진앙지 가운데 하나가 되었으며, 삐사레프(Писарев)는 바로 이 '개구리' 안에 러시아 인민의 구원과 부흥이 들어있다고까지 선언

130) Гаспаров Б. М., *Литературные лейтмотивы: Очерки русской литературы XX века*, Москва: Наука, 1994, с.98,

131) Яблоков Е. А., "Комментарии", *Булгаков М. А. Собр. соч. В 8 томах, Т. 2*, Москва: Астрель, 2007–2011, сс.494–496,

132) Тургенев И. С., *Собрание сочинений: В 12 томах, Т.3,* Москва: Художественная литература, 1976, с. 165,

하였다.[133] 하지만 이와 같이 자연과학 실험의 '전통적'인 희생물로만 여겨지던 개구리의 형상이 1920년대에 들어서면서 새로운 의미를 띄기 시작한다. 즉 당시 유명한 생리학자 빠브로프(И. Павлов)는 자신의 한 강연에서, 만일 볼셰비키들이 러시아에서 행하는 일이 실험이라면 자신도 실험을 위하여 희생시킨 개구리를 애석하게 여겨야 한다고 말한 것이다.[134] 또한 불가코프의 중편『비운의 달걀』이 씌어지기 얼마 전에 나온 쉬메레프(И. Шмелев)의 장편 서사시『사자(死者)들의 태양(Солнце мертвых)』에서도 인간이 동물처럼 하나의 물질로서 사용되는 과학적 실험과 볼셰비키 혁명이 풍자적으로 비교되었다.[135] 그러므로『비운의 달걀』의 과학적 실험에서 십자가형으로 처형당한 '개구리'의 형상은 단순히 실험 희생동물의 차원을 넘어 당시 혁명시대의 '보잘 것 없는 인간'이나 또는 '쓸모없는 인간'을 상징한다고 볼 수 있다. 즉『비운의 달걀』에서의 실험은 정상적이고 자연적인 관계를 파괴시키는 '실험'이며, 인간이 간섭하거나 개입해서는 결코 안되는 세계, 즉 지옥의 악마적 세계에 대한 '실험'을 가리킨다. 그러므로 인간이 건드려서는 안되는 세계를 함부로 건드린 결과 상상을 초월한 어마어마한 크기의 파충류들이 출현한다. 즉 '개구리'의 희생적 죽음으로 얻어진 '붉은 광선'을 함부로 사용한 결과, 정상적 크기의 동물들이 비정상적으로 변해버렸으며, 이제까지 지상세계에서 볼 수 없었던 즉 설화에서나 나올 법한 용, 뱀, 바실리스크 등이 대거 출현한 것이다.

그러므로 이들 거대한 파충류들은 지상세계가 아닌 지옥의 세계에서 온 동물들로서 인간의 영역을 벗어난 거대한 힘을 발휘한다. 록(Рокк)이

---

133) Писарев Д. И., *Литературная критика: В 3 томах Т. 1*, Ленинград: Художественная литература, 1981, с. 354.

134) Перчёнок ф. Ф., "Академия наук на『Великом переломе』", *Звенья*, Москва, 1991, Вып. 1, с.190.

135) Шмелев И. С., *Пути земные*, Москва: Советский писатель, 1991, с. 60.

연못가에서 플룻을 연주하다가 갑자기 만난 가로등 기둥보다 더 굵은 크기의 거대한 뱀은 인간의 힘이 미칠 수 있는 범위와 한계를 벗어난 존재였다. 거대한 뱀은 록이 연주한 차이코프스키의 왈츠도 아무 소용없이 그의 아내를 한 입에 집어삼켜 버렸으며, 이를 지켜본 록은 그 자리에서 그만 공포에 벌벌 떠는 노쇠한 늙은이로 변해 버리고 만다(2: p.98). 이처럼 록의 가족이 첫 번째 희생물이 된 것은 바로 록 자신이 지옥의 악마적인 존재를 출현시킨 장본인이기 때문이다. 그러므로 지역의 농민들은 록을 가리켜 '반그리스도'라고 부르며, 그가 가져온 달걀들이 모두 '악마적'인 것으로 확신한다(2: p.93).

그런데 이러한 지옥의 악마적인 사건이 벌어진 때는 8월 초이며 장소는 연못가에서 시작되었다. 이는 고대슬라브인들의 전통적 관념에 의해 '성 일리야의 날'인 8월 2일에는 깨끗하지 못한 영혼이 뱀과 파충류에 안주하는 것으로 나오며,[136] 저수지는 전통적으로 사자(死者)들의 황국으로 들어가는 입구 즉 저승세계의 문으로 여겨지는 것과 연관이 있다.[137] 그러므로 작품에서 '정상적'인 동물들은 '저승세계'로부터의 거대한 파충류의 출현을 미리 예감하고는 공포에 떨면서 다음과 같이 반응하고 있다.

> ...собаки, которым по времени уже следовало бы спать, подняли вдруг невыносимый лай, который постепенно перешел в общий мучительный вой. Вой, разрастаясь, полетел по полям, и вою вдруг ответил трескучий в миллион голосов концерт лягушек на прудах. (2: pp.92–93)

---

136) Афанасьев А. Н., *Поэтические воззрения славян на природу: В 3 томах, т. 2*, Москва: Индрик, 1994, с. 583.

137) Пропп В. Я., *Исторические корни волшебной сказки*, Ленинград: Изд. Ленинградского университета, 1986, с.265.

> 벌써 시간상으로 볼 때, 이미 잠들어 있어야 할 개들이 갑자기 요란스럽게 짖어대고 있었던 것이다. 개 짖는 소리는 점차 고통스러운 울부짖음으로 변해갔다. 울부짖음은 점점 더 확산되면서 들판을 따라 번져 나아갔다. 울부짖음에 대답이라도 하듯 갑자기 연못 안의 수백만 마리 개구리들이 찢어지는 듯한 소리의 요란한 음악회를 열기 시작하였다.[138)]

한편『비운의 달걀』에 출현하는 바실리스크, 용(龍)과 같은 동물은 본래 파충류와 조류가 혼합된 잡종으로 나온다.[139)] 그러므로 소설에서 조류에 속하는 암탉의 달걀 대신에 파충류의 뱀들이 쏟아져 나오는 것도 바로 이러한 신화에 근거한다고 볼 수 있다. 또한 바실리스크는 입김이나 또는 눈빛만으로도 사람을 죽일 수 있는 신화적–전설적 존재이다.[140)] 그러므로 작품에서도 뱀의 눈에서는 기괴한 악의가 번뜩이고 뱀의 입으로부터는 뜨거운 입김이 쏟아져 나와 사방으로 퍼져 나간다(2: pp.98–99). 그리고 이러한 뜨거운 입김은 입에서 불을 뿜어내는 '용'과도 같다. 또한 전통적인 관념에서 바실리스크는 닭의 머리와 두꺼비의 몸통에 뱀의 꼬리를 가진 존재로 나온다.[141)] 그러므로 이것과 관련하여 바실리스크는 커다란 도마뱀과 유사한 것으로도 이야기 된다.[142)] 따라서 작품에서 신고를 받고 출동한 게뻬우(ГПУ) 요원의 발을 무시무시하게 커다란 '도마뱀(Ящерица)'이 튀어나와 물어 버린다(2: p.102). 이와 같이『비운의 달걀』에 출현하는 파충류들은 고대슬라브인들의 구전설화, 전설, 민속 이야기 등의 전통적인 신화적 관념과 연관되어 있음을 알 수 있다.

---

138) 불가코프, 앞의 책, p.151.

139) Пропп, там же, сс.246–247.

140) *Славянские древности. Этнолингвистический словарь: В 5 томах*, Москва: Между народные отношения, 1995–2009, Т.1, с.292.

141) *Мифы народов мира Энциклопедия,* там же, с. 218.

142) *Славянские древности,* там же, с. 292.

또한『비운의 달걀』에서 '사람'과 '용(龍)'이 대립적으로 나오는 것은 러시아 '브일리나(영웅 서사시)'에 나오는 '성자 게오르기'의 형상과 무관하지 않다. 성자 게오르기는 모스크바의 수호자로서 자신에게 제압당한 날개 달린 뱀과 함께 도시의 문장(紋章)에도 그려져 있다. 그러므로 창으로 무장한 기병들이 뱀들–용(龍)들로부터 수도 모스크바를 수호하기 위하여 출동하는 대열 속에서는 연실 모스크바를 구출하자는 소리가 울려퍼진다: "Выручайте, братцы,—завывали с тротуаров,—бейте гадов...Спасайте Москву!"(2: p.111).

이러한 지옥의 악마적인 파충류의 형상은『백위군』에서도 발견된다. 성경에서의 뱀은 보통 '교활' 또는 '간교'의 화신으로 나오는데,『백위군』에서 불가코프는 자신의 삶과 평안만을 위하여 모스크바와 뻬쩨르부르그로부터 무작정 도망치는 겁 많은 피난민들을 그러한 뱀에 비교한다. 작품에서 피난민들은 '파충류'들로 불리운다: "Немцы побеждены,—сказали гады. Мы побеждены,—сказали умные гады"(1: p.232).

한편 슬라브인들의 신화에 보면 낮과 밤이 바뀌는 것은 뱀이 태양을 삼켜 먹었기 때문인 것으로 나온다.[143]『Батум』에서 불가코프는 이처럼 태양을 삼켜먹은 뱀으로서 스탈린을 그리고 있다. 즉 작품에서 스탈린은 '검은 용'이 모든 인류의 태양을 약탈하였으므로 용에게서 태양을 탈취하기 위하여 건배를 제의하는데, 이때 사람들은 그에게 "높은 곳에서 계시어 영원히 비추소서!"를 외친다: "Теперь стой здесь в высоте и свети вечно!"(3: p.526). 즉 스탈린의 건배사는 자신이 마치 용(龍)과 맞써 용감히 싸우는 투사처럼 비쳐지게 만들며, 사람들은 그를 태양처럼 우상화한다. 이런 관점에서 보면 작가는 스탈린을 바로 태양을 집어삼켜 버린 지옥의 악마적인 '뱀'의 형상으로 묘사하고 있음을 알 수 있다.[144]

---

143) *Славянская мифология: Энциклопедический словарь*, Москва: Эллис Лак, 1995, с.363.

144) Яблоков Е. А., *Художественный мир Михаила Булгакова*, Москва: Языки Славянской

이처럼 '뱀'에 관한 형상은 불가코프 작품에서 여러 가지로 다양하다. 『백위군』에서 옐레나(Елена)는 쉐르빈스키(Шервинский)가 자신을 좋아하여 귀찮게 따라다니는 것을 '뱀'에 비유하여 이야기한다: "Пристал, как змея... как змея"(3: p.32). 이와 같이 뱀처럼 여인을 유혹하는 유사한 모티브는 『조야의 아파트』에서도 찾아볼 수 있다. 즉 작품에 등장하는 중국인 헤루빔(Херувим)은 이름 그대로 천사와 같은 외모를 지녔으며 실제로 '천사(херувим)'로만 불리운다(3: p.117). 하지만 그의 가슴에는 무시무시한 용과 뱀들의 문신이 새겨져 있다: "Открывает грудь, показывает татуировку — драконы и змеи. Становится странен и страшен"(3: p.87). 그러므로 결국 헤루빔은 뱀처럼 마뉴쉬카(Манюшка)를[145] 유혹해내고 급기야는 구시(Гусь)를 죽이는 살인까지 저지른다.

이와 같이 다양한 '뱀'의 형상은 『거장과 마르가리따』에서도 찾아볼 수 있다. 코로비예프(Коровьев)는 소설 초반에 소개될 때부터 '뱀'과 같은 모습으로 묘사된다. 즉 그는 조그만 머리에 키는 아주 작으며 어깨는 믿기 어려울 정도로 좁으며 여위어 있다: "маленькая головка, ростом в сажень, но в плечах узок, худ неимовер но"(5: p.8). 게다가 코로비예프는 걸을 때 뱀처럼 긴 모양을 하고 좌우로 휘청거리며 걷는다: "Длинный 〈...〉 гражданин 〈...〉 качался 〈...〉 влево и вправо"(5: p.8). 또한 교묘하게 버스 안으로 들어가 틀어박혀 있다: "Регент с великой ловкостью на ходу ввинтился в автобус"(5: p.51). 볼란드의 검은 마술에서는 항상 뱀처럼 몸을 사리거나 비튼다: "Фагот извивался"(5: p.125). 또한 상점 안의 보행자들 사이를 요리조리 몸을 구부리고 비틀면서 교묘히 살살 빠져 나가서는 상점 문을 스르르 연다: "Ловко изви ваясь среди прохожих,

---

Культуры, 2001. сс.354–357.

145) 『비운의 달걀』에서 뱀이 처음으로 잡아먹은 록의 아내의 이름이 '마리야'이며, 『조야의 아파트』에서 '헤루빔'이 유혹한 '마뉴쉬카' 역시 같은 이름의 '마리야'이다.

гражданин открыл наружную дверь магазина"(5: p.336).

이상에서 살펴보듯이 불가코프 작품에 출현하는 파충류들 가운데 '개구리'는 '인간'과 동일시되며 뱀, 용, 바실리스크 등의 파충류들은 '인간'의 세계가 아닌 '지옥'의 세계에 속하는 동물들이다. 평생 개구리만을 연구하다가 개구리처럼 변한 뻬르시코프는 개구리를 십자가 처형하면서 '붉은 광선'을 발견하며, 무식한 록에 의하여 잘못 적용된 '붉은 광선'으로 인하여 지상의 파충류가 아닌 지옥의 파충류들이 출현한다. 여기서 개구리 실험에서 발견된 '붉은 광선'은 '붉은 혁명'을 상징하며, 실험 중에 처형된 '개구리'는 혁명 중에 숙청된 '인간'을 상징한다. 즉 아무 보잘 것 없는 개구리를 마구 처형하면서 진행한 실험과 시대에 맞지 않는 인간을 무자비하게 숙청하면서 강행한 혁명은 같은 형상을 나타내며, 무지한 인간이 예수 그리스도를 십자가 처형하듯이 무식한 인간이 인간을 상대로 벌인 혁명적 실험으로 인하여 지옥의 악마적 파충류들이 환상적으로 출현하여 파국을 맞는다.

'지옥'의 파충류들이 출현하는 때와 장소는 성 일리야의 일(8월 2일)과 저승세계의 문을 상징하는 저수지와 관계 있으며, 바실리스크는 전설처럼 독기어린 눈빛과 뜨거운 입김을 뿜어내고, 붉은 군대는 괴물 같은 뱀을 물리친 용사 게오르기처럼 모스크바를 구원하기 위하여 출동함으로써 불가코프 작품에 출현하는 파충류들은 고대슬라브인들의 구전설화, 전설, 민속 이야기등의 전통적인 신화적 관념과 연관되어 있다. 한편 '뱀'은 태양을 집어삼켜 버린 절대권력자 스탈린을 상징하기도 하며(『Батум』), 여인을 유혹하는 등장인물 쉐르빈스키(『백위군』)와 헤루빔(『조야의 아파트』)의 형상을 나타내기도 하고, 『거장과 마르가리따』에 등장하는 코로비예프의 형상을 나타내기도 한다.

IV-4. 조류의 형상

불가코프의 『백위군』에서 라리오시크(Лариосик)는 카나리아 '새'가 들어있는 새장을 들고 투르빈(Турбин)네 집에 나타난다. 라리오 시크는 새는 인간의 가장 좋은 친구이며 어떤 경우에도 인간에게 해를 끼치지 않는다고 이야기한다: "Птица—лучший друг человек а. Многие, правда, считают ее лишней в доме, но я одно могу сказать—птица уж, во всяком случае, никому не дела ет зла"(1: p.326). 그러므로 투르빈의 이웃집에 사는 '쉐글로프네(Щегловые)' 가정의 '성'은 같은 조류인 '꾀꼬리(Щегловка)'의 이름에서 나왔으며, 이 집의 소년 '뻬찌카(Петька)'는 전체 장면 가운데 3번밖에 출연하지 않지만 작품 전체에서 차지하는 비중은 매우 중요하다. 즉 『백위군』의 피날레에서 소년 뻬찌카는 아주 밝고 기쁨에 넘치는 꿈을 꿈으로써: "простой и радостный: как солнечный шар"(1: p.427), 소설 전체를 낙관적인 전망으로 장식하게 만든다.

하지만 이와 같이 '안락한 가정(Дом)'의 이미지를 나타내는 카나리아와 꾀꼬리 같은 새에 대조적으로 전쟁을 상징하는 '전투적' 이미지의 새도 출현한다.[146] 작품 속에서 투르빈가의 막내 동생 니콜카(Николка)는 '쌍독수리 행진곡'을 연주한다: "Двуглавый орел"(1: p.420). '독수리'는 러시아 제국을 상징할 뿐만 아니라, 불가코프 작품에 나타난 도시의 형상에서 항상 함께 존재하는 고대 로마를 연상시킨다. 즉 독수리는 제국의 상징이었다. 하지만 제국은 이제 더 이상 없고 오로지 신화만이 남

146) 『백위군』에서는 'Дом' 안의 안락한 이미지와 'Дом' 밖의 전투적 이미지가 대조되어 나타난다. 뚜르빈의 'Дом'은 유일하게 그리스도적 구원의 손길이 미치는 노아의 방주와 같은 '조각배'의 형상을 지니며, 뚜르빈의 'Дом' 안에서는 급박히 돌아가는 카오스적인 바깥세계와 달리 시간이 천천히 흘러간다. Фиалкова Л. Л., "Пространство и время в романе М. А. Булгакова 『Белая гвардия』", *Жанр и композиция литературного произведения*, Петрозаводск, 1986, с.154. 참조.

겨졌다. 그리고 쌍독수리 행진곡을 연주하였던 니콜카는 그 신화를 지키다가 죽게 될 것이다. 소설의 피날레에서 옐레나가 꾸는 마지막 꿈에 니콜카는 피투성이가 되어 나타남으로써 그의 죽음이 예견되고 있다(1: p.427). 즉 『백위군』에서 '뻬찌카'와 연관된 '꾀꼬리'는 밝고 낙관적인 형상으로 나타나는데 반하여, '니콜카'와 연관된 '독수리'는 어둡고 비관적인 형상으로 다가온다.

한편 불가코프의 작품에는 국가를 상징하는 조류로서 '독수리'뿐만 아니라 '수탉'도 등장한다. 『백위군』에서 수탉은 처음에 프랑스를 상징하는 것으로 나온다. 즉 수탉이 독일군과 싸워 승리하는 바람에 『백위군』의 '도시(Город)'는 파멸을 맞이하게 된다. 그러므로 수탉은 'Город'에 멸망을 가져온 셈이다.

> Галльские петухи в красных штанах, на далеком европейском Западе, заклевали толстых кованых немцев до полусмерти. (1: p.232)
>
> 붉은 색 바지를 입은 갈리아의 수탉들이 먼 유럽의 서쪽에서 뚱뚱하고 세련된 독일인들을 반 죽음이 되도록 콕콕 쪼아 죽였다.

즉 정치적 상황 속에서 '도시'의 안정은 단지 독일군의 총검에 의하여 유지되고 있었다. 그러므로 독일군의 멸망은 곧 도시의 멸망도 의미하는 것이다. 하지만 그 후 독일군이 물러간 뒤에 이번에는 또 다른 새로운 '수탉'이 등장한다. 본래 '뻬뜨류라(Петлюра)'[147]라는 성(姓)은 '수탉'을 뜻하는 'петел'[148]을 연상시킨다. 도시 안에 뻬뜨류라군이 입성할 때,

---

147) 뻬뜨류라(Петлюра): 1918~1920년 우크라이나 내란 때의 반혁명당 수령의 이름.

148) 고대 러시아어, 교회슬라브어, 그 외 다른 슬라브어들에서도 'петух'를 'петел'이라 명명하였다.

니콜카는 거리에서 한 여인이 손에 회색자루를 들고 길 반대편으로 뛰는 것을 발견하는데, 자루 안에서는 수탉이 필사적으로 발버둥치면서 마치 '뻬뜨류라군'을 부르듯이 길이 떠나가도록 연실 '꼬꼬댁 꼬꼬댁 (Пэтурра, Пэтурра)'을 외쳐댄다: "Бежала какая-то дама 〈...〉 в руках моталась серая кошелка, из нее выдирался отчаянный петух и кричал на всю улицу: Пэтурра, Пэтурра"(1: p.317).

한편 '수탉'은 이처럼 『백위군』에서의 '수탉'의 상징보다도 슬라브 민속에서 본래 더 광범위한 여러 가지의 상징을 나타낸다. 즉 '수탉'은 불-태양에 의해 부여된 능력을 소지한 예언적인 '새'임과 동시에, 땅-지구에 의해서도 부여된 능력을 소지한 예언적 '새'이다. 또한 수탉은 남성적인 성과 결혼의 상징이고 비옥한 토양의 상징이며, 불순한 힘에 대항하는 능력을 지녔으면서 그와 더불어 악마적인 특성도 지닌 '새'이다.[149]

수상기 『밀주의 호수(Самогонное озеро)』에는 그리스도 수난 토요일 저녁에 닭을 산 채로 껍질을 벗기는 비극적인 코믹 장면이 나온다. 부활절이 도래하기 약 1시간 반(半)전에 이러한 일이 이루어지므로, 수탉은 『비운의 달걀』에서 십자가형으로 처형당한 개구리와도 같이 예수 그리스도를 연상시킨다. 더구나 주인공-화자가 신사의 손에서 수탉을 재치있게 쳐서 떨어뜨리는 기지를 발휘하는 바람에 수탉은 무사히 '부활'하게 된다(2: pp.320-321).

불가코프의 작품 가운데 '수탉'의 이름이 아예 제목에 들어가 있는 작품으로 『수탉을 수 놓은 수건(Полотенце с петухом)』이 있다. 『젊은 의사의 수기(Записки юного врача)』에 속하는 이 단편에서 수탉의 두가지 모습이 서로 대조를 이루며 중요한 역할을 한다. 즉 소설 초반부의 '흰색의 닭'과 종반부의 '붉은 색의 닭'이 서로 정반대의 상징을 나타낸다. 소설은 본래 '죽음'을 나타내는 흰색과 '삶'을 나타내는 '붉은 색'이 대조

---

149) *Славянские древности.* Там же, Т. 4, с. 28.

를 이루도록 구성되어져 있다. 소설 초반부에 첫 발령을 받은 젊은 의사가 체류하게 될 지방의 외딴 시골은 '죽은자들' 즉 '사자(死者)들'의 황국(царство)을 연상시키며 그려진다. 마침내 무리예보(Мурьево)에 도착한 주인공은 오는 도중에 추위에 너무 떨어서 몸이 나무처럼 굳어지는 바람에 자신이 마치 얼어 '죽은 사람'이 된 것 같이 느낀다(1: pp.71–72). 그리고 곧이어 마치 젊은 의사의 쌍둥이 분신처럼 껍질이 하얗게 벗겨진 수탉 즉 '죽은 닭'이 한 마리 등장한다.

> На левой руке у меня стояла перевернутая дном кверху кадушка, и на ней лежали мои ботинки, раядом с ними ободранный, голокожий петух. (1: p.74)
>
> 나의 왼 손에는 거꾸로 뒤집어진 작은 통이 하나 들려 있었으며, 그리고 그 위에 나의 구두가 놓여져 있었고, 구두와 나란히 껍질이 벗겨진 맨 살갗의 수탉 한 마리가 있었다.[150)]

즉 가련한 모습의 젊은 의사는 털이 뽑혀진 수탉의 모습과 아주 흡사한 것이다. 수탉이 뜨거운 불 또는 태양의 상징과 연관이 있는 것으로 보았을 때, 털이 다 뽑혀 차갑게 식어가는 수탉은 마치 젊은 의사의 가능한 죽음을 대역하고 있는 것처럼 여겨진다. 원래 고대 그리스 시대에는 수탉이 전통적으로 '의료의 신(神)'인 아스클레피오스에게 제물로서 바쳐졌다. 그러므로 『수탉을 수 놓은 수건』에서 이제 의사직을 처음 시작하는 풋내기 의사가 수탉을 먹는 것은 상징적 의미가 있다. 그리고 곧 젊은 의사 앞에는 그의 의사자격을 시험 하는 '전투적 세례'가 있을 예정이다. 그러므로 젊은 의사가 먹은 수탉은 의사에게 신체적인 힘뿐만 아니라 정신적인 힘도 부여해 준다고 이야기할 수 있다.

---

150) 불가코프, 『수탉을 수 놓은 수건』/『비운의 달걀』, 정연호 번역, (대구: 효성 가톨릭 대학교 출판부, 1999), p.184.

한편 수탉은 앞서 살펴보았듯이 슬라브 신화에서 결혼의 상징, 색정의 상징과도 연관되어 있다. 풋내기 젊은 의사가 생애 처음 시행하는 외과수술의 상대는 보기 드물게 빼어난 미모의 처녀이다(1: p.78). 여기서 묘사되는 사건의 이면에는 '결혼'에 관한 숨은 텍스트가 감추어져 있음을 알 수 있다. 물론 젊은 의사는 자신의 환자인 처녀와 결혼하지는 않는다. 그러나 그는 그녀의 벗겨진 몸을 보며 그녀의 피를 흘린다. 사실상 이들 두 사람은 생애에서 서로 상대에게 '부활'의 역할을 해 준 것이다. 즉 젊은 의사는 처녀에게 삶을 회복시켜 주었다. 다리가 부수어진 중상에도 불구하고 처녀는 다시 살아 새로운 삶을 시작한다. 한편 처녀는 젊은 의사에게 의사로서의 자신감과 확신을 부여해 준다. 사실상 처녀는 풋내기 의사를 경험 있는 '진짜 의사'로 만들었다. 이처럼 숨겨진 텍스트 속에서 '수탉'이 '결혼'과 관련이 있는 것은 슬라브인들의 오래된 결혼예식에서 잘려진 수탉이 전통적으로 널리 사용되고 있는 사실에서도 뒷받침된다. 그러므로 '죽은 수탉'은 작품에서 결혼예식의 헌제물(獻帝物)로서 사용되고 있음을 알 수 있다. 또한 『수탉을 수 놓은 수건』의 마지막 피날레에서의 에피소드는 이러한 결혼예식을 한층 더 상기시켜 준다. 원래 신부가 수건이나 손수건을 신랑에게 선물하는 것은 혼담의식의 고유사항 가운데 하나였다.[151] 그러므로 처녀가 젊은 의사에게 선물한 수건에 수 놓아진 '붉은색의 수탉'은 인간의 삶의 생생한 힘을 상징한다. 이로써 불가코프의 『수탉을 수 놓은 수건』에는 껍질이 하얗게 벗겨진 '흰색의 수탉'이 등장하여 풋내기 젊은 의사를 위한 번제물로 쓰이고, 이러한 수탉의 희생과 '죽음'이 바탕이 되어 젊은 의사와 처녀의 '부활'이 이루어지며, 이는 다시 살아있는 인간의 생생한 '삶'을 상징하는 '붉은색 수탉'의 등장으로 이어진다.

한편 희극 『조야의 아파트』에서는 수탉과 암탉의 이야기가 성(性) 변환

151) Зеленин Д. К., *Воточно славянская этнография*, Москва: Наука, 1991, с.334.

시술에 관한 자연과학적 실험과 연관되어 풍자적으로 묘사되고 있다.

> еду к вам в трамвае мимо Зоологического сада и вижу надпись: "Сегодня демонстрируется бывшая курица".〈...〉 Оказывается, какой-то из этих бандитов, коммунистический профессор, сделал какую то мерзость с несчастной курицей, вследствие чего она превратилась в петуха. (3: p.89)
>
> 내가 당신한테 오면서 전차를 타고 동물원 옆을 지나오는데 "오늘은 예전의 암탉이 전시됩니다"라는 이상한 게시문을 보았어. 〈...〉 그 강도들 가운데 어떤 공산주의 교수 하나가 운(運)없는 암탉에게 어떤 혐오스러운 일을 저지른 결과 암탉이 글쎄 수탉으로 변해 버린 거였어.

오볼리야니노프(Обольянинов)의 이러한 이야기는 사실상 1920년대 초에 실제로 있었던 자연과학 실험들의 예(例)를 반영하고 있다. 하지만 불가코프는 의과대학을 졸업한 전직 의사였음에도 그러한 생물학적 측면에 관심을 집중시키지 않는다. 즉 수탉으로 변한 예전의 암탉은 혁명 후 귀족과 농민의 위치가 뒤바뀌는 대혼란과 방향 하나 제대로 분간할 수 없는 대혼돈의 당시 사회에서 일어나는 모든 변화들를 가리키는 그로테스크적 형상으로 볼 수 있다.

한편 『비운의 달걀』에서도 수탉과 암탉의 이야기는 매우 중요한 의미를 지닌다. 작가는 여기서 어느날 갑자기 나라 안의 모든 암탉들이 전체적으로 죽어가는 모티브를 우연하게 설정하지 않았다. 텍스트 이면에 고대 그리스나 로마의 모티브들이 숨겨져 있는 다른 작품들에서와 같이 이러한 암탉들의 갑작스런 돌연사 또한 중요한 의미를 띄고 있다. 고대 로마에서는 암탉들과 대체로 조류들이 중요한 역할을 하였다. 즉 조류들의 행동에 따라서 미래를 점치고 추측하였다. 따라서 암탉들이 실제로 세상의 군주를 지배한다고 이야기하였다.[152] 그러므로 『비운의 달걀』에서 암탉들의 죽음과 파멸은 곧 소비에트 국가의 미래에 전망이 없음을 미리 예고하는 것이다. 그러므로 이러한 초유의 사태를 바로 잡아 보고자 록(Рокк)은 뻬르시코프 교수가 발명한 '붉은 광선'의 도움으로 암탉의 수를 급속히 대량으로 늘리는 획기적인 복원 계획을 실천해 나아간다. 여기서 붉은 광선에 의하여 채색되는 암탉의 '달걀'은 기독교적 '부활'의 주요한 상징을 연상시킨다. 하지만 조류의 알과 파충류의 알도 제대로 구분할 능력이 없는 록의 무식함으로 인하여 '부활된' 암탉 대신에 조류와 파충류의 혼합 잡종인 무시무시한 바실리스크와 용들이 대거 출현하였다. 그러므로 이러한 '파멸'을 미리 예감한 정상적인 '새'들은 지역을 떠나 멀리 날아간다.

> Утром, при первом же блеске солнца, рощи, которые приветствовали обычно светило неумолчным и мощным стрекотанием птиц, встретили его полным безмолвием. 〈...〉 все птицы собрались в косяки и на рассвете убрались куда-то из Шереметева вон, на север. (2, pp.93-94)

> 아침에 태양이 처음으로 빛을 발할 때, 보통 여느 때 같으면 새들의 연속적이고 시끄러운 지저귐으로 밝고 환하게 인사하던 숲이 이 날은 웬일인지 완전한 침묵으로 일관하고 있었다. 〈...〉 모든 새들이 떼를 지어 모이더니 아침 새벽녘에 쉐레메쩨프 영지쪽 어디론가로 물러간 다음 다시 북쪽으로 날아가더라는 것이다.[153]

이와 같이 예언적 기능을 수행하는 조류의 형상은 『아담과 이브(Адам и Ева)』에서도 찾아볼 수 있다. 『비운의 달걀』에서 조류가 대참변의 도래를 예언하고 선포하였듯이, 『아담과 이브』에서는 조류들이 제일 먼저

152) Клингер В., *Животное в античном и современном суеверии*, Киев: Типография Императорского университета Св. Владимира, 1911, с. 312.

153) 불가코프, 『비운의 달걀』, 정연호 번역, (대구: 효성가톨릭대학교 출판부, 1999), p.122.

대참변의 종말에 민감히 반응한다.

> "Ефросимов: 〈...〉 ...Нигде не идет война. Это чувствуется по пению птиц. 〈...〉 Маркизов: Петух со сломанной ногой— петух необыкновенного ума — не проявлял беспокойства и не смот рели в небо. Теория в том, что война кончилась. (3: p.367)
>
> 예프로시모프: 〈...〉 어디에도 전쟁은 없어. 이건 새들의 노래 소리에서 느껴져. 마르키조프: 다리가 부러진 수탉, 평범하지 않은 두뇌를 지닌 수탉이 불안을 나타내지도 않고 하늘도 쳐다보지 않았어. 전쟁이 끝났다는 논리야.

그리고 희곡의 피날레에서 예프로시모프와 이브가 숲을 떠날 때 그들은 죽은 '개' 대신에 그동안 예프로시모프를 위하여 애완적 동물의 역할을 하였던 부상당한 '수탉'을 가져간다(3: p.375). 앞서 살펴본 신화적 관념을 고려하여 볼 때, 『수탉을 수 놓은 수건』에서의 수탉의 경우와 같이 『아담과 이브』에서도 '수탉'은 삶의 부활의 상징으로서 출현한다고 볼 수 있다.

또한 예언적인 '새'-'조류'의 형상은 『거장과 마르가리따』에서도 발견된다. 여기서 '새'는 신비로운 성례적인 속성을 지니면서도 아울러 지옥의 악마적인 속성도 함께 지닌다. 예를 들면 볼란드가 베를리오즈의 죽음을 예언하면서 안누쉬카가 이미 해바라기 기름을 엎질렀다고 이야기하기 전에 하늘을 올려 쳐다보는데, 이때 하늘에는 검은 빛의 새들이 저녁 공기의 싸늘함을 미리 느끼면서 조용히 선을 긋고 있었다: "где, предчувствуя вечернюю про хладу, бесшумно чертили черные птицы" (5: p.17). 마치 갈가마귀 떼의 비행을 보고 미래를 예측하듯이 볼란드는 베를리 오즈의 임박한 죽음을 정확히 예측한다.

한편 이와 유사하게 『거장과 마르가리따』에서 '제비'는 진실을 말하게 하는 '진리 전달자'로서의 형상을 나타낸다. 작품에서 제비는 빌라도가 예수아를 심문할 때, 상공에 나타나 하늘을 빙빙 돌면서 총독이 올바른 결정을 내리도록 비밀리에 암시하여 주는 역할을 한다. 그러므로 빌라도 총독은 계속하여 제비의 비행을 세심히 관찰하면서 서기에게 받아 적게 할 결정문까지 고안해낸다(5: pp.29 –30). 그러나 상황이 바뀌어 빌라도는 자신의 결정을 변경시키게 되는데, 이때 마치 총독에게 예수아 처형 거절을 확신시키기라도 하듯이 발코니로 제비가 다시 날라 들어온다. 그리고 빌라도는 발코니에 갑자기 나타난 제비를 마치 공수병 걸린 눈초리로 주시한다: "бешенным взором проводил ласточку"(3: p.33). 이는 마치 빌라도가 진리의 전달자 제비 앞에서 자신의 비겁함 때문에 부끄러워하고 거북해 하는 모습으로 비쳐진다.

이상에서 살펴보듯이, 불가코프 작품(『백위군』)에서 '뻬찌카'와 연관된 '꾀꼬리'는 밝고 낙관적인 형상을 나타내는데 반하여, '니콜카'와 연관된 '독수리'는 어둡고 비관적인 형상을 나타내며, '수탉'은 처음에 프랑스군을 상징하고 후에 등장한 새로운 '수탉'은 뻬뜨류라군을 상징한다. 『수탉을 수 놓은 수건』에서의 '흰색 수탉'은 풋내기 젊은 의사를 위한 번제물로 쓰이며, 이러한 수탉의 희생과 '죽음'이 바탕이 되어 젊은 의사와 처녀의 '부활'이 이루어지고, 이는 다시 살아있는 인간의 생생한 '삶'을 상징하는 '붉은색 수탉'의 등장으로 이어진다. 한편 『조야의 아파트』에서의 수탉과 암탉의 성변환은 당시 시대적 상황에 대한 풍자를 나타내며, 『비운의 달걀』에서의 암탉의 파멸은 혁명에 휩싸인 러시아의 운명을 미리 알리는 예언적 기능을 수행한다. 또한 예언적 기능을 수행하는 조류로서 『아담과 이브』에 출현하는 '새'들과 『거장과 마르가리따』에서 볼란드의 점궤 대상이 되는 '갈가마귀 떼', 그리고 빌라도에게 진리를 전달하는 '제비' 등을 찾아볼 수 있다.

Ⅳ-5. 포유류의 형상

불가코프 작품에 나타나는 포유류의 형상은 앞서 살펴본 동물들의 형상보다 선명하고 현저하게 표시된다. 즉 작가는 신화적 관념에서 지옥의 세계 또는 저승세계와 관계있는 것으로 인정되는 동물들에 주로 관심을 가졌다. 예를 들어 '쥐'의 경우를 살펴보면, 불가코프는 투르빈가에 대한 작품들에서 쥐의 교활하고 간교한 '민속적' 특성으로서 등장인물 탈베르그(Тальберг)의 특성을 형상화시킨다. 투르빈가에 대한 작품들—『백위군』과 『투르빈가의 하루』—에서 이러한 쥐와 같은 특성은 심지어 외모까지도 포함하여 탈베르그에게 집중된다. 쥐의 특성은 특히 그가 혼자서 독일로 탈출할 때 선명하게 드러난다. 작품에서 니콜카는 떠나간 탈베르그에 대하여 그가 쥐와 비슷하다고 이야기하며: "я заметил, он на <u>крысу</u> похож", 이에 대해 알렉세이(Алексей)는 우리집은 배와 비슷하다고 대답한다: "А дом наш на карабль"(3: p.19). 즉 명예도 양심도 없는 탈레르그는 마치 가라앉고 있는 배에서의 쥐와 같이 도시를 탈출하여 도망간 것이다. 『백위군』에서 탈베르그는 도시(Город)의 운명이 바뀌어 새로운 정권이 들어설 때마다 교활하게 각 정권을 따라다니며 철저히 순응하였다. 그러나 마지막에는 정권이 아주 급속히 바뀌는 바람에 그는 모든 것을 다 버리고 떠난다(1, p.198).

또한 불가코프 작품에서 전통적인 악마적 존재로서 '고양이'가 출현한다. 불가코프는 작품에서 '암고양이(кошка)'보다 주로 '수고양이(кот)'로서 고양이를 상기시킨다. 중편 『악마의 서사시(Дьяволиа да)』에서 까로뜨코프(Коротков)가 추격하던 깔리소네르(Кальсон ер)는 갑자기 지옥의 악마적 고양이로 돌변한다.

> Обернувшись в черного <u>кота</u> с фосфорными глазами, он вы летел обратно, стремительно и бархатно пересек площадку,

сжался в комок и, прыгнув на подоконник, исчез в разбитом стекле и паутине. (2: p.31).

갑자기 그가 눈에서 푸른빛이 흘러나오는 검은 고양이로 둔갑해 버렸다. 고양이는 반대 방향으로 날 듯 껑충껑충 뛰어 올라갔다. 고양이는 신속하고 부드럽게 층계참을 뛰어넘더니 작은 덩어리처럼 오므라들었다. 그리고는 창문턱으로 껑충 뛰어 오르더니 깨진 유리창 사이에 쳐진 거미집을 뚫고 밖으로 사라져 버렸다.[154)]

여기서 작가는 사람의 모습을 취할 수도 있고 동물의 모습을 취할 수도 있는 능력을 소지한 '도깨비'의 형상을 실현시킨다. 이러한 도깨비의 형상은『거장과 마르가리따』에서도 찾아볼 수 있다. 볼란드 일당의 '좋지 않은 아파트(нехорошая квартира)'를 방문한 후 계단을 내려오던 '안드레이 포키치(Андрей Фокич)'가 쓰고 있던 모자가 갑자기 새끼고양이로 둔갑해 버린다(5: p.205). 하지만『거장과 마르가리따』에서 이러한 '고양이-도깨비'의 형상은 '베헤못(Бе гемот)'의 형상에서 가장 선명히 드러난다. 여기서 '베헤못'이라는 이름은 실제의 '하마(бегемот)'와 어떤 공통점도 없으며 단지 몸집이 크다는 것만 비슷한 것으로 나온다: "громадный, как боров"(5: p.80). 성경에서 '베헤못'은 고대 히브리어의 '짐승'에서 기인하였다. 그러므로 이러한 성경에서의 '짐승'과 같은 형상이 중세 시대에 악귀에 관한 전설 속으로 유입되었고, 유럽 문화에서 '베헤못'은 거대한 크기의 악마적 존재로서 인식되기 시작하였다.

그러므로 괴테의『파우스트』에서 거대한 삽살개의 모습으로 나타나는 악마 메피스토펠레스는 '베헤못'과 비교된다.[155)]『파우스트』에서 삽살개가 메피스토펠레스로 변하면서 사람의 모습을 취하는 것과 유사하게, 불가코프의 소설에서도 고양이는 몇몇 사건과 장면들에서 사람의 모습

---

154) 불가코프,『불가코프 중편선』, 정연호 번역, (서울: 신아사, 2010), p.46.

155) Гете И. В., *Фауст*, Москва: Белый город, 2006, с. 55.

을 하고 출현한다: "толстяка 〈...〉 с кошачьей физиономи ей"(5: p.111). 소설의 피날레에서 볼란드 일당들이 자신의 본래 모습으로 돌아갈 때, 베헤못은 날씬한 청년, 악마의 시동, 세상에 가장 훌륭한 어릿광대로 변한다: "худеньким юношей, демоном– пажом, лучшим шутом, какой существовал когда–либо в ми ре"(5: p.368).

한편 중편『개의 심장』에 출현하는 고양이는 개와 고양이 사이의 전통적인 적대관계를 실현하는 것으로 묘사된다. 고양이들은 개 샤릭(Шарик)의 최우선적 증오의 대상이 되며, 샤리코프(Шариков)로 변한 후에도 이러한 동물적 본능은 '계층적' 본능으로 이어진다. 쁘레오브라젠스키 교수의 아파트에서 샤리코프에 의하여 저질러진 '물난리–홍수'의 직접적인 원인도 바로 고양이였다.

> выпал громаднейших размеров кот в тигровых кольцах и с голубым бантом на шее, похожий на городового. (2: p.175)
>
> 호랑이처럼 몸에 환상형 줄무늬가 얼룩덜룩하고 목에는 나비 모양의 푸른색 댕기를 매고 있어 순사와 비슷한 가장 거대한 크기의 고양이 한 마리가 떨어졌다.[156]

샤리코프는 점차 사회화되어 가면서 결국 모스크바 시내 부랑 동물들 즉 고양이들을 소탕하는 청소부의 책임자 직책을 부여받는다(2: p.198). 즉 예전처럼 고양이와의 투쟁이 샤리코프의 주요한 목적이 된 것이다. 물론 이러한 모티브는 단순히 개와 고양이의 원수관계만을 나타내는 것이 아니라, 당시 사회계층적 문제와 반혁명적 인물들에 대한 무자비한 숙청을 풍자적으로 나타낸 것으로 볼 수 있다.

한편 불가코프 작품에서 개와 같은 종류의 동물로서 가장 많이 출현하는 포유류 중의 하나는 '늑대'이다. 본래 늑대는 전의된 의미에서 고독

---

156) 불가코프,『개의 심장』, 정연호 번역, (서울: 열린책들, 1998), p.127.

하고 외로운 사람 또는 사람을 싫어하고 교제를 싫어하는 황량한 사람을 가리킨다.[157] 그러므로 『백위군』에서 투르빈이 읽는 신문의 슬로건에는 늑대가 사람으로 표현되고 있다: "정직하고 진실한 사람은 누구나 자원병으로 입대하고 있다: Кто честен и не волк, Идет в добровольческий полк..."(1: p.249). 또한 은어 에서 '늑대'는 '도둑' 또는 '범인'의 동의어이다. 불가코프 작품에서 이러한 '사람-늑대'의 형상은 크게 2가지의 양면성을 지닌다. 한쪽 측면에서 늑대는 박해받고 비난받는 주인공 자신 즉 자서전적 주인공을 나타날 때 이용되며, 또 다른 측면에서 늑대의 특성은 주인공에게 적의를 품은 적대자나 또는 부정적 인물들을 나타낸다. 예를 들면 불가코프는 스탈린에게 보낸 편지(1931년 5월 30일자)에서 자기자신을 '늑대'라고 표현하고 있다.

> На широком поле словесности российской в СССР я был один-единственный литературный волк. Мне советовали вы красить шкуру. Нелепый совет. Крашеный ли волк, стриженый ли волк, он все равно не похож на пуделя. (5: p.455)
>
> 소비에트 연방의 러시아적 문학의 드넓은 들판에 저는 한 마리 유일한 문학적 늑대였습니다. 사람들은 저에게 가죽에 염색을 하라고 충고하였습니다. 어리석은 충고입니다. 채색된 늑대이든 아니든, 털 깎인 늑대이건 아니건, 늑대는 매한가지로 삽살개와 비슷하지 않습니다.

이처럼 괴롭힘을 당하고 추격을 당하는 늑대의 형상은 이미 1920년대 불가코프의 초기 작품들에서 나타나기 시작한다. 『의사의 이상한 모험』에서 주인공-화자는 뻬뜨류라군에게 쫓기는 자기자신을 늑대와 같이 표현한다(1: pp.432–433). 그 후 이러한 모티브는 『백위군』으로 이어져 투

---

157) Даль В. И., *Толковый словарь живого великорусского языка: В 4 томах*, Москва: Русский язык, 1981, т. 1, с. 233.

르빈은 뻬뜨류라군에 의해 쫓기면서 마치 늑대처럼 사방을 곁눈질하며 달린다: "Уже совершенно по-волчьи косил на бегу Турбин глазами"(1: p.347). 또한 이러한 늑대의 형상은 중편『악마의 서사시』에서도 볼 수 있는데, 주인공이 반미치광이 상태에서 추격당하는 마지막 장의 제목이 "추적 영화와 심연(Парфорсное кино и бездна)"(2: p.38)이며, 여기서 연상되는 '추렵(парфорсная охота)'은 사냥개를 데리고 늑대 등의 짐승을 쫓는 사냥을 가리킨다.

이와 같이 추격당하고 박해받으며 또는 비난받으면서 외롭고 고독한 '늑대'의 형상은 불가코프 작품에 등장하는 예술가들의 형상을 묘사하는데에도 적용된다. 장편소설『신사 몰리에르의 생애』에서 주인공은 등 뒤의 재빠른 개들의 숨소리까지 감지할 수 있는 외로운 늑대이다: "Наш герой чувствовал себя как одинокий волк, ощущающий за собою дыхание резвых собак на волчьей садке"(4: p.339). 희곡『Александр Пушкин』에서도 돌고루키 (Долгорукий)는 시인의 초상화에 대하여 헝클어진 머리에 눈은 마치 늑대의 눈처럼 타고 있다고 말한다: "Стоит у колонны в каком- то канальском фрачишке, волосы всклокоченные, а глаза горят, как у волка..."(3: p.483). 그러므로 모욕적인 편지를 받은 헤크케렌(Геккерен)은 뿌쉬킨을 광폭한 '짐승(зверь)'이라 부르며, 두려움에 가득 차 시인의 드러난 이빨과 얼굴을 회상한다(3: p.494). 이와 같은 '예술가-늑대'의 유사한 형상은 미완성 소설『사자(死者)의 수기』에서도 발견되며, 여기서 주인공은 여러 번 늑대에 비교된다. 즉 막수도프의 책에 대하여 논의하는 중에 중년의 문학가는 막수도프에 대하여 말하면서 다음과 같이 이야기한다: "그가 나를 늑대의 눈으로 바라보고 있어: Смотрит на меня волчьими глазами"(4: p.409).

이와 같이 추적당하는 '늑대-주인공' 또는 늑대와 비슷한 생김새의 '늑대-예술가'의 형상과 달리, 불가코프 작품에서는 주인공에 대적하는 '적대자'로서 지옥의 악마적인 특성을 지닌 '늑대'의 형상도 나타난다. 『백위군』에는 '도시(Город)'를 목숨바쳐 사수하는 수호자들과 나란히 '도시'를 약탈하려는 뻬뜨류라 일당이 출현한다. 약탈자, 탐욕자, 착취자, 맹수 등의 모습으로 그려지는 이들은 사실 어느 한 진영에도 가담하지 않은 평범한 강도들이다. 그러므로 이들은 정략과 권모술수에만 관심이 있으며 오로지 자신의 이익만을 생각한다. 먼저 이러한 인물들은 어렴풋하고 불명료한 그림자로서 묘사된다: "Отделяется одна тень на Горке, и сипит её волчий, острый голос"(1: p.269). 그리고 이어서 화자는 이들에 대하여 언급하기를, 세상의 어느 정권 밑에서도 자신을 마치 개들 사이에 낀 '늑대'로밖에 생각할 수 없는 버림받은 사람들이라고 말한다: "который при всех властях мира чувствует себя среди людей, как волк в собачьей стае"(1: p.268). 그리고 후에 이들 늑대들 즉 뻬뜨류라 일당들은 눈보라치는 밤에 산 언덕에서 내려와 바실리사(Василиса) 집을 습격하여 강탈한다. 바실리사가 본 강도의 모습은 늑대와 똑같이 그려지고 있다.

> В первом человеке все было волчье, так почему-то показалось Василисе. Лицо было узкое, глаза маленькие, глубоко сидящие, кожа серенькая, усы торчали клочьями, и небритые щеки запали сухими бороздами, он как-то странно косил, смотрел исподлобья, и тут, даже в узком пространстве, успел показать, что идет нечеловеческой, ныряющей походкой привычного к снегу и траве существа. (1: p.368)

> 바실리사에게 첫 번째 사나이는 모든 면이 늑대 같아 보였다. 갸름한 얼굴에 작은 눈이 깊이 패여 있었으며, 피부는 회색빛을 띠었고 수염이 텁수룩했다. 면도를 하지 않은 뺨에는 깊은 주름이 눈에 띄었다. 그는 약간 이상하게 사팔뜨기 눈을 치뜨며 걸어 들어갔는데, 이 좁은 장소에서도 눈과 풀밭 위를 펄쩍펄쩍 뛰어가는 짐승 같은 인상을 주었다.[158]

---

158) 불가코프, 『백위군』, 유승만 번역, (서울: 열린책들, 1996), p.303.

이러한 '늑대–강도'의 형상은『개의 심장』에서도 다시 찾아볼 수 있다. 개 샤릭은 개–인간으로 변한 후 자신의 '성'을 개의 후손으로서의 상속적인 '성' 즉 '샤리코프(Шариков)'로 정한다(2: p.172). 하지만 샤릭은 '클림 추군낀(Клим Чугункин)'의 피를 물려받았으며, 추군낀은 범인–전과자로서 '늑대'이다.[159] 즉 샤리코프는 '개'와 '늑대'의 혼합 동물인 셈이며, 개보다는 늑대의 유전자가 더 강하게 나타나는 잡종이라고 볼 수 있다. 샤리코프가 '늑대–강도'의 형상을 더 강하게 나타내는 것은『백위군』에서 바실리사의 집을 습격한 '강도 –늑대'들과 말하는 방식이 비슷한 다음의 예에서 찾아볼 수 있다. 즉『백위군』에서 늑대와 같이 생긴 강도는 자신들이 추운 참호 속에서 동상에 걸리며 싸우고 있을 동안 바실리사는 아파트에서 돼지처럼 처먹으며 자빠져서 축음기나 듣고 있었다며 그를 몰아 세운다: "Накопил вещей, нажрал морду, розовый, як свинья, а ты бачишь, в чем добрые люди ходют? Бачишь? У него ноги мороженые, рваные, он в окопах за тебя гнил, а ты в квартире сидел, на граммофонах играл"(1: p.371). 이와 유사하게 샤리코프는 자신과 같이 쓰레기통에서 음식 찌꺼기나 뒤져 먹는 사람들도 있는데, 쁘레오브라젠스키 교수는 방이 7개나 되는 아파트를 소유하고 있으면서 40벌씩이나 되는 바지를 가지고 있다며 교수를 몰아세운다: "один в семи комнатах расселся, штанов у него сорок пар, а другой шляется, в сорных ящиках пи тание ищет"(2: p.184). 이와 같이 샤리코프와 강도들이 공통적으로 지니고 있는 유사한 관념은 문명사회에 대한 협박으로서 '늑대–강도'의 형상을 나타내는 것이며, 본래 외롭고 고독한 존재로서 집단주의적이나 공영주의적 행위를 할 능력이 전혀 없고 따라서 파괴적인 역할밖에 할 줄 모르는 '늑대'의 본성을 나타내는 것이라고 볼 수 있다.

이와 같이 '늑대'가 저승세계의 악마적 존재로서 '적대자'의 형상을 나

159) Яблоков Е. А., *Художественный мир Михаила Булгакова*, Там же, сс.345–346.

타내는 경우는 『젊은 의사의 수기』 계열에 속하는 단편 『눈보라』에서도 찾아볼 수 있다. 이 계열에 속하는 다른 단편들에서와 같이 단편 『눈보라』는 풍속적이며 의학적인 줄거리에 신화적 세계를 나타내는 숨겨진 텍스트들로 이루어져 있다. 이야기는 젊은 의사가 자신의 쌍둥이인 다른 의사를 돕기 위하여 출발하는데서 시작되며(1: p.105), 하지만 젊은 의사는 끝내 죽어가는 처녀를 구할 수 없게 된다. 그런데 젊은 의사를 부르러 온 사람은 소방관으로서 쓰고 온 헬멧 때문에 그는 고대 로마인 같아 보이며, 또 귀가 큰 털모자와 늑대가죽 외투로 인해 마치 '늑대'와[160] 같아 보인다: "Он вошел и показался мне древним рммлянином вследствие блистательной каски, надетой поверх ушастой шапочки. Волчья шуба облекала его"(1: p.103). 그리고 소방관과 젊은 의사가 샬로메찌예프(Шалометьев)에서 돌아올 때 심한 눈보라로 인해 길을 잃게 되며, 그들 뒤에는 실제 '늑대'들이 쫓아온다. 하지만 이러한 이야기는 슬라브 민족의 전통을 고려해 볼 때, 단순히 세태적인 사건이나 풍속적인 모험을 가리키지 않는다. 오래된 슬라브 민속 문화에 보면 마법사가 결혼식에 참가하였던 하객들을 모두 '늑대'로 변화시키는 능력을 소유하는 것으로 나온다(Гура: p.159). 소설에서 이야기는 신부가 죽는 바람에 무산이 된 결혼식에 대하여 소문을 들을 때부터 시작되고 있다. 그러므로 『눈보라』에서의 '늑대'는 바로 그 마법에 걸린 결혼식 참석자들이 늑대로 변하여 젊은 의사를 쫓고 있는 것으로 볼 수 있다.

이와 같이 '늑대'와 관련된 모티브들 가운데 서로 유사한 기능을 수행하고 있는 경우를 『질주』의 흐루도프(Хлудов)와 『거장과 마르가리따』의 빌라도(Пилат)에게서 찾아볼 수 있다. 흐루도프는 『질주』에서 회색 외투를 입은 모습으로 출현하며 외롭고 뭔가에 항상 쫓기고 있는 등장인물이다(3: p.227). 즉 그는 외롭고 고독하며 쫓기는 '늑대'와 같다. 흐루

160) 참고: 로마의 창시자 로물루스와 레무스 형제는 '늑대'의 젖을 먹고 자랐다고 전해진다.

도프 장군이 앉아 있는 방에는 항상 괴물 같은 뱀을 물리친 용감한 용사인 게오르기 이콘이 모셔져 있다. 하지만 민속적 관념에서 게오르기는 양 떼를 모는 '늑대 목동'으로서도 출현한다(Гура: p.131). 흐루도프는 게오르기 이콘이 백위군을 도와줄 것으로 기대하였다. 그러나 상황은 정반대로 나타난다. 예전에 없었던 한파(寒波)로 인하여 시바쉬(Сиваш) 호수가 얼어붙었고, 이것은 적군의 진격을 용이하게 해 주었다. 성 게오르기는 자신과 같은 무리인 늑대 즉 백위군을 배반한 것이다. 그러므로 흐루도프는 '성자-수호자'에 반하여 격앙되고 거칠어지며 사나워지기 시작한다(3: p.233). 그의 이러한 사나운 모습은 세라핌(Серафим)이 그와의 대화 중에 그를 '짐승'이라고 부르는데서 찾아볼 수 있다. '짐승'은 '늑대'를 대신 가리키는 명칭 가운데 하나로서 가장 많이 쓰인다.(Гура: p.143). 그런데 세라핌은 흐루도프를 더 모욕주기 위하여 '들개(шакал)'라는 명칭을 하나 더 추가시킨다(3: p.235). 그리고 크라삐린(Крапилин) 또한 흐루도프를 '들개'라고 부른다: "Точно так. Как в книгах написано: <u>шакал</u>! 〈...〉 Пропадешь, <u>шакал</u>, пропадешь, оголтелый зверь, в канаве!" (3: p.236). 사실상 흐루도프의 비극은 바로 그가 '늑대'로 있으면서 '들개'의 역할을 해야만 하는데 있었다. 즉 죄 없는 자에 대한 처형이 그의 정신병의 원인 가운데 하나이며, 그를 이러한 정신병으로부터 벗어나게 하는 길은 오로지 죽음뿐이였다.

한편『거장과 마르가리따』에서 빌라도 또한 흐루도프와 유사한 상황에 처한다. 빌라도 역시 외로우며 주위에 '반가(Банга)'[161]로 불리우는 개 이외에는 항상 혼자이다. 빌라도에게는 단 한명의 가까운 사람도 없는 것이다. 이것은 그가 두통 때문에 고통스러워 호위병들을 해산시키

161) 흥미롭게도 불가코프는 '개'한테 여자의 이름 '반가(Банга)'를 부여한다. '반가'는 불가코프 의 두 번째 아내인 'Любовь Белозерская'의 애칭 중의 하나로 알려진다 (Люба— Любанга—Банга). Белозерская–Булгакова Л. Е., *Воспоминания*, Москва: Худо жественная литература, 1989, с.161. 참조.

고 궁실 안으로 들어가 자리에서 쓰러져서는 냉수를 가져오라고 한 다음 슬픈 목소리로 애견(愛犬) 반가를 불러 편두통을 하소연하는 상상을 하는데서 나타난다.(5: p.25). 이에 대해 예수아는 빌라도의 편두통은 마음이 닫혀 있기 때문이며 인간에 대한 신뢰감을 잃어버리고 한 마리 개 따위에게 모든 사랑을 주어서는 안된다고 이야기한다(5: p.27). 이처럼 '인간'을 믿지 못하고 주위에는 오로지 한 마리의 '개'뿐인 빌라도는 아프라니우스에 의해 '늑대'에 비유된다: "Афранию показалось, что на него глялят четыре глаза— собачьи и волчьи"(5: p.311). 즉 아프라니우스가 빌라도를 만날 때 옆에는 개 한 마리만 있었으므로 4개의 눈 가운데 2개는 반가의 눈이고 나머지 2개의 눈은 바로 '빌라도-늑대'의 눈임을 나타내는 것이다. 그러므로 빌라도 또한 흐루도프와 같이 '늑대'인 것으로 밝혀진다. 흐루도프와 유사하게 빌라도의 주요한 죄는 그가 죄 없는 인간 즉 예수아를 죽음에 빠뜨렸다는데 있다. 그러므로 빌라도에게 있어 향후 존재의 의미는 사형을 취소하고 희생자와 다시 만나는데 있다. 흐루도프처럼 빌라도 또한 오로지 죽은 후에서만 자신의 희생자를 만날 수 있으며 고통에서 해방된다. 즉 오로지 죽음만이 이들을 고통스러운 '늑대'와 같은 자기 자각으로부터 벗어나게 할 수 있는 것이다.

그런데 이러한 '늑대-주인공'의 형상 주위에는 '개'뿐만 아니라 주인에 의해 버림받거나 배신당한 '여인'의 형상 즉 주인에게 충실한 '하인'의 형상이 동반된다. 예를 들어 단편『Ханский огонь』에서 'Иона'는 '투가이 벡(ТугайБег)' 공작의 늙은 충실한 하인이다(2: p.395). 그러나 외국인의 모습을 하고 돌아온 공작은 궁전을 불살라 버리고는 마치 '늑대'와 같이 어둠 속으로 자취를 감춘다(2: p.399). 사실상 '늑대' 투가이 벡은 자신의 충실견 'Иона'를 배신한 것이다.

이와 같이 유사한 '하인'의 형상은 중편『비운의 달걀』에서도 찾아볼 수 있다. 뻬르시코프 교수에게 있어 유일하며 가장 가까운 사람은 수위 빤크라트(Панкрат)이다.[162] 작품에서 교수가 새벽 동틀녘에 붉은 광선을 발견하고 나서 현미경 주위를 철저히 보존시키기 위하여 아직 자고 있던 빤크라트를 깨울 때, 빤크라트는 마치 '개'와 같은 소리와 모습으로 잠에서 깨어난다: "За дверью послышалось урчанье как бы цепного <u>пса</u> 〈...〉 и Панкрат 〈...〉 предстал в светлом пятне"(2: p.51). 후에 뻬르시코프의 충실견(忠實犬) 빤크라트 또한 성난 군중들에 의해 무참히 짓밟히며 동물원의 불에 타죽는다.

또한 희곡 『알렉산드르 뿌쉬킨』에서 30년을 주인과 함께해 온 시종 니키타(Никита)는 뿌쉬킨이 죽은 후에도 그의 곁을 떠나지 않는다.(3: p.510). 그는 매서운 추위에도 주인과 함께 동행하며 마치 주인을 보호라도 하듯이 한순간도 관으로부터 떨어지지 않음으로써 주인에게 충성을 다하는 '충실견'과 같은 모습을 나타낸다.

이와 같이 주인에게 충실한 '개'의 모습과 달리 불가코프의 작품에는 '말하는 개'의 모습도 발견된다. 불가코프의 펠리에톤 『말하는 개(Говорящая собака)』에서 마술사는 마치 개가 말을 할 수 있는 능력이 있는 것처럼 청중을 속이며 마술을 펼친다(2: pp.430–431). 이 펠리에톤이 나오고 약 6개월이 지나서 중편 『개의 심장』이 쓰여졌으며, 소설에서 개-인간 샤리코프는 이름 그대로 '말하는 개(гово рящая собачка)'로 불리운다.(2: p.176). 이처럼 개가 말을 하게 만든 자신의 업적에 대하여 쁘레오브라젠스키 교수는 말을 한다는 것은 아직 인간이 되지 않았다는 것을 의미한다고 말한다: "это еще не значит быть человеком"(2: p.206). 이와 같이 '말하는 개'의 모습은 『Роман о дьяволе』에서 볼란드의 공연이 끝난 후 개가 "Сеанс окончен"을 외치는 장면에서도 나타난다.[163]

---

162) 빤크라트도 뻬르시코프 교수처럼 아내에게 버림받았다.

163) Булгаков М. А., *Собрание сочинений В 8 томах, Т. 7*, Москва: Астрель, 2007- 2011, с. 500,

불가코프 작품에 출현하는 포유류 가운데 몇몇 작품들에서 '돼지'의 형상이 나타난다. 불가코프는 '돼지'를 지옥의 악마적인 동물로 묘사하면서 혼란, 해체, 파괴 등의 상징으로서 나타낸다. 『백위군』에서 바실리사의 꿈에 나타난 돼지는 그의 채소밭을 날카로운 송곳니로 마구 파헤치며 파괴시킨다(1: p.423). 이러한 모티브는 '악령'이 돼지 떼 속으로 들어가는 성경의 이야기가 차용된 것이다.[164] 이러한 '악령' 들을 바실리사는 꿈 속에서만 본 게 아니라 실제 현실로도 보았다. 앞서 살펴보았듯이 '늑대-강도'들이 바실리사의 집을 습격하였었다. 바실리사의 꿈에 나타난 '돼지'는 날카로운 송곳니를 가짐으로써 '돼지'와 '늑대'의 혼합을 나타낸다.

그런데 이처럼 꿈에서나 현실에서나 악령으로 가득 찬 늑대-돼지, 늑대-강도한테 습격을 당하는 바실리사는 '담콤'[165]의 대표자로서 그 자신이 '돼지'의 형상을 나타낸다. 즉 그는 아파트 관리를 명목으로 주위 사람들을 괴롭히며 돼지처럼 재물만을 탐내는 속물적 근성의 '담콤'의 이미지를 나타낸다. 불가코프 작품에서 담콤의 이러한 이미지는 항상 '돼지'와 연상되며 나타난다. 『조야의 아파트』에서 담콤 (아파트 관리위원장) 알리루야(Аллилуя)는 '돼지 위원장'으로 불리운다.(3: p.148). 희곡 『지극한 행복』과 『이반 바실리예비치』에서 담콤으로 등장하는 분샤-코레쯔키(Бунша-Корецкий) 또한 같은 유형의 인물로서 '돼지'와 연관된다. 그는 『이반 바실리예비치』에서 주민들에게 '돼지' 사육에 관한 라디오 방송을 들으라고 강요한다. 그의 판단에 의하면 돼지는 인간에게 엄청난 이익을 가져다주는 동물이다(3: p.424). 돼지 사육에 관한 아침 강

164) 누가복음 8장 32절 ~ 33절: 마침 거기 많은 돼지 떼가 산에서 먹고 있는지라 귀신들이 그 돼지에게로 들어가게 허(許)하심을 간구하니 이에 허하신대 귀신들이 그 사람에게서 나와 돼지에게로 들어가니 그 떼가 비탈로 내리달아 호수에 들어가 몰사(沒死)하거늘...

165) '담콤(Домком)'은 러시아어로 'Домовой комитет(주택관리 위원회)'의 준말이다.

의에서 돼지는 똑같은 상황에서 인간의 질적 수준보다 못할 게 없다는 것을 아주 기쁜 목소리로 전하고 있다.

> Многие считают свинью грубой, глупой и неопрятной. Ах, как это несправедливо, товарищи! Не следует ли отрицательные свиные стороны отнести за счет обхождения с этим зверем? Относитесь к свинье хорошо, и вы получите возможность ее дрессировать... (3: p.435)
>
> 많은 사람들은 돼지를 거칠고 멍청하며 더럽다고 생각합니다. 아, 이 얼마나 잘못된 정의입니까, 동무들! 이 동물에 대한 이러한 취급으로 인하여 돼지의 부정적인 측면을 계속해서 따라가야만 할른지요? 돼지를 좋게 여겨 보십시오, 그러면 당신은 돼지를 길들이는 가능성을 얻게 될 터이니...[166]

이와 같이 돼지사육에 관한 방송에서 인간과 돼지 사이의 차이가 크지 않다는 점이 강조된다. 그러므로 희극의 피날레에서 발명가 찌모페예프(Тимофеев)는 주위의 모든 사람들을 '돼지들'이라고 명명하면서, 이러한 돼지들에서 무슨 유용한 것이 나올 수 있겠느냐며 슬픔에 가득 차 외친다: "Да, я сделал опыт. Но разве можно, с такими свиньями чтобы вышло что-нибудь путное?"[167]

이러한 '돼지'의 형상에 있어서 『백위군』의 '바실리사(Василиса)'와 『거장과 마르가리따』의 '니콜라이 이바노비치 (Николай Ивано вич)'는 유사한 형태를 보여준다. 니콜라이는 독립가옥의 1층에 사는 마르가리따의 이웃이다(5: p.225). 그러므로 바실리사가 투르빈네 가족의 아래에 사는 아래층 이웃이듯이 니콜라이 또한 마르가리따의 아래층 이웃인 셈

---

166) 불가코프, 『이반 바실리예비치』, 정연호 번역, (대구: 대구가톨릭대학교 출판부, 2008), p.30.

167) Булгаков М. А., *Пьесы 1930-х годов*, СПб: Искусство, 1994, с.403.

이다. 그리고 이들은 모두 젊고 벌거벗은 '마녀'에게 유혹당하는 공통점도 함께 지닌다. 바실리사에게는 우유파는 여인 야브도하(Явдоха)가 나타나며: "голой, как ведьма на горе"(1: p.227), 니콜라이는 발거벗은 하녀 나타샤(Наташа)와 함께 '돼지' 모습을 하고 사탄의 대무도회에 참석한다(5: p.283). 니콜라이의 이러한 '돼지' 모습으로의 변신은 바실리사의 꿈 속에 나오는 돼지들을 연상시킨다. 즉 바실리사는 돼지들에 의하여 벌을 받으며, 니콜라이는 벌을 받아 자신이 직접 '돼지'로 변해버린다. 니콜라이 이바노비치는 나중에 사람의 모습으로 돌아온 후에도 여전히 그의 얼굴에는 '돼지' 생김새가 그대로 남아있다: "чуть–чуть поросячьи черты лица".(5: p.381).

한편 불가코프의 작품들에 등장하는 포유류 가운데 가장 인간에게 가까운 것으로 알려진 '원숭이'와 관련된 모티브가 나타난다. 중편『개의 심장』에서 쁘레오브라젠스키 교수는 자신의 환자에게 '원숭이'의 난소를 끼워주겠다고 이야기한다: "Я вам, сударыня, встав лю яичники обезьяны" (2: p.134). 이와 같이 소설 속에서 묘사되는 환상적 이야기는 1920년대 당시 소련의 과학자들 사이에서 실제로 실행된 의학적, 자연과학적 실험에 기초하고 있는 것으로 알려진다.[168] 이와 더불어 불가코프가『개의 심장』의 집필에 착수하기 얼마 전인 1923년에 'Conan Doyle'[169]의『The Adventure of the Creeping Man』이 소련에서『Омолаживание』라는 제목으로 출간되었다. 이 단편 소설의 주요 줄거리는 젊은 처녀와 사랑에 빠진 중년의 교수가 젊음과 성적능력을 부흥시키기 위하여 원숭이의 호르몬에서 추출된 조직 표본을 주입시켰더니 자신이 아예 '원숭이'로 변해버렸다는 이야기이다. 소설의 피날레에서 'Шерлок Холмс'는 자신을 어

168) Булгаков М. А., *Собрание сочинений В 8 томах, Т. 5*, Москва: Астрель, 2007– 2011, с. 524,

169) 스코틀랜드의 내과의사 겸 작가.

머니-자연 위에 올려 놓으려 하는 자는 쉽게 아래로 떨어질 수 있으며, 만일 인간이 모든 인간에게 지정된 똑바른 길에서 벗어난다면 가장 완전한 인간도 동물 수준까지 추락할 수 있다고 경고한다.[170] 이와 유사하게 『개의 심장』에서 쁘레오브라젠스키는 개-샤릭을 개-인간 샤리코프로 만든 실험이 잘못되었음을 자각하고 다음과 같이 말한다.

> Вот, доктор, что получается, когда исследователь вместо того, чтобы идти параллельно и ощупью с природой, форсирует воп рос и приподымает завесу! (2: p.193)
>
> 자! 의사 선생! 이게 바로 연구자가 자신의 연구를 자연의 이치와 나란히 보조를 맞춰 가면서 손으로 더듬 듯 천천히 진행시키지 않고, 문제를 강행하여 장막을 들어올릴 때, 얻어지는 결과요![171]

이와 같이 두 작품 사이의 유사한 모티브는 'Conan Doyle'의 단편 소설이 불가코프에게 알려졌음을 추측하게 한다.[172] 이처럼 불가코프가 'Conan Doyle'의 소설을 접하였음은 『비운의 달걀』에서도 그 유사한 자취를 찾아볼 수 있다. 야블로코프(Яблоков)는 『비운의 달걀』 소설 전체에 걸쳐서 '원숭이'처럼 맹목적으로 따라하는 모방, 우스꽝스러운 재현의 모티브가 흐르고 있다고 말한다.[173] 뻬르시코프 교수의 발견은 아무런 지식도 소유하지 않은 채 무조건 실험을 모방하여 따라하는 록의 무

170) Конан-Дойль, 『Омолаживание』, *Петроград-Литературный альманах*, Москва, 1923, No.1.

171) 불가코프, 『개의 심장』, 앞의 책, p.163.

172) Яблоков Е. А., "Сплошная контр-эволюция или Ф. Преображенский перед судом Ш. Холмса" *Рациональное и эмоциональное в литературе и в фольк лоре Ч. 1*, Волгоград: Волгоградское научное издательство, 2008, 참조.

173) Яблоков Е. А., "Аспекты питекоморфного кода в русской литературе 1920-х годов" *Универсалии русской литературы*, Воронеж: НАУКА-ЮНИПРЕСС, 2010, Вып.2, с.78.

식함으로 인해 파국적 결과를 초래하였다. 그러므로 이러한 관점에서 록은 뻬르시코프 교수의 '원숭이'로서 출현한다고 볼 수 있다.[174] 결국 '원숭이–록'의 행위로 인하여 대혼란이 오고 사람들은 모두 패닉 상태에 빠져 마치 원시시대 즉 '원숭이' 시대로 돌아 간 것 같은 원초적 모습을 드러낸다. 그러므로 소설의 피날레에서 뻬르시코프 교수를 때려 죽이는 사람은 양복을 입었어도 이미 '인간'이 아니며 '원숭이'처럼 다리가 휜 진짜 '원숭이'의 모습으로 그려지고 있다: "Низкий человек, на обезьяних кривых ногах, в разорванном пиджаке, в разорванной манишке, сбившейся на сторону, опередил других, дорвался до Персикова и страшным ударом палки раскроил ему голову"(2: p.114).

이상에서 살펴본 바와 같이, 불가코프 작품에 등장하는 포유류 가운데 『백위군』의 '쥐'는 투르빈의 'Дом'–'배'를 버리고 떠나는 교활하고 간교한 탈베르그의 형상을 나타내며, '고양이'는 깔리소 네르(『악마의 서사시』)와 베헤못(『거장과 마르가리따』)과 같이 갑자기 인간으로 바뀌었다가 고양이로 바뀌는 '도깨비'의 형상을 나타낸다. 한편 『개의 심장』에서 개와 고양이의 원수관계에 대한 모티브는 당시 사회계층적 문제와 반혁명적 인물들에 대한 무자비한 숙청을 풍자적으로 나타낸다.

불가코프의 작품에 출현하는 '늑대'는 스탈린에게 편지를 쓴 불가코프 자신, 『의사의 이상한 모험』에서 뻬뜨류라군에 의해 쫓기는 주인공, 『악마의 서사시』에서 사람들에 의해 추격당하는 까로뜨코프와 같이 박해받고 쫓기는 외로운 주인공으로서 자서전적인 '늑대–주인공'의 형상을 나타내며, 『신사 몰리에르의 생애』, 『알렉산드르 뿌쉬킨』, 『사자(死者)의 수기』의 주인공들과 같이, 모습과 생김새가 비슷한 '늑대–예술가'의

174) 『개의 심장』에서 이와 같이 '원숭이'와 유사한 역할을 샤리코프가 한다. 샤리코프는 마치 사람이 하는 행동을 무조건 따라 하듯이 온 힘을 다해 '인간'과 같아지려고 노력한다. 그러므로 쁘레오브라젠스키 교수의 질책에 대해 화가 난 샤리코프는 내가 사람들과 못한 게 뭐가 있느냐고 소리친다: "Что, я хуже людей?"(2: p.168).

형상을 나타낸다. 이와 반하여 '늑대'는 『백위군』에서 강도로 돌변하여 바실리사 집을 강탈하는 뻬뜨류라군, 『개의 심장』에서 개-인간으로 변하여 쁘레오브라젠스키 교수를 몰아세우는 샤리코프와 같이 주인공에 대항하는 적대자로서 '늑대-강도'의 형상을 나타내기도 한다. 한편 『눈보라』 속에 출현하는 '늑대'는 결혼식에 참석하였던 하객들이 마법에 걸려 늑대로 변하는 슬라브 민속문화와 관련있으며, 『질주』의 흐루도프와 『거장과 마르가리따』의 빌라도는 죄 없는 희생자에 대한 죄의식에 사로잡혀 고통스러워 하는 고독한 '늑대'의 유사한 형상을 나타낸다.

한편 불가코프의 작품에는 '투가이 백'공작의 옛 하인 'Иона'(『Хански й огонь』), 뻬르시코프 교수의 동물원 수위 '빤크라트'(『비운의 달걀』), 뿌쉬킨의 시종 '니키타'(『알렉산드르 뿌쉬킨』)와 같이 '늑대-주인공'의 형상을 나타내는 주인 곁에서 '충실견'의 형상을 끝까지 나타내는 인물들이 등장하는가 하면, '말하는 개'의 형상이 단편 『말하는 개』, 중편 『개의 심장』, 장편 『Роман о дьяволе』에 나타나고 있음을 찾아볼 수 있다.

불가코프 작품에 출현하는 돼지의 형상 가운데 『백위군』에서 바실리사의 꿈에 나타나 그의 채소밭을 습격하는 돼지는 성경에서와 같이 악령으로 가득 찬 돼지의 형상을 나타내며, '알리루야'(『조야의 아파트』), '분쇄-코레쯔키'(『지극한 행복』, 『이반 바실리예비치』)와 같은 '돼지'의 형상은 주위 사람들을 괴롭히며 돼지처럼 재물만을 탐내는 속물적 근성의 '담콤'의 이미지를 나타내고, 『백위군』의 '바실리사'와 『거장과 마르가리따』의 '니콜라이 이바노비치'는 젊은 나체의 마녀에게 유혹당하는 유사한 '돼지'의 형상을 나타낸다.

불가코프의 작품에 출현하는 '원숭이'와 관련된 모티브는 'Conan Doyle'의 『The Adventure of the Creeping Man』의 영향을 받은 것으로, 『개의 심장』에서는 '젊어지는 법'을 연구하는 과정에서 개- 인간 샤리코프가 출현하여 무조건 인간과 같아지려는 '원숭이'의 형상 을 나타내며, 『비운의 달걀』에서는 무조건 따라하는 '원숭이- 록'의 모방 유혹이 결국 엄청난 재앙을 불러옴으로써 모든 것을 '원숭이'의 원시시대로 돌려놓고는 마침내 '원숭이'처럼 생긴 사람에 의하여 주인공도 살해되고 만다.

IV-6. 맺는 글

불가코프는 인간의 세계와 동물의 세계를 자연의 한 부분으로 보았으며 두 세계 사이에는 경계가 없는 것으로 생각하였다. 그러므로 자연의 세계 속에서 인간과 동물은 서로의 세계 속에 투영되고 비춰지면서 자신의 고유한 형상을 나타낸다. 인간의 세계 속에서 인간의 문명적 삶과 평안 그리고 행복은 지상의 실제적 동물들에 의하여 위협받는 것이 아니라 항상 눈에 보이지 않는 어떤 카오스적인 힘 즉 '지하적'이며 '지옥적'인 힘에 의하여 위협받는다. 그러므로 이러한 카오스적인 힘이 자연의 한 부분으로서 자연적인 상태와 과정 중에 있는 인간에게 적극적으로 개입하고 간섭하면서 인간 존재의 비밀에까지 다다르려 할 때 엄청난 재앙과 파국의 반동작용이 일어날 수 있다. 불가코프에 의하여 창조된 동물들의 형상은 크게 두 개의 그룹으로 나뉘어진다. 하나는 우리들에게 이미 익숙한 지상의 실제적 동물들로서 곤충류, 파충류, 조류, 포유류 등의 동물들이며, 또 하나는 카오스적인 힘에 의하여 의인화된 환상적, 신화적 존재이다. 그러므로 불가코프 작품들에서 지상의 실제적 동물들 대신에 출현하는 기괴한 동물들의 환상적 출현은 인간의 정상적-자연적 삶의 질서가 이미 카오스적인 힘의 세력에 의하여 파괴되고 있다는 징후를 나타낸다.

Part 2: 불가코프 소설의 테마

V.

불가코프 『백위군』에 나타난 톨스토이적 모티브

불가코프는 톨스토이의 『전쟁과 평화』 그리고 『안나 카레니나』에 나타난 '밤하늘의 별' 모티브를 자신의 작품 『백위군』에서 유사하게 차용한다. 『전쟁과 평화』에서 피에르는 나타샤를 만나고 돌아오는 길에 마차 위에서 밤하늘의 별을 쳐다보면서 세상의 종말이 아닌 새로운 삶을 느끼며, 『안나 카레니나』에서 레빈은 키치와의 사랑을 확인한 후 키치네 집으로 정식 청혼을 하러 가기 전날 밤에 잠을 못 이루며 밤하늘의 별을 쳐다보는데, 이와 유사하게 『백위군』에서도 니콜카가 나이-투르스 대령의 장례식을 마치고 울음을 터뜨리며 밖으로 뛰쳐나가 쳐다본 밤하늘에는 십자가 모양의 별들과 은하수가 하얗게 펼쳐진다. 즉 밖에는 하얀 눈이 깔리고 밤하늘에는 십자가 혹은 십자가 모양의 별이 뜨고 하는 유사한 장면을 세 작품에서 모두 유사한 모티브로서 찾아볼 수 있다.

또한 마지막 피날레의 장면 묘사도 두 작가의 작품에서 매우 유사하게 별이 촘촘히 떠있는 밤하늘을 배경으로 끝맺고 있음을 발견할 수 있다. 즉 『안나 카레니나』에서 별이 촘촘히 떠있는 밤하늘로 마지막 장면을 장식하듯이, 『백위군』에서도 별이 총총한 밤하늘을 신의 장막으로 묘사하면서 작품의 피날레를 장식한다.

한편 불가코프가 차용한 이러한 '밤하늘의 별' 모티브는 또한 톨스토이의 '역사적 인물의 신화' 모티브와 연관된다. 『전쟁과 평화』에서 전쟁 상황이 '나폴레옹'이라는 일개 장군의 명령에 의해서 흘러가지 않듯이, 『백위군』에서도 전투 상황이 '새로운 나폴레옹' 즉 '뻬뜨류라'라는 한 영웅에 의해서 흘러가지 않는다. 즉 '보로지노'의 전투현장과 유사한 '새로운 보로지노'를 창조하면서 '뻬뜨류라'를 '새로운 나폴레옹'으로 변화시킴으로써 역사적 실제인물을 '신화화'시키는 톨스토이적 모티브를 차용하고 있다. 보로지노의 세계에서 조국의 수호라는 범인류적인 가치를 추구하지 않고 자기 자신의 행복이라는 개인적인 가치를 좇는 행위는 비도덕적인 것으로 간주되듯이, 새로운 보로지노의 세계에서도 사회적 가치를 멀리하고 개인적 가치를 추구하는 행위는 아주 비도덕적인 것으로 간주된다.

하지만 여기서 작가 불가코프는 톨스토이와 같이 역사가 일반적인 관심에 의해서가 아니라 개인적인 관심에 의해서 흘러갈 때, 과연 범공통적인 가치를 위해서 개인의 행복 또는 가정 같은 것은 저버려도 되는 것인가? 하는 진리의 문제에 접근한다. 그리고 이러한 진리의 테마는 그가 『백위군』에 뒤이어 구상하기 시작한 『거장과 마르가리타』로 계승되며 추구된다. 즉 『전쟁과 평화』에서 『안나 까레니나』로 이어지는 톨스토이적 모티브를 차용하면서, 역사의 흐름 속에서 범인류적인 가치로 여겨지며 당대의 도덕적인 카테고리에 속하는 것들은, 그것이 어느 한 개인이나 조직체에서 나온 것이라면 아무 의미가 없으며, 오로지 인신(人神)이 아닌 신인(神人)과의 관계에서 비롯될 때만이 의미를 지닐 수 있음을 나타낸다.

그러므로 『안나 까레니나』의 피날레에서 레빈이 밤하늘의 별을 쳐다보며 기독교의 선(善)의 의미 속에서 영원한 삶의 새로운 의미를 찾듯이, 『백위군』에서 불가코프는 화자를 통하여 영원히 사라지지 않을 별의 세계와 인간이 존재하는 한 영원히 제기될 진리의 문제를 동시에 제시하면서, 신의 장막의 세계로 새로운 시선을 돌릴 것을 호소한다. "그런데 왜 우리는 별을 향해 눈을 돌리지 않는 것일까? 왜?"

V-1. 들어가는 글

불가코프 작품에 나타난 톨스토이적인 영향을 『백위군』 하나에만 국한시킬 수는 없을 것이다. 많은 연구가들에 의해서 불가코프에 미친 톨스토이의 영향 내지는 이들 두 작가의 상호관계가 탐구되어져 왔다. 또한 오늘날 불가코프에 대한 연구가 작품의 미학적 특성이나 철학. 심리학적 내용에 이르기까지 세심한 주의를 집중시켜 나아가는 경향이라고 볼 때, 본 장에서 다루고자 하는 테마는 다소 진부하게 느껴질지도 모르겠다. 하지만 우리는 불가코프의 『백위군』을 읽으면서 작품에 나타나는 톨스토이적 모티브의 중요성을 간과할 수 없다. 본래, 불가코프는 미래의 『백위군』이 될 일부 단편들을 잡지에 발표하면서 "약 50년이 지나서 진정한 레프 톨스토이가 나타날 때, 키예프에서는 위대한 전쟁에 관한 놀라운 책이 창작되어질 것이다"(МБ-2, 307).[175]라고 예고함으로써 자신의 작품이 톨스토이의 『전쟁과 평화』를 모델로 하고 있음을 밝히고 있다. 또한 『백위군』의 두 번째 에피그라프(эпиграф): "죽은 자들은 그 많은 책들에 기록되어 있는 대로 그들의 행적에 따라 심판을 받았다....." (МБ-1, 179)는 『안나 까레니나』의 에피그라프: "복수는 나에게 있으니 내가 이를 갚으리라"를 연상시켜 준다. 이와 같이 『백위군』에는 간접적으로 톨스토이와의 연관성을 유추하게 해주는 대목 말고도 직접적인

---

175) М. А. Булгаков, Собрание сочинений: в 5 т, том 2. (Москва, Художественная литература, 1989), p.307. 이하, 이 책으로부터의 인용은 (МБ-2, 페이지 수)로 표기하고 선집을 МБ로 약칭함.

관련을 맺게 해 주는 텍스트가 눈에 띈다. 어린 학도병들이 군가에 발맞추며 올라간 강당의 2층 벽면에는 마치 보로지노 벌판을 굽어보듯이 알렉산드르 황제가 말을 타고 학도병들을 내려다보고 있는 것이다.

> На кровном аргамаке, крытом царским вальтрапом с вензелями, поднимая аргамака на дыбы, сияя улыбкой, в треуголке, заломленной с поля, с белым султаном, лысоватый и сверкающий Александр вылетал перед артиллеристами. Посылая им улыбку за улыбкой, исполненные коварного шарма, Александр взмахивал палашом и острием его указывал юнкерам на Бородинские полки. Клубочками ядер одевались Бородинские поля, и черной тучей штыков покрывалась даль на двухсаженном полотне. (МБ–1, р.257).

> 황제의 문장이 새겨진 순종의 아랍산 말에 올라 타 뒷발로 서게 하고, 미소를 띠며 흰색 깃털 장식이 달린 삼각모를 비스듬히 눌러쓴 알렉산드르 황제의 휘황찬란한 그림이 포병대 앞을 날아 지나가듯 걸려 있었다. 교활할 정도로 매력적인 미소를 지으며 알렉산드르 황제는 기병용 장도를 흔들어 보로지노군대의 하사들에게 그 날카로운 날을 보이고 있었다. 보로지노의 벌판은 포탄으로 뒤덮여 있었고, 약 4미터 정도 넓이의 캔버스 저쪽 먼 곳에는 검은 총검의 무리가 자리잡고 있었다.

앞의 인용문에서 우리는 불가코프가 알렉산드르 황제의 웃음을 매력적인 교활한 웃음으로 묘사하며 어린 생도들이 집총자세로 집합하여 있는 강당 안의 넓은 홀을 톨스토이의 보로지노 벌판으로 그림으로써 '새로운 보로지노'가 『백위군』에 창조되고 있음을 본다. 불가코프는 『백위군』에 이어서 『거장과 마르가리따』를 집필하였고 톨스토이는 『전쟁과 평화』에 이어서 『안나 까레니나』를 집필하였다. 본 장에서는 『백위군』에 나타난 톨스토이적 모티브를 분석함과 동시에, 『전쟁과 평화』에서 『안나 까레니나』로 이어진 모티브의 연속성이 불가코프의 두 작품에 미친 영향도 함께 고찰해 보고자 한다.

V-2. 밤하늘의 별 모티브

불가코프의 『백위군』에 나타난 밤하늘의 별 모티브는 톨스토이 작품의 그것과 매우 유사하다. 『백위군』에서 별이 나타내는 상징의 지배적인 이미지가 주로 사랑과 전쟁을 연상시키는 것은 『전쟁과 평화』에 나오는 혜성의 이중적 이미지와 관련이 있다. 삐에르는 안드레이 공작과 나딸리아와의 파혼을 불러일으킨 불미스러운 사건이 끝난 후 나딸리아를 만난다. 그녀를 만나고 돌아오는 길에 삐에르가 마차에서 바라다 본 혜성은 세상의 종말을 나타내는 것이 아니라 새로운 삶을 나타내고 있다.

> которая предвещала как говорили всякие ужасы и конец света. Но в Пьере светлая звезда эта с длинным лучистым хвостом не возбуждала никакого страшного чувства 『.....』 Пьеру казалось что эта звезда вполне отвечала тому что было в его расцветщей к новой жизни размягченной и ободренной душе. (ЛТ-5, 388)[176]

> 이 세상의 모든 공포와 종말을 예언한다고 이야기되고 있는 그 혜성이었다. 그러나 이 긴 빛의 꼬리를 끈 휘황한 별도 삐에르의 내부에 조금도 무서운 감정을 불러일으키진 못했다. 『.....』 그러자 삐에르에게는 이 별이야말로 자기 자신의 새 생활을 향해서 꽃피고, 부드러우면서도 고무된 자신의 마음과 완전히 서로 호응하고 있는 것처럼 생각되었다.

두 작가의 작품에 나타나는 별 모티브의 유사성은 여러 곳에서 발견할 수 있다. 『백위군』에서 니꼴까(Николка)는 나이-뚜르스(Най- Турс) 대령의 장례식을 마치고 울음을 터뜨리며 밖으로 뛰쳐나가는데, 이때 그

---

176) Л. Н. Толстой, Собрание сочинений в двадцати двух томах Том-6, (Москва, Художественная литература, 1980), 이하, 이 책으로부터의 인용은 (ЛТ-6, 페이지수)로 표기하고 선집을 ЛТ로 약칭함.

가 쳐다본 밤하늘에는 눈과 십자가 모양의 별들 그리고 하얀 은하수가 펼쳐진다: "ночь снег и звезды крестами и белый Млечный Путь." (МБ–1: 407). 이와 같이 밖에는 하얀 눈이 깔리고 밤하늘에는 십자가 혹은 십자가 모양의 별이 뜨고 하는 장면을 우리는 『안나 까레니나』에서도 발견할 수 있다. 레빈(Левин)은 키치(Кити)와의 사랑을 확인한 후 정식으로 키치네 집에 구혼을 청하러 가기 전날 밤에 잠을 못 이루고 밤을 지새며 통풍구 주위에 앉아 밤하늘을 쳐다본다.

> Из–за покрытой снегом крыши видны были узорчатый с цепями крест и выше его—поднимающийся треугольник созвездия Возничего с желтовато–яркою Капеллой. Он смотрел то на крест то на звезду 〈...〉 опять сел к форточке чтобы купаться в холодном воздухе и глядеть на этот чудной формы молчаливый но полный для него значения крест и на возносящуюся желто–яркую звезду. (ЛТ–8: 441)
>
> 눈에 덮인 지붕 너머로 쇠사슬을 단 무늬 있는 십자가가 보이고, 그 위로 누르스름한 빛을 발하고 있는 카펠라성과 마부좌의 점점 높아지는 세모꼴이 보였다. 그는 십자가와 별을 번갈아 바라보며 방으로 골고루 흘러 들어오는 상쾌한, 얼어붙은 공기를 들이마시고 있었다. 「....」 다시 통풍구 앞에 앉아 차가운 공기를 쐬면서 말없이 침묵을 지키고 있으나 자신에게는 의미심장한, 이상한 모양을 하고 있는 십자가와 높이높이 떠오르면서 누런빛을 발하여 반짝이는 별을 쳐다보기 시작했다.

또한 두 작품의 마지막 장면이 비슷하게 끝나고 있다는 점에 있어서도 모티브의 유사성을 추측해 볼 수 있다. 두 작품 모두 별이 촘촘히 떠 있는 밤하늘을 배경으로 마지막 피날레를 장식하고 있는 것이다. 『백위군』은 별이 총총한 밤하늘을 신의 장막으로 묘사하면서 작품의 피날레를 장식하고 있다.

> Похоже было что в неизмеримой высоте за этим синим

пологом у царских врат служили всенощную. В алтаре зажигали огоньки и они проступали на завесе целыми крестами кустами и квадратами. Над Днепром с грешной и окровавленной и снежной земли поднимался в черную мрачную высь полночный крест Владимира. (МБ–1: 427–8)

그것은 마치 푸른색의 제단 칸막이 너머로 매우 높은 곳에서 자정 미사를 축하하고 있는 것 같은 광경이었다. 촛불이 제대 위에서 타오르며 십자가와 정사각형, 그리고 점들이 모인 것 같은 모양을 휘장 위에 만들고 있었다. 자정이 넘자 드네쁘르 강 너머에서는 성 블라지미르의 십자가가 죄로 가득 차고 피로 얼룩진 눈 쌓인 대지로부터 어두컴컴한 하늘을 향해 불을 밝히고 있었다.

톨스토이의 『안나 까레니나』 역시 별이 촘촘히 떠있는 밤하늘로 마지막 장면을 장식한다. 그리고 주인공 레빈(Левин) 또한 별이 총총한 밤하늘을 쳐다보면서 삶의 의미를 얻어내고 있다.

Левин 『....』 смотрел на знакомый ему треугольник звезд и на проходящий в середине его Млечный Путь с его разветвлением. При каждой вспышке молнии не только Млечный Путь но и яркие звезды исчезали но как только потухала молния как будто брошенные какой–то меткой рукой опять появлялись на тех же местах. (ЛТ–9: 414–5)

레빈은 눈 익은 삼각형의 별자리와 그 한가운데를 지나고 있는 은하수와 그 수많은 지류들을 쳐다보고 있었다. 번갯불이 번쩍거릴 때마다 은하수만이 아니라 밝은 별까지도 그 빛 때문에 사라져 버렸으나, 번개가 그치면 마치 정확한 손으로 다시 던져지기라도 한 것처럼 또다시 제자리에 나타나는 것이었다.

이와 같이 번갯불이 칠 때만 잠시 없어질 뿐 제자리에 다시 나타나는 밤하늘의 별을 통하여 인간세상의 속세적이고 제한적인 관점을 광대한 우주세계의 영원적인 관점으로 옮겨 가고자 하는 모티브는 불가코프의 마지막 장면에서도 매우 유사하게 나타난다.

> звезды останутся когда и тени наших тел и дел не останется на земле. Нет ни одного человека который бы этого не знал. Так почему же мы не хотим обратить свой взгляд на них? Почему? (МБ–1: 428)
>
> 그러나 별들은 우리의 존재와 우리 행위의 그림자가 이 땅에서 사라질 때에도 여전히 남아 있을 것이다. 그것을 모르는 사람은 아무도 없을 것이다. 그런데 왜 우리는 별을 향해 눈을 돌리지 않는 것일까? 왜?

이와 같이 불가코프의 작품에서도 톨스토이의 작품에서와 같이 '속세적'인 시선으로부터 벗어나 '영원적'인 관점으로 옮겨 가고자 하는 화자의 호소가 마지막 장면에서 매우 유사하게 나타나고 있음을 알 수 있다. 그러나 『백위군』의 피날레에 나타난 톨스토이적 모티브는 '독특한 논쟁의 대상'으로서 나타난다는 점에서 톨스토이와 다소 차이점을 이룬다. 즉 불가코프는 어린 소년 뻬뜨까의 꿈(МБ–1:427)과 화자의 별에 대한 독백을 통하여 '영원적'인 것을 위하여 현실적이고 '속세적'인 것을 거부할 것을 호소하고 있다. 하지만 그는 소년의 꿈과 화자의 독백에 앞서 또한 '속세적'인 의미와 관련을 맺는 3개의 작은 에피소드—장갑차 주위의 보초병과 매독환자 루사꼬프(Русаков) 그리고 엘레나(Елена)의 꿈—도 역시 삽입시켜 놓고 있는 것이다.

장갑차 주위를 왔다갔다하며 경계를 서던 적군 보초병이 추위와 피곤에 지쳐 잠시 조는 동안에 본 꿈 속의 밤하늘에는 온통 빨갛게 빛나는 화성(Марс)으로 가득 차 있다(МБ–1: 425). 그리고 번쩍이는 화성의 빨간 불빛은 적군 병사의 외투에서 번쩍이는 별의 빛과 공통점을 이룬다. 화자의 독백에서와 같이, 신이 창조한 밤하늘의 장막에서 그리스도의 상징처럼 반짝이며 영원한 도덕률을 호소하는 별빛이 아니라, 속세적인 정치적 상징체로서의 빨간 빛이 온통 밤하늘을 뒤덮고 있는 것이다. 이와 같이 『백위군』의 피날레에 등장하는 밤하늘 별의 형상은 그리스도의 상징체와 관련된 의미가 부여되어 있을 뿐만 아니라, 사탄의 상징체와 관련된 의미 또한 부여되어 있다. 불가코프 작품에 나타나는 별의 모티브는 영원한 세계의 '고상한' 의미를 실현시키고 있을 뿐만 아니라, 속세의 '물질적' 의미 또한 실현시키고 있는 것이다. 이같이 속세의 물질적인 의미를 나타내는 별의 모티브는 매독환자 루사꼬프(Русаков)의 '속세적'인 병을 나타내는 병명(病名)에서도 드러나고 있다. 그가 거울 앞에서 촛불을 켜들고 상의를 벗자 가슴에는 별점 모양의 반점들이 무수히 박혀 있다: "на груди была видна нежная и тонкая звездная сыпь"(МБ–1: 290). 루사꼬프의 가슴에 나타난 수많은 별들은 쉐르빈스키(Шервинский)의 대화에서 수많은 적군(Красная Армия)으로 나타난다. 쉐르빈스키는 수많은 적군 병사들이 모자에 빨간 별모양의 모표를 달고 행진하여 오는 모습을 마치 구름 떼 같이 몰려온다고 표현하는 것이다: "Маленькие как кокарды пятиконечные на папахах Тучей говорят идут"(МБ–1: 418). 또한 엘레나의 꿈 속에서 쉐르빈스키가 자신의 호주머니에서 꺼내 가슴에 단 커다란 별은 금박의 별이다(МБ–1: 427). 이와 같이 불가코프의 『백위군』의 피날레에 나타나는 별은 천상의 신성함과 같은 영원적 의미를 나타냄과 동시에 정치적인 상징체로서의 의미나 혹은 속세적인 병과 관련된 의미가 텍스트 뒤에 함축되어져 있음을 본다.

이같은 별의 의미와 관련하여 작가 불가코프는 『백위군』에 등장하는 여러 등장인물들에게 제각기 다른 의미의 여러 가지 별을 부여해 주고 있음을 또한 본다. 루사꼬프에게 있어서의 별은 매독, 발진과 같은 속세적인 병, 즉 자만(звездная болезнь)으로 부터의 구제를 나타내며, 나이–뚜르스와 니꼴까에게 있어서의 별은 기사도적인 군복무와 공훈 그리고 천국에서의 휴식을 상징하고, 므이쉴라옙스끼(Мышлаевский)와 쉐르빈스끼(Шервинский)에게 있어서 그것은 정치적 진영의 변화를 나타내는 표시이다. 마지막으로 주인공 알렉세이 뚜르빈(Алексей Турбин)에게 있어서 밤하늘의 별은 앞으로의 미래를 어떻게 살아갈 것인가 하는 문제를 제기해준다.

이같은 문제의 제기는 그가 자신의 매독환자 루사꼬프의 가슴에 물음표(?)를 새기자 하얀색이 빨간색으로 변하는 장면과도 일치하고 있다. 즉 매독환자의 가슴에 난 수많은 빨간 별점들(звездная сыпь) 가운데 주인공 알렉세이는 하얀색의 물음표를 그리지만 곧 빨간색으로 바뀌고 마는 것이다: "Турбин нарисовал ручкой молотка на груди у больного знак вопроса Белый знак превратился в красный"(МБ–1: 415).

이와 같이 불가코프는 밤하늘의 별을 통하여 톨스토이적 모티브를 차용하지만 각각의 등장인물들에게 제각기 다른 별의 의미를 부여하고 있으며, 마지막 장면에서 별의 '속세적'인 상징과 '천상적'인 상징을 동시에 나타내는 이중적 의미를 부여함으로써 별 모티브 자체를 영원한 문제의 장으로 끌고 간다. 즉『백위군』의 피날레를 장식하고 있는 밤하늘의 별은 인간이 따라야 하는 영원히 사라지지 않는 '이상'으로서 받아들여져야 할 뿐만 아니라, 인간에 의해서 항상 제기되는 복잡하고 다면적인 '영원한 과제'로서도 받아들여져야 하는 것이다. 그리고 주인공에 의해서 제기된 이러한 문제 제기는 화자의 마지막 독백("그런데 왜 우리는 별을 향해 눈을 돌리지 않는 것일까? 왜?")에 의해서 작가 불가코프의 호소로 끝을 맺고 있음을 우리는 알 수 있다.

V–3. 역사적 인물의 신화 모티브

불가코프의『백위군』은 톨스토이의『전쟁과 평화』와 마찬가지로 전쟁을 배경으로 한 역사소설이다. 흔히들 '나폴레옹' 전쟁으로 일컬어지듯이 조국전쟁(Отечественная война)을 다룬『전쟁과 평화』에는 역사적 인물 나폴레옹이 직접 출현한다. 마찬가지로 불가코프의 역사소설에서도 당시의 우크라이나 반혁명당의 괴수 '뻬뜨류라(Петлюра)'라는 역사적인 실제인물이 등장한다. 그런데 여기서 우리는 불가코프의 작품에 등장한 역사적인 실제인물이 '새로운 나폴레옹'으로 '신화화'되고 있음을 발견할 수 있다. 톨스토이 작품에서 삐에르는 나폴레옹에 대한 어느 비밀공제조합원의 예언을 상기시키면서 나폴레옹의 이름이 가리키는 헤브라이적 계수법의 총계가 '666'이 됨을 가리키고 있는데: "иже имать ум да почтет число зверино: число бо человеческо есть и число его шестьсот шестьдесят шесть" (ЛТ–6: 84). 이때의 숫자 '666'은 불가코프의 『백위군』에서 뻬뜨류라가 갇혀 있던 감옥의 죄수 방 번호로서 사용되고 있는 것이다: "коей предписывалось выпустить из камеры No 666 содержащегося в означенной камере преступника."(МБ–1, 228). 톨스토이 작품에서 나폴레옹에 대한 소문이 '반그리스도'로서 널리 퍼지는 것과 같이 불가코프의 작품에서도 뻬뜨류라에 대한 '반그리스도' 소문이 시내 전역을 퍼져 나아간다.

또한 역사적 인물 나폴레옹과 새로운 나폴레옹에 의해서 일으켜진 전쟁에 대한 묘사에 있어서도 우리는 유사한 공통점을 발견할 수 있다. 즉 톨스토이의 보로지노 전투에서 나폴레옹은 거창하게 작전명령을 내리고 있으나 실제의 전쟁상황은 그와 달리 전혀 다르게 움직이듯이, 불가코프의 백군과 뻬뜨류라군과의 전투에서도 수많은 작전명령이 내려지나 그것들은 한낱 종이 쪽지에 불과하며 실제의 전투하고는 전혀 관계없는 것으로 묘사되고 있는 것이다.

> Диспозиция эта, весьма неясно и спутанно написанная,—ежели позволить себе без религиозного ужаса к гениальности Наполеона относиться к распоряжениям его,—заключала в себе четыре пункта—четыре распоряжения. Ни одно из этих распоряжений не могло быть и не было исполнено. (ЛТ–6, 227).

> 지극히 불명료하고 뒤죽박죽으로 씌어진 이 작전 명령은 나폴레옹이라는 천재에 대한 미신적인 두려움을 버리고 자세히 이를 관찰해 본다면 네 가지, 말하자면 네 가지 지령으로 나눌 수 있다. 그러나 그 중의 어느 한 가지도 실현할 수 없었거니와 실제로 실현되지도 않았다.

불가코프 작품에서는 아예 나폴레옹과 같은 무리한 사령부의 작전명령을 어기고 그에 반하여 실제 전투상황에 맞는 결단을 내린 볼보뚠 대령이 소기의 성과를 거두는 것으로 나타나고 있다(МБ-1, 283-4). 전쟁에서 상황이 변화되거나 급변하는 것은 어느 일개의 장군 혹은 황제의 작전명령 같은 것에 의해서 좌우되거나 정해지지 않으며 그런 국가적인 활동들은 한낱 이미 발생한 사건들의 레테르에 불과한 것으로 묘사된다.[177)]

이와 같이 사령부에서 내리는 작전명령이라는 '종이'와 실제 전투가 벌어지는 '현실'과의 갭을 가지고 전쟁상황을 묘사하면서, 두 작가는 역사적인 영웅이나 혹은 장군의 명령에 관계없이 변화하며 흘러가는 역사에 대하여 공통적인 시각을 가지고 있음이 또한 발견된다. 톨스토이의 작품 속에서 현실 삶의 세계는 추상적인 도식 혹은 판에 박힌 양식과는 모순될지라도 스스로의 어떤 고유한 법칙 같은 것이 존재하며, 이 법칙은 인간의 이성으로는 도저히 이해하거나 납득되기가 어렵고 오히려 도덕적인 본능으로서만이 그 이해가 가능한 것으로 그려진다. 마찬가지로 불가코프의 작품에서도 우주적인 질서와 현세적인 역사 사이의 극복되기 어려운 커다란 격차가 있음이 강조되면서, 혼돈의 세계로서 그려지는 현실 삶의 세계는 어떠한 논리에 의해서 지배되거나 종속되는 세계가 결코 아님을 나타내고 있다. 이와 같이 현실 삶의 세계를 바라보는

---

177) "Вслед за Толстым Булгаков понял, что перипетии войны не определялись личными свойствами тех государственных и военных деятелей, которые в них участвовали,— деятели эти воспринимались им теперь, употребляя выражение Толстого, лишь как 『ярлыки』происходивших событий." (Лурье Я. С. "Белая гвардия", МБ-1, 564 참조)

두 작가의 공통된 역사, 철학적 시각은 보로지노와 '새로운 보로지노'의 벌판을 장기판(Шахматы)에 비유하도록 만들었다. 톨스토이는 장기의 형상을 통하여 실제 전투의 벌판뿐만이 아닌 현세적 역사의 벌판을 상징하고 있다. 즉 보로지노 전투의 현장을 찾아온 삐에르에게 안드레이 공작은 장기판 위에서의 싸움을 빗대어 역사를 움직이는 힘에 대하여 다음과 같은 논쟁을 벌인다.

> Однако,—сказал он,—ведь говорят же, что война подобна шахматной игре.—Да,—сказал князь Андрей,—только с тою маленькою разницей, что в шахматах над каждым шагом ты можешь думать сколько угодно, что ты там вне условий времени, и ещё с той разницей, что конь всегда сильнее пешки и две пешки всегда сильнее одной, а на войне один батальон иногда сильнее дивизии, а иногда слабее роты. (ЛТ–6, 215.)

> "그러나" 하고 안드레이 공작이 말했다. "하지만 약간 차이가 있어. 장기에서는 말야. 말을 한 개 움직이는 데도 시간의 조건을 무시하고 얼마든지 충분히 생각할 수 있다는 점이야. 그리고 또 하나 다른 점이 있어. 그것은 마(馬)는 언제나 졸보다 강하고 졸 둘은 언제나 졸 하나보다 강하지만 때로 실전에서는 한 대대가 한 사단보다 강할 수도 있고 어떤 때에는 한 중대보다도 약할 때가 있어.

불가코프는 이와 같은 톨스토이적인 모티브를 차용하면서 거의 무의미에 가까울 정도로 그로테스크하게 장기판의 형상들을 그리면서 당시 키예프의 현실을 상징화시키고 있다.

> Так вот–с, нежданно–негаданно появилась теретья сила на громадной шахматнойдоске. Так плохой и неумелый игрок, отгородившись пешечным строем от страшного партнера (к слову говоря, пешки очень похожи на немцев в тазах), группирует своих офицеров около игрушечного короля. Но коварная ферзь противника внезапно находит путь откуда–

> то сбоку, проходит в тыл и начинает бить по тылам пешки и коней и объявляет страшные шахи, а за ферзем приходит стремительный легкий слонофицер, подлетают коварными зигзагами кони, и вот–с, погибает слабый и скверный игрок— получает его деревянный король мат. (МБ–1, 224.)

> 그런데 엄청나게 커다란 장기판에 아무도 예견치 못했던 세 번째 세력이 등장했다. 별로 실력이 없고 똑똑하지 못한 장기 선수는 졸을 사용해 무시무시한 적으로부터 방어선을 구축하고(졸들은 철모를 쓰고 있는 독일인과 너무나 흡사했다), 자신의 장교들을 왕 근처에 포진시켰다. 그러나 상대편 여왕은 측면에 틈이 있는 것을 간파하고 후방으로 진격해서 졸과 마를 잡아먹고는 장군을 불렀다. 그리고는 여왕의 뒤쪽에서 장교인 발빠른 비숍이 나오더니 교활하게 지그재그로 움직이며 수세에 몰린 추악한 상대편 선수를 격퇴시켰다. 그의 목재로 된 왕은 외통수에 걸린 것이다.

이와 같이 불가코프는 톨스토이의『전쟁과 평화』를 모델로 한 자신의 역사소설에서 인간의 역사는 어느 일개의 장군 혹은 영웅의 명령에 의해서 바뀌어지거나 변화되는 것이 아니라, 역사를 움직이는 힘이 존재하며 그 힘의 세계는 논리적이라기 보다는 도덕적 본능에 더 가까운 세계라는 톨스토이적 모티브를 차용하고 있다. 나폴레옹 전쟁이라는 커다란 역사의 흐름 속에서 그 역사를 움직이는 힘은 '나폴레옹'이라는 영웅도 아니고 '꾸뚜조프'라는 장군도 아니였듯이, 카오스와 같이 전개되는 키예프 내란의 현실에서도 우주를 움직이는 질서와도 같은 보이지 않는 힘이 존재하며 그 힘의 세계는 논리적이라기보다 오히려 도덕적 본능에 더 가까운 것으로 표현되고 있는 것이다. 톨스토이적 논리에 따르면 인간세상의 끝없이 광대한 역사적 흐름 속에서 인간이 어떤 이성적인 사고를 하고 그에 따라서 어떤 합리적인 행동을 하며 그것이 또한 역사의 흐름에 영향을 미친다고 하는 것은 불가능하며 오로지 당시 개개인의 직관적이고 본능적인 행위들만이 의미를 지닐 뿐이다.

А между тем в действительности те личные интересы настоящего до такойстепени значительнее общих интересов, что из-за них никогда не чувствуется (вовсе не заметен даже) интерес общий. Большая часть людей того времени не обращали никакого внимания на общий ход дел, а руководились только личными интересами настоящего. И эти-то люди были самыми полезными деятелями того времени. (ЛТ-7, 18.)

그런데 실제에 있어서는 현재의 모든 개인적인 관심은 일반적인 관심보다 훨씬 중대한 의의를 가지고 있어서 그 때문에 일반적인 관심은 조금도 느껴지지 않을 정도이다—아니, 전혀 눈에 띄지 않는다고 해도 좋을 정도이다.—당시 대다수의 사람들은 사태의 전반적인 추이 따위엔 주의를 쏟지 않고, 다만 눈 앞의 개인적인 관심에 따라서만 움직이고 있었던 것이다. 더군다나 그러한 사람들이 바로 당시에 있어서는 가장 유익한 동력이었던 것이다.

커다란 물줄기와도 같이 도도히 흘러가는 역사의 흐름 속에서 도덕적 카테고리에 속하면서 당대의 의무처럼 여겨지는 범공통적이고 범인류적인 행위들도, 그것이 어떤 신화적이고 만인공유적인 원리나 혹은 주의에서 나오지 않고 일개의 개인이나 혹은 하나의 조직체에서 나왔다면, 그것은 아무 의미가 없는 것이다. 그러므로 톨스토이는 당대의 만인 모두에게 '올바른 길'이란 존재할 수 없으므로, 대다수의 사람들이 걷는 길, 즉 대다수 사람들의 조직체가 선택한 길, 그 자체가 당대의 개개인들을 위한 '올바른 길'을 공급해주거나 혹은 책임져주게 마련이라고 생각한다. 하지만 대다수의 사람들이 올바른 길이라 생각하고 당대의 도덕적인 행위로 간주되면서 하나의 의무와도 같이 모두들 따라가는 그 길이 과연 인류의 행복이나 가정의 안락 내지는 개인의 행복을 책임져 줄 수 있을 만큼의 숭고한 가치를 지니는 것인가?에 대한 문제를 작가 불가코프는 또한 제기하고 있다(МБ-1, 340).

톨스토이의 소설에서와 마찬가지로 불가코프의 소설에서도 당대의 지축을 흔들 정도의 심한 동요와 파란을 불러일으키는 민족의 대역사적인 사건이 전개되어진다. 그리고 이러한 역사의 소용돌이 속에서는 대다수가 공유하는 '사회적'인 가치를 멀리하고 자기 자신의 '개인적'인 가처에만 매달리는 사고나 혹은 행위는 아주 '비도덕적'인 것으로 간주되어진다.

여기서, 우리는 두 작가가 제기하고 있는 '역사 속의 개인의 역할'이라는 공통테마를 발견하며, 또한 이들 두 작가가 연속된 두 대작(『전쟁과 평화』—『안나 까레니나』, 『백위군』—『거장과 마르가리따』)들에서 공통적으로 추구하고 있는 '올바른 길' 즉 '진리'(истина)의 문제를 볼 수 있다. 『백위군』이 비밀과 '이중성'이 판을 치는 불안정한 시대를 배경으로 그리고 있듯이: "Тайна и двойственность зыбкого времени выражалась прежде всего в том, что...." (МБ–1, 201), 『거장과 마르가리따』에서도 또한 비밀과 '이중성'이 인간들의 삶에 있어서 나타나는 고유한 특성으로 그려지고 있다. 『백위군』과 『거장과 마르가리따』가 같은 테마의 연속선 상에 있음은 작품에 나타난 역사적 인물의 신화 모티브에서 우선 찾아볼 수 있다. 불가코프는 『백위군』에서 '뻬뜨류라'를 '존재하지 않는 나폴레옹'의 신화로 만들고 있다.

> Ну её к дьяволу! Миф. Миф Петлюра. Его не было вовсе. Это миф, столь же замечательный, как миф о никогда не существовавшем Наполеоне, но гораздо менее красивый (МБ–1, 238).
>
> 젠장! 그것은 순전히 신화 같은 이야기였지. 뻬뜨류라도 신화에 불과했어. 그는 실제로 존재했던 인물이 아니었던 것이다. 그것은 훨씬 덜 화려하기는 하지만 결코 존재하지 않았던 나폴레옹의 신화만큼이나 그럴싸한 신화였다.

불가코프는 이같이 존재하지 않는 나폴레옹의 신화에서 존재했던 예수에 대한 신화(『거장과 마르가리따』)로 옮겨 간다. 이와 같이 불가코프가 나폴레옹에 대한 신화에서 예수에 대한 신화로 옮겨 가는 모티브 또한 '톨스토이적'임을 우리는 발견할 수 있다. 만일 톨스토이가 『전쟁과 평화』에서 자신의 예술-철학의 실험적 시도로서 시대의 상징인 나폴레옹을 출현시켰다고 한다면, 『안나 까레니나』에서 톨스토이는 "빌라도의 심문—마태오 복음 27장"(Увещание Пилатом. Матфея глава XXVII/ ЛТ-9, 44)이라는 그림을 창작한 예술가 미하일로프(Михайлов)에 대한 장면을 작품의 중심에 위치시키고 있다(심지어 책의 분량 면에서도 이 장면은 책의 가장 한가운데에 위치한다). 그리스도의 성경 구절("복수는 나에게 있으니 내가 이를 갚으리라"-에피그라프)로서 작품의 처음을 시작한 『안나 까레니나』는 주인공 레빈이 그리스도교에 근접하여 선(善)의 의심할 여지없는 의미를 발견하는 것으로 끝을 맺는다: "но жизнь моя теперь, 〈...〉, но имеет несомненный смысл добра, который я властен вложить в неё!"(ЛТ-9: 416). 그러므로 거의 거장(Мастер)에 가까운 솜씨를 지닌 화가 미하일로프의 그림 장면은 작품의 총체적인 예술세계에 있어서 처음과 끝 양쪽의 균형을 이루게 해주는 '중심점'이라고 볼 수 있다. 또한 그림을 보면서 몇몇 등장인물들이 나누는 담화도 불가코프 작품을 회상하기에 충분하다. 골레니쉬체프(Голенищев)는 빌라도를 가리켜 착하고 선량한 사람이지만 무엇을 행해야 하는지를 알지 못하는 밑바닥까지 철저한 관리라고 표현하며: "доброго славного малого но чиновника до глубины души который не ведает что творит"(ЛТ-9: 45-6), 안나는 그리스도가 빌라도를 가엾어하고 있다고 말한다: "Как удивительно выражение Христа! Видно что ему жалко Пилата."(ЛТ-9: 46). 또한 골레니쉬체프는 미하일로프의 그림에 등장한 예수 그리스도를 가리켜 신인(神人; Богочеловек)이 아닌 인신(人神; человекобог)이라고 말하고 있다.

Но дело в том, что искусство не терпит спора и рассуждений.

> А при картине Иванова для верующего и для неверующего является вопрос: Бог это или не Бог? (ЛТ–9: 48)
>
> 그러나 중요한 것은 예술이 논의와 비평을 초월하고 있다는 것입니다. 하지만 이바노프의 그림 앞에 서 보면 신자이든 혹은 비신자이든 간에 이것은 신(神)일까, 아니면 신(神)이 아닐까 하는 의문을 갖게 됩니다.

이와 같이 '거장' 미하일로프(Михаилов)가 그린 그림은 톨스토이 작품에 있어서 한 가운데의 중심점에 위치해 있음을 알 수 있다. 그리고 불가코프 작품에 등장하는 무명의 '거장(Мастер)' 또한 미하일(Михаил)의 아들이다. 아마도 불가코프는 톨스토이적인 예술가의 전통을 계승하고자 작품에 등장하는 주인공 거장의 성(姓)을 톨스토이의 거장과 같은 '상속적'인 성(姓)으로 일치시키고 있다고도 볼 수 있다. 미하일로프의 그림에서도 그리고 미하일의 아들 '거장'의 소설에서도 공통적으로 등장하는 '빌라도'는 『전쟁과 평화』에 등장하는 라스또쁘친(Растопчин)에게서 그 유사한 형상을 찾아볼 수 있다. 라스또쁘친은 뻬에르가 프리메이슨(Масонство)에 가입한 것에 대하여 다음과 같이 심문한다.

> Вам я думаю не безызвестно что господа Сперанский и Магницкий отправлены куда следует; то же сделано с господином Ключаревым то же и с другими которые под видом сооружения храма Соломона старались разрушить храм своего отечества. (ЛТ–6: 309)
>
> 여보게, 그 스뻬란스끼와 마그니쓰끼 같은 패들이 마땅히 보내져야 할 곳으로 보내진 것을 자네도 설마 모르진 않겠지. 끌류챠레프도 똑같은 운명에 빠졌고, 그 밖의 솔로몬의 신전을 건설한다는 구실 아래 조국의 전당을 파괴하려고 애쓰던 패들도 역시 똑같은 화를 입었어.

여기서, 『거장과 마르가리따』에 등장하는 빌라도의 심문과 비교해본다.

Пилат заговорил по-гречески: — Так это ты собирался разрушить здание храма и призывал к этому народ? (МБ-5, 24).

빌라도가 그리스어로 말하기 시작했다. "너는 신전을 파괴하려고 계획했지 않느냐. 그것도 사람들을 선동해서 말이야?"

우리는 지금 불가코프 작품에 나타난 빌라도의 심문에 관한 텍스트를 읽으면서 톨스토이 작품에 나타난 텍스트와의 유사성을 발견할 수 있었다. 두 작품 모두 신전(Храм) 파괴에 대한 담화가 유사하게 전개되고 있다. 또한 빌라도가 아무 죄 없는 예수아 하노츠리를 희생시키듯이, 라스또쁘친 역시 베레쉬챠긴(Верещагин)을 성난 군중 앞에 내세워 하나의 '희생양'으로 처리한다. 이때, 빌라도가 수많은 군중이 운집한 가운데 발코니 위에서 사형을 언도하는 것처럼 라스또쁘친 역시 자신의 집 발코니 위에서 성난 군중들에게 베레쉬챠긴의 처형을 명령한다. 그리고 베레쉬챠긴 또한 예수아 하노츠리와 같이 미친 사람으로 취급받고 있다. 이와 같이 불가코프 작품에 나타나는 '죄 없는 자의 희생'이라는 모티브 뿐만 아니라, 처형 후에 나타나는 '보상받을 수 없는 죄'에 관한 모티브 또한 다분히 톨스토이적임을 우리는 발견한다. 라스또쁘친은 베레쉬챠긴을 하나의 '희생양'으로 삼음으로써 성난 폭도들을 무사히 물리치고 빠져나간다. 그러나 그가 타고 가던 마차 뒤에서는 죽은 베레쉬챠긴의 환영이 마치 미치광이처럼 계속하여 따라온다.

Коляска помчалась во все ноги лошадей; но долго ещё позади себя граф Растопчин слышал отдаляющийся безумный отчаянный крик а перед глазами видел одно удивленно-испуганное окровавленное лицо измениика в меховом тулупчике. Как ни свежо было это воспоминание Растопчин чувствовал теперь что оно глубоко до крови врезалось в его

> сердце. Он ясно чувствовал теперь что кровавый след этого воспоминания никогда не заживет но что напротив чем дальше тем злее мучительнее будет жить до конца жизни это страшное воспоминание в его сердце. (ЛТ–6: 364)
>
> 마차는 전속력으로 달리기 시작했다. 그러나 라스또쁘친 백작은 자기 뒤로 멀어져 가는 광인의 필사적인 외침이 오랫동안 들리는 듯했다. 그리고 눈앞에는 모피 외투를 입은 반역자의 깜짝 놀란 듯한 피투성이의 얼굴만이 어른거렸다. 이 기억은 아직 생생한 것인데도 이미 자신의 심장 깊숙이 핏속에까지 파고 들어와 있다는 것을 라스또쁘친은 지금 통감했다. 그는 이 피비린내 나는 기억의 흔적은 절대로 사라지지 않을 뿐만 아니라 오히려 시간이 지나감에 따라 더욱더 심술궂게, 더욱더 집요하게 한평생 자기의 마음속에 살아 있으리라는 것을 지금 뚜렷이 실감했다.

이와 유사한 텍스트 장면을 우리는 불가코프의『거장과 마르가리따』에서도 찾아볼 수 있다.

> Мысли понеслись короткие бессвязные и необыкновенные: 『Погиб!...』, потом: 『Погибли!...』 И какая–то совсем нелепая среди них о каком–то бессмертии причем бессмертие почему–то вызвало нестерпимую тоску Пилат напрягся изгнал видение. (МБ–5: 31)
>
> 어떤 단편적인 생각들이 총독의 머릿속을 스쳐갔다—'죽었다', 이윽고 '그는 죽음을 당했다.....!' 그리고 영원불멸에 대한 불합리한 개념과 참을 수 없는 슬픔을 자극하는 상념들이. 빌라도는 머리를 흔들어 정신을 차렸다. 그리고 환영을 털어 버렸다.

이상에서, 우리는 불가코프가 키예프 내란을 배경으로한 역사소설『백위군』을 집필하는 가운데,『전쟁과 평화』에 나타난 밤하늘의 별 모티브뿐만이 아니라, 역사 속의 인물을 '신화화'시키는 톨스토이적 모티브를 또한 차용하고 있으며, 역사를 바라보는 시각에 있어서도 톨스토이와 같은 철학을 지니고 있었음을 알 수 있다. 또한 불가코프는 역사 속에서의 개인의 역할과 개인이 추구해야 할 가치, 즉 '진리'의 테마를 톨스토이의 『전쟁과 평화』에서 『안나 까레니나』로 이어지는 모티브에서 차용하면서, 『백위군』에 뒤이은 『거장과 마르가리따』에서 계속하여 추구하여 나아갔음을 확인할 수 있다.

V-4. 맺는 글

작가 불가코프는 혁명과 내란으로 이어지는 혼란의 시대를 살다간 불후한 작가이다. 그의 첫 장편소설 『백위군』은 이러한 그의 시대를 반영하고 있으며 또한 자전적인 요소가 매우 강한 작품으로 알려져 있다. 아마도, 주인공 알렉세이가 작품 속에서 쳐다본 밤하늘의 별은 작가 불가코프가 암울했던 시대를 살며 쳐다보았던 키예프 밤하늘의 별과 동일할지도 모른다. 작가의 눈에 비쳐진 밤하늘은 마치 신의 장막과도 같이 펼쳐지고 있었으며 총총히 빛나는 별의 움직임 그리고 사라졌다가 다시 나타나는 별의 흐름은 논리적인 이해보다는 도덕적 본능에 더 가까운 세계였다. 그리고 인간의 삶의 역사 또한 논리적으로 이해할 수 없는 우주의 세계와도 같이 흘러가고 있었다.

톨스토이와 같은 역사적 시각을 지닌 불가코프는 자신의 역사소설 『백위군』을 집필하면서 『전쟁과 평화』에 나타난 톨스토이적 모티브를 많이 차용하였다. 그가 차용한 여러 가지 모티브들 가운데 '밤하늘의 별' 모티브는 '역사적 인물의 신화' 모티브와 연관되고 있다. 『전쟁과 평화』에서처럼 『백위군』에서도 사령부의 작전명령('종이')에 상관없이 실제의 전투상황('현실')이 전개되면서, 역사는 마치 밤하늘의 별이 움직이듯이 보이지 않는 질서에 의해서 말없이 흘러간다. 보로지노의 전투라는 역사의 큰 흐름이 '나폴레옹'이라는 영웅에 상관없이 흘러갔듯이 혁명과 내란의 키예프 현실도 '뻬뜨류라'라는 역사적 인물에 상관없이 흘러가고 있었다. 일개의 장군 혹은 영웅이 역사를 움직여 가는 것이 아니며 단지 이들의 이름, 즉 시대적 상징으로서의 '레테르'만이 수많은 군중들에게 잠재적인 에네르기를 불러일으키고 있을 뿐이다. 여기서 불가코프는 조국전쟁을 배경으로 하는 역사적 대소용돌이의 '보로지노'를 발판으로 삼아 '이중성'과 비밀이 판을 치는 대혼란의 '새로운 보로지노'를 창조하면서, 역사적 실제 인물 나폴레옹을 '새로운 나폴레옹'의 신화적 모티브로 발전시켜 나아간다. 보로지노의 세계에서 조국의 수호라는 범인류적인 가치를 추구하지 않고 자기 자신의 행복이라는 개인적인 가치를 좇는 행위는 비도덕적인 것으로 간주되듯이, 새로운 보로지노의 세계 역시 사회적 가치를 멀리하고 개인적 가치를 추구하는 행위는 아주 비도덕적인 것으로 간주되는 세계였다. 여기서, 작가 불가코프는 톨스토이 작품에서처럼 역사가 일반적인 관심에 의해서가 아니라 개인적인 관심에 의해서 흘러갈 때, 과연 범공통적인 가치를 위해서 개인의 행복 또는 가정과 인류의 평화 같은 것은 저버려도 되는 것인가? 하는 진리의 문제에 접근하기 시작한다.

그리고 이러한 진리의 테마는 그가 『백위군』에 뒤이어 구상하기 시작한 『거장과 마르가리따』로 계승되며 추구되었다. 여기서, 불가코프는 『전쟁과 평화』에서 『안나 까레니나』로 이어지는 톨스토이적 모티브를 차용하면서, 역사의 흐름 속에서 범인류적인 가치로 여겨지며 당대의 도덕적인 카테고리에 속하는 것들은, 그것이 어느 한 개인이나 조직체에서 나온 것이라면 아무 의미가 없으며, 오로지 인신(人神)이 아닌 신인(神人)과의 관계에서 비롯될 때만이 의미를 지닐 수 있음을 나타낸다. 『안나 까레니나』의 레빈이 작품의 피날레에서 밤하늘의 별을 쳐다보며 기독교의 의심할 여지없는 선(善)의 의미 속에서 영원한 삶의 새로운 의미를 찾고 있듯이, 『백위군』에서 불가코프는 화자를 통하여 영원히 사라지지 않을 별의 세계와 인간이 존재하는 한 영원히 제기될 진리의 문제를 동시에 제시하면서, 신의 장막의 세계로 새로운 시선을 돌릴 것을 호소하고 있다. "그런데 왜 우리는 별을 향해 눈을 돌리지 않는 것일까? 왜?"

VI.
불가코프적 그로테스크의 특성

일반적으로 불가코프의 작품을 '사실주의적'이라하고 그를 사실주의 작가로 분류한다. 하지만 그의 작품에 나타난 환상적이고 공상적인 이야기만을 놓고 보면, 그의 작품은 전혀 사실과 관계가 멀며, 도저히 사실주의적이라 할 수 없을 것 같아 보인다. 그러나 우리는 여전히 그를 사실주의 작가로 규정하고 그의 작품을 사실주의적이라 여긴다. 이는 그의 사실주의가 일반적인 사실주의가 아닌 '그로테스크적 사실주의'라는데도 기인하지만 무엇보다도 사실이 아닌 것을 사실인 것처럼 여기게 만드는 '불가코프적인 그로테스크' 기법에서 기인한다고 본다. 이러한 불가코프만의 독특한 그로테스크 기법이 가장 두드러지게 나타나는 작품이 바로 1920년대의 세 중편소설이다. 이들 세 중편에 나타난 '그로테스크'는 다른 작가의 작품에 나타난 그로테스크와 같이 그로테스크가 지니는 여러 가지의 일반적인 속성들을 지니고 있기도 하지만 또한 다른 작가의 그로테스크에서는 전혀 찾아볼 수 없는 불가코프만의 독특한 특성을 지니고 있다. 필자는 그것을 불가코프적 그로테스크만이 지니고 있는 '신빙성'이라 보았다. 즉 환상적이며 과장된 그로테스크적 상황을 마치 현실 속에서 실제로 벌어지는 실제상황인 것처럼 만드는 '신빙성'은 다른 작가에게서 도저히 찾아볼 수 없는 '불가코프적'인 특성이라 할 수 있다.

이러한 불가코프적 그로테스크의 신빙성은 크게 나누어 구체적-역사적 서술의 신빙성과 위과학적 근거 서술의 신빙성으로 나누어 볼 수 있다. 불가코프는 1920년대 당시에 실제로 존재하던 여러 가지 명칭들, 존재하지 않는 명칭들의 변형들, 당시의 전형적인 인물상, 발생 가능한 실제 사건-상황들, 식량문제, 난방문제 등의 어려운 생활상, 유행하는 화제거리 등을 구체적으로 서술하여 역사성을 띠게 만듦으로써 그로테스크 자체에 '신빙성'의 효과를 자아낸다.

한편 직업적 의사로서의 경력을 가진 불가코프의 전기적 사실들은 다른 작가의 그로테스크적 묘사에서는 찾아볼 수 없는 독특하고 상세한 묘사기법으로 불가코프적 그로테스크에 삽입되어 사실적이고 인과적인 동기의 '위과학적 근거성'을 부여함으로써 독자들로 하여금 발생하는 사건과 상황에 대한 현실적 실현 가능성을 불러일으키면서 그로테스크에 '신빙성'을 주는 수단으로 작용한다.

VI-1. 들어가는 글

1920년대에 씌어진 불가코프의 세 중편소설(『Дьяволиада(악마의 서사시)』, 『Роковые яйца(비운의 달걀)』, 『Собачье сердце(개의 심장)』)은 마치 세 장의 그림이 연속적으로 이어져 한 벌의 콜렉션을 이루듯이 서로 밀접하게 연관되어져 있다.[178] 세 중편들은 주제적으로 반-유토피아적이

178) 불가코프는 세 중편의 이야기에서 당시의 소비에트적 삶의 매우 중대하고 치명적인 3가지 측면을 다루고 있다. 첫 번째 『악마의 서사시』에서는 점증하는 관료주의를, 두 번째 『비운의 달걀』에서는 볼셰비키의 경제 정책(全국토의 電化프로그램)을, 세 번째 『개의 심

며 환상적 혹은 공상과학적 소설이라는 유사성도 지니지만, 서술기법에 있어서도 두드러지게 그로테스크한 공통성을 지니고 있다. 또한 세 중편들은 당시의 혁명과 혁명 후 1920년대의 소비에트 현실을 조소하고 있다는 점에서 모두 '풍자적'이라 할 수 있다.[179] 하지만 그로테스크에는 항상 풍자적인 요소가 있으나, 풍자에는 그로테스크의 환상적인 요소가 존재하지 않는다는 점에서[180], 세 소설의 가장 포괄적이며 두드러진

장』에서는 새로운 유형의 인간 창조를 다루고 있다.—Irina Gutkin, "Michail Bulgakov' Novella 'Rokovye Jajca' in the context of its mythological subtexts", Russian Literature XXXI(1992), p.290. 참조.

179) 세 중편소설이 '풍자적'이라는 것은 소설들에 쏟아졌던 당시 소비에트 비평가들의 비판을 보면 쉽게 알 수 있다. 『비운의 달걀』에 대하여, А. Воронский와 В. Правдухин 같은 비평가는 소설에 씌어진 풍자적인 어조를 날카롭게 비판하고 있으며, И. Нусинов는 불가코프를 아예 반동적 작가라고 낙인찍었다. 또한 『개의 심장』은 ГПУ의 가택수색으로 원고를 압수당한 채, 작가 사후 63년이란 긴 세월이 지나서야 세상의 빛을 보게 된다.—М. Чудакова,『Жизнеописание Михаила Булгакова』, (Москва: Книга, 1988), сс.332-35 참조.

180) 풍자와 그로테스크 사이의 관계는 서로 상호의존적인 관계가 종종 발견된다. 풍자가는 청중이나 독자에게서 경멸적인 웃음과 혐오감을 최대한으로 이끌어내기 위해서 풍자의 대상을 그로테스크하게 만들기도 한다. 한편 그로테스크 작품은 빈번히 풍자적 부수효과를 갖거나 풍자적 의미를 얻게 된다. 그러나 다시금 그로테스크를 풍자와 갈라놓는 결정적 요인은 작품 자체와 효과면에서의 조화될 수 없는 것들의 '뒤얽힘'이다. 풍자는 청중으로부터 두 가지 반응, 즉 웃음과 분노 혹은 혐오를 목표로 하지마는, 이것들을 따로 자아내기를 꾀한다. 하지만 그로테스크 작가는 익살맞은 소심함과 천박한 해악을 분간할 길 없는 하나로 표현하며, 웃음과 분노가 동시에 똑같은 힘으로 나타나는 반응을 이끌어내려 노력한다. Philip Thomson, 『The Grotesque』, 김영무 역, 서울대 출판부, 1986, pp.58-9.참조.// 위의 예증에서와 같이, 풍자나 그로테스크나 모두 희극성의 한 종류로서 유사성과 상호의존성을 지니면서, 풍자와 그로테스크 나름의 특성과 차이점을 이룬다. 하지만 '그로테스크'가 지니는 풍자성, 코믹성, 환상성 가운데, '풍자'가 지니지 못하는 유일한 성질은 '환상성'으로서 풍자와 그로테스크를 구별짓는 가장 큰 요인이다. 즉 그로테스크적인 작품에는 항상 풍자적인 요소가 존재하지만 풍자적인 작품에는 가장 그로테스크한 속성인 '환상'이 존재하지 않음으로해서 '그로테스크'와 구별된다. 예를 들어, 고골의 작품 가운데 『코』와 『검찰관』을 비교하여 보면, 두 작품을 통하여 우리는 모두 조소를 통한 작가의 현실에 대한 비판적 시각을 느낄 수 있지만, 『검찰관』에는 『코』

공통성은 '그로테스크'[181]라고 할 수 있다. 그로테스크가 지닌 여러 가지

에서와 같이 어느 날 갑자기 '코'가 떨어져 나가는 등의 환상적인 사건이란 존재치 않는다. 여기서 『검찰관』을 당시의 관료주의적 사회의 모순을 부정하고 비판한 풍자적인 소설이라 부르지 그로테스크적인 소설이라 부를 수 없는 이유가 드러난다.

181) 본래, '그로테스크'라는 용어는 1500년 무렵 로마 유적 발굴 당시에 '동굴' 혹은 '발굴'을 뜻하는 이탈리아어 '그로테(grotte)'에서 유래되었다. '그로테'라는 말에서 그것의 형용사형인 그로테스코(grottesco)와 명사형인 그로테스카(la grotteca)가 생겨 났으며, 불어로는 끄로떼스끄(crotesque)라는 말이 일찌기 1532년에 쓰이고 있었고, 영어에서는 이 말이 쓰이다가 1640년 무렵 그로테스크(grotesque)에 의해 대치되었다. 이 밖에 '그로테스크'의 어원 및 이미지의 변천에 대해서는 Philip Thomson, The Grotesque, 김영무 역, (서울: 서울대학교 출판부, 1986)와 Bakhtin의 저서 Rabelais and His World, (Cambridge: The M.I.T.Press, 1968)를 참조// '그로테스크적 리얼리즘'의 용어는 바흐찐이 처음으로 사용하였다. 이에 대하여는 M. Бахтин, Творчество Франсуа Рабле и народная культура средневековья и ренесанса, (Москва: художественная литература, 1965), c.341을 참조// '톰슨'은 어린아이에게 상을 찌푸리면서 점점 더 얼굴을 일그러뜨려 보이게 되면 그 아이는 얼굴이 어느 정도 찡그려질 때까지는 웃다가 일단 그 지점을 지나쳐 표정이 너무나 일그러져 위험을 느끼게 되면 겁에 질려 그만 울음을 터뜨리고 만다는 어린아이에 대한 실험의 예를 들어, '그로테스크'를 우스꽝스러움과 끔찍스러움, 희극적 양상과 역겨운 양상, 웃음과 공포감의 서로 엇갈리는 두 가지 반응의 경계지점에 위치해 있는 '양면성이 공존하는 비정상'으로 정의한다. 이에 대하여는 톰슨, 앞의 책, 참조// '삔스키'는 "삶이란 마치 화채 속에 여러 가지 형태의 꽃들이 다양하게 있으면서도 자신의 동일한 특성을 나타내고 있는 것처럼, 최하층의 활발하지 못한 원시적 단계에서 최상층의 가장 활발한 지성적 단계에 이르기까지 모든 단계마다 그로테스크 속에서 흘러간다."라고 하면서 '그로테스크'를 강하와 상승의 카니발적 분위기 속에서 서로 대립적인 것을 하나로 연결시키는 코메디적 패러독스로서 정의한다. 이에 대하여는, Л. Е. Пинский, Реализм эпохи возрождения, (Москва, Наука, 1961), c.119–20. 참조// Nadine Natov는 바흐찐의 이론을 도스또옙스키의 작품뿐만 아니라, 불가코프의 작품에도 적용시킬 수 있다고 강조한다. 이에 대하여는, Nadine Natov, "Structural and typological ambivalence of Bulgakov's novels interpreted against the background of Baxtin's theory of 'Grotesque realism' and Carnivalization", American Contributions to the Eighth International Congress of Slavists, ii (Columbus, Ohio, 1978), p.536–48. 참조.// 바흐찐이 라블레의 작품에서 발견하는 '그로테스크적 리얼리즘'은 1930년대 스탈린주의의 미학 이론인 이른바 '사회주의 리얼리즘'에 대한 강한 비판이다.—김욱동, 『대화적 상상력』, (서울: 문학과 지성사, 1988), p.263. 참조.

속성을 종합하여 보면, 그로테스크는 크게 희극성의 한 종류로서 조소를 통한 부정적 세계관 내지는 현실 비판적 시각의 풍자가 깃들여져 있으며, 분명하고 명백한 어떤 목적을 위하여 사실이 환상과 세심하게 계산되어 결합되어 있는 과장이라고 볼 수 있다. 불가코프 작품에 나타난 그로테스크도 다른 작가들의 작품에 나타난 그로테스크와 같이 그로테스크가 갖는 일반적인 속성으로서의 과장성, 환상성, 풍자성, 코믹성 등을 지니며, 특히 고골과 살띄코프-쉐드린의 작품에 나타난 그로테스크와 유사하게 사실성과 환상성의 결합, 정신계와 비정신계의 대조, 교훈성 등의 특성들이 나타나는 것으로 밝혀지고 있다.[182] 하지만 불가코프 작품에 나타나는 그로테스크는 다른 작가와 작품의 그것과 달리, 불가코프만의 고유한 특성을 지니고 있다. 즉 다른 작가의 작품에서 찾아볼 수 없는 특성을 우리는 불가코프의 그로테스크에서 찾아볼 수 있는 것이다. 필자는 이와 같이 불가코프의 작품 속에서만 찾아볼 수 있는 '불가코프적'인 그로테스크의 가장 두드러진 특성은 '신빙성'이라고 생각한다. '신빙성'은 그로테스크의 과장성 또는 환상성을 약화시킴으로써 그로테스크한 이야기를 그로테스크가 아닌 사실적 이야기로 받아들이게 만든다. 예를 들어, 『개의 심장』에서 개가 인간으로 바뀌었다가 다시 개로 환원되는 허무맹랑한 이야기를 읽어 내려가면서 독자들은 스스로 이 이야기가 그로테스크한 이야기라는 것을 알고 있지만, 개가 인간으로 바뀌는 수술장면 등의 묘사를 접하면서는 자신도 모르게 '과학이 발달하면 이럴 수도 있겠다' 하는 생각을 하게 된다. 즉 불가코프적 그로테스크가 갖는 '신빙성'의 효과로 말미암아 독자들은 그로테스크적인 작품을 읽으면서도 그것이 전혀 과장되거나 환상적이라고 느끼지 못하는

182) Л. Б. Менглинова, "Гротеск в романе「Мастер и Маргарита」",*«Творчество Михаила Булгакова»*, Томск, Издательство Томского университета, 1991, сс.49–78// Л. Б. Менглинова, "Гротеск в повести М. А. Булгакова「Роковые яйца」", *Художественное творчество и литературный процесс*, Москва, выпуск 8, 1988, сс.72–87.

것이다. 오히려, 그로테스크한 이야기가 사실에 가깝게 느껴진다. 본 장에서는 이러한 불가코프적 그로테스크의 고유한 특성인 '신빙성'의 효과를 자아내기 위하여, 과연 작가는 자신의 작품 속에서 어떠한 그로테스크적 서술기법을 사용하고 있는지를 구체적으로 밝혀 보고자 한다.

VI-2. 구체적-역사적 서술의 신빙성

불가코프가 자신의 그로테스크에 신빙성의 효과를 자아내기 위하여 사용하는 구체적-역사적 서술기법은 크게 3가지로 나누어 살펴볼 수 있다.[183)]

첫째, 작가는 1920년대 당시에 실제로 존재하던 사실 혹은 현실을 그대로 작품 속에 서술하는 방법을 사용하고 있다. 즉 1920년대 당시 모스크바에 존재하던 거리, 공원, 골목 등의 이름이라든지 당시에 유행하던 노래가사나 책명 또는 당시에 모든 사람들의 공포의 대상이 되었던 공공기관의 명칭 등을 여과없이 그대로 반영시키는 것이다.

예를 들면, 『개의 심장』에서 개 '샤릭'이 여름에 시간 보내기를 즐기던 모스크바의 유명한 소콜리니키(Сокольники)공원이 나오고(p.119)[184)], 주

183) Менглинова는 『거장과 마르가리따』에 나타난 '그로테스크'를 분석하면서, 구체적-역사적 서술의 신빙성을 'реалии'(현실)과 'псевдореалии'(유사현실)로 나누어 고찰하였다.—Менглинова Л. Б., "Гротеск в романе「Мастер и Маргарита」",「Творчество Михаила Булгакова」, Томск, Издательство Томского университета, 1991, сс.53-56.참조// 본 논문에서는 그녀가 나눈 2가지 항목에 'современность'(동시대성)을 하나 더 추가하여 분석하고자 한다. 그 이유는 동시대적인 인물, 사건, 화제거리 등도 크게 보아 'реалии'(현실)에 속한다고 볼 수 있으나, 거리, 공원, 골목, 공공기관, 책 이름 등의 'реалии'(현실)과 구분되는 '동시대적인 전형성'을 지니기 때문이다.

184) 본 논문에서는 러시아어 원문 자료로 (М. А. Булгаков,「Собрание сочинений в пяти томах Том второй」, Москва, Художественная литература, 1989)를 사용하며, 이하 이 책으로부터의 인용은 (p.페이지 수)로 표기한다.

인공 쁘레오브라젠스키(Преображенский) 교수의 아파트가 위치해 있는 오부호프(Обухов)골목 (현재의 이름: 'Чистый'골목)이[185] 등장하며(p.124), 하녀 지나('Зина')는 개 '샤릭'을 데리고 오부호프 골목에서 쁘레치스쩬까(Пречистенка)거리를 따라 모스크바 강가까지 산책을 하는 장면이 나온다(p.149).

또한『비운의 달걀』에서도 주인공 뻬르시코프(Персиков) 교수의 아파트가 위치해 있는 쁘레치스쩬까 거리(현재의 이름: ул. Кропоткинская)가 출현하고(p.47), 교수의 실험실은 현재 모스크바의 '게르쩬 거리'에 위치해 있을 뿐만 아니라(p.49), 스몰렌스크(Смоленск)에 있던 록(Рокк)의 국영농장에서 발생한 거대한 뱀들의 무리는 모자이스크 (Можайск) 거리(현재의 이름: 'Можайское шоссе')를 따라 모스크바로 진입하며(p.108),[186] 이러한 대공황을 막기 위하여 '붉은 군대'(Красная армия)가 동원되고 야로슬라프스키(Ярославский)역을 비롯한 모스크바의 주요 역(驛)들은 피난 인파와 병사들로 북새통을 이루는 장면이 나온다.

> В них Москва объявлялась на военном положении. В них грозили за панику и сообщали, что в Смоленскую губернию часть за частью уже едут отряды Красной Армии, вооруженные

---

185) 1924년 가을, 불가코프는 자신의 두 번째 아내와 함께 모스크바의 쁘레치스쩬까 거리에 있는 오부호프 골목길의 한 아파트 2층을 빌어 새로운 보금자리를 맞이하게 되는데, 그의 아내 벨로제르스까야의 회상에 따르면, 바로 이 아파트에서 불가코프는 1925년 1월에서 3월에 걸쳐『개의 심장』을 쓴 것으로 밝혀지고 있다.

186) 외국산 달걀에서 부화된 뱀 등의 거대한 무리들이 스몰렌스크에서 모자이스크 거리를 따라 모스크바로 진격하는 루트는, 조국전쟁 때 나폴레옹 군대의 모스크바 진입 경로와 똑같이 묘사되고 있다.—Edythe C. Haber, "The Social and Political Context of Bulgakov's『The Fatal Eggs』", *Slavic Review* 51 no.3, (Fall, 1992), p.508. 참조// 작품에서 록(Рокк)은 나폴레옹과 같이 반-그리스도로 묘사되고 있으며, 나폴레옹 전쟁 때 반-그리스도인 나폴레옹의 침입을 막은 것이 '불'과 '강추위'였듯이, 록에 의해 저질러진 뱀의 무리(반-그리스도)를 막아내는 것 또한 '불'과 '추위'이다.—Irina Gutkin, op.cit., p.288. 참조.

газами. Но плакаты не могли остановить воющей ночи. В квартирах роняли и били посуду и цветочные вазоны, бегали, задевая за углы, разматывали и сматывали какие–то узлы и чемоданы, в тщетной надежде пробрать ся на Каланчевскую площадь, на Ярославский или Николаевский вокзал. (pp.109–10)

프랑카드 속에서 모스크바는 이미 비상계엄이 선포되어졌다. 그리고 또한 프랑카드 속에서 대혼란에 대하여 경고하는 메시지와 스몰렌스크 현을 향하여 이미 가스로 무장한 붉은 군대가 속속 주입되고 있다는 내용이 전달되고 있었다. 그러나 이런 프랑카드들도 들끓는 광란의 밤을 멈추게 할 수는 없었다. 아파트 안에서는 식기와 꽃병들이 연이어 떨어지고 깨지고 하였으며, 사람들이 여기저기 모서리에 부딪치면서 갈팡질팡하였다. 사람들은 뭔가의 봇다리와 트렁크들을 연실 풀렀다 감았다 하였으며, 헛된 희망에 혹시나 하고 까란체프스카야 광장으로, 혹은 야로슬라프스키 역이나 니콜라예프스키 역 안으로 몰래 잠입해 들어갔다.[187]

한편 『악마의 서사시』에서는 앞의 중편들과 같이 많은 지명이나 실제 명칭들은 나오지 않지만, 주인공 까로뜨꼬프(Каротков)가 잃어버린 신분증을 되찾기 위하여 찾아간 기관들 가운데 한 곳에서 느닷없이 뽈따바(Полтава)와 이르쿠츠크(Иркутск) 중에 하나를 택하라는 양자택일(兩者擇一)의 출장을 강요하는 장면이 나온다(p.33). 이와 같이 작품 속에서 묘사되는 모스크바의 실제 지형 또는 지명은 독자로 하여금 묘사되는 사건에 보다 더 애착을 느끼게 해 줄 뿐만 아니라, 그로테스크가 더 이상의 그로테스크가 아닌 실제의 사실인 것처럼 착각하게 만들어 준다. 한편 이러한 도시, 거리, 공원, 골목 등의 이름 이외에, 불가코프 작품 속에는 당시 1920년대에 실제로 불리워졌던 노랫말 가사가 그대로 삽입되고 있는 것을 발견할 수 있다. 예를 들면, 『비운의 달걀』에

187) 미하일 불가코프, 『비운의 달걀』, 정연호 번역, (대구: 대구효성가톨릭대학교 출판부, 1999), pp.162–3.

서 공원 한 모퉁이의 야외무대 가수가 부르는 '꾸쁠렛트(Куплет)'[188]의 후렴구("아-아, 마마, 나는 어떻게 하나요? 알 없이", p.76)는 당시에 실제로 유행하였던 노랫말 가사의 일부분인 것으로 밝혀지고 있다.[189] 또한 『비운의 달걀』에서는 주인공 뻬르시코프 교수가 발견해 낸 '생명 방사선'에 대하여 조수 이바노프(Иванов)가 극도의 찬사를 아끼지 않는 과정에서, 영국의 환상적 작가가 쓴 '신의 양식(Пища богов)'이라는 책의 이름이 그대로 원용되고 있으며(p.56), 생명 방사선의 비밀을 알려주는 대가로 5000루불의 거금을 교수에게 건네주려고 했던 낯선 손님의 정체를 밝히기 위하여, 1920년대 당시 뭇사람들에게 무시무시한 공포의 대상이 되었던 게뻬우(Г.П.У)[190]요원들이 비밀스런 복장을 한 채 교수의 아파트로 들이닥치는 장면이 나온다(p.69).

> у меня тут какие-то подозрительные субъекты в калошах ходят, да... Профессор IV университета Персиков... 〈...〉 Ровно через десять минут профессор принимал у себя в кабинете новых гостей. 〈...〉 История о калошах вызвала взрыв живейшего интереса со стороны гостей. Ангел молвил в телефон домовой конторы только несколько слов: 『Государственное политическое управление сию минуту вызывает секретаря домкома Колесова

188) '꾸쁠렛트(Куплет)'의 노-한 사전 의미는 '(시사문제 따위를 다룬) 풍자적인 노래'로 되어 있으며, 러시아 사전에서는 'Смешные сатирические песенки, исполняемые на эстраде, в водевиле, оперетте.—즉 에스뜨라다 (경연극: 소규모의 음악이 곁들여진 극작품), 보드빌(간간히 노래가 섞인 통속적인 가극), 오페레타(소가극)에서 이용되어지는 우스꽝스러운 풍자 노래'라는 의미이다.

189) "Ах, мама, что я буду делать..."는 당시 유행하였던 노래였으며, 이 최신 유행의 노래를 당시에 거의 모든 카바레에서 불렀다. — Н. Берберова, "Курсив мой", *Октябрь* No.10, (1988), с.176. 참조.

190) 게뻬우(Г.П.У): 'Государственное Политическое Управление(국가 정치 관리부)'의 약자이며, 옛 소련 KGB의 전신으로서 혁명 후 1920년대 반체제인사들을 체포, 감금, 고문하며 숙청하였던 곳으로 악명을 떨쳤다.

в квартиру профессора Персикова, с калошами』,—и Колесов тотчас, бледный, появился в кабинете, держа калоши в руках. (pp.68–9).

여기 저희 집에 덧신을 신은 어떤 수상한 자가 다녀갔는데... 네...제4대학교 교수 뻬르시코프입니다... 〈...〉 정확히 10분이 지나서, 교수는 자신의 서재에서 새로운 손님들을 맞이하고 있었다. 〈...〉 마침내, 덧신에 대한 이야기가 두 사나이들의 관심을 갑자기 증폭시켰다. 반질반질한 구두의 천사는 주택관리위원회에 전화를 걸어 다음의 몇 마디 말만을 하고 전화를 끊었다. 『국가 정치 보위부는 지금 당장, 주택관리위원회 비서 꼴레소프가 덧신을 지참하고 뻬르시코프 교수의 아파트로 출두할 것을 명령한다.』 그러자 곧 얼굴이 창백해진 꼴레소프가 손에 덧신을 든 채, 아파트 현관에 나타났다.[191]

이와 같이 불가코프는 1920년대 당시에 실제로 존재하였으며 독자들의 귀에 낯익은 거리, 공원, 골목, 노래가사, 책, 공공기관 등의 이름을 그대로 사용함으로써 발생하는 그로테스크적 사건이나 상황이 실제의 사실인 것처럼 느껴지게 만드는 '신빙성'을 부가시키고 있다.

둘째, 작가는 실제로 존재하지는 않지만 독자들의 연상 속에서 쉽게 추측이 가능한 유사한 명칭으로 변형시킴으로써 그로테스크에 '신빙성'을 부가시킨다. 즉 당시 사람들의 뇌리 속에 쉽게 떠오르는 공공명칭, 광고문안, 노래가사 등을 가지고, 이미 알려져 있는 형태대로 재구성함으로써 유사한 가공의 현실을 만들어 내는 것이다. 『개의 심장』에서 개 샤릭이 쁘레오브라젠스키 교수가 구입한 소시지의 질이 형편 없음을 푸념하는 독백 장면이 나오는데, 이때, 원용된 "Нигде кроме такой отравы не получите, как в Моссельпроме[192](이 세상에 모셀리쁘롬을 제외하고는 그렇게 해로운 독극물은 만들지 못할 겁니다.)"의 문구는 당시의 시인 마

191) 미하일 불가코프, 『비운의 달걀』, 앞의 책, pp.62–4.

192) 'Моссельпром'은 'Московский сельскохозяй ственный промысл(모스크바 농축산물 가공관리청)'의 약칭으로서 혁명 후 전시공산주의 시대에 모스크바 시민들의 안정된 식료품 공급과 배급을 담당하였던 기관이였으며 실제로 존재하였었다.

야코프스키(Маяковский)가 선전을 위하여 고안한 광고문안: "Нигде, кроме как в Моссельпроме"을 불가코프가 정반대의 의미로 변형시킨 것이다.[193] 또한『비운의 달걀』에서 대참사가 발생한 후에 이를 진압하기 위하여 출동하는 붉은 군대의 기마병들이 발맞추어 부르는 군대행진곡 역시 1871년에 '국제노동자협회(Интернационал)'가 제작한 '만국 노동자의 노래'를 박자와 리듬에 맞추어 불가코프가 재구성한 것으로 밝혀지고 있다.[194]

Ни туз, ни дама, ни валет,
Побьем мы гадов, без сомненья,
Четыре сбоку—ваших нет...(p.111)

(비운의 달걀)

Ни бог, ни царь и не герой
Добьемся мы освобожденья
Своею собственной рукой

(만국 노동자의 노래)

이와 같이 불가코프는 당시 1920년대의 독자들의 머리 속에서 쉽게 연상되는 '광고문안'이나 '노래가사'를 변형 또는 재구성하여 사용할 뿐만 아니라, 당시 혁명 후에 사람들의 뇌리 속에서 쉽게 '혁명' 혹은 '최고'를 연상시키던 형용사 'Красный'를 사용하여 여러 가지 공공기관의 명칭을 만들어 냄으로써 실제로는 존재하지 않지만 실제로 존재하는 것 같은 구체적 상황 속으로 독자들을 끌어들임과 동시에, 혁명 후 볼셰비

193) Мария Шнеерсон, "Что может выйти из этого Шарикова?", *ГРАНИ* Год XLII No.150, 1988, с.137.

194) В. В. Гудкова, "Повесть Михаила Булгакова", *Собрание сочинений в пяти томах Том второй*, Москва, Художественная литература, 1989, с.700.

키들이 판을 치는 당시 1920년대의 현실을 풍자한다. 즉『비운의 달걀』에서 뻬르시코프를 취재하기 위하여 끈질기게 쫓아 다니는 신문기자 브론스키(Вронский)가 교수에게 내밀은 명함에는 온통 'Красный'라는 형용사로 장식되어 있다: 'Красный огонёк', 'Красный перец', 'Красный журнал', 'Красный прожектор', 'Красная вечерняя Москва'(p.57). 또한 혁명시대의 전형적인 인물 록(Рокк)이 최고책임자로 임명받은 국영농장의 이름 역시 '붉은 광선(Красный луч)'이다(p.82).

셋째, 작가는 1920년대 당시의 동시대적인 인물, 사건, 화제거리 등을 자신의 그로테스크적 상황 속에 서술함으로써 구체적인 역사성을 나타냄과 동시에 '신빙성'의 효과를 배가시킨다. 마치 사실적 현상과 사건들 위에 한 장의 '투사지'를 올려 놓은 것 같이 1920년대의 구체적인 동시대적 상황들이 선명하게 풍자적으로 내비치고 있다. 소설에 등장하는 거의 모든 등장인물들은 실제로 당시 소비에트 사회 속에 실제로 존재하였던 인물들의 전형적인 모습을 대변하여 준다. 즉『비운의 달걀』에 등장하는 수위 빤크라트(Панкрат)는 무식하여 말투 자체가 문법에도 맞지 않는 비교양적인 언어를 구사하며(p.57), 교수가 사는 아파트의 주택관리 위원회 위원장은 아예 문맹이라서 영수증 하나 제대로 쓰지 못하는데(p.68), 이러한 등장인물들은 당시 1920년대에 실제로 존재하였던 동시대적인 인물상으로서 혁명 후 자신의 학력이나 경력에 맞지 않는 위치에 앉아 있으면서 그에 걸맞는 업무조차 수행할 능력이 전혀 없는 무식한 프롤레타리아의 전형을 대변하여 주는 것이다.[195] 또한 또 다른 유형의 프롤레타리아로서 혁명 전에는 평범한 플롯 연주자였다가 혁

195) 『비운의 달걀』에 나타난 '사실주의적 그로테스크'의 주요 목적은 무식하고 몽매한 노동자들이 자신의 업무를 수행할 능력도 없으면서 모험을 강행할 때 빚어지게 될 새로운 사회주의 사회의 무시무시한 사회적 위험에 대한 경고이다.—Л. Б. Менглинова, "Гротеск в повести М. А. Булгакова「Роковые яйца」", Художественное творчество и литературный процесс, Москва, выпуск 8, 1988, с.77. 참조.

명과 함께 급작스레 직업적 혁명가로 탈바꿈하며 입신출세한 록(Рокк)의 모습은(p.92) 당시 러시아의 혁명적인 시대적-역사적 상황이 만들어낸 소비에트형 인간의 전형을 대변하여 준다.[196]

한편 이러한 동시대적인 등장인물뿐만이 아니라, 1920년대 당시 소비에트의 현실 속에서 실제로 일어나고 있었던 구체적이고 역사적인 사건-상황들이 사실적으로 묘사되고 있다. 당시는 네쁘시대로서 구시대적인 생활 관습을 말살하고 새로운 볼셰비키적 이데올로기를 강요하는 시대였으며, 따라서 예전의 개인 소유 아파트가 하루 아침에 공동소유의 아파트로 변하여 새로운 입주자들과 같이 살아야 하거나 아니면 예전의 거주자는 자신의 아파트를 새로운 프롤레타리아 입주자에게 양도하고 다른 곳으로 이주하지 않으면 안되는 문제가 종종 발생하였던 시대였다.[197] 또한 이러한 볼셰비키의 새로운 정책에 비협조적이거나 반역적인 언동을 하는 사람은 하루 아침에 자신의 생계는 물론 생명까지도 위협받는 상황이 발생하였던 시대였다. 당시의 이러한 시대적-역사적 성격을 잘 나타내주는 여러 가지의 동시대적 사건, 상황들이 소설 속

196) 록은 혁명 전에 한 음악그룹의 플룻 연주자였는데, 혁명이 일어나자 혁명의 물결에 과감히 뛰어들어 크림에서 블라디보스톡까지 곳곳의 전쟁터를 누비면서 혁혁한 공을 세웠으며, 특히 뚜르케스탄 지방의 관개수로 사업을 성공시킴으로써 두각을 나타내어 모스크바 중앙으로 불리워져 국영 농장의 초지배인으로 임명받게 되는 혁명시대의 입지전적인 인물로 그려진다. 이와 같이 혁명 후에 예전의 인텔리겐챠들이 대거 숙청된 자리에 혁명 전의 무식한 프롤레타리아들을 요직에 기용하는 볼셰비키의 정책이 록과 같은 전형적인 인물을 대량으로 탄생시켰다고 볼 수 있는데, 당시에 적군의 장병들은 누구보다도 호의호식하였고, 적군에서의 복무는 곧 새로운 사회로 출세하는 훌륭한 방편이 되었다. 적군에 징집된 수십만의 노동자와 농민들이 당에 가입하였고, 그들 중 일부는 훗날 새로운 사회에서 막강한 위치에까지 오르게 된다. 내전이 끝날 무렵 새로운 진급세력이 장교단 전체의 2/3까지 이르게 되었다. — 체프리 호스킹, 『소련사』, 김영석 역, (서울: 홍성사, 1988), pp.75-6. 참조.

197) 1920년대와 30년대의 러시아적 삶의 사회적-역사적 배경에 대한 이해 없이 불가코프 작품의 양면성을 이해할 수 없다. — Nadine Natov, op.cit., p.540. 참조.

에 그대로 드러나고 있으며, 작가는 이러한 현실적 사건들을 자신의 그로테스크에서 풍자적으로 묘사하면서 비웃고 있다. 예를 들면, 『개의 심장』에서 주택관리위원회의 쉬본제르(Швондер)를 비롯한 낯선 사내들은 갑자기 쁘레오브라젠스키의 아파트를 전격적으로 방문하여 교수 소유의 아파트를 공용 아파트로 접수하려고 하며(p.136), 『악마의 서사시』의 주인공 까로뜨코프가 근무하는 성냥공장에서는 월급을 돈 대신에 느닷없이 성냥으로 지급하는 사건이 발생하는가 하면(p.9), 『비운의 달걀』에서 사제의 미망인 드로즈도바(Дроздова)가 운영하는 양계업이 한창 본궤도에 올라 성업 중(中)일 때 별안간 엄청난 세금이 부과되는 사건이 일어난다(p.63). 또한 『비운의 달걀』에서 동물학자 뻬르시코프 교수가 자신의 실험실에서 수없이 죽어간 실험용 동물들의 뒤를 이어 연구소의 수위 블라스(Влас) 노인이 사망하자 그 사인(死因)을 '사료부족'이라고 외치며(p.46), 그가 자신의 아파트의 작은 난로 속에 금이끼가 입혀진 걸상을 부셔서 집힌 불을 쪼이는 장면들은(p.47) 혁명과 내란이 가져온 엄청난 소용돌이 속에 당시의 아주 어려웠던 생활고(식량문제, 난방문제)를 잘 나타내 주는 구체적 역사성의 풍자들이다.

> Все остальное время Персиков лежал у себя на Пречистенке на диване, в комнате, до потолка набитой книгами, под пледом, кашлял и смотрел в пасть огненной печурки, которую золочеными стульями топила Марья Степановна, вспоминал Суринамскую жабу. (p.47)
>
> 그리고, 나머지 시간에는 내내 쁘레치스쩬까 거리에 있는 자신의 아파트에 쳐박혀서 천장까지 쌓아놓은 책들로 꽉 들어찬 자신의 방 쇼파 위에 드러누워서는 망토를 뒤집어 쓰고 기침을 콜록콜록 하면서, 마리야 스쩨빠노바가 금색 걸상들을 부셔서 피워 놓은 난로 속의 활활 타는 아궁이를 물끄러미 바라보고는 수리남산 두꺼비를 회상하곤 하였다.[198]

---

198) 미하일 불가코프, 『비운의 달걀』, 앞의 책, p.11.

이와 같이 동시대적인 인물이나 사건 또는 상황을 자신의 그로테스크적 상황 속에 서술함으로써 '신빙성'의 효과를 자아내는 것 이외에도, 작가 불가코프는 1920년대에 실제로 사람들의 입에 오르내리며 유행하던 '화제거리'를 그로테스크의 줄거리로 묘사함으로써 당시의 현실을 풍자함과 동시에 또한 '신빙성'을 부가시킨다. 『개의 심장』이 쓰여졌던 1920년대 모스크바에서는 신문 등의 저널리즘을 통하여, 생식기관의 이식에 의한 인간 본성의 교정 및 향상에 대한 과학적 실험과 우생학에 대한 논의가 매우 유행하는 화제 중의 하나였던 것으로 밝혀지고 있다.[199] 당시에 발행된 잡지[Красна нива]지(紙)에 실린 다음의 기사 내용은 이를 잘 입증해 준다.

> Ряд операций, произведенных И. Г. Коганом, по пересадке половых яичек курам, морским свинкам и собакам с целью омоложения, привел к определенным результатам. У старых кур была восстановлена яйценоскость, а старым морским свинкам была возвращена способность деторождения[200]
>
> 코간 교수가 동물들의 생식력을 부활시키기 위하여 암닭, 돌고래, 개들에게 실시한 생식란 이식 수술은 다음과 같은 결과를 가져왔다. 늙은 어미 닭은 산란 능력이 되살아났으며, 늙은 돌고래는 생식 능력을 되찾았다.

또한 1924년 발행된 잡지[Жизнь искусства]에 실린 논문 "Поэтика в 1923 году"에서 П. Жуков는 과학적 견지에서 인간을 젊게 하는 방법이 실용 단계에 들어섰음을 이야기 하고 있으며,[201] 더 나아가면 동물에 대한 이식 수술뿐만 아니라 사람에 대한 이식 수술 이야기도 눈에 띈다는

199) И. Н. Баженова, 『Булгаков Михаил: Я хотел служить народу—Проза, Пьесы, Письма, Образ писателя』, Москва, Педагогика, 1991, сс.703-4.

200) [Красная нива] No.48, (2 декабря, 1923), сс.2-3.

201) [Жизнь искусства] No.1, (1924), с.10.

사실에서 우리는 1920년대 당시 독자들에게 불가코프의 『개의 심장』에서 묘사되는 그로테스크한 수술 이야기가 어느 정도로 '신빙성'의 효과를 자아낼 수 있었는지를 가름하여 볼 수 있다.

이상에서 살펴본 바와 같이, 불가코프는 1920년대 당시에 실제로 존재하던 여러 가지 명칭들(도시, 거리, 공원, 골목이름, 기관의 명칭, 노래가사, 책제목 등), 부재하는 명칭들의 변형들(광고문안, 노래가사, 공공기관명칭), 당시의 전형적인 인물상, 발생가능한 실제 사건-상황들, 식량문제, 난방문제 등의 어려운 생활상, 유행하는 화제거리 등을 구체적으로 서술하여 역사성을 띠게 만듦으로써 그로테스크 자체에 '신빙성'의 효과를 자아내고 있음을 알 수 있다.

VI-3. 위과학적 근거 서술의 신빙성

불가코프적 그로테스크에 의해서 묘사되는 사건은 실현가능성이 높은 것만큼 아주 정확하게 '과학적'으로 서술되어짐으로써 독자로 하여금 그로테스크적인 상황을 사실적 상황으로 믿게 만든다. 특히 불가코프의 20년대 세 중편소설 가운데 『비운의 달걀』과 『개의 심장』은 작가가 자연과학의 영역에 밀접히 관련되어 있음을 직접적으로 드러내 주는 작품들이다. 이들 두 중편소설의 이야기는 모두 과학적 실험에 관한 이야기로서 매우 환상적이며 공상과학적이다. 『비운의 달걀』에서 동물학 교수 뻬르시코프에 의해서 실시된 과학적 실험의 결과, 동물 유기체의 생성, 발육 촉진에 영향을 미칠 수 있는 '생명 방사선(Луч жизни)'이 발견되고, 이 방사선은 동물의 성장과정을 급속도로 촉진시킬 수 있어서, 수없이 많은 뱀들과 악어 떼가 전대미문의 거대한 크기로 출현하게 되며, 『개의 심장』에서는 쁘레오브라젠스키 교수에 의해서 개의 뇌에 인간의 뇌하수체를 이식시키는 복잡한 의학 실험이 실행됨으로써 그 결과

개가 인간으로 바뀌는 초월적인 '개-인간'이 출현한다. 이러한 환상적이며 공상적인 이야기에 대하여 당시의 많은 비평가들은 작품이 지니는 '과학적 근거 불충분'을 이유로 작가를 맹비난하였을 뿐만 아니라, 그를 심지어 반동적이며 복고적인 작가로까지 매도하였다.[202)]

하지만 본 장에서는 이러한 과학적 근거 불충분의 서술이 오히려 불가코프적 그로테스크에 '신빙성'의 효과를 자아내는 예술적 기법으로 사용되고 있다는 시각에서 '위(僞)과학적 근거의 서술'로 명명하고자 한다. 이러한 '위(僞)과학적 근거 서술'이 자아내는 '신빙성'의 효과로 말미암아 그토록 환상적이며 공상과학적인 줄거리를 담고 있는 소설들이지만 놀랍게도 완전히 사실적으로 지각되고 있다. '위(僞)과학적 근거 서술'의 그로테스크는 다른 작가의 그로테스크에서는 전혀 찾아볼 수 없는 불가코프만의 고유한 특성으로서 작가의 해박한 자연과학적 지식과 풍부한 의학적 경험 등에서 우러나오는 것으로 볼 수 있다.

즉 키예프 의과대학을 졸업하고 1916년에서 1920년까지 여러 곳의 의료 기관들에서 다양한 의학 실습을 경험한 직업적 의사 불가코프는 생물학, 동물학, 의학 등의 자연과학 분야의 학문적 연구상태를 아주 잘 알고 있었으며, 작가는 이러한 학문적 지식들을 자신의 작품 속에 상세하게 반영시키고 있다. 이에 대하여 작가 스스로도 자신의 친한 친구이자 전기 작가인 П. С. Попов에게 다음과 같이 밝히고 있다.

---

202) 특히 누시노프(Нусинов)는 불가코프 작품에 나타난 '과학적 근거 불충분성'에 대하여 맹비난하면서, 불가코프의 『비운의 달걀』이 작가로서 창작발전의 '끝'이라고 예언한다. "불가코프는 우익진영의 작가이며 반동적-복고적 작가이다. 그의 유토피아 속에는 미래의 해방이나 미래의 파멸, 혹은 대사건이나 대참상의 커다란 이데아가 내재되어 있다. 그러나 불가코프의 유토피아 속에는 의미있는 대이상향에 대한 어떠한 암시도 존재치 않는다. 작품 속에 나타나는 철학은 단순하여 반소비에트적 일화에 지나지 않는다. 〈...〉 그의 유토피아의 정치적 의미는 분명하다. 즉 혁명이 8월에 영하 18도로 떨어지는 것과 같은 기적에 의해서만 인간의 구원이 가능한 파충류들을 발생시켰다는 것이다." — И. Нусинов, "Путь М. Булгакова", Печать и революция IV, (1929), p.47. 참조.

Избрал карьеру врача, поскольку меня привлекала всегда блестящая работа. Работа врача мне и представлялась блестящей. Меня очень привлёк микроскоп, когда я посмотрел на него, мне он показался очень интересным.[203)]

화려한 일이 항상 나의 마음을 끌었기 때문에 나는 의사의 직업을 선택하였다. 의사의 일은 나에게 화려하게 생각되었다. 내가 현미경을 바라볼 때 현미경은 나의 마음을 아주 끌었으며, 현미경은 나에게 아주 흥미있는 것을 보여 주었다.

이러한 전기적 고찰에서 밝혀지는 의사 불가코프로서의 영향은 작품 속에서 위과학적 근거 서술의 발판이 됨으로써 불가코프적인 그로테스크의 고유한 특성을 이루고 있다. 즉 의사 불가코프이였기에 가능한 서술들이 마치 진짜인 것처럼 현장감 넘치게 사실적으로 묘사됨으로써 '신빙성'의 효과를 한층 더 강화시켜 주는 것이다. 위의 인용문에서 밝혀지듯이, 화려한 일과 현미경에 매혹되었던 의사 불가코프의 영향은『비운의 달걀』에서 동물학자 뻬르시코프 교수가 펼치는 '화려한 연구'와 현미경 실험장면으로 나타나고 있음을 알 수 있다. 즉 다음의 인용문에 볼 수 있듯이, 현미경을 조작하며 관찰하는 교수의 실험장면에 대한 묘사들에서 우리는 불가코프적 그로테스크의 '신빙성'을 가져오는 위(僞)과학적 근거의 서술들을 발견한다.

Он сидел на винтящемся трехногом табурете и побуревшими от табаку пальцами вертел кремальеру великолепного цейсовского микроскопа, в который был заложен обыкновенный неокрашенный препарат свежих амеб. (p.49)

그는 삼각다리의 회전용 접의자 위에 앉아서는 담배 니코틴 때문에 누르스름하게 변해 버린 손가락으로 멋진 쩨이소프스키 대형 현미경의 렌즈 조절나사를 돌리고

203) В. В. Гудкова, "Повесть Михаила Булгакова",『Собрание сочинений в пяти томах Том второй』, Москва, Художественная литература, 1989, p.680.

있었으며, 현미경 안에는 싱싱한 아메바들이 채색되지 않은 채, 보통 크기의 프레파라트로 만들어져 장착되어 있었다.[204)]

Запоздалый грузовик прошел по улице Герцена, колыхнув старые стены института. Плоская стеклянная чашечка с пинцетами звякнула на столе. Профессор побледнел и занес руки над микроскопом, так, словно мать над дитятей, которому угрожает опасность. (p.50)

늦은 밤의 화물차 한 대가 연구소 벽의 낡은 담벼락을 뒤흔들어 놓으며 게르쩬 거리를 따라 달렸다. 그 바람에 몇 개의 핀셋트가 걸쳐져 있던 목이 얇은 조그만 유리 찻잔이 탁자 위에서 딸그락 딸그락 소리를 내었다. 교수는 갑자기 얼굴이 창백해졌다. 그리고는 얼른 현미경 위로 양팔을 벌려서는 마치 위험에 처한 아이를 보호하려는 어미와도 같이 현미경을 감싸 안으려 하였다.[205)]

한편『개의 심장』에서 주인공 쁘레오브라젠스키 교수가 사설 병원으로 사용하는 아파트의 관찰실과 수술실도 매우 상세하고 세밀하게 묘사되어져 있다. 의사로서의 경험이 없는 작가라면 도저히 불가능한 위과학적 근거의 서술들이 신빙성 있게 묘사됨으로써 독자들은 전혀 그로테스크라는 생각을 갖지 못하게 된다. 마치 개 샤릭과 함께 진짜 병원의 관찰실에 들어와서 진료를 받고, 실제로 수술대 위에서 개가 인간으로 바뀌는 수술이 이루어지며, 또한 그것이 정말로 실현 가능한 실제상황인 것처럼 여겨지는 것이다.

Стены, уставленные шкафами с блестящими инструментами. (p.128)

번쩍번쩍 빛나는 기구들이 놓여 있는 장식장 위의 벽 쪽으로[206)]

204) 미하일 불가코프,『비운의 달걀』, 앞의 책, p.16.

205) 미하일 불가코프,『비운의 달걀』, 앞의 책, p.19.

206) 미하일 불가코프,『개의 심장』, 정연호 번역, (서울: 열린책들, 1998), p.31.

> Длинный стол был раскинут, а сбоку придвинули маленький четырёхугольный на блестящей ноге. (p.153)
>
> 긴 탁자가 넓게 펴지더니, 바로 그 옆으로 외발이 붙은 사각의 조그만 탁자가 가까이 당겨져 왔다.[207]

이와 같이 발생하고 있는 상황에 직업적 의사만의 독특하고 상세한 묘사기법에 의하여 신빙성의 효과를 자아내면서, 작가는 극히 기묘한 방법으로 위과학적 근거성을 추구해 나아간다. 즉 과학적 증명도 되지 않은 문자 그대로의 환상적인 사이비 과학 실험들에 대한 이야기에서, 불가코프는 주어진 상황에 일정한 기능을 수행할 수 있는 사실적 혹은 대화적 단편들을 특별하게 잘 정돈하여 첨가시키는 것이다. 이렇게 첨가된 단편들은 독자들의 상상을 불러일으키거나 발생하고 있는 사건 혹은 상황에 대한 현실적 가능성을 불러일으키는 기능을 수행한다. 다시 말하면, 평범하지 않은 특별한 현상에 작가는 사실적이고 인과적인 동기를 부여함으로써 마치 자연스럽게 발생하는 평범한 현상인 것처럼 여겨지게 만드는 것이다. 『비운의 달걀』에서 아직 다 연구되지도 않았고, 아직 확실히 밝혀지지도 않은 방사선을 가지고 인체에 매우 유해한 것처럼 아주 심각하게 말하는 뻬르시코프 교수의 다음 이야기는 그 대표적인 예라고 할 수 있다.

> Только предупреждаю, — продолжал Персиков, — руки не следует совать в луч, потому что, по моим наблюдениям, он вызывает разрастание эпителия...а злокачественны они или нет, я, к сожалению, еще не мог установить. Тут пришелец проворно спрятал свои руки за спину, уронив кожаный картуз, и поглядел на руки профессора. Они были насквозь прожжены

---

207) 미하일 불가코프, 『개의 심장』, 앞의 책, p.83.

иодом, а правая у кисти забинтована. — А как же вы, профессор? — Можете купить резиновые перчатки у Швабе на Кузнецком, — раздраженно ответил профессор. — Я не обязан об этом заботиться. (p.83)

"단, 한가지만 내 미리 경고하겠소." 뻬르시코프가 계속하여 말하였다. "손을 절대로 광선 안으로 집어넣어서는 안돼요. 왜냐하면, 내가 관찰한 바에 의하면, 광선은 표피세포의 증식을 불러일으키기 때문에... 하지만 이런 세포번식이 악성적인 것인지 아닌지는, 유감스럽게도, 아직 나는 확증할 수가 없었소." 이때, 그 사나이는 재빨리 자신의 손을 등 뒤로 감추는 것이었다. 이 바람에 그는 테 없는 가죽모자를 떨어뜨렸다. 그리고나서, 그는 교수의 손을 쳐다보았다. 교수의 손에는 요오드가 발라져 있었으며, 오른쪽 손 끝에는 붕대가 감겨져 있었다. "교수 동무, 어떻게 된 겁니까?" "꾸즈녜쯔키 거리에 있는 쉬바브 가게에 가면 고무장갑을 살 수 있소." 교수는 화난 말투로 퉁명스럽게 대꾸하였다. "나는 그런 일에까지 신경을 쓰며 걱정을 해야 할 의무는 없소이다."[208]

또한『개의 심장』에서 죽은지 얼마 안된 인간의 뇌로부터 추출한 뇌하수체를 개한테 이식시키는 수술장면 묘사에는 과학적-의학적 전문 학술 용어들이 상세하고도 풍부하게 들어있다. 즉 평범한 독자들의 귀에 낯설기만한 전문용어들의 상세한 서술들은 그로테스크적 상황을 실제 상황으로 몰고 갈 만큼 '신빙성'의 효과를 자아내는 위과학적 근거의 서술들이다. 의학적인 전문 용어들과 어우러지면서 팽팽한 긴장감 속에 전개되는 다음의 수술장면들에서 우리는 불가코프적인 그로테스크에서만 찾아볼 수 있는 위과학적 근거의 서술들을 발견할 수 있다.

Иван Арнольдович, самый важный момент, когда я войду в турецкое седло. Мгновенно, умоляю вас, подайте отросток, и тут же шить! Если там у меня начнет кровить, потеряем время и пса потеряем. Впрочем, для него и так никакого

208) 미하일 불가코프,『비운의 달걀』, 앞의 책, p.97.

шанса нету. (p.154–5)

이반 아르놀리도비치, 내가 뚜레쯔꼬예 세들로[209]로 들어갈 때가 가장 중요한 순간이오. 간곡히 부탁하는데, 순간적으로 뇌하수체를 내게 건네주어야 하오. 그리고 여기를 즉시 꿰매시오! 만일 저기 내 쪽에서 출혈이 시작된다면, 우리는 시간을 잃게 될 것이고, 그러면 개도 잃게 됩니다. 하지만 개를 위해선 이같은 기회도 다시는 없을 거요.[210]

Филипп Филиппович вертел ножом в теле, потом крикнул: — Ножницы! Инструмент мелькнул в руках у тяпнутого, как у фокусника. Филипп Филиппович залез в глубину и в несколько поворотов вырвал из тела Шарика его семенные железы с какими–то обрывками. Борменталь, совершенно мокрый от усердия и волнения, бросился к стеклянной банке и извлек из нее другие мокрые, обвисшие семенные железы. В руках у профессора и ассистента запрыгали, завились короткие влажные струны. Дробно защелкали кривые иглы в зажимах. Семенные железывшили на место Шариковых. (p.156)

필립 필리뽀비치는 개의 몸통 속에서 칼을 빙빙 돌리고 난 다음 소리쳤다. "가위!" 가위가 마치 요술쟁이의 손에 들린 것처럼 젊은 의사의 손에서 번쩍거렸다. 필립 필리뽀비치가 손을 더 깊숙이 찔러 넣더니 몇 번 회전시킨 다음 샤릭의 몸 속에서 지스러기가 붙은 정자 분비관을 꺼냈다. 열의와 흥분으로 온몸이 완전히 젖어 버린 보르멘딸리는 유리병 쪽으로 급히 뛰어가더니 병 속에서 축축이 젖어 아래로 축 늘어진 다른 정자 분비관을 하나 끄집어냈다. 교수의 손에도, 그리고 조수의 손에도 마치 기타 줄같이 생긴 짤따랗고 축축한 실 하나가 꿈틀꿈틀거리며 감기기 시작했다. 압착기로 꽉 쥐어져 고정된 굽은 바늘들이 손끝에서 섬세하게 튕겨지며 움직여 나아가기 시작했다. 마침내 정자 분비관이 샤리꼬프의 그 자리에 들어가 꿰매어졌다.[211]

209) 의학 용어로 뇌하수체를 담고 있는 뼈로 된 골수 부위를 가리킨다.

210) 미하일 불가코프, 『개의 심장』, 앞의 책, p.85.

211) 미하일 불가코프, 『개의 심장』, 앞의 책, p.88.

한편『비운의 달걀』에서도 뻬르시코프 교수를 집요하게 쫓아다니며 여러 가지 질문 공세를 퍼붓는 브론스키(Вронский) 기자에 의해서 교수의 해박한 과학지식이 전문적이고 학술적인 용어와 어우러지며 상세하게 묘사되고 있다. 동물학 혹은 조류학에 대하여 대부분 문외한에 가까운 일반 독자들에게 있어서, 조류의 종류며 닭의 질병 등에 대한 상세한 나열과 설명은 그로테스크적 상황의 진위 여부를 묻고자 하는 의혹을 쉽게 소멸시켜 버린다. 전혀 믿기 어려울 정도의 과장되고 환상적인 그로테스크의 서술들에서 우리는 아무런 의혹없이 쉽게 믿어 버리게 만드는 불가코프만의 독특한 '신빙성'을 자아내는 위과학적 근거의 서술들을 발견할 수 있다.

> Впрочем, если вам интересно, извольте. Куры, или гребенчатые... род птиц из отряда куриных. Из семейства фазановых... (p.73)
>
> 하지만 당신이 흥미 있어 한다니깐, 내 몇 마디만 말해주지. 닭들, 혹은 빗 모양의 벼슬을 가진... 새 종류로서 닭과에 속하지. 그리고 꿩과에 속하는 것들 중에서...[212)]

> Гм, не специалист я.... вы Португалова спросите... А впрочем... Ну, ленточные глисты, сосальщики, чесоточный клещ, железница, птичий клещ, куриная вошь или пухоед, блохи, куриная холера, крупозно-дифтерийное воспаление слизистых оболочек.... (p.73).
>
> 으-음, 전문가가 아니라니까, 나는... 당신은 뽀르뚜가로프한테나 가서 물어봐야 돼요... 으-음, 하지만... 그렇지, 리번 모양의 가늘고 긴 기생충, 흡충류, 옴 진디, 개 피부병, 새 진디, 암닭 이, 깃털에 꿇는 이, 벼룩, 암탉 콜레라, 크루프성-디프테리아 각막염...[213)]

---

212) 미하일 불가코프, 『비운의 달걀』, 앞의 책, p.72.

213) 미하일 불가코프, 『비운의 달걀』, 앞의 책, p.73-4.

이와 같이 직업적 의사로서의 경력을 가진 불가코프의 전기적 사실들은 다른 작가의 그로테스크적 묘사에서는 찾아볼 수 없는 독특하고 상세한 묘사기법으로 불가코프적 그로테스크에 삽입되어 사실적이고 인과적인 동기의 '위과학적 근거성'을 부여함으로써 독자들로 하여금 발생하는 사건과 상황에 대한 현실적 실현 가능성을 불러일으키고 불가코프적 그로테스크에 '신빙성'을 주는 수단으로 작용하고 있다.

VI-4. 맺는 글

일반적으로 불가코프의 작품을 '사실주의적'이라 하고 그를 사실주의 작가로 분류한다. 하지만 그의 작품에 나타난 환상적이고 공상적인 이야기만을 놓고 보면, 그의 작품은 전혀 사실과 관계가 멀며, 도저히 사실주의적이라 할 수 없을 것 같아 보인다. 그러나 우리는 여전히 그를 사실주의 작가로 규정하고 그의 작품을 사실주의적이라 여긴다. 이는 그의 사실주의가 일반적인 사실주의가 아닌 '그로테스크적 사실주의'라는데도 기인하지만 무엇보다도 사실이 아닌 것을 사실인 것처럼 여기게 만드는 '불가코프적인 그로테스크' 기법에서 기인한다고 본다. 이러한 불가코프만의 독특한 그로테스크 기법이 가장 두드러지게 나타나는 작품이 바로 1920년대의 세 중편소설이다. 이들 세 중편에 나타난 '그로테스크'는 다른 작가의 작품에 나타난 그로테스크와 같이 그로테스크가 지니는 여러 가지의 일반적인 속성들을 지니고 있기도 하지만 또한 다른 작가의 그로테스크에서는 전혀 찾아볼 수 없는 불가코프만의 독특한 특성을 지니고 있다. 필자는 그것을 불가코프적 그로테스크만이 지니고 있는 '신빙성'이라 보았다. 즉 환상적이며 과장된 그로테스크적 상황을 마치 현실 속에서 실제로 벌어지는 실제상황인 것처럼 만드는 '신빙성'은 다른 작가에게서 도저히 찾아볼 수 없는 '불가코프적'인 특성이라 할 수 있다. 이러한 불가코프적 그로테스크의 신빙성은 앞에서 살펴본 바와 같이 구체적–역사적 상황에 대한 서술과 위과학적 근거에 의한 서술로서 이루어지고 있음을 알 수 있다. 즉 불가코프는 1920년대 당시에 실제로 존재하던 여러 가지 명칭들(도시, 거리, 공원, 골목이름, 기관의 명칭, 노래가사, 책제목 등), 존재하지 않지만 독자들의 뇌리 속에서 쉽게 연상되는 유사한 명칭들의 변형들(광고문안, 노래가사, 공공기관명칭), 당시의 동시대적이며 전형적인 인물상, 발생가능한 실제 사건–상황들, 식량문제, 난방문제 등의 어려운 생활상, 당시에 유행하던 화제거리 등을 구체적으로 서술하여 역사성을 띠게 만듦으로서 그로테스크 자체에 '신빙성'의 효과를 자아내고 있음을 알 수 있다. 또한 직업적 의사로서의 경력을 가진 불가코프의 전기적 사실들은 다른 작가의 그로테스크적 묘사에서는 찾아볼 수 없는 독특하고 상세한 묘사기법으로 불가코프적 그로테스크에 삽입되어 사실적이고 인과적인 동기의 '위과학적 근거성'을 부여함으로써 독자들로 하여금 발생하는 사건과 상황에 대한 현실적 실현 가능성을 불러일으키고 불가코프적 그로테스크에 '신빙성'을 주는 수단으로 작용하고 있음도 알 수 있다.

VII.

불가코프 희곡과 소설에 나타난 유사성 고찰

불가코프는 1930년대 초 '악마'에 관한 소설을 구상하고 집필하면서 동시에 실험적 창작의 일환으로 희곡 『지극한 행복』과 『이반 바실리예비치』를 집필하였다. 『악마에 관한 소설』은 훗날 『거장과 마르가리타』가 되었으므로, 불가코프가 '악마'에 관한 소설을 재개하면서 함께 구상하고 집필하기 시작한 희곡 『지극한 행복』과 『이반 바실리예비치』는 소설 『거장과 마르가리타』에 '희극적' 요소를 가미시키는 원동력이 되었다. 이는 '악마'에 관한 소설의 '완성 원고본' 및 『거장과 마르가리타』 그리고 두 희곡들에 공통적으로 나타나는 '유사성'을 찾아냄으로써 그 구체적인 입증이 가능하다.

첫째, 희곡과 소설에서 공통적으로 나타나는 장면 및 공간 형상의 유사성을 발견할 수 있다. 즉 희곡과 소설에 나타난 '무도회' 장면은 근본적으로 같은 성격의 악마들의 무도회로서 참석자들은 하나같이 '할렐루야'를 외치고 있으며, 하나의 공간 안에 다른 역사 시대의 공간을 위치시키는 유사한 묘사 기법이 희곡과 소설에 동시에 나타나고 있음을 발견할 수 있다. 또한 희곡에 나타난 공간 형상의 이면에는 '콤뮨' 아파트의 지옥적인 이미지가 배어나오고 있으며, 이러한 형상은 소설 『거장과

마르가리따』에서 '좋지 않은 아파트'의 형상이 되어 다시 나타나고 있음을 확인할 수 있다

둘째, 희곡과 소설에 등장하는 주인공들의 유사한 형상을 찾아볼 수 있다. 즉 희곡과 소설에 등장하는 남주인공들 및 남주인공들과 가족과의 관계, 그리고 남주인공들과 사회와의 관계 등에서 매우 유사한 형상을 발견할 수 있으며, 여주인공 '아브로라'와 '마르가리타' 사이에서도 매우 유사한 형상이 발견된다.

셋째, 희곡과 소설에는 고대 시대를 연상시키는 유사한 연상기법이 사용되고 있다. 즉 희곡과 소설에는 동시대의 이야기나 혹은 사건들을 가지고 그 시대가 아닌 다른 역사 시대, 이를테면 고대 로마 시대 혹은 고대 러시아 시대 등을 연상시키는 유사한 기법이 공통적으로 발견된다.

넷째, 희곡과 소설에는 타작품으로부터의 유사한 영향이 공통적으로 발견된다. 즉 동일한 19세기 작가들(뿌쉬킨, 그리보예도프, 고골)과 작품들의 영향이 공통적으로 유사하게 나타남으로써 불가코프는 30년대 초에 유사한 기법으로 희곡과 소설을 동시에 집필하기 시작하였음을 알 수 있다.

다섯째, 희곡과 소설에는 공통적으로 유사한 '타임 머쉰' 모티브가 존재하며, 이들 모티브에는 아인쉬타인의 '상대성' 원리에 근거한 자연과학적 측면보다는 인류의 인간적 본성에 관한 사회적-철학적 문제가 더 비중있게 제기된다.

여섯째, 희곡과 소설에는 등장인물들의 유사한 변장술이 공통적으로 나타나며, 작품 전체의 사건들을 하나의 '꿈'으로 처리하는 유사한 꿈의 테마가 존재한다.

Ⅶ-1. 들어가는 글

불가코프는 1920년대 말부터, 훗날『거장과 마르가리따』에 해당하는 '악마'에 관한 소설을 집필하기 시작하였던 것으로 알려진다.[214] 하지만 작가는 자신의 작품에 내려진 연이은 상연금지 결정에 분개한 나머지, 그동안 집필하였던 원고('악마'에 관한 소설)를 모두 불에 태워 버렸다.[215] 이때, 불가코프는 '악마'에 관한 소설뿐만이 아닌, 함께 구상 중이던 희곡 초기본도 같이 불 속에 던져 버렸으며, 후에 '악마'에 관한 소설의 집필을 다시 재개하면서 또한 희곡도 함께 집필 중임을 밝히고 있다.[216] 즉 소설('악마'에 관한 소설)과 희곡(『지극한 행복』,『이반 바실리예비치』)은 그 구상과 집필이 같이 이루어졌음을 말하고 있다. 그 후, '악마'에 관한 소설은 여러 번의 수정을 거치는 기나긴 12년의 창작기간 동안에, 현재의『거

214) 불가코프가 '악마'에 관한 소설을 착수한 정확한 날짜는 알려져 있지 않다. 작가 자신이 소설의 창작 기간을 여러 가지(1929—1931, 1928—1937, 1929—1938) 시기로 기술하고 있기 때문이다. 하지만 소설의 첫 번째 완성 원고본에 대한 면밀한 분석과 작가의 다른 고문서 기록들과의 대조에 의하면, 작가는 이미 1929년 봄에 최초의 구상대로 소설을 일단 완성하였던 것으로 알려진다.— Лосев Виктор, "Рукописи не горят", Булгаков М., Великий канцлер: Черновые редакции романа『Мастер и Маргарита』, Москва, Новости, 1992, p.9. 참조. (이하, 이 책으로 부터의 인용은 "Лосев 1992, 페이지 수"로 약칭함).

215) 1930년 3월 28일자 소비에트 정부에 보낸 작가의 편지에는, 그가 1930년 3월 18일에 '악마'에 관한 소설과 희극의 초기본, 그리고 두 번째 소설 '극장'의 초안들을 불에 던져 버렸음을 말하고 있다: "18 марта 1930 года я получил из Главреперткома бумагу, 〈...〉 И лично я, своими руками, бросил в печку черновик романа о дьяволе, черновик комедии и начало второго романа『Театр』"— Булгаков М. А., *Собрание сочинений в пяти томах*, V, Москва, Художественная литература, 1990, p. 448.

216) 불가코프가 '악마'에 관한 소설의 집필을 다시 착수한 시기는 1933년 봄에서 가을 사이로 '희곡'의 집필 시기와 일치하며, 1933년 8월 레닌그라드 여행에서 돌아온 불가코프는 '악마'에 관한 소설을 다시 시작하며 베레사예프(Вересаев В.)에게 보낸 편지에서, 자신이 또 다른 작품(희곡『지극한 행복』)도 집필하고 있음을 알리고 있다.(Лосев Виктор 1994, pp.14-15.// Булгаков М. А., *Собрание сочинений в пяти томах*, V, Москва, Художественная литература, 1990, p.491.참조.)

장과 마르가리따』로 완성되기까지 몇 개의 '완성원고본(редакция)'들을 남기고 있다.[217] 이러한 완성원고본들에는 희곡들과 유사한 형상과 장면들을 담고 있으며, 훗날 『거장과 마르가리따』에서도 유사하게 반영되어 있는 것을 발견할 수 있다. 우리는 여기서 불가코프가 '악마'에 관한 소설을 구상하고 집필하면서 실험적 창작의 일환으로 희곡을 집필하였으며, 이러한 희곡 집필 과정에 사용하였던 창작 기법은 다시 '악마'에 관한 소설의 집필에 이용되었음을 추정해 볼 수 있다. 즉 1930년대 초, 불가코프가 '악마'에 관한 소설을 재개하면서 함께 구상하고 집필하기 시작한 희곡들은 역으로 훗날 『거장과 마르가리따』 소설 속에 '희곡적' 요소를 가미시키는 원동력이 되고 있는 것으로 가정할 수 있다. 이러한 가정은 소설의 '완성원고본' 및 『거장과 마르가리따』 그리고 두 희곡들에 공통적으로 나타나는 '유사성'을 찾아냄으로써 그 구체적인 입증이 가능할 것이다. 따라서 본 장에서는 불가코프가 '악마'에 관한 소설을 다시 집필하기 시작하였던 1930년대 초의 두 희곡(『지극한 행복』, 『이반 바실리예비치』)과 『거장과 마르가리따』의 세 번째 완성원고본(1933년)[218] 및 최종본에 나타난 '유사성'을 고찰해 보고자 한다.

---

217) 소설의 '완성 원고본(редакция)'의 수에 대하여, 추다코바(Чудакова)는 8개를 주장하는 반면에, 야노프스카야(Яновская)는 6개를 주장한다.(Лосев 1992, pp.9–18. 참조.)

218) 첫 번째 완성원고본(Чёрный маг)과 두 번째 완성원고본(Копыто инженера)에 이어 세 번째 완성원고본은 'Великий канцлер'로 불리운다(Лосев 1992, pp.13–15).

VII-2. 장면 및 공간 형상의 유사성

불가코프의 희곡과 소설에는 공통적으로 유사한 '무도회' 장면이 나온다. 희곡 『지극한 행복』에서 '라다마노프(Радаманов)'는 매년 5월 1일에 열리는 '봄의 무도회'에 대하여 소개한다: "У нас существует обычай: в вечер праздника Первого мая жители Москвы летят строем с огнями приветствовать народных комиссаров."(III, p.393)[219] 무도회가 열리는 5월 초는 정치적으로 '국제 노동자의 날(5월 1일)'이 있으며, 이교도적인 '발푸르기스 제의 전야(4월 30일)'와 그리스도교의 '부활절'이 있는 시기이다. 『거장과 마르가리따』에서도 같은 시기에 '악마들의 대 무도회'가 열린다. 『지극한 행복』에서 '라다마노프'가 소개하는 '5월 1일의 무도회' 역시 본질적으로 악마들의 무도회로서 손님들은 살아있는 사람의 모습뿐만이 아니라, 여러 가지의 불꽃 모양을 하고 무도회에 참가한다.

'Голубая Вертикаль(하늘색 수직선)'의 주민들은 살아서 떠돌아다니는 불꽃을 연상시키며; "Это—Голубая Вертикаль. Теперь смотрите—поднялся рой огней. Это жители Вертикали летят сюда."(III, p.393), '하늘색의 수직선'은 괴테의 『파우스트』에서 '파우스트'와 '메피스토펠레스'에게 '발푸르기스 제 전야'의 '마녀 모임'을 인도하는 길이 생각나게 한다.[220]

또한 『지극한 행복』에 나오는 '봄의 무도회'는 『거장과 마르가리따』의 '그리보예도프' 레스토랑에서 벌어지는 '지옥적'인 춤 파티 장면과 볼란드와 그 일당이 벌이는 사탄의 '대 무도회' 장면을 떠올린다. 세 장면 모두에서 사람들은 하나같이 폭스트롯 음악에 맞추어 '할렐루야'를 외친

219) 본 도서에서 인용되는 작품 텍스트는 모두 불가코프 전집: "Булгаков М. А., *Собрание сочинений в пяти томах*, Москва, Художественная литература, 1990."에서 인용되었으며, 편의상 (I~V, p. 수)로 약칭한다.

220) Гете, *Фауст*, Москва, 1960, pp.214-215.

다: "И тотчас тоненький мужской голос отчаянно закричал под музыку: Аллилуйя!!"(V, p.60), "потом выпрямился и пронзительно вскричал: Аллилуйя!"(V, p.255), "Слышны громовые звуки『Аллилуйя』с пальбой и колоколами."(III, p.402). 이러한 기독교 예식에 관한 풍자는 성대한 축제로 벌어지는 무도회 자체가 그리스도교의 '부활제'에 관한 풍자인 만큼 전혀 우연한 일이 아니다. 즉 죽음을 극복한 영원한 승리의 '부활 축제'는 단 하루 밤 동안만 '살아있는 사람'의 모습을 할 수 있는 죽은 자(者)들의 기념 축제로 비유되고 있는 것이다.

이와 같이 희곡과 소설에서 같은 유사한 장면을 발견할 수 있을 뿐만 아니라, 하나의 공간 안에 서로 다른 역사 시대의 장면을 위치시키는 불가코프적인 예술기법 또한 공통적으로 나타나고 있다. 즉 희곡『지극한 행복』,『이반 바실리예비치』에서 20세기의 '레인(Рейн)'의 방은 16세기 '이반 뇌제'의 황실과 맞닿아 있으며,『거장과 마르가리따』의 20세기 모스크바 '빠뜨리아르흐' 연못에는 고대 예루살렘의 형상이 같이 나타난다.

이와 같이 서로 다른 두 개의 장면을 맞닿아 위치시키는 불가코프적인 예술기법은 하나의 아파트 안에 서로 다른 별개의 '세계'가 존재하는 '콤뮨 아파트'의 형상과 연관되어 있다. 즉 불가코프적인 공간 형상의 이면에는 정상적인 보통의 평범한 인간이 살아가기에는 '지옥적'이라고 밖에 할 수 없는 '콤뮨 아파트'의 형상이 자리잡고 있는 것이다.『이반 바실리예비치』에서 주인공 '찌모페예프(Тимофеев)'는 이러한 콤뮨 아파트의 실상에 대하여 상스러운 욕설도 서슴치 않고 있다: "Этот дом населен чертовыми куклами!"(Булгаков 1994, p.142)[221] '콤뮨 아파트'의 이러한 지옥적인 이미지는 다시『거장과 마르가리따』에서 '좋지 않은 아파트

---

221) Булгаков М. А., *Пьесы 1930-х годов*, СПб., Искусство Санкт-Петербург, 1994, p.142. (이하, 이 책으로 부터의 인용은 "Булгаков 1994, 페이지 수"로 약칭함).

(нехорошая квартира)'의 형상이 되어 나타난다.

불가코프는 '지옥적' 이미지의 '콤뮨 아파트'에서 서로 다른 두 가지의 세계('지옥'과 '천국')가 공존하는 공간의 형상을 창조해내고 있다. 즉 콤뮨 아파트에 대한 작가 자신의 직접적인 체험은 콤뮨 아파트의 '지옥적'인 이미지를 창조해내고 있을 뿐만 아니라, 하나의 공간 안에 서로 다른 세계를 위치시키는 불가코프적인 예술기법을 또한 창조해내고 있다고 볼 수 있다. 따라서 콤뮨 아파트에는 희곡 『이반 바실리예비치』의 주인공 '찌모페예프'가 말하는 'чёртова кукла'의 세계가 있는가 하면, 희곡 『지극한 행복』의 주인공 '레인'이 창조하는 '천국'의 세계가 함께 공존하며, 소설 『거장과 마르가리따』에서는 '50호 아파트'에 'дьявольский чёрт (악마)'가 찾아 든다.

이와 같이 불가코프의 희곡 『지극한 행복』, 『이반 바실리예비치』와 소설 『거장과 마르가리따』에는 유사한 장면들이 발견될 뿐만 아니라, 서로 다른 두 개의 장면이 함께 공존하면서 교차되는 유사한 공간의 형상을 발견할 수 있다.

VII-3. 유사한 주인공의 형상

지옥적인 이미지의 콤뮨 아파트에는 또한 유사한 주인공들이 살고 있다. 『지극한 행복』의 주인공 '레인(Рейн)'은 시간을 꿰뚫어 볼 수 있는 사람이며: "Рейн, человек двадцатого века, пронзивший время!"(III, p.393), '위대한 지휘자'로서 등장한다: "я счастлив, что познакомился с вами и вашим великим командором."(Булгаков 1994, p.360). 그는 종래의 사회적 지위를 잃고, 현재에도 그리고 미래에도 자신의 자리를 찾지 못하는

독특한 인텔리겐챠 그룹의 등장인물군 가운데 한 사람이다.[222]

이러한 가난한 천재의 유형 속에 『거장과 마르가리따』의 주인공 '거장(Мастер)'도 속한다. 본래, 불가코프는 1930년대 중반에 쓴 『'악마'에 관한 소설』에서 '거장'을 '레인'의 아파트와 같은 '사도바야' 거리의 '콤뮨 아파트'에 사는 것으로 묘사하였었다: "Исчезнет из памяти дом на Садовой, страшный Босой, но и..."(Булгаков 1992, p.328).[223]

'거장'과 '레인'은 하나같이 창조적인 일에 지나칠 정도로 몰두해 있다. 이들은 창작에 대하여 너무나 편집적으로 집착한 나머지 마침내 가정을 잃고 홀로 외롭게 지낸다. 하지만 주인공들은 모두 이러한 것에 대하여 별로 개의치 않는다. '거장'은 아내의 외모는 물론 자신의 이름까지도 기억해내지 못한다(V, p.137). '과거' 한때 역사가였던 그는 자신의 모든 기억들을 '과거' 속에 묻어버렸으며, 실제로 그는 '현재'에 살지 않았다. 『지극한 행복』의 주인공 '레인' 또한 자신의 아내가 '정부(情夫)'에게로 떠나는 사태가 발생하였는데도 일체 아무런 관심이 없다(III, p.382). 『이반 바실리예비치』의 주인공 '찌모페예프(Тимофеев)'는 아예 자신이 결혼한 사실 조차도 모르며, 오히려 자신에게 되묻고 있다: "Как же я так женился? На ком? Зачем? Что это за женщина?"(III, p.426).

하지만 『지극한 행복』과 『거장과 마르가리따』의 주인공들은 마지막에 가서 하나같이 '진실한 사랑'을 얻는 공통점을 지니고 있다. '진실한 사랑'은 어느 시대의 역사에도 얽매이지 않는 사랑이며, 어느 세기의 '현세'와도 관계되지 않는 '영원한' 사랑이다. 이러한 의미에서 『지극한 행

---

222) Кухта Е. А., "Блаженство"[Комментарии]—*Булгаков М. А. Пьесы 1930–х годов*, СПб., Искусство Санкт–Петербург, 1994, pp. 597–598. (이하, 이 책으로부터의 인용은 "Кухта 1994, 페이지 수"로 약칭함)

223) Булгаков М., *Великий канцлер: Черновые редакции романа «Мастер и Маргарита»*, Москва, Новости, 1992, p.328. (이하, 이 책으로부터의 인용은 "Булгаков 1992, 페이지 수"로 약칭함).

복』의 주인공 '레인'과 '아브로라'가 함께 떠나는 '타임 머쉰' 여행은(III, p.417, p.419), '시간'을 초월하여 무한히 계속되는 '영원한' 여행이므로 『거장과 마르가리따』의 주인공 '거장'과 '마르가리따'가 소설 마지막에 가서 얻게 되는 '영원한 안식처'와 같은 형상을 지닌다(V, pp.371–372).

이와 같이 주인공들 사이의 유사성 혹은 주인공들과 '가족'과의 관계에서의 유사성을 발견할 수 있을 뿐만 아니라, 주인공들과 '사회'와의 관계에 있어서도 '유사성'이 발견된다. 불가코프는 독자들에게 '인간적'인 품성은 항상 시대의 '세속적' 환경과 어울릴 수 없음을 강조하면서, 이들 천재적인 독신자들의 운명 또한 어느 시대에서도 순탄치 못하며, 어느 사회제도에서도 호의적이지 못함을 보여준다.

그러므로 20세기의 '계급사회' 국가뿐만 아니라 23세기의 '이상사회' 국가에서도 천재적 발명가의 '자유'는 억압당하며, 마침내 주인공 '레인'은 영원한 시간 속의 자유로운 여행을 위하여 떠난다(III, pp.410–411). 불가코프 작품에 나타나는 이러한 '반유토피아적' 성격에 대하여 많은 비평가들은 자먀찐(E. Замятин)의 소설 『우리들(Мы)』의 영향을 지적하고 있다.[224] 『이반 바실리예비치』에서도 주인공 '찌모페예프'는 주변의 냉대와 억압 속에서 '비행 머쉰(летательная машина)'을 발명하지만 그 역시 비극적인 운명을 지니기는 마찬가지이다. '비행 머쉰'의 도움으로 그가 만난 16세기의 '황제'는 자신의 나라에서도 한때 그러한 것을 발명한 자(者)가 있었다고 소개하면서, 자신은 그를 화약이 담긴 나무통 위에 앉혀 놓고서 멀리 날려버렸다고 자랑스럽게 말하는 것이다:"У меня тоже один был такой...крылья сделал...〈...〉 Я его посадил на бочку с

224) Кухта 1994, p.598. 참조.// Эндрюс Э., "Взаимосвязь творчества Булгакова и Замятина: Развитие символики Замятина в романе『Мастер и Маргарита』", Тема революции в аспекте интертекстуального анализа, *Вестник*, Санкт–Петербургского гос. ун–та. Сер.2, 1992, Вып.2. 참조.

порохом, пущай полетает!..."(III, p.437).[225] 이와 같이 희곡에서의 주인공들이 모두 순탄치 못한 사회적 관계를 지녔듯이, 소설 『거장과 마르가리따』에서도 주인공 '거장'은 사회의 냉대와 억압 속에서 자신의 자유로운 창작활동을 하지 못하고 마침내 자신의 소설을 불사르는 비극적 운명의 길을 걷는다.

이와 같이 희곡과 소설에 등장하는 '남주인공'들 사이의 '유사성'뿐만 아니라, '여주인공'들 사이에서도 유사한 형상을 발견할 수 있다. 희곡 『지극한 행복』의 여주인공 '아브로라'와 소설 『거장과 마르가리따』의 여주인공 '마르가리따'는 모두 '빛(свет)'의 모티브와 관계되어 있다. '서광(曙光)'을 상징하는 '아브로라(Аврора)'의 이름 자체는 그녀가 '신'과도 흡사한 존재로서 '이상적 원천'의 화신임을 나타내 준다. 그러나 '지극한 행복'의 나라에서의 그녀의 삶은 그녀에게 참기 어려운 고통임이 드러난다. 즉 '빛의 신'이 자신의 세계를 버림으로써 희곡의 '반유토피아적' 색체는 더욱 강해지고 있다.

또한 '마르가리따'의 형상 속에서의 '빛'의 모티브는 더욱더 분명히 드러난다. 그녀는 아예 '빛의 여왕 마르고'라고 불리우고 있다:"Простите великодушно, светлая королева Марго!(V, p.238). '마르가리따'가 '빛의 여왕'이라 불리운 것은 그럴만한 충분한 이유가 있다. 그녀는 이름 그대로 자신이 '빛의 여왕'임을 구체적으로 입증하고 있는 것이다. 즉 '아자젤로(Азазелло)'가 준 크림을 몸에 바르자, 그녀의 몸에서 '빛'이 발산되기 시작한다(V, p.224–225).

한편 '마르가리따'의 형상 속에는 '빛'에 관한 모티브뿐만 아니라, '달'

225) '이반 그로즈니(Иван Грозный)'시대의 발명가에 대한 전설은 'К. Шильдкрет'와 'В. Шкловский'가 쓴 영화 시나리오 "Крылья холопа(하인의 날개)"에 기초하고 있으며, 이 시나리오는 1926년에 영화로 만들어졌고, 그 이듬해인 1927년에 같은 이름의 소설로서 출간되었다.— Лурье Я. С., "Иван Васильевич"[Комментарии], *Булгаков М. А., Пьесы 1930–х годов*, СПб., Искусство–СПб, 1994, p.612. 참조.

에 관한 상징 또한 발견된다. 불가코프는 달의 상징성을 이용하여 상형문자(象形文字)적인 의미에서 물과 시간을 운행하는 '달'과 관계된 이름('마르가리따')을 여주인공의 이름으로 채택하고 있으며, '마르가리따'는 세계 문화에서 '여성'으로 의인화되는 상징들—'진주', '물', '달'—의 연결고리 역할을 한다.[226] 이러한 달의 상징적 의미는 『지극한 행복』의 첫 번째 원고본에 나타나는 '아브로라'의 형상에서도 존재한다. 즉 제2막 전반부에서 그녀는 '달'의 여행에서 돌아오는 것으로 묘사되고 있다: "Я думал, что на Луне твоя тоска пройдёт."(Булгаков 1994, p.351). 더구나 불가코프는 한때 여주인공의 이름에 대하여 심사숙고하면서 여러 가지의 이름들 가운데 '달(Луна)'도 고려하였었던 것으로 알려지고 있다.[227]

여주인공 '아브로라'와 '마르가리따'의 유사성이 이러한 '이름'과 관련된 '빛'과 '달'의 상징에서만 발견되어지는 것은 아니다. 여주인공들은 모두 자기 헌신적인 사랑에 빠져 있을 뿐만 아니라, 적극적이고 자의적인 행위도 서슴치 않는다. 희곡 『지극한 행복』에서 이미 '레인'이 '라다마노프'에게 '타임 머쉰' 기구를 양도하기로 동의하였음에도 불구하고, '아브로라'는 끝까지 "지극한 행복"의 나라로부터 탈출하기를 고집한다(III, p.417). 『거장과 마르가리따』에서도 '거장'이 '마르가리따'에 대하여 말하기를 그녀가 자신을 투쟁으로 내몰았다고 이야기한다(V, p.141). 이와 같이 불가코프의 두 희곡과 소설 『거장과 마르가리따』에는 유사한 남주인공과 여주인공의 형상이 존재함을 발견할 수 있다.

---

226) Докукина–Бобель А., "О коньке–горбунке, драконе и прекрасной царевне: К вопросу о лунной реалии в романе 『Мастер и Маргарита』 М. Булгакова.", *Творчество Михаила Булгакова: К столетию со дня рождения писалеля*, Киев, УМК ВО, 1992. p.40.

227) Булгаков 1994, p.343

VII-4. 고대 시대의 유사한 연상기법

불가코프의 희곡 『지극한 행복』과 『이반 바실리예비치』 그리고 소설 『거장과 마르가리따』에는 현대 시대의 이야기 장면 속에서 고대 시대를 연상시키는 공통된 기법이 발견된다. 즉 작품 속에 그려지는 동시대적 이야기나 사건들은 그 시대를 연상시키는 것이 아니라, 다른 역사 시대, 예를 들면 고대 로마 시대, 고대 러시아 시대 등을 생각나게 하는 것이다.[228] 희곡 『지극한 행복』에서 이루어지는 '타임 머쉰' 여행은 분명히 '미래'를 향한 여행이지만, 23세기 '극락정토'의 모습이 그려지는 것이 아니라, 고대 로마 시대에 대한 연상으로 가득 차 있다. 『거장과 마르가리따』에서도 고대 예루살렘에 대한 분명한 연상이 중요한 의미를 갖는다는 것은 익히 잘 알려진 사실이다.

또한 『지극한 행복』에는 고대 러시아 시대에 대한 풍자도 엿보인다. 즉 『지극한 행복』에서 아파트 관리위원 겸 '공후(князь)'로 등장하는 'Бунша-Корецкий'의 이름은 'Святослав Владимирович'(III, p.384)로 나오며, 부분적으로 지워진 희곡 초안에서 그의 성은 'Бунша-Окаян-Корецкий'(Булгаков 1994, p.348)로 나오는데, 이러한 성과 이름들은 고대 키예프-루시시대에 자신의 형제를 살인한 공후 'Святополк Владимирович'에 대한 통칭 'Окаянный'을 연상시킨다. 한편 고대 러시아 시대의 공후 'Святослав'의 형상은 『거장과 마르가리따』에서 '베를리오즈'의 '두개골 잔'으로 변형되어 다시 나타나고 있다.[229]

---

228) Яблоков Е. А., *Художественный мир Михаила Булгакова*, Москва, 2001, p.12.

229) 'Святослав'의 운명은 고대 루시 시대의 최후의 이교도 공후에 대한 운명을 나타낸다.— Гаспаров Б. М., *Литературные лейтмотивы: Очерки русской литературы XX века*, Москва, Наука, 1994, p.42. 참조.

Маргарита увидела отрезанную голову человека с выбитыми передними зубами.〈...〉 Голова отрезана женщиной, заседание не состоялось, и живу я в вашей квартире. Это—факт. 〈...〉 а мне радостно будет из чаши, в которую вы превращаетесь, выпить за бытие! (V, p.265)

마르가리따는 앞 입술이 뭉개진 채 목이 잘려져 나간 사람의 머리통을 보았다. 〈...〉 당신의 머리통은 여자에 의해서 잘려졌고, 회의는 성사되지 않았소. 그리고 나는 당신의 아파트에 살고 있소. 이것은 사실이오. 〈...〉 이제 나는 당신이 변화한 이 잔으로 존재를 위하여 기쁘게 마실 것이오!

한편 희곡『이반 바실리예비치』에서도 16세기 러시아 시대에 대한 연상기법이 나타난다. 여기서 등장인물 'Бунша'의 이름은 'Иван Васильевич'로서 그는 아파트 각 동(洞)을 돌아다니며 주민들의 동태를 감시하는 아파트 관리위원이지만 속칭 '공후(князь)'로 불리우기도 하는데, 실제로 'Иван Васильевич'[230]는 아파트 관리 차원을 넘어 '국가'를 운영하는 '황제(царь)'와 똑같은 이미지를 연상시킨다. 그가 아파트 각 동(洞)을 돌아다니며 하는 말 가운데 "만일 아파트 관리비를 내지 않으면 '국가'가 붕괴한다"는 대사가 이를 잘 뒷받침해 주고 있다: "Рухнет, если за квартиру не будут платить"(III, p.384).

이와 같이 불가코프의 두 희곡과 소설에는 고대 시대를 연상시키는 유사한 서술기법이 존재함을 발견할 수 있다.

230) '30년대 불가코프 작품 가운데 'Иван Васильевич'('Иван Грозный'에 대한 분명한 풍자)의 형상은 소설『Записки покойника(사자의 수기)』에서 다시 등장하며, 여기서 'Иван Васильевич'(실제 원형: 'Станиславский')는 'Независимый' 극장의 주요 감독들 가운데 한사람으로 나온다.

VII-5. 타작품의 유사한 영향

불가코프 작품에서 19세기 러시아 문학의 전통이 중요한 의미를 갖으며, 19세기 러시아 작가 및 작품의 영향이 발견된다는 사실은 이미 널리 알려진 사실이다. 불가코프의 희곡 『지극한 행복』과 『이반 바실리예비치』 그리고 『거장과 마르가리따』에도 뿌쉬킨, 그리보예도프, 고골 작품의 영향이 유사하게 공통적으로 나타나고 있다.

뿌쉬킨의 시대는 불가코프가 작가로서 가장 큰 관심을 기울이며 좋아하였던 역사적 시대 중의 하나로서 알려져 있다. 불가코프는 『지극한 행복』의 초기본에서 16세기가 아닌 '19세기'를 그리면서 발명가 'Бондерор'의 아파트에 'Иоанн IV(요한 16세)'가 아닌 'Николай I(니콜라이 1세)'가 나타나는 것으로 묘사하였었으나(Булгаков 1994, p.348), 알려진 바와 같이 후에 변경되었다. 하지만 이러한 초기본에서의 'Николай I(니콜라이 1세)' 구상은 몇 년 후 희곡 『알렉산드르 뿌쉬킨』에서 다시 나타나는 것만으로도, '뿌쉬낀'과 '뿌쉬낀 시대'에 대한 그의 지속적인 관심을 가름해볼 수 있을 것이다. 희곡 『지극한 행복』에 나타난 뿌쉬킨 작품의 영향은 우선 등장인물 '밀로슬랍스키(Милославский)'가 늘 읊조리고 다니는 노래가사에서 찾아볼 수 있다. 독창가로 등장하는 그는 항상 뿌쉬킨의 장시 『뽈따바(Полтава)』의 한 줄을 읊조리고 다닌다: "Богат и славен Кочубей. Его луга необозримы..."(III, p.383, p.384)[231] 즉 'Блаженство(지극한 행복)'의 나라가 비록 부유하고 영광스러울지 모르나, 정신적인 '혼'이 없는 비정한 나라임을 뿌쉬킨의 작품에서처럼 풍자적으로 표현하고 있는 것이다.

또한 뿌쉬킨 작품의 영향은 불가코프가 이러한 '반유토피아적'인 희곡을 집필하기 시작하였던 바로 그 해에 창작 100주년을 맞이하는

---

231) Пушкин А. С., *Собрание сочнений в 10 томах т 3*, Москва, 1974–1978, p.170. 참조.

『Медный всадник(청동기사)』에서 찾아볼 수 있다. 즉 '소시민(маленький человек)'과 거대한 국가 체제와의 근본적인 문제점을 다루면서 러시아 문학 속에서 '반유토피아적' 경향의 기원으로 가름되는 『청동기사』에서 그 영향을 찾아볼 수 있는 것이다. 뿌쉬킨 작품의 이러한 영향은 작가 불가코프가 '반유토피아적'인 희곡과 소설을 동시에 집필하기 시작하였던 1930년대 초에, 당시로서 유명한 뿌쉬킨 전문가였던 '베레사예프(В Вересаев)'[232]를 비롯하여, 또한 당시에 뿌쉬킨 창작에 대한 여러 논문들을 집필 중이던 '아흐마또바(А Ахматова)' 등과 항상 두터운 교제를 하고 있었다는 간접적인 사실에서도 그 확인이 가능하다.[233] 뿌쉬킨의 장시 『청동기사』의 영향은 우선 뿌쉬킨의 동상: 'чугунный человек'과 시인 '류힌(Рюхин)'과의 담화 장면에서 찾아볼 수 있다. 마야코프스키가 자살한 직후인, 1930년대 초에 씌어진 『거장과 마르가리따』의 원고본들에 나타난 '담화 장면'은 마야코프스키의 시 "Юбилейное"에서 영향 받았다. 즉 마야코프스키의 시에서 주인공은 뿌쉬킨의 동상과 대화를 나누는 것이다.[234] 하지만 마야코프스키의 시 자체는 뿌쉬킨적 작품의 영향에 그 기초를 두고 있다. 즉 마야코프스키의 시("Юбилейное")에는 사실상 『청동기사』의 절정적 장면인 '예프게니'와 '뾰뜨르 1세' 동상과의 논쟁 장면이 인용되고 있는 것이다.[235]

---

232) 1935년에 불가코프는 '베레사예프'와 더불어 공저로 '뿌쉬킨'에 대한 희곡에 착수한다.

233) 불가코프의 아내 'Е. Булгакова'가 쓴 1933년 10월 10일자 일기에서 이들의 두터운 교제 사실을 확인할 수 있으며, 불가코프는 이들에게 집필 중이던 소설 『거장과 마르가리따』의 몇몇 장들을 읽어주곤 하였다: "Вечером у нас: Ахматова, Вересаев 〈...〉 Чтение романа"— Булгакова Е., *Дневник Елены Булгаковой*, Москва, 1990, p.40.

234) Маяковский В. В., *Полное собрание сочинений в 13 томах т.6*, Москва, 1955–1961, p.47.

235) Гаспаров Б. М., *Литературные лейтмотивы: Очерки русской литературы XX века*, Москва, Наука, 1994, p.35.

한편 그리보예도프의 희극『Горе от ума(지혜의 슬픔)』은 희극『지극한 행복』에 영향을 주었다. 연구가들의 견해에 따르면,『지극한 행복』에서 기계적이고 냉철한 인간으로 등장하는 '사비치(Саввич)'는『지혜의 슬픔』의 '차쯔키(Чацкий)'의 형상으로부터 나왔다.[236] 게다가『지극한 행복』의 첫 번째 완성원고에서 '사비치'는『지혜의 슬픔』의 주인공과 논쟁을 벌이면서, '차쯔키'를 '멍청이'라고까지 부르고 있다: "ну, словом, жители двадцатого века! Чацкий — болван!"(Булгаков 1994, p.365).『거장과 마르가리따』에 나타난 그리보예도프의 영향은 우선 잘 알려진 바와 같이 예전에 '그리보예도프'의 아주머니 소유였으나, 현재는 문학 작가들의 공공장소로 사용되는 건물 '그리보예도프'이다. 불가코프는 건물 이름을 그대로 '그리보예도프'로 명명함으로써 '그리보예도프'라는 이름은 바로 시인을 가리키는 환유적 대용어가 되고 있으며, 건물 '그리보예도프'는 '공식적'인 문학을 나타내는 상징이 되고 있다. 즉 작가는 '모스크바적인 그리보예도프'를 묘사하면서, 보수주의와 무식함을 상징하는 '그리보예도프적 모스크바'를 만들어내고 있는 것이다. 따라서 '그리보예도프'의 문학 작가들은 '정신적인 양식'에는 전혀 관심이 없고, 오로지 '물질적인 양식'만을 좇고 있음이 '레스토랑'에서 드러난다.

고골 작품의 영향 또한 매우 중요한 의미를 지니며 세 작품에 공통적으로 유사하게 나타나고 있다.『지극한 행복』에 등장하는 '밀로슬랍스키(Милославский)'는 '자고스킨(М. Загоскин)'의 소설『Юрий Милославский, или Русские в 1612 г.』[237]를 연상시키면서, 아울러 고골의『검찰관』에 나오는 희극적인 에피소드를 떠올리게 한다.『검찰관』에서 '흘레스따코프'

236) Кухта 1994, p.599.

237) 뿌쉬킨은 이 소설을 아주 높이 평가하였다. 그는 이 소설에 대하여 "자고스킨이 우리들을 1612년으로 정확히 옮겨 놓았다"라고 평하였다.— Пушкин А. С., *Собрание сочнений в 10 томах т 6*, Москва, 1974–1978, p.37. 참조.

는 "Юрий Милославский"라는 소설에 대하여 말하면서, 마치 소설이 '자고스킨'이 아닌 '밀로슬랍스키'에 의해서 씌어진 것처럼[238] 잘못 이야기하기도 하지만 이러한 '흘레스따코프적'인 말투와 행동은『지극한 행복』에서도 '밀로슬랍스키'에 의해서 유사하게 재현되고 있다. 즉 불가코프적인 '밀로슬랍스키'는 고골적인 '흘레스따코프'를 연상시키며, 실제로 희곡 속에서 '밀로슬랍스키'의 성격은 적지 않게 '흘레스따코프적'이다. 예를 들면, 그가 정말 발명가 '레인(Рейн)'의 조수인지 아닌지를 '안나(Анна)'가 질문하자 그는 다음과 같이 대답하는 것이다.

> Не столько помощником, сколько, так сказать, его интимный друг. Даже, собственно, не его, а соседа его Михельсона. Я случайно проезжал в трамвае...〈...〉 Слетаем, что ли... Я говорю: а что ж, не все ли равно, летим. (III, p.397.)
>
> 조수라기보다는 오히려 말하자면, 그의 친밀한 친구라는 편이 더 낫겠지. 사실은 그가 아니라 그의 이웃인 '미헬리손'의 친밀한 친구이지만. 내가 우연히 전차를 탔는데... 〈...〉 어찌되었건 한 번 날아보자 하길래... 그래서 내가 그랬지, 상관이 있든 없든 한 것은 아니지만, 한번 날아봅시다.

또한 불가코프는 고골이 중편『넵스키 거리(Невский проспект)』에서 등장인물의 '성'을 이미 잘 알려진 유명인사의 '성'과 동일하게 사용하던 수법을 자신의 희곡과 소설에 도입시키고 있다. 잘 알려진 바와 같이,『넵스키 거리』에서 제화공의 성은 '호프만'으로 나오고 양철공의 성은 '쉴러'로 나온다. 불가코프의 희곡『지극한 행복』에서 '독창가'이자 실제로는 '도둑'의 기질을 다분히 가진 등장인물의 '성'은 바로 러시아 역사상 대귀족 출신에 속하는 유명한 성 '밀로슬랍스키'에서 따왔다. 또한 화합 연구소의 소장이자 냉철한 이성론자로 등장하는 '사비치(Саввич)'

---

238) Кухта 1994, p.603.

의 이름은 쉴러의 "Коварство и любовь"에 나오는 낭만적 정부(情夫)의 이름: 'Фердинанд'와 동일하다.[239] 이와 같이 희곡에서 사용하던 동성 명칭의 기법은 소설로도 이어져 『거장과 마르가리따』에서는 보다 폭넓게 이용된다. 잘 알려진 바와 같이, 소설 속에 등장하는 '베를리오즈(Берлиоз)', '스트라빈스키(Стравинский)', '림스키(Римский)'와 같은 '성'은 유명한 작곡가들의 성이다. 한편 『지극한 행복』의 주인공 '레인(Рейн)'의 성도 바그너(Р. Вагнер)의 오페라 "Золото Рейна"를 연상시킨다. '바그너'의 다른 작품으로부터의 직접적인 인용 또한 『지극한 행복』의 첫 번째 완성 원고에서 찾아볼 수 있다. 즉 '아브로라'가 '달'로부터 귀환하는 동안에 그녀가 좋아하는 음악("Полет валькирий") 소리가 울려퍼지는데,[240] 이것은 바로 '바그너'의 음악적 드라마 "Валькирия"에서 나온 것이다.[241]

한편 소설 속에 등장하는 몇몇 등장인물들의 '성'은 본래 불가코프가 희곡을 구상하면서 희곡에서 사용하려던 '성'들('Варенуха', 'Понырев', 'Бескудников', 'Поприхин')이 소설로 전이된 것으로 알려진다.[242] 이와 같이 희곡 『지극한 행복』과 『이반 바실리예비치』 그리고 『거장과 마르가리따』에는 동일한 19세기 작가들(뿌쉬킨, 그리보예도프, 고골)과 작품들의 영향이 공통적으로 유사하게 나타남으로써 불가코프는 30년대 초에 유사한 기법으로 희곡과 소설을 동시에 집필하기 시작하였음을 알 수 있다.

---

239) Кухта 1994, pp.596–597.

240) (〈...〉 Оттуда тихо начинает слышаться 『Полет валькирий』.) Что это за вещь? Как жаль, что я не музыкален, как она. Во всяком случае, это её любимая вещь.— Булгаков 1994, p.351.

241) Кухта 1994, p.604. 참조.

242) Булгаков 1994, p.596.

VII-6. 유사한 모티브

불가코프의 희곡 『지극한 행복』과 『이반 바실리예비치』 그리고 소설 『거장과 마르가리따』에는 공통적으로 유사한 '타임 머쉰' 모티브가 존재한다. 희곡 『지극한 행복』과 『이반 바실리예비치』는 모두 주인공이 발명한 '타임 머쉰'의 도움으로 등장인물들이 23세기와 16세기로 날아가며, 소설 『거장과 마르가리따』에서는 마르가리따가 몸에 바른 크림의 도움으로 빗자루를 타고 모스크바 상공을 날아 '악마들의 대 무도회'에 참가한다. 이런 '타임 머쉰 여행'은 모두 아인쉬타인의 '상대성 이론'에 그 근거를 두고 있으며, 따라서 희곡과 소설에 등장하는 등장인물들은 시간의 '상대성'에 대하여 대화를 주고 받는다.

『지극한 행복』에서 주인공 '레인(Рейн)'은 무식한 아파트 관리위원 '분샤(Бунша)'에게 상대성 이론에서의 시간과 공간의 개념에 대하여 열심히 설명하며(III, p.386), 23세기의 '라다마노프(Радаманов)'는 갑자기 20세기에서 날아온 3명의 등장인물에 대하여 전혀 이해하지 못하는 '사비치(Саввич)'에게 4차원에 대한 자신의 견해를 피력한다(III, p.394).

또한 희곡에 나타나는 16세기, 20세기 그리고 23세기 속에서의 시간의 흐름은 완전히 '상대적'인 것으로 묘사되고 있다. 즉 23세기를 향하여 날아갔던 주인공들은 모스크바에서 없어졌던 바로 그 시간에 다시 20세기로 돌아온다: "Тот же день и час, когда наши герои вылетели в Блаженство." (III, p.420). 이들은 23세기에서 적어도 몇 주일 이상을 체류하였지만 모스크바 시간으로 볼 때, 이들은 아무 곳도 다녀오지 않은 것이 되며, 그 어느 곳으로도 사라진 적이 없었던 것이 된다. 또한 친위병들의 반복되는 외침과 고함 소리들(III, p.387, p.422.)로 판단할 때, 황제 'Иоанн' 역시 없어졌던 바로 그 시간에 다시 자신의 황궁으로 돌아간다. 『거장과 마르가리따』의 1938년 원고본에서도 마르가리따가 지금이 몇 시인지를 묻자, 꼬로비요프는 곧바로 시간의 '상대성'에 대하여 이야기한다.

— Полночь, пять минут первого,— ответил Коровьев.
— Как?— вскричала Маргарита,—но ведь бал шел три часа...
— Ничего не известно, Маргарита Николаевна!... Кто, чего, сколько шел! (Булгаков 1992, p.411).

"자정이오, 12시 5분" 꼬로비요프가 대답하였다.
"아니, 어떻게 그럴수가" 마르가리따가 소리쳤다. "그럼, 무도회가 이제 겨우 3시간 밖에 안지났단 말이예요?"
"아무것도 알려진 것은 없소, 마르가리따 니콜라예브나! ... 누가, 무엇을, 얼마만큼 이 지났는지!

『거장과 마르가리따』의 최종본에서는 마르가리따가 볼란드에게 이미 자정이 몇 번 지났는데도 아침이 오지 않는 '시간'에 대하여 질문하자: "А вот чего я не понимаю... Что же это — все полночь да полночь, а ведь давно уже должно быть утро?", 볼란드는 자신이 잠시 시간의 흐름을 지연시켰다고 대답한다: "Праздничную ночь приятно немного и задержать."(V, p.285.) 한편 희곡에서 주인공들이 모스크바에서 없어졌던 바로 그 시간에 다시 모스크바로 돌아오듯이, 『거장과 마르가리따』에서도 3일 동안 모스크바에서 벌어졌던 수많은 일들이 오로지 한 사람('이반 베즈돔느이')의 기억 속에서만 존재함으로써 결국 아무 일도 일어나지 않았던 것으로 묘사된다.

이와 같이 희곡과 소설에 공통적으로 나타나는 '타임 머쉰' 모티브에는 아인쉬타인의 '상대성 이론'에 근거한 자연과학적 측면이 강조되고 있다. 하지만 작가에 의해서 보다 더 강조되는 것은 자연과학적 내용을 재료로 한 사회적-철학적 문제 제기이며, 이러한 문제 제기 또한 희곡과 소설에서 유사한 형태로 나타난다. 『지극한 행복』과 『거장과 마르가리따』에서 작가는 과연 역사적인 진보는 존재하는 것인지, 즉 외형적인 속성이 아닌 본질에 있어서 한 세기가 다른 세기와 구별되어질 수 있는

지에 대한 문제를 제기하고 있다. 다시 말해, 인류의 인간적 본성은 세기의 변화와 함께 변화되는 것인지, 아니면 수세기의 시간이 흘러가도 인간의 본성은 변함이 없는 것인지를 묻고 있다. 불가코프는 '타임 머쉰' 모티브를 통하여 '인간 본성'의 문제를 다루기 전인 1920년대에도 중편 『개의 심장』을 통하여 '인간 개조' 즉 인간 종(種)의 개량과 우생학에 대한 테마를 다루었으며(II, p.194), 이는 30년대로 이어져 『지극한 행복』에서의 우생학 및 '천궁도'에 의한 인공적 부부 '짝짓기'와[243] 『거장과 마르가리따』에서의 볼란드의 '점성술'[244]로 매우 유사하게 나타난다. 『개의 심장』에서 '인간 개조'에 대하여 매우 부정적인 시각을 드러내었던 불가코프는 『지극한 행복』에서도 '인간 본성'이 변화할 수 있다는 명제에 대하여 반박하면서, 수세기의 역사가 흐르고 시대가 바뀌어도 인류의 인간적 본성에서 '진보'와 '변화'는 없음을 강조한다. 즉 주인공 '레인'이 자신보다 우위에 있을거라고 생각했던 23세기의 인간들도 '레인'과 같은 동시대의 인간들과 별 차이가 없음이 밝혀진다.

> Затем вы кинетесь, быть может, в двадцать шестой век... И кто, кроме Саввича, который уверен, что в двадцать шестом будет

---

243) '화합 연구소'의 소장인 '사비치(Саввич)'는 약혼녀 '아브로라(Аврора)'에게 자신들의 결혼은 성사되지 않을 수 없음을 설득하면서, 자신들의 부부의 연(緣)은 서로서로 선택되어진 것임을 강조한다: "Мы были рождены друг для друга"(III, p.400). 그런데 이러한 '이상적인 쌍'을 선택할 때, '사비치'와 그의 동료들이 이용하는 것은 23세기의 '최신적'인 방법이 아니라, 아주 전통적인 '천궁도(гороскоп)'를 이용하고 있다. 즉 '사비치'가 "Это брак не может не состояться. 〈...〉 Посмотрите на эти звезды!"라고 말하자, '아브로라'는 "Вы неправильно читаете гороскоп"(Булгаков 1994, p.361)라고 대답하는 것이다.

244) 『거장과 마르가리따』에서 볼란드는 '점성술'을 이용하여 베를리오즈의 죽음을 예언한다.—Он смерил Берлиоза взглядом, как будто собирался сшить ему костюм, сквозь зубы пробормотал что-то вроде: "Раз, два... Меркурий во втором доме... луна ушла... шесть — несчастье... вечер — семь..."— и громко и радостно объявил:— Вам отрежут голову! (V, p.16).

непременно лучше, чем у нас, в двадцать третьем, поручится, что именно вы там встретите? Кто знает, кого вы притащите к нам из этой загадочной дали на ваших же плечах? (III, p.411).

그 후에 당신은, 아마도, 26세기로 날아갈 것입니다... 26세기는 지금 우리가 사는 23세기보다 훨씬 더 좋은 세상일거라고 굳게 믿고 있는 '사비치'를 제외하고, 당신이 그곳에서 맞닥뜨리게 될 상황에 대해 누가 책임질 수 있겠습니까? 당신이 그 머나먼 수수께끼 같은 곳에서 당신의 어깨 위에다 또 누구를 데리고 올지 누가 알겠습니까?

'라다마노프'의 이같은 말은 자신이 사는 23세기나 앞으로의 26세기나 인간의 본질은 똑같으며, 자신은 '사비치'와 달리, 결코 인간 본성의 역사적 진보를 믿지 않는다는 이야기이며, 그의 이러한 대사는『거장과 마르가리따』에서 볼란드가 '검은 마술 공연'을 펼치면서 혼자서 중얼거린 독백과 일맥상통(一脈相通)한다.

они—люди как люди. Любят деньги, но ведь это всегда было... 〈...〉 Ну, легкомысленны... ну, что ж... и милосердие иногда стучится в их сердца... обыкновенные люди... В общем, напоминают прежних. (V, p.123)

그들 역시 다 똑같은 인간들이야. 돈들을 좋아하지. 하지만 예전에도 항상 그랬었어... 〈...〉 으-음, 경솔한 사람들... 으음, 뭐... 자비로운 마음이 이따금 들기도 하겠지만... 평범한 인간들이야... 대체로 예전에도 있었던 그런 사람들이지.

이와 같이 불가코프는 '타임 머쉰' 모티브를 통하여 '시간'의 차이에 따른 '인간'의 차이는 존재하지 않으며, 아무리 시간이 흘러 시대가 바뀌고 세기가 변화하여도 인류의 인간적 본성은 영원히 변화하지 않는다는 것을 보여줌으로써 인간 본성에 관한 심오한 사회-철학적 문제를 제기한다.

한편 불가코프의 희곡과 소설에 공통적으로 나타나는 '타임 머쉰' 모티브는 '죽음'의 테마와 밀접하게 관련되는 '유사성'을 또한 지닌다. 즉 '타임 머쉰 여행'은 사후(死後)의 저승 세계로의 여행을 연상시키며, 따라서 '레인'과 그의 동료들이 '타임 머쉰'을 타고 떨어진 '미래 세계'는 '천국'과 '지옥'의 형상을 동시에 갖고 있다. 명칭 자체가 '극락정토(極樂淨土)'와 '천국'을 연상시키는 'Блаженство(지극한 행복)'이지만, 'Блаженство'의 통치자인 '라다마노프'[245]는 '밝은' 이미지뿐만 아니라 '어두운' 이미지도 함께 자아냄으로써 23세기의 '천국'은 적지 않게 '지옥'을 연상시킨다.

『거장과 마르가리따』에서도 마르가리따가 몸에 크림을 바르고 모스크바 밤하늘을 날아가 참가하는 '악마들의 대 무도회' 역시 '지옥'의 형상을 지니고 있으며, 무도회에서 모스크바의 '죽은 혼(мёртвые души)'들을 심판하는 재판관은 바로 '사탄(볼란드)' 자신이다. 그러므로 '타임 머쉰'을 통하여 사후(死後)의 내세(來世)에서 만난 등장인물들은 서로가 서로를 내세(來世)의 존재로 여긴다. 즉 20세기의 등장인물들은 23세기의 인물을 '내세(來世)'의 존재로 여기는 반면에, 23세기의 등장인물은 20세기의 인물을 또한 '내세(來世)'의 존재로 여기는 것이다.

『지극한 행복』에서 '사비치'는 '라다마노프'가 갑자기 날아들어온 '외계인'들과 접촉하는 것을 경계하면서, 이들을 '지옥'에서 온 사람들로 간주한다: "Я хочу, чтобы они улетели отсюда в преисподнюю!"(III, p.404). 하지만 '사비치' 자신은 오히려 더 '지옥의 악마'적인 형상을 띠고 있다. 예를 들어, 그는 무대 위에 등장할 때마다 마치 오페라에 나오는 '악마'처럼 무대 마루 구멍에서 나오는가 하면(III, p.391, p.413, p.419), 그의 출현 가운데 한번은 '자정'에 이루어지고 있으며: "Полночь, Ах, вот мой жених."(III, p.399), '아브로라'는 아예 그를 가리켜 '악마'라 칭한

---

245) 본래, 신화적으로 '라다마노프'는 '극락정토'의 통치자들 가운데 한 사람일 뿐만 아니라, '죽은 자들'의 재판관들 가운데 한 사람이기도 하다(Кухта 1994, p.596).

다: “Мне скучно, бес!”(Булгаков 1994, p.387). 희곡 『이반 바실리예비치』에서 ‘분샤(Бунша)’와 ‘밀로슬랍스키(Милославский)’를 발견한 ‘오쁘리치니끼(황제친위대원들)’은 그들을 가리켜 ‘악마들’이라고 소리치며(III, p.450), ‘밀로슬랍스키’를 황제 ‘Иоанн’으로 잘못 알고 있는 ‘총주교(Патриарх)’는 황제가 악마들의 손아귀에 붙들렸다가 다시 돌아왔다고 선언한다: “Царь, в руцех демонов побывавший, возвращается к нам”(III, p.456).

이와 같이 불가코프의 작품 속에서 ‘타임 머신’을 통하여 만나는 등장인물들은 서로가 서로를 인정하지 않으면서, 다른 세기의 인물들을 ‘사후(死後)세계’의 존재, 즉 ‘살아있는 죽은 자들(живых мертвецов)’로 보려고 한다. 『이반 바실리예비치』에서 ‘분샤(Бунша)’는 황제 친위대원들을 가리켜 ‘밀로슬랍스키’에게 다음과 같이 설명한다.

> Они не могут кричать, это обман зрения и слуха, вроде спиритизма. Они умерли давным-давно. Призываю к спокойствию. Они покойники. (III, p.449)
>
> 그들은 소리칠 수 없어. 이건 마치 강신술(降神術)과 같은 환각이고 환청이라고. 그들은 아주 오래전에 죽었단 말야. 제발 침착하라고. 그들은 이미 죽은 자(者)들이야.

이와 같이 다른 세기의 존재를 인정하지 않거나 ‘살아있는 죽은 자들’로 봄으로써 빚어지는 마찰은 『거장과 마르가리따』에서도 눈에 띈다. ‘베즈돔느이(Бyздомный)’는 볼란드와의 대화 도중에 단호하게 ‘악마’의 존재를 부정하며 반박함으로써 볼란드와 논쟁을 벌이게 되는데(V, p.45), 나중에 볼란드는 그때 그 시인이 자신을 ‘존재하지 않는 자(者)’로 규정하려 들었다고 회상한다: “Он едва самого меня не свел с ума, доказывая мне, что меня нету!”(V, p.278).

이상에서 살펴본 바와 같이, 불가코프의 희곡 『지극한 행복』과 『이반 바실리예비치』 그리고 소설 『거장과 마르가리따』에는 공통적으로 유사한 '타임 머쉰' 모티브가 존재하며, 이들 모티브에는 아인쉬타인의 '상대성' 원리에 근거한 자연과학적 측면이 강조되지만, 작가에 의해서 보다 더 강조되는 것은 사회적-철학적 문제 제기로서 아무리 시간이 흘러 시대가 바뀌고 세기가 변화하여도 인류의 인간적 본성은 영원히 변화하지 않는다는 것을 보여 준다. 한편 이러한 '타임 머쉰' 모티브는 사후(死後)의 저승 세계로의 여행을 연상시키면서 '지옥'의 형상을 지니며, 사후(死後)세계에서 만난 등장인물들은 서로가 서로를 내세(來世)의 존재로 여기면서 '살아있는 죽은 자'로 보는 공통점을 또한 지니고 있다.

VII-7. 등장인물의 유사한 변장술과 꿈의 테마

희곡 『지극한 행복』과 『이반 바실리예비치』 그리고 소설 『거장과 마르가리따』에서 공통적으로 발견되는 또 하나의 '유사성'은 등장인물들이 자신의 모습을 서커스의 '희극배우'처럼 변장함으로써 본래의 자신의 모습과 다르게 구별시키고 있다는 것이다. 즉 『지극한 행복』에서 '레인', '밀로슬랍스키', '분샤' 일행이 "지극한 행복"의 나라에 떨어졌을 때, 그들은 우연히도 본래 자신들의 옷이 아닌 5월의 카니발 복장을 하고 있었다: "Погоди, папа. Это карнавальная шутка. Они костюмированы."(III, p.392). 게다가, 사건이 진행되면서 '분샤'와 '밀로슬랍스키'는 마치 서커스 공연장에서 관객을 웃기는 '2인조' 어릿광대를 연상시킨다.[246]

『거장과 마르가리따』에서 볼란드 일행은 모스크바를 떠나면서 모두 기괴한 모습으로 변하게 되는데, 이러한 모습들 이면에도 역시 서커스

246) Кухта 1994, p.600.

어릿광대의 모습이 스며나오고 있다.

한편 희곡 『지극한 행복』의 '부제(副題)'는 "сон инженера рейна(기사 '레인'의 꿈)"으로 나온다. 이와 같이 작품 자체를 처음부터 아예 '꿈'으로 단정짓고 있지는 않지만, 『거장과 마르가리따』에서도 작품 전체를 '꿈'으로 변형시키려는 작가의 의도는 곳곳에서 발견된다. 즉 볼란드와 그의 일행이 모스크바에서 벌였던 모든 사건들이 마치 최면술에 걸려 이루어진 것처럼 해석되는가 하면(V, p.375), 실제로 3일 동안 모스크바 전체가 '꿈' 속에 빠져 있었던 사실을 확인시켜 주는 것이다.[247] 모스크바 사람들은 그동안 일어났던 모든 사건들을 곧 자신들의 기억 속에서 잊어버린 반면에 오로지 한 사람 '이반 니콜라예비치 뽀늬레프(예전의 이반 베즈돔느이)'만이 사건의 진실을 기억하며, 그것도 일 년에 한 번씩 달빛이 만연한 봄날 밤, 잠재의식 상태의 '꿈' 속에서만 기억하고 있다(V, pp.383–384).

VII–8. 맺는 글

1920년대 말, 불가코프는 지금의 『거장과 마르가리따』에 해당하는 『'악마'에 관한 소설』에 착수하여 본래 구상하였던 바대로 일단 소설을 완성하였다. 하지만 자신의 작품에 대한 연이은 상연금지 결정 속에서 자유로운 창작활동을 할 수 없었던 불가코프는 그동안 집필하였던 소설뿐만 아니라 함께 구상 중이던 희곡의 초안들도 모두 불에 태워 버렸다. 1930년대 초, 불가코프는 다시 '악마'에 관한 소설의 집필을 재개하면서 전에 함께 구상하였던 희곡도 같이 집필하기 시작한다. 불가코프는 '악마'에 관한 '소설'을 집필하면서 실험적 창작의 일환으로 '희곡'

247) Яблоков Е. А., *Художественный мир Михаила Булгакова*, Москва, 2001, p.167.

들을 구상하였으며, 이러한 희곡들은 역으로 '소설'이 『거장과 마르가리따』로 완성되기까지의 여러 '완성원고'들에 영향을 미쳤다. 이것은 '30년대 초에 집필된 두 희곡(『지극한 행복』과 『이반 바실리예비치』)과 역시 같은 시기에 집필된 『거장과 마르가리따』의 세 번째 완성원고본 및 『거장과 마르가리따』의 최종본에 나타난 '유사성'을 찾아냄으로써 그 증명이 가능하다.

앞서 살펴본 바와 같이, 희곡과 소설에 나타난 '무도회' 장면은 근본적으로 같은 성격의 악마들의 무도회로서 참석자들은 하나같이 '할렐루야'를 외치고 있으며, 하나의 공간 안에 다른 역사 시대의 공간을 위치시키는 유사한 묘사 기법이 희곡과 소설에 동시에 나타나고 있음을 발견할 수 있다. 또한 희곡에 나타난 공간 형상의 이면에는 '콤뮨' 아파트의 지옥적인 이미지가 배어 나오고 있으며, 이러한 형상은 소설 『거장과 마르가리따』에서 '좋지 않은 아파트'의 형상이 되어 다시 나타나고 있음을 확인할 수 있다.

한편 희곡과 소설에 등장하는 남주인공들 및 남주인공들과 가족과의 관계, 그리고 남주인공들과 사회와의 관계 등에서 매우 유사한 모습을 발견할 수 있으며, 여주인공 '아브로라'와 '마르가리따' 사이에서도 매우 유사한 형상이 발견된다. 또한 희곡과 소설에는 동시대의 이야기나 혹은 사건들을 가지고 그 시대가 아닌 다른 역사 시대, 이를테면 고대 로마 시대 혹은 고대 러시아 시대 등을 연상시키는 유사한 기법이 공통적으로 발견되며, 동일한 19세기 작가들(뿌쉬킨, 그리보예도프, 고골)과 작품들의 영향이 공통적으로 유사하게 나타나는 것을 확인할 수 있다.

한편 불가코프의 희곡과 소설에는 공통적으로 유사한 '타임 머쉰' 모티브가 존재하며, 이들 모티브에는 아인쉬타인의 '상대성' 원리에 근거한 자연과학적 측면보다는 인류의 인간적 본성에 관한 사회적-철학적 문제가 더 비중있게 제기된다. 아울러, '타임 머쉰' 모티브는 사후(死後)의 저승 세계로의 여행을 연상시키면서 '지옥'의 형상을 지니고 있으며,

사후(死後) 세계에서 만난 등장인물들은 서로가 서로를 내세(來世)의 존재로 여기면서 '살아있는 죽은 자'로 보는 공통점을 또한 지닌다. 끝으로, 희곡과 소설에는 등장인물들의 유사한 변장술이 공통적으로 나타나며, 작품 전체의 사건들을 하나의 '꿈'으로 처리하는 유사한 기법이 존재한다.

Part 3:
불가코프 희곡의 테마

VIII.

불가코프 작품에 나타난 '타임 머쉰'의 모티브

불가코프는 훗날『거장과 마르가리타』라는 대작으로 완성되는 '악마'에 관한 소설을 쓰면서 동시에 희곡『지극한 행복』과『이반 바실리예비치』를 집필하였다. 그러므로 이들 작품들에는 공히 유사한 '타임 머쉰'의 모티브가 등장한다. 이처럼 불가코프 작품에 '타임 머쉰'의 모티브가 등장하게 된 데에는 크게 외적영향과 내적영향이 존재한다. 우선 외적영향으로는 불가코프가 희곡을 집필할 당시 소비에트 사회에 널리 유행하였던 경연극 무대공연과 평소에 그가 갖고 있었던 영국의 공상소설작가(웨일즈) 및 작품(The Time Machine)에 대한 관심을 들을 수 있으며, 아울러 때마침 발표된 마야코프스키의 희곡도 하나의 자극제가 되었다.

하지만 이러한 외적영향 못지않게 불가코프는 이미 1920년대 세 중편소설들에서 과학적 실험에 의한 '신발견'('생명 방사선', '수술')의 형태로 유사한 모티브를 나타내고 있었으며, 이러한 모티브를 '실험적' 창작의 하나로서 자신의 희곡에 도입함으로써 희곡『지극한 행복』과『이반 바실리예비치』에 나타난 '타임 머쉰' 모티브는 작가 자신의 내적인 창작과정의 한 부분으로 볼 수 있다. 그러므로 불가코프적 타임 머쉰 모티브는 1920년대의『개의 심장』과『비운의 달걀』을 통하여 작가가 제기하였던 인위적인 '인간 개조'의 위험성과 같은 맥락의 문제제기로서 시간과 공간의 상대성 원리에 따른 자연과학적 측면보다 '인간 본성'에 관한 사회–철학적 문제를 더 강조한다. 즉 '타임 머쉰'을 통하여 만난 각 세기별 인간들은 본질적으로 같은 인간임을 보여줌으로써 인류의 인간적 본성은 수 세기의 역사가 흘러도 변화하지 않으며, 따라서 '새로운 인간형'의 창조는 불가능함을 확신시켜 준다. 또한 '타임 머쉰'을 통한 여행은 '영원성–진리'에 접촉하는 여행이며 '사후 세계'로의 여행으로서 여행에서 만난 인간들은 서로가 서로를 '내세'의 존재로 여기며 '살아있는 죽은 자'로 여긴다. 이와 같이 실험적 창작의 일환으로 희곡에 도입된 '타임 머쉰' 모티브는 역으로 '악마'에 관한 소설에 영향을 미치면서 후에 『거장과 마르가리따』에 유사하게 반영되었다.

VIII–1. 들어가는 글

지금까지 불가코프 작가 및 작품에 대한 수많은 연구들이 이루어져 왔으며, 특히 소설 『거장과 마르가리따』에 대하여는 더욱더 많은 연구가 이루어져 왔다. 하지만 이 대작과 작가의 다른 작품들 사이의 관계, 즉 작품들 사이의 상호 영향 내지는 테마적 관계 등에 대하여는 아직 충분히 연구되지 않았다. 불가코프는 대작 『거장과 마르가리따』를 1928년에 착수하였으며, 1937년 '거장과 마르가리따'로 명명(命名)하기 전까지 자신의 작품을 '악마에 관한 소설(раман о дьяволе)'이라 불렀다.

이러한 '악마에 관한 소설'을 구상하면서, 작가는 또한 몇몇 희곡 작품들을 집필하였다. 이러한 희곡 작품들은 불가코프 자신이 그동안 구상해오던 '악마'에 관한 소설의 집필 의도에 상당한 영향을 미친 것으로 추측할 수 있다. 즉 12년간에 걸친 기나긴 창작 기간의 와중에서 집필된 몇몇 희곡작품들이 '소설' 속에 '희곡적'인 요소를 가미시키는 원동력이 되었던 것이다. 하지만 '거장과 마르가리따'라는 대(大)소설 속에서 이러한 '희곡적'인 요소들이 매우 중요한 역할을 하고 있다는 사실에 대하여는 널리 알려져 있으나, 그의 소설과 희곡작법 사이의 테마적인 상호영향 내지 그 관계에 대해서는 아직 충분히 알려져 있지 않다. 최근에 와서야 비로소 『거장과 마르가리따』와 『아담과 이브』사이의 관계를 분석한 논문이[248] 발표됨으로써 불가코프의 소설과 희곡 작품 사이의 테마적 상호관계가 불가코프 문학연구 중에 하나의 초점이 되고 있다. 이와 같이 '거장과 마르가리따'라는 대(大)역작의 완성본이 탄생되기 전, 그 창작시기를 나란히 병행하면서 집필된 1930년대의 희곡작품들과 불가코프 문학의 최고 결정판인 『거장과 마르가리따』사이의 상호관계를 연구하는 것은 불가코프 문학을 보다 심도 있게 이해하는데 있어 매우 중요한 관건 중의 하나라 할 수 있다. 이에 본 장에서는 1928년에서 1939년에 걸친 '악마에 관한 소설'의 창작 시기와 때를 같이하며 동시에 집필된 불가코프의 희곡들 가운데 『지극한 행복』과 『이반 바실리예비치』를 집중 분석함으로써 이 희곡들에 나타난 '타임 머쉰'의 모티브가 '악마에 관한 소설'의 구상과 집필에 어떻게 영향을 미쳤으며, 또한 완성본 『거장과 마르가리따』에는 어떠한 모습으로 반영되어 있는지를 밝혀 두고자 한다.

VIII-2. 작품 구상 및 집필 시기

희곡 『지극한 행복』과 『이반 바실리예비치』의 창작 과정은 오래전에

---

248) Иваньшина Е. А., *Автор—текст—читатель в творчестве Михаила Булгакова 1930-х годов:«Адам и Ева»,«Мастер и Маргарита»*, Дисс. канд. филол. наук. Воронеж, 1998.

충분히 연구되어졌다.[249] 『지극한 행복』의 타이핑 원고본 가운데 하나에 "1929—1934"라는 연도가 적혀져 있는 것으로 보아, 이 희곡들의 구상은 20년대 말에 이루어졌음을 알 수 있으며, 이 시기는 이미 불가코프가 『악마에 관한 소설(раман о дьяволе)』을 착수한 시기이다.[250] 이러한 결론을 다시 뒷받침하는 것은 지금까지 보존된 『악마에 관한 소설』의 초안들 가운데 가장 초기에 해당하는 1928년에서 1929년의 원고본에, 훗날 『거장과 마르가리따』의 최종본에는 빠지게 되지만 『이반 바실리예비치』의 중심 모티브가 되는 20세기와 16세기 등장인물의 '분신' 모티브 즉 '타임 머쉰'을 타고 이동하듯이 20세기에서 16세기로, 반대로 16세기에서 20세기로 등장인물들이 이동하는 모티브가 이미 나타나고 있는 것이다.[251] 『악마에 관한 소설』에서 이바누쉬카(Иванушка)가 볼란드를 추적하는 와중에 바실리 사원으로 올라가는 입구의 붉은 광장에서 반은 황제이고 반은 수도사의 모습을 한, 또 다른 이바누쉬카를 만나는 장면이 나온다.

> И точно учинился Иванушка на паперти. И сидел Иванушка, погромыхивая веригами, а из храма выходил страшный грешный человек: исполу—царь, исполу—монах. В трясущейся руке держал посох, острым концом его раздирал плиты. Били колокола. —Студные дела твои, царь,—сурово сказал ему Иванушка,—лют и бесчеловечен, пьешь губительные обещанные

249) Чудакова М., *Архив М. Булгакова*, Записки ОР ГБЛ. Москва, 1976. Вып. 37. pp.112–114, pp.118–121.

250) Кухта Е. А., "Блаженство"[Комментарии], Булгаков М. А. *Пьесы 1930–х годов*, СПб., Искусство Санкт–Петербург, 1994, pp. 593–594. (이하, 이 책으로부터의 인용은 "Кухта 1994, 페이지 수"로 약칭함)

251) Гаспаров Б. М., *Литературные лейтмотивы: Очерки русской литературы XX века*, Москва, Наука, 1994, p79. (이하, 이 책으로부터의 인용은 "Гаспаров 1994, 페이지 수"로 약칭함)

диаволом чаши, вселукавый мних. Ну, а дай мне денежку, царь Иванушка, помолюся ужо за тебя. Отвечал ему царь, заплакавши:
—Почто пужаешь царя, Иванушка. На тебе денежку, Иванушка –верижник, Божий человек, помолись за меня! И звякнули медяки в деревянной чашке. Завертелось все в голове у Иванушки, и ушёл под землю Василий Блаженный. Очнулся Иван на траве в сумерках на Патриарших Прудах, и пропали пальмы, а не месте их беспокойные коммуны липы уже посадили.[252)]

분명히 이바누쉬카는 성당으로 올라가는 입구에 있었다. 그는 다리에 찬 쇠고랑을 쩡그렁거리면서 분명히 앉아 있었다. 그런데 성당 안에서 무시무시하게 생긴 죄수가 한 명 걸어 나오고 있었다. 그는 반은 황제이고 반은 수도사의 모습을 하고 있었다. 떨리는 손에는 기다란 지팡이를 잡고 있었으며, 그 날카로운 끝으로 부엌용 곤로를 잡아 찢고 있었다. 종이 타종되었다. "당신의 그 소름끼치는 일들을 생각하면, 황제 당신은 너무 잔인하고 무자비해. 악마에게서 약속받은 파멸의 잔이나 마셔라, 이 교활한 수도승아. 으음, 어디, 나한테 동전 한 닢 주어 봐, 이바누쉬카 황제야, 그러면 내 너를 위해 기도해 줄게." 이바누쉬카는 그에게 냉엄하게 말하였다. 황제는 울고 나서 그에게 대답하였다. "이바누쉬카, 어째서 너는 이 황제를 놀라케 하는고, 그래, 내 너한테 동전 한 닢을 주마, 쇠고랑을 찬 이바누쉬카여, 신의 백성아, 나를 위해 기도하라!" 나무로 된 잔 안에 동전이 짤그랑거렸다. 이바누쉬카 머리 속 안의 모든 것들이 빙빙 돌기 시작했다. 그리고는 갑자기 바실리 성당이 땅속으로 꺼져 버렸다. 정신을 차려보니 이반은 황혼이 지는 빠트리아르흐 연못가 풀밭 위에 있었다. 종려나무도 사라져 버리고, 그 자리에는 불안한 공산자치단체의 보리수 나무들이 언제인지 벌써 심어져 있었다.

물론, 이와 같은 장면에서 우리는 푸쉬킨의 『보리스 고두노프(Борис Годунов)』에서와 같이, 백치에 의해서 황제가 폭로되는 장면을 연상하

---

252) Булгаков М., *Великий канцлер: Черновые редакции романа "Мастер и Маргарита"*, Москва, Новости, 1992, p.242. (이하, 이 책으로 부터의 인용은 "Булгаков 1992, 페이지 수"로 약칭함)

게 됨으로써 '푸쉬킨적'인 영향을 느낄 수도 있지만, 여기에서의 불가코프적인 '백치'는 『보리스 고두노프』에서 황제를 위해서 기도할 수 없다고 대꾸하는 푸쉬킨적인 '백치'("нельзя молиться за царя Ирода—Богородица не велит")[253]와 달리, 황제를 위하여 기도한다는 명목으로 황제에게 동전 한 잎을 구걸하고 있다. 또한 푸쉬킨의 작품에서는, 똑같은 이름의 황제와 거지가 등장하는 등장인물의 '분신'에 관한 모티브도, 시대를 잘못 인식하는 시대착란에 관한 모티브도 나타나지 않는다. 즉 『악마에 관한 소설』의 초기본에 쓰인 이러한 모티브들은 온전히 불가코프 자신에 의한 것이었음을 말해 주고 있다.

앞의 인용문에서 이바누쉬카(Иванушка)는 '종려나무'를 '보리수'로 잘못 인식하는데, 이와 같이 등장인물이 시대를 잘못 인식하는 시대착란의 실수는 우연히 일어난 것으로 보기 어렵다. 이러한 모티브는 이바누쉬카가 한층 더 먼 과거—16세기와 고대 시대—로 이미 여행하고 있음을 나타내 주며, 볼란드가 그냥 단순히 빌라도와 예수아에 대하여 말하고 있지 않음을 강조해 준다. 즉 볼란드가 마치 영화 한 편을 보여주듯이 피상적으로 빌라도와 예수아의 역사를 이야기하고 있는 것이 아니라, 실제 '물리적'으로 이바누쉬카와 베를리오즈를 2000년 전으로 옮겨 놓았다가 다시 제자리로 돌려놓고 있음을 강조해 주고 있는 것이다.

이와 같이 희곡 『지극한 행복』과 『이반 바실리예비치』의 구상은 소설 『악마에 관한 소설』의 구상과 같은 시기인 1920년대 말에 동시에 이루어졌음을 추정할 수 있다. 하지만 불가코프가 이러한 희곡들을 본격적으로 집필한 시기는 이보다 몇 년 뒤인 것으로 알려지고 있으며, 지금까지 전해져 내려오는 희곡의 초안들은 대부분 1933년 봄에서 가을 사이인 것으로 되어 있다. 그런데 이 1933년 봄에서 가을 사이의 시기는 또한 두 희곡과 소설의 집필시기가 같이 이루어지고 있었음을 말해 준다.

---

253) Пушкин А. С., *Собрание сочинении: в 10 т.*, IV, Москва, 1974–1978, p.242.

즉 불가코프가 1930년 봄에 '악마'에 관한 자신의 소설을 불에 태운 후,[254] 다시 이 소설의 집필에 착수한 시기 또한 1933년 봄에서 가을 사이인 1933년 8월경인 것이다.[255] 1933년 8월 2일 레닌그라드 여행에서 돌아온 불가코프는 베레사예프(Вересаев В.)에게 다음과 같이 쓰고 있다: "В меня же вселился бес. Уже в Ленинграде и теперь здесь, задыхаясь в моих комнатенках, я стал мазать страницу за страницей наново тот свой уничтоженный три года назад раман."(V, p.491).[256] 이와 같이 '악마'에 관한 소설을 다시 시작하며 보낸 편지에서 사용하였던 'мазать'라는 동사를 불가코프는 몇 달 후(1934년 3월 14일) 'Попов П. С.'에게 보낸 편지에서도 또한 사용하고 있다. 즉 '악마'에 관한 소설의 재집필에 들어간지 얼마 안 지난 같은 시기에 자신이 또한 다른 작품(희곡 『지극한 행복』)도 집필하고 있음을 알리고 있는 것이다: "время от времени мажу, сценка за сценкой, комедию"(V, p.502.)

이상에서 살펴본 바와 같이, 희곡 『이반 바실리예비치』의 중심 모티브인 '타임 머쉰' 모티브와 유사한 등장인물의 '분신' 모티브가 『거장과 마르가리따』의 초기본인 『악마에 관한 소설』(1928–1929)에 나타나고, 『거장과 마르가리따』의 세 번째 성고(완성원고)를 집필하던 시기인 1933년경에 보낸 편지들에서 작가 자신이 '악마에 관한 소설'뿐만 아니라 희극

---

254) 1930년 3월 28일자 소비에트 정부에 보낸 작가의 편지에는, 그가 1930년 3월 18일에 '악마'에 관한 소설과 희극의 초기본, 그리고 두 번째 소설 '극장'의 초안들을 불에 던져 버렸음을 말하고 있다: "18 марта 1930 года я получил из Главреперткома бумагу, 〈...〉 И лично я, своими руками, бросил в печку черновик романа о дьяволе, черновик комедии и начало второго романа 『Театр』."— Булгаков М. А., *Собрание сочинений в пяти томах* Т. 5., Москва, Художественная литература, 1990, p. 448.

255) Лосев Виктор, "Рукописи не горят"— Булгаков М., *Великий канцлер: Черновые редакции романа "Мастер и Маргарита"*, Москва, Новости, pp.14–15.

256) 본 논문에서 인용되는 작품 텍스트는 모두 불가코프 전집: Булгаков М. А., *Собрание сочинений в пяти томах*, Москва, Художественная литература, 1990.에서 인용되었으며, 편의상 (I~V, p. 페이지 수)로 약칭한다.

(『지극한 행복』)도 같이 집필하고 있음을 알림으로써 두 희곡(『지극한 행복』, 『이반 바실리예비치』)과 『거장과 마르가리따』는 같은 시기에 구상되고 집필되었음을 확인할 수 있다.

VIII-3. '타임 머쉰' 모티브의 외적 영향

희곡 『지극한 행복』의 줄거리는 모두 현재의 시간을 초월한 과거와 미래 속으로의 여행 모티브와 관계되어 있으며, '타임 머쉰'의 형상이 모든 사건의 중심에 있다. 이러한 '타임 머쉰'의 테마는 1920년대 말에서 1930년대 초에 걸쳐 당시 소비에트 사회의 경연극 무대에서 아주 유행하였던 것으로 알려지고 있다. 즉 1928년에서 1929년에 모스크바 '뮤직 홀'에서는 "30세기의 기적(Чудеса XXX века)"이라는 유희극이 상연되었으며, 같은 시기에 레닌그라드 '뮤직 홀'에서도 "21세기의 기적(Чудеса XXI века)"이라는 연극이 상연되었다.[257] 이러한 '경연극적'인 테마 또한 희곡(『지극한 행복』)과 소설(『거장과 마르가리따』)을 상호 연계시켜 준다.

즉 등장인물들이 현재의 시간을 초월하여 과거와 미래의 시간 속으로 여행하는 내용의 희곡에 대한 구상은 훗날 『거장과 마르가리따』에서 볼란드가 행하는 모스크바 공연의 기초가 되고 있다. 모든 시간을 지배할 능력을 지닌 볼란드가 경연극 무대 위에서의 '배우'[258]와 같은 형상을 지

257) Кухта 1994, p.595.

258) 볼란드가 묘기를 연출하는 '서커스 배우'와 같은 형상을 지니는 것은, 본래 이들 희곡과 같은 시기(1933–1934년)에 씌어진 『악마에 관한 소설』에는 '버라이어티(Варьете)'가 아닌, 예전의 '서커스장'으로 씌이던 곳을 새로 개조한 카바레(Кабаре) 극장으로 나온다는 점을 주목할 필요가 있다: "Степа Бомбеев был красным директором недавно открывшегося во вновь отремонтированном помещении одного из бывших цирков театра 『Кабаре』" (Булгаков 1992, p.51)

니는 것 또한 당시의 유행하였던 '경연극적'인 분위기와 무관하지 않은 것이다. 더구나 볼란드는 자신이 보유한 '타임 머쉰'의 운영 능력을 '바리예테(Варьете)' 극장에만 한정시키지 않고, 전(全)모스크바로 그 영역을 확장시킴으로써 소설 속에서 전(全)모스크바는 '바리예테' 극장의 '확장 무대'가 되고 있다: "вся Москва предстает в виде некоей расширившейся сцены театра Варьете"[259]. 즉 '모스크바'라는 대(大)무대 위에서 현재의 시간과 장소를 초월하는 희대의 '여행'이 볼란드의 '타임 머쉰' 효과에 의해서 벌어지고 있으며, 이러한 무대 공연에서 마침내 여주인공 마르가리따는 모스크바의 '현세'를 벗어나 '영원한 세계'로 여행을 떠난다.

이와 같이 '타임 머쉰'의 형상이 20세기 초에 러시아 문학뿐만이 아닌 세계문학 전반에 널리 퍼지게된 것은 '마크 트웨인(Mark Twain)'의 『A Connecticut Yankee in King Arthur's Court』(1889)을 비롯하여, 특히 '웨일즈(H. G. Wells)'의 『The Chronic Argonauts』, 『The Time Machine』(1888)과 같은 공상과학 소설의 영향이 매우 컸음은 널리 알려진 사실이다. 불가코프의 작품들과 이들 작가의 작품들과의 상호연계에 대해서는 이미 많은 문학 연구가들에 의해서 고찰되고 분석되어졌다.[260]

1920년대에 불가코프의 소설 『비운의 달걀』이 처음 나왔을 때, 비평가들은 이 소설과 웨일즈의 영향에 대하여 이미 말하였다. В. Меньшой는 이 중편소설의 줄거리를 웨일즈의 '삽화'라고 하였으며[261], В. Шкловский는

259) Гаспаров 1994, p.47.

260) Бабичева Ю., "Фантастическая дилогия М. Булгакова: 『Блаженство』 и 『Иван Васильевич』", М. А. Булгаков, *Драматург и художественная культура его времени*, Москва, Союз Театральных Деятелей РСФСР, 1988, p.126. Лурье Я. С., "М. Булгаков и Марк Твен", *Известия Академии наук СССР Серия литературы и языка* Т.46, No.6, 1987, pp.564-571. Лурье Я. С., "Иван Васильевич"[Комментарии], *М. А. Булгаков, Пьесы 1930-х годов*, СПб., Искусство Санкт-Петербург, 1994, p.611. Bassett A. M., *H. G. Wells and Mikhail Bulgakov: A Study of Influence and Intertextuality,* M. A. diss. University of Alaska, Anchorage, 1996.

261) Меньшой А., "Москва в 1928-м году", *Булгаковский сб. Вып. 3,* Таллинн, 1998, p.133.

이 소설은 웨일즈로부터 나왔다고 주장하였다.[262] 이러한 모든 사실로 판단할 때, 불가코프는 예전에 웨일즈와 그의 작품에 많은 관심을 가지고 있었으며, 그가 희곡『지극한 행복』을 창작할 당시에도 그 관심은 변함이 없었던 것으로 볼 수 있다. 1934년 중엽, 웨일즈가 소련을 방문하여 스탈린을 면담하였을 때,[263] 불가코프는 당시 웨일즈의 크레믈린 방문에 대하여 매우 깊은 관심을 가지고 있었다.

> В Москву приезжал Герберг Уэллс. Был принят Сталиным, но в газетах беседа не публиковалась. Был Уэллс и Горького, а в Ленинграде у А. Толстого. Но уехал как-то очень тихо, так что московские сплетники шипят, что ему у нас не понравилось.[264]
>
> 모스크바에 웨일즈가 도착하였다. 스탈린을 만났으나 신문 지상에 담화 내용은 실리지 않았다. 그는 고리키도 만났고, 레닌그라드에서는 A. 톨스토이도 방문하였다. 그러나 그는 어쩐지 아주 조용히 떠났다. 그래서 모스크바의 수다쟁이들은 우리나라가 그의 마음에 들지 않았다고 떠들어대고 있다.

이와 같이 영국 소설작가 및 당시 유행하였던 '경연극적'인 무대 공연 등의 영향으로 불가코프 작품 속에 등장한 '타임 머쉰'의 제재는 1930년대 초, 소비에트 문단에 시간의 변이과정을 촉진시키는 메타포가 널리 퍼지게 하였으며, 결국 이러한 메타포는 당시의 소비에트 당(黨)이 주

262) Шкловский В., *Гамбургский счет: Статьи. Воспоминания. Эссе: 1914—1933,* Москва, 1990, p.300.

263) 그 전에도 웨일즈는 러시아를 두 번(1914년, 1920년) 방문한 적이 있으며, 1920년 방문할 때는 '레닌'을 만났었다. 웨일즈는 러시아를 방문하고 돌아간 후에 곧 시나리오『Облик грядущего』를 썼다.

264) 불가코프의 아내 'Е. Булгакова'의 1934년 8월 15일자 일기: Булгакова Е., *Дневник Елены Булгаковой*, Москва, 1990, p.63. 참조.

도하였던 전국가적 사업('공업화')을 조기에 달성하자는 거국적인 테제에까지 영향을 미침으로써 "Пятилетку—в четыре года!"와 같은 슬로건을 낳게 하였다. 이와 같은 시간의 변이과정을 촉진시키는 메타포를 제일 먼저 사용한 소비에트 작가들 가운데 한 사람으로서 우리는 또한 '마야코프스키(В. Маяковский)'를 손꼽을 수 있다. 1920년대 말의 그의 희극 『Клоп』와 『Баня』에서 작가는 이러한 '시간 속으로의 여행' 모티브에 기초한 이야기들을 전개시키고 있으며, 특히 희극 『Баня』에서는 '타임 머쉰' 발명가의 형상까지 창조해내고 있다. 이처럼 '타임 머쉰'에 관한 제재를 제일 먼저 사용한 두 작가의 희곡들 사이에서 발견되는 경쟁적인 상호논쟁에 대하여는 이미 1960년대에 불가코프의 희곡 『지극한 행복』이 처음 출판되어 나왔을 때, 그 출판 서문 기사에서도 나타나고 있다: Булгаков в "Блаженство" полемизировал как с "Клопом."[265] 두 작가 사이의 논쟁은 이미 『Клоп』에서 마야코프스키에 의해서 먼저 제기되었다. 그는 『Клоп』에서 '불가코프'라는 이름은 50년 후에 '사어(死語) 사전(словарь умерших слов)'에서나 존재하게 될 것이라고 쓰고 있다: "Бюрократизм, богоискательство, бублики, богема, Булгаков..."[266] 한편 불가코프가 마야코프스키의 희극 『Баня』에 자극받아 '논쟁적'으로 자신의 희극 『지극한 행복』을 서둘러 창작하게 된 것 또한 사실이다.[267] 희극 『Баня』와 『지극한 행복』사이의 관계에 대해서 문학연구가들은 두 희극에 등장하는 발명가들의 형상과 이들이 고안해내는 기이한 발명의 모

265) "Вступительная заметка к публикации пьесы 『Блаженство』", Звезда Востока, 1966, No.7.

266) Маяковский В. В., *Полное собрание сочинений В 13 т*, XI, Москва, 1955–1961, p.250. (이하, 이 책으로 부터의 인용은 "Маяковский 1995, 페이지 수"로 약칭함)

267) "Возможно, знакомство с пьесой Маяковского и послужило непосредственным толчком к созданию Булгаковым комедии, замысел которой, вероятно, вызревал раньше." — *Очерки истории русской советской драматургии: в 3 т.*, II, Москва, Искусство, 1966, p.135.

티브들에서 그 유사성을 찾아내고 있으며, 특히 '빛을 발하는' 여주인공('Фосфорическая женщина'와 'Аврора')들 사이의 상호 유사성을 강조하고 있다.[268] 하지만 마야코프스키의 희극 『Баня』 또한 불가코프의 중편소설 『비운의 달걀』에 영향을 받고 있음이 드러난다.[269] 즉 불가코프의 『비운의 달걀』에서 뻬르시코프가 개발한 '생명 방사선(Луч жизни)'이 닭의 신속한 부화를 위하여 쓰이듯이, 마야코프스키의 『Баня』에서 '벨로시뻬드킨(Велосипедкин)'은 '추다코프(Чудаков)'가 발명한 '타임 머쉰'을 닭의 신속한 사육을 위하여 사용할 것을 제안하고 있는 것이다.[270]

이상에서 살펴본 바와 같이, 불가코프의 희곡에 나타나는 '타임 머쉰'의 모티브는 작가가 이들 희곡을 집필할 당시 소비에트 사회에 널리 유행하였던 경연극 무대공연과 작가가 평소에 갖고 있던 영국의 공상소설 작가(웨일즈) 및 작품(The Time Machine)에 대한 관심에서 일단 그 배경을 찾을 수 있으며, 아울러 작가와 같은 시대를 살았던 동시대 작가 마야코프스키의 희곡 발표가 작가로 하여금 그동안 자신이 구상하였던 희곡을 서둘러 완성시키게 하는 자극제가 되었다고 볼 수 있다.

VIII-4. '타임 머쉰' 모티브의 내적 영향

불가코프 작품 속에 나타나는 '타임 머쉰' 모티브는 앞의 장에서 살펴본 바와 같이, 동시대적인 유행 및 타작가의 영향에 기인한다고 볼 수

---

268) Яблоков Е. А., "Они сошлись..."— Михаил Булгаков, *Владимир Маяковский: диалог сатириков*, Москва, Высшая школа, 1994, p.47. (이하, 이 책으로부터의 인용은 "Яблоков 1994, 페이지 수"로 약칭함)

269) Яблоков 1994, p.38.

270) ну, скажем, на все куриные инкубаторы, в пятнадцать минут будем взращивать полупудовую курицу, а потом ей под крылышко штепсель, выключим время— и сиди, курица, и жди, пока тебя не поджарили и не съели. (Маяковский 1955, p.281).

있지만, 그것은 어디까지나 '외형적'이며 '피상적'일 뿐이다. 즉 1930년대 초, 불가코프 작품 속에 현세를 초월하여 과거–미래의 시간 속으로 떠나는 '여행'과 그러한 여행을 가능케 하는 '타임 머쉰'의 등장은 전적으로 동시대 유행의 산물이나 동시대 작품의 영향만은 아닌 것이다.

다시 말해, '타임 머쉰' 모티브가 나타나는 1930년대 희곡 이전의 불가코프 작품들을 살펴볼 때, 그것은 전혀 새로운 것이 아니며 오히려 자연스러운 과정이였다고 볼 수 있다. 비록 작가 웨일즈의 영향에 대하여 좀 더 강하게 이야기될 수 있지만, 그것 역시 외형적 성격에 국한된 영향이라고 본다. 왜냐하면 불가코프 작품에 나타나는 '타임 머쉰 여행'의 테마는 영국의 공상소설에서 보다 훨씬 폭넓은 철학적 의미를 내포하고 있기 때문이다. 이러한 문제에 대하여 근래에 출간된 E. Яблоков의 저서: "Художественный мир Михаила Булгакова"[271]에서 자세히 언급되고 있듯이 불가코프의 예술세계에 있어서 '초자연적' 상황은 거의 항상 기존의 '시간' 개념이나 '시간 변이과정'의 변화에 관계되어 있다. 예를 들면, 『백위군』에서 쉬뽈랸스키(Шполянский)는 적의 공습이 점점 다가오고 '도시(Город)'의 파멸이 임박해오자, 사건의 진행과정을 빠르게 촉진시킨다.

또한 중편소설 『비운의 달걀』에서 주인공 뻬르시코프(Персиков)는 번식력을 활성화시키고 성장력을 촉진시키는 '기구'를 만들어 낸다. 사실상, 희곡 『지극한 행복』이 집필되기 10년 전인 1920년대에 출간된 이 소설에서 주인공은 이미 훗날의 '타임 머쉰'에 해당하는 '기구'를 만들어 내고 있는 것이다. 이 '기구'가 '타임 머쉰(Машина времени)'에 해당하는 것은, 소설 종반에 '기구'의 오용(誤用)으로 인하여 벌어진 '대혼란'을 막기 위해 '동장군(морозный бог)'이 '머쉰(машина)'을 타고 나타남으

271) Яблоков Е. А., *Художественный мир Михаила Булгакова*, Москва, 2001. (이하, 이 책으로부터의 인용은 "Яблоков 2001, 페이지 수"로 약칭함)

로써 8월 한 여름에 때 아닌 혹한이 몰아닥치는 '계절의 혼란(смешение времени)'이 발생한다는 사실에서도 그 유추가 가능하다.

한편 같은 20년대의 중편소설『개의 심장』에서도 주인공 쁘레오브라젠스키(Преображенский)는 영원한 젊음의 비밀 즉 'омоложение(젊어지는 방법)'을 개발하기 위하여 '실험적 수술'을 단행한다. 비록 그가 행한 수술이 뜻하지 않은 '개-인간'의 탄생을 가져오지만, 그 역시 '시간'이 흘러도 늙지 않는 '수술'을 통하여 '시간'을 극복해 보려 하였던 것이며 그가 개발하려고 하였던 'омоложение-수술' 역시 훗날의 '타임 머쉰'의 발명에 해당된다고 볼 수 있다. 또한 희곡『아담과 이브』에서도 'Ефросимов'는『비운의 달걀』에서의 뻬르시코프와 유사하게 '광선(луч)'을 발명한다.『거장과 마르가리따』에서 볼란드는 특유한 간파술로 시간의 흐름을 빠르게 하거나 늦춤으로써 자신이 '영원성'을 지니고 잠시 '일시적'인 세계(во 'временном' мире)에 머물러 있음을 증명한다.[272)]

이상에서와 같이, 1930년대 초 이전 혹은 이후의 불가코프 작품들과 이들 작품들에 등장하는 일련의 주인공들을 살펴볼 때, 희곡『지극한 행복』과『이반 바실리예비치』에서 '레인(Рейн)'과 '찌모페예프(Тимофеев)'와 같은 발명가가 등장하고 또한 이들이 '타임 머쉰'과 같은 기구를 발명해 내는 것은 전혀 특별하거나 예외적인 현상이 아니며, 오히려 불가코프적인 창작과정의 자연스러운 수순인 것이다. 즉 1930년대 초, 불가코프의 희곡『지극한 행복』과『이반 바실리예비치』에 나타나는 '타임 머쉰'의 모티브는 당시의 시대적인 유행이나 타작품에 의한 외적인 영향보다 작가 자신의 내적인 창작 과정의 영향이 더 크다고 볼 수 있다.

Е. Яблоков의 견해에 따르면, 불가코프 작품에서 '타임 머쉰'에 해당하는 것은 비단 앞서 살펴본 '발명가'나 '학자'들뿐만이 아니라, 예술가-거장(Максудов, Мастер)들의 독창적인 '저작'도 포함된다. 이들 예술가들

---

272) Яблоков 2001, p115.

은 자신의 독창적인 통찰력에 의하여 이미 지나간 사건들도 '초-시간적(вневременный)'인, 즉 '시간'을 초월하는 상태로 만들어 다시 부활시키고 있다. 그러므로 『거장과 마르가리따』에서 예전에 '학자-역사가'였던 '거장(Мастер)'이 창작하는 '소설'은 마치 '타임 머쉰'과 같이 2000년 전의 사건을 그대로 재생시키는 역할을 한다. 또한 거장의 '소설'은 앞서의 중편들에서 '저자-학자'도 예상하지 못한 결과를 초래하였던 '과학적 실험'과도 같으며, 따라서 '소설'의 운명은 뻬르시코프와 쁘레오브라젠스키가 이룩한 '신발견'의 운명과 매우 유사하다.[273)]

이상에서 살펴본 바와 같이, 불가코프의 희곡에 나타나는 '타임 머쉰' 모티브는 그 이전의 중편들에서 과학적 실험에 의한 '신발견'('생명 방사선', '수술')의 형태로 이미 나타나고 있었으며, 불가코프는 이와 같이 자신이 구상한 모티브를 '악마'에 관한 소설을 집필하던 1930년대 초에 '실험적' 창작의 하나로서 자신의 희곡에 도입함으로써 희곡 『지극한 행복』과 『이반 바실리예비치』에 나타난 '타임 머쉰' 모티브는 작가 자신의 내적인 창작과정의 한 부분이며 그 산물이라고 볼 수 있다.

VIII-5. 불가코프적 '타임 머쉰' 모티브

1920년대 예술계에 있어서 '타임 머쉰 여행'에 관한 모티브는 매우 유행적이였으며, 이는 모두 아인쉬타인의 '상대성 이론'에 그 근거를 두고 있다. 그러므로 희곡 『지극한 행복』에 등장하는 주인공 '예프게니 레인(Евгений Рейн)'의 모델들 가운데는 '아인쉬타인(А. Эйнштейн)이 존재한다고 보아진다.[274)] 이런 '상대성 이론'에 근거한 반응들은 『거장과 마

273) Яблоков 2001, p.116.

274) '예프게니 레인(Евгений Рейн)'과 '아인쉬타인(А. Эйнштейн)'의 러시아어 발음이 매우

르가리따』의 시간–공간 구조에서도 분명하게 드러나고 있다. 한편 몇몇 연구가들은 아인쉬타인의 '상대성 이론'에 의한 영향뿐만 아니라, 철학자이며 수학자인 '플로렌스키(П. Флоренский)'에 대한 불가코프의 관심을 이야기 한다. 1922년 플로렌스키의 저서 "Мнимости в геометрии(기하학에서의 가상)"이 처음 출판되어 나왔고, 이 책은 불가코프에게도 잘 알려져 있었다.[275] 플로렌스키 또한 『거장과 마르가리따』의 초기본에 나오는 등장인물 '페샤(Феся)'의 모델이 되었고, 훗날 '페샤'의 형상은 '거장(Мастер)'의 형상으로 변형되었다.[276]

이와 같은 영향으로 인하여, 불가코프 작품에 나타나는 '타임 머쉰' 모티브는 '상대성 이론'이나 혹은 '기하학'과 같은 '자연과학적'인 내용과 밀접한 관계를 맺고 있으며, 따라서 불가코프의 등장인물들이 '상대성 이론'에 기초하여 대화를 주고 받는 것은 당연하다 하겠다. 『지극한 행복』에서 주인공 '레인(Рейн)'은 무식한 아파트 관리위원 '분샤(Бунша)'에게 상대성 이론에서의 시간과 공간의 개념에 대하여 다음과 같이 열심히 설명한다.

> как я вам объясню, что время есть фикция, что не существует прошедшего и будущего... Как я вам объясню идею о пространстве, которое, например, может иметь пять измерений?... (III, p.386.)

> 어떻게 당신한테 설명을 드려야 할지 모르지만, '시간'이라는 것은 허구인 것입니다. 그것은 과거도 그리고 미래도 존재하지 않는다는 것입니다. 어떻게 내가 당신한테 가령, 5차원의 세계를 가진 공간의 개념을 설명할 수 있겠습니까?...

유사함을 발견할 수 있다.

275) Abraham P., *Роман "Мастер и Маргарита" М. А. Булгакова*, Брно, Masarykova Univerzita, 1993, pp.127–144. 참조 // Соколов Б. *Энциклопедия булгаковская*, Москва: Миф, 1996, pp. 482– 485. 참조.

276) Соколов Б, *Энциклопедия булгаковская*, Москва, 1996, pp.478 –479. 참조.

이와 같은 시간–공간의 관념을 가진 20세기 '타임 머쉰'의 발명가 '레인'은 23세기의 '라다마노프(Радаманов)'와 같은 맥락에서 비교된다. '라다마노프'는 갑자기 20세기에서 날아온 3명의 등장인물에 대하여 전혀 이해하지 못하는 '사비치(Саввич)'를 다음과 같이 설득하고 있다.

> примиритесь с этой мыслью. Трое свалились к нам из четвертого измерения. (III, p.394)

이런 사고를 받아들이시오. 세 명은 4차원으로부터 우리들 쪽으로 떨어진 것입니다.

불가코프는 또한 '타임 머쉰' 모티브를 통하여 시간의 '상대성' 원리를 강조한다. 두 희곡에 나타나는 16세기, 20세기 그리고 23세기 속에서의 시간의 흐름은 완전히 '상대적'인 것으로 묘사되고 있다. 즉 23세기를 향하여 날아갔던 주인공들은 모스크바에서 없어졌던 바로 그 시간에 다시 20세기로 돌아온다: "Тот же день и час, когда наши герои вылетели в Блаженство."(III, p.420). 이들은 23세기에서 적어도 몇 주일 이상을 체류하였지만, 모스크바 시간에서는 아무 곳도 다녀오지 않은 것이 되며, 그 어느 곳으로도 사라진 적이 없었던 것이 된다. 또한 친위병들의 반복되는 외침과 고함 소리들(III, p.387, p.422.)로 판단할 때, 황제 'Иоанн' 역시 없어졌던 바로 그 시간에 다시 자신의 황궁으로 돌아간다. 『거장과 마르가리따』의 1938년 원고본에서 마르가리따가 지금이 몇 시인지를 묻자, 코로비요프는 곧바로 시간의 상대성에 대하여 다음과 같이 이야기한다.

> —Полночь, пять минут первого,—ответил Коровьев.
> —Как? —вскричала Маргарита,—но ведь бал шел три часа...
> —Ничего не известно, Маргарита Николаевна!... Кто, чего, сколько шел! (Булгаков 1992, p.411).

"자정이오, 12시 5분" 코로비요프가 대답하였다.
"아니, 어떻게 그럴수가" 마르가리따가 소리쳤다. "그럼, 무도회가 이제 겨우 3시간 밖에 안지났단 말이예요?"
"아무것도 알려진 것은 없소, 마르가리따 니콜라예브나!... 누가, 무엇을, 얼마만큼이 지났는지!

한편『거장과 마르가리따』의 최종본에서는 마르가리따가 볼란드에게, 이미 자정이 몇 번 지났는데도 아침이 오지 않는 '시간'에 대하여 질문하자: "А вот чего я не понимаю... Что же это—все полночь да полночь, а ведь давно уже должно быть утро?", 볼란드는 자신이 잠시 시간의 흐름을 지연시켰다고 대답한다: "Праздничную ночь приятно немного и задержать."(V, p.285.) 이와 같은 '시간'에 대한 질문뿐만이 아니라, '공간'에 대한 질문도 눈에 띈다. 마르가리따가 보통의 평범한 아파트 안에 그토록 무한히 펼쳐지는 홀이 어떻게 위치할 수 있는지를 묻자, 코로비요프는 다음과 같이 대답한다.

> Самое несложное из всего! 〈...〉 Тем, кто хорошо знаком с пятым измерением, ничего не стоит раздвинуть помещение до желательных пределов. Скажу вам более, уважаемая госпожа, до чёрт знает каких пределов! (V, p.243)

세상에서 가장 간단한 문제죠! 5차원의 세계를 잘 아는 사람한테는 자신이 원하는 만큼 경계를 늘리는 일이란 아무것도 아니죠. 좀 더 말하자면, 존경하는 숙녀분, 경계가 어디인지 누가 알겠습니까!

이와 같이 불가코프의 '타임 머쉰' 모티브에는 시간과 공간의 상대성 원리가 강조되고 있다. 하지만 불가코프가 '타임 머쉰' 모티브를 통하여 이러한 자연과학적 측면만을 부각시키는 것은 아니다. 그는 자연과학적 내용을 재료로 하여, 보다 중요한 사회적-철학적 문제를 제기한다.『지극한 행복』과『거장과 마르가리따』에서 작가는 과연 역사적인 진보는 존재하는 것인지, 즉 외형적인 속성이 아닌 본질에 있어서 한 세기가 다른 세기와 구별되어질 수 있는지에 대한 문제를 제기하고 있다. 다시 말해, 인류의 인간적 본성은 세기의 변화와 함께 변화되는 것인지, 아니면 수세기의 시간이 흘러가도 인간의 본성은 변함이 없는 것인지를 묻고 있는 것이다. 사실상 이와 같은 추상적인 문제도 당시 소비에트 사회에서는 더 이상 '추상적'이지 않았었다. 즉 1920년대 소비에트 정권은 새로운 소비에트 사회에 걸맞는 '새로운 인간형'을 창조하기 위하여, 인간을 근본적으로 개조시키는 정책을 내부적으로 추진하고 있었으며, 이러한 '인간 개조'의 관념은 매우 긍정적인 답을 얻고 있었다. 하지만 불가코프는 이러한 인간 개조의 문제에 대하여 매우 보수적인 입장을 견지하고 있었으며, 이는 1920년대 초반의 그의 작품에서 잘 드러나고 있다.[277)]『개의 심장』에서 쁘레오브라젠스키는 이미 인간의 종자 개량과 '우생학'에 대하여 이야기하고 있으며(II, p.194), 이는『지극한 행복』으로 이어져 계속된다.『지극한 행복』의 초기본에서 '사비치(Саввич)'가 '우생학 연구소(Институт евгеники)'를 관리하고[278)], 주인공 '레인(Рейн)'의 이름이 공교롭게도 '우생학(евгеника)'의 발음과 유사한 '예브게니(Евгений)'인 것은 결코 우연이 아니라고 본다.[279)]『지극한 행복』의 최종본에서 비록 '사비치(Саввич)'의 연구소가 '화합 연구소(Институт гармонии)'로 그 명칭이 바뀌지만, 본질은 예전과 동일하다.

---

277) 1920년대 불가코프의 중편『개의 심장』에는 '젊어지는 수술'이 잘못되어 '개-인간'이 탄생하게 되는데, 수술 직후 주인공 '쁘레오브라젠스키'는 자신의 오류를 인정하면서 이러한 '인간 개조'가 무엇을 위하여 필요한지를 자신의 조수에게 반문한다.

278) Булгаков М. А., *Пьесы 1930-х годов*, СПб., Искусство Санкт-Петербург, 1994, p.352. (이하, 이 책으로부터의 인용은 "Булгаков 1994, 페이지 수"로 약칭함).

279) 그리스어로 '예브게니(Евгений)'는 '출생이 좋은', '집안이 좋은', '좋은 종자를 지닌' 등의 의미를 뜻한다.

> Институт изучает род человеческий, заботится о чистоте его, стремится создать идеальный подбор людей. (III, p.405)
>
> 연구소는 인간의 종(種)을 연구하고, 인간의 순수성에 대하여 신경을 씁니다. 그리고 인간들의 이상적인 배우자 선택을 만들어 내려고 애씁니다.

위에서 보는 바와 같이, 연구소는 이름만 바뀌었을 뿐 하는 일은 모두가 '우생학적'인 과제 일색이다. 이러한 '화합 연구소'의 주요활동을 뒷받침하는 관념은 고대로 거슬러 올라가 고대 그리스의 철학자 플라톤에게서 찾아볼 수 있다. 플라톤은 자신의 '국가론'에서 이상적인 사회의 '유토피아적' 모델을 창조하면서, 양질의 후손을 얻기 위하여 부부(夫婦)의 쌍은 반드시 인공적으로 선택되어야 함을 주장하였다. '화합 연구소'의 소장인 '사비치(Саввич)' 또한 약혼녀 '아브로라(Аврора)'에게 자신들의 결혼은 성사되지 않을 수 없음을 설득하면서, 자신들의 부부의 연(緣)은 서로서로 선택되어진 것임을 강조한다: "Мы были рождены друг для друга"(III, p.400). 그런데 『지극한 행복』의 초기본에는, 이러한 '이상적인 쌍'을 선택할 때, '사비치'와 그의 동료들이 '최신적'인 방법을 적용시키는 것이 아니라, 아주 전통적인 '천궁도(гороскоп)'를 이용하고 있는 대목이 눈에 띄인다. 즉 '사비치'가 "Это брак не может не состояться. 〈...〉 Посмотрите на <u>эти звезды</u>!"라고 말하자, '아브로라'는 "Вы неправильно читаете <u>гороскоп</u>"(Булгаков 1994, p.361)라고 대답하는 것이다. 우리는 『거장과 마르가리따』에서도 볼란드가 베를리오즈의 죽음을 예언하면서 이와 비슷한 유형의 '점성술'을 이용하고 있음을 회상할 수 있다.

> Он смерил Берлиоза взглядом, как будто собирался сшить ему костюм, сквозь зубы пробормотал что-то вроде: "Раз, два... Меркурий во втором доме... луна ушла...шесть — несчастье... вечер — семь..."— и громко и радостно объявил: — Вам отрежут голову! (V, p.16)

그는 마치 옷을 맞춰 주려 하였던 것처럼 눈으로 베를오즈의 치수를 재더니, 입술 사이로 뭔가를 중얼거리기 시작하였다: "하나, 둘... 두 번째 집의 수성... 달은 졌고... 여섯은 불행... 저녁은 일곱..." 그리고는 기쁜 듯 큰 소리로 선언하였다: "당신은 목이 잘려 죽을 거요!"

이와 같이 불가코프는 '타임 머쉰' 모티브를 통하여 '인간 본성'의 문제를 다루기 전인, 1920년대, 중편『개의 심장』에서 이미 '인간 개조' 즉 인간 종(種)의 개량과 우생학에 대한 테마를 다루고 있었으며, 이는 '30년대의 희곡『지극한 행복』으로 이어져 우생학 및 '천궁도'에 의한 인공적 부부 '짝짓기'의 형태로 나타나고,『지극한 행복』과 함께 집필되기 시작한『거장과 마르가리따』에 가서 '천궁도'는 볼란드의 '점성술'에서 다시 유사하게 나타나고 있음을 발견할 수 있다.

『개의 심장』에서 '인간 개조'에 대하여 매우 부정적인 시각을 드러냈던 불가코프는『지극한 행복』에서도 '인간 본성'이 변화할 수 있다는 명제에 대하여 반박한다. 즉 수세기의 역사가 흐르고 시대가 바뀌어도 인류의 인간적 본성에 있어서 '진보'와 '변화'는 없음을 강조하는 것이다.『지극한 행복』의 초행본에서 '레인'은 'Блаженство'의 모든 주민을 고려하여 다음과 같이 말한다.

мне, собственно, даже и нельзя было бы разговаривать с вами как с человеком равным. 〈...〉 Я полагаю, что вы стоите выше меня. Вы—совершенны. (Булгаков 1994, p.360)

저는, 솔직히 당신들과 같은 사람들하고는 같이 대화할 수 없기조차 할 거예요. 〈...〉 당신이 저보다 위에 존재한다고 생각합니다. 당신들은 완벽한 사람들이니깐요.

하지만 '레인'이 자신보다 우위에 있을 거라고 생각했던 23세기의 인간들도 '레인'과 같은 동시대의 인간들과 별 차이가 없음이 밝혀진다. 이는 23세기의 '라다마노프'가 20세기의 '레인'에게 하는 마지막 대화에서 잘 드러나고 있다.

> Затем вы кинетесь, быть может, в двадцать шестой век... И кто, кроме Саввича, который уверен, что в двадцать шестом будет непременно лучше, чем у нас, в двадцать третьем, поручится, что именно вы там встретите? Кто знает, кого вы притащите к нам из этой загадочной дали на ваших же плечах? (III, p.411)
>
> 그 후에 당신은 아마도 26세기로 날아갈 것입니다... 26세기는 지금 우리가 사는 23세기보다 훨씬 더 좋은 세상일 거라고 굳게 믿고 있는 '사비치'를 제외하고, 당신이 그곳에서 맞닥뜨리게 될 상황에 대해 누가 책임질 수 있겠습니까? 당신이 그 머나먼 수수께끼 같은 곳에서 당신의 어깨 위에다 또 누구를 데리고 올지 누가 알겠습니까?

'라다마노프'의 이같은 말은 자신이 사는 23세기나 앞으로의 26세기나 인간의 본질은 똑같으며, 자신은 '사비치'와 달리, 결코 인간 본성의 역사적 진보를 믿지 않는다는 이야기이다. 그의 이러한 대사는 볼란드가 '검은 마술 공연'을 펼치는 동안에 혼자 중얼거리는 독백과도 일맥상통하고 있다.

> они—люди как люди. Любят деньги, но ведь это всегда было... 〈...〉 Ну, легкомысленны... ну, что ж... и милосердие иногда стучится в их сердца... обыкновенные люди... В общем, напоминают прежних. (V, p.123)
>
> 그들 역시 다 똑같은 인간들이야. 돈들을 좋아하지, 하지만 예전에도 항상 그랬었어... 〈...〉 으-음, 경솔한 사람들... 으음, 뭐... 자비로운 마음이 이따금 들기도 하겠지만... 평범한 인간들이야... 대체로 예전에도 있었던 그런 사람들이지.

그러므로 앞서 '타임 머쉰'의 발명가 '레인'이 말한 "시간은 허구이다(время есть фикция III, p.386)"라는 말은, 시간에 대한 새로운 개념의 발견 후에 예전의 시간 개념, 즉 '비투시적 상태'가 완전히 사라져 버림으로써 '투시적 상태'가 되었다는 것을 강조하고 있을 뿐만 아니라, 보다 심오한 의미로서 '시간'의 차이에 따른 인간들 사이의 차이는 결코 존재하지 않는다는 것을 뜻한다. 즉 불가코프 희곡에서 '타임 머쉰'을 통하여 서로 만나게 되는 16세기, 20세기, 그리고 23세기의 인간들은 서로 아무런 차이가 없으며, 본질적으로 똑같다는 사실을 강조하는 것이다. 이러한 의미에서 불가코프 희곡 속의 '타임 머쉰'은 사실상 무익한 것이었음이 드러난다.[280] 왜냐하면 인간들은 언제 어디서나 항상 똑같으며, '새로운' 인간형을 찾는 것은 불가능하기 때문이다.[281] 마야코프스키의 희곡에서 '밝은 색'의 미래는 이상적인 존재로서 항상 '회색'의 현재 또는 '어두운 색'의 과거와 아무런 공통점도 지니지 않으며 절대적으로 '다른' 세계로 그려진다면, 불가코프의 예술세계에 있어서 그것은 모두 하나의 종류이다. 즉 과거도 미래도 모두 하나의 존재와 하나의 흐름 속에 놓여있는 것이다.[282] 따라서 『지극한 행복』의 초행본에서 '레인'이 미래는 없고 오로지 현재만 있다고 말하는 것은 결코 우연이 아니다: "будущего нет, а есть только настоящее"[283].

이와 같이 불가코프는 '타임 머쉰' 모티브를 통하여 '시간'의 차이에 따른 '인간'의 차이는 존재하지 않으며, 아무리 시간이 흘러 시대가 바뀌고 세기가 변화하여도 인류의 인간적 본성은 영원히 변화하지 않는다는 것을 보여줌으로써 인간 본성에 관한 심오한 사회-철학적 문제를 제기하고 있다.

280) 사실상, 이전의 불가코프 작품에 등장하는 다른 기이한 발명들('생명 방사선' 기구, 'омоложение'-수술)도 무익한 것으로 판명난다.

281) Яблоков 2001, p.116.

282) Яблоков 1994, pp.10-11, p.14.

283) Булгаков 1994, p.347.

불가코프 작품에서 '타임 머쉰'과 같은 이상한 발명이나 기괴한 발견들은 모두가 인류의 보편적 '진리'를 향하여 근접해 가는 것을 의미한다. 다시 말해, 인류가 수세기의 역사를 거치면서 각 세기별로 항상 변화하지 않은 '영원성(вечность)'을 지닌 공통적 진리에 접촉하는 것을 의미한다. 불가코프 작품 속에서의 이러한 '영원성'은 각각의 역사적 세기(16세기, 20세기, 23세기 등)를 연결시켜 주는 '복도'와 같은 역할을 한다. 이 '복도'를 통하여 16세기의 등장인물이 20세기로 올 수도 있고, 반대로 20세기의 등장인물이 16세기로 갈 수도 있다. 여기서, 자신이 존재하는 세계를 버리고 '영원성' 쪽을 향하여 나아간다는 것은 '내세(來世)'로 옮겨 간다는 것을 의미하며, 그것은 간단히 말해 '죽는다'는 것을 의미한다.

따라서 불가코프의 '타임 머쉰' 모티브가 '죽음'의 테마와 밀접하게 관계되어 있는 것은 우연이 아니다. 즉 '타임 머쉰 여행'은 사후(死後)의 저승 세계로의 여행을 연상시키게 되어 있다. 이러한 예로서 '레인'과 그의 동료들이 '타임 머쉰'을 타고 떨어진 '미래 세계'의 명칭은 그 자체가 '극락정토(極樂淨土)'와 '천국'을 연상시키는 'Блаженство(지극한 행복)'이다. 또한 이 'Блаженство'의 통치자인 '라다마노프'의 형상은 '밝은' 이미지뿐만 아니라 '어두운' 이미지도 함께 자아내고 있다. 본래, 신화적으로 '라다마노프'는 '극락정토'의 통치자들 가운데 한 사람일 뿐만 아니라, '죽은 자들'[284]의 재판관들 가운데 한 사람이기도 하다.[285] 그러므로 주인공들이 '타임 머쉰'의 도움으로 떨어진 '천국'은 적지않게 '지옥'을 연상시킨다.

또한 『거장과 마르가리따』에서도 모스크바의 '죽은 혼(мёртвые души)'들을 심판하는 재판관은 바로 '사탄(볼란드)' 자신이다. 이와 같이 '타임

---

284) '죽은 자들'에 대한 심판은 '묵시록'에서 인용된『백위군』의 제사(題詞) 가운데 하나에서도 나온다: "И судимы были мертвые по написанному в книгах сообразно с делами своими" (I, p.179).

285) Кухта 1994, p.596.

머쉰'을 타고 이동해 간 세계는 사후(死後)의 내세(來世)로서 '천국'과 '지옥'의 형상을 동시에 지니고 있을 뿐만 아니라, 그곳에서 만나는 등장인물들은 서로가 서로를 내세(來世)의 존재로 여긴다. 즉 20세기의 등장인물들은 23세기의 인물을 '내세(來世)'의 존재로 여기는 반면에, 23세기의 등장인물은 20세기의 인물을 또한 '내세(來世)'의 존재로 여기는 것이다. 『지극한 행복』에서 '사비치'는, '라다마노프'가 갑자기 날라 들어온 '외계인'들과 접촉하는 것을 경계하면서, 이들을 '지옥'에서 온 사람들로 간주한다: "Я хочу, чтобы они улетели отсюда в преисподнюю!"(III, p.404). 하지만 '사비치' 자신은 오히려 더 '지옥의 악마'적인 형상을 띄고 있다. 예를 들어, 그는 무대 위에 등장할 때마다 마치 오페라에 나오는 '악마'처럼, 무대 마루 구멍에서 나오는가 하면(III, p.391, p.413, p.419), 그의 출현 가운데 한번은 '자정'에 이루어지고 있으며: "Полночь, Ах, вот мой жених."(III, p.399), '아브로라'는 아예 그를 가르켜 '악마'라 칭한다: "Мне скучно, бес!"[286] 한편 20세기와 16세기 사이에서도 이와 비슷한 관계가 나타난다. 황제 'Иоанн Грозный'는 이미 그가 제위 시절에 저지른 '잔인함'으로 인하여 동시대인들로부터 '사탄'으로 낙인 찍힌 인물이다. 하지만 불가코프 희곡에서 16세기의 'Иоанн'은 반대로 20세기의 '레인'을 '사악한 힘'의 대표자로 본다(III, p.387). 따라서 'Иоанн'은 20세기의 '악마'–'레인'에 의해서 유괴당하며, 결국 '악마'의 다락방[287] 속에 쳐박히는 꼴이 되고 있다(III, p.387). 또한 희곡 『이반 바실리예비치』에서 '분사(Бунша)'와 '밀로슬랍스키(Милославский)'를 발견한 '오쁘리치니끼(황제친위대원들)'은 그들을 가리켜 '악마들'이라고 소리치며(III, p.450), '밀로슬랍스키'를 황제 'Иоанн'으로 잘못 알고 있는 '총주교(Патриарх)'는 황제가 악마들의 손아귀에 붙들렸다가 다시 돌아왔다고 선언한다: "Царь, в руцех

286) Булгаков 1994, p.387.

287) 황제에게 있어 '다락방'은 '지옥'과 같은 것이다.

демонов побывавший, возвращается к нам"(III, p.456).

이와 같이 불가코프의 작품 속에서 '타임 머쉰'을 통하여 만나는 등장인물들은 서로가 서로를 인정하지 않으면서, 다른 세기의 인물들을 '사후(死後) 세계'의 존재, 즉 '살아있는 죽은 자들(живых мертвецов)'로 보려고 한다. 『이반 바실리예비치』에서 '분사(Бунша)'는 황제 친위대원들을 가리켜 '밀로슬랍스키'에게 다음과 같이 설명한다.

> Они не могут кричать, это обман зрения и слуха, вроде спиритизма. Они умерли давным–давно. Призываю к спокойствию. Они покойники. (III, p.449)
>
> 그들은 소리칠 수 없어. 이건 마치 강신술(降神術)과 같은 환각이고 환청이라고. 그들은 아주 오래전에 죽었단 말야. 제발 침착하라고. 그들은 이미 죽은 자(者)들이야.

그리고 실제 무장(武將)한 황제 친위대가 나타나자, '분샤'는 그들을 향하여 직접 다음과 같이 외친다.

> Поймите, что вас не существует! Это опыт инженера Тимофеева! (III, p.449)
>
> 당신들은 이미 살아있지 않다는 것을 명심하시오! 이건 찌모페예프 기사의 실험에 불과하단 말이오!

또한 『이반 바실리예비치』에서 '밀로슬랍스키'가 자신의 '성'을 말하자, '서기(дьяк)'는 완전히 깜짝 놀라 공포에 떨면서 다음과 같이 말한다.

> Да ведь казнили тебя намедни... 〈...〉 Повесили тебя на собственных воротах третьего дня, перед спальней, по приказу царя.

당신은 이미 최근에 교수형에 처해졌거늘... 〈...〉 황제의 명령에 따라 사흗날 바로 침실 앞의 대문 위에서 목 매달아 졌는데.

이와 같이 다른 세기의 존재를 인정하지 않거나 '살아있는 죽은 자들'로 봄으로써 빚어지는 마찰은『거장과 마르가리따』에서도 눈에 띈다. '베즈돔느이(Буздомный)'는 볼란드와의 대화 도중에 단호하게 '악마'의 존재를 부정하며 반박함으로써 볼란드와 논쟁을 벌이게 되는데(V, p.45), 나중에 볼란드는 그때 그 시인이 자신을 '존재하지 않는 자(者)'로 규정하려 들었다고 회상한다: "Он едва самого меня не свел с ума, доказывая мне, что меня нету!"(V, p.278).

이상에서 살펴본 바와 같이, 1930년대 불가코프 희곡에 나타나는 '타임 머쉰' 모티브는 1920년대의『개의 심장』과『비운의 달걀』을 통하여 작가가 제기하였던 인위적인 '인간 개조'의 위험성과 같은 맥락의 문제제기로서 시간과 공간의 상대성 원리에 따른 자연과학적 측면보다 '인간 본성'에 관한 사회-철학적 문제가 더 강조되고 있다. 즉 '타임 머쉰'을 통하여 만난 각 세기별 인간들은 본질적으로 같은 인간임을 보여 줌으로써 인류의 인간적 본성은 수 세기의 역사가 흘러도 변화하지 않으며, 따라서 '새로운 인간형'의 창조는 불가능함을 확신시켜 준다. 또한 '타임 머쉰'을 통한 여행은 '영원성-진리'에 접촉하는 여행이며 '사후 세계(내세)'로의 여행으로서 여행에서 만난 인간들은 서로가 서로를 '내세'의 존재로 여기며 '살아있는 죽은 자'로 보고 있다.

VIII-6. 맺는 글

1920년대 당시 소비에트 정권에 의해서 추진되고 있던 '새로운 인간형'의 창조와 '인간 개조'에 대하여 매우 부정적인 시각을 지녔던 불가코프는 20년대의 공상과학 소설들(중편소설 『개의 심장』, 『비운의 달걀』)을 통하여, 인간의 존엄성을 도외시한 자연과학의 오용과 그로 인한 예기치 못한 결과를 예고하면서 당시의 혁명적 이데올로기를 간접적으로 비판하였다. 작가의 이러한 비판적 시각은 20년대 말부터 시작된 소설('악마'에 관한 소설)과 희곡(『지극한 행복』, 『이반 바실리예비치』)의 구상에서 '타임 머쉰' 모티브의 도입으로 나타난다.

소설과 희곡에 공통적으로 나타나는 유사한 모티브와 작가의 편지를 볼 때, '악마'에 관한 소설과 희곡의 창작은 함께 병행되고 있었으며, 작가는 소설 창작과정 중의 실험적 창작의 하나로서 '타임 머쉰' 모티브를 희곡에 도입하였음을 확인할 수 있다. 이러한 '타임 머쉰' 모티브의 도입은 작가가 이들 희곡을 집필할 당시 소비에트 사회에 널리 유행하였던 경연극 무대공연과 작가가 평소에 갖고 있던 영국의 공상소설 작가 및 작품에 대한 관심, 그리고 동시대 작가 마야코프스키의 희곡 발표에서 그 외적 영향을 찾아볼 수 있으나, 이미 1920년대 중편소설들의 과학적 실험과 '신발명'에서 찾아볼 수 있는 작가적 창작의도와 작가의 비판적 시각이 보다 더 강한 내적 영향이라 할 수 있다.

따라서 불가코프 작품에 나타나는 '타임 머쉰' 모티브는 1920년대의 공상과학 소설들을 통하여 작가가 제기하였던 인위적인 '인간 개조'의 위험성과 같은 맥락의 문제를 제기하고 있으며, 시간과 공간의 상대성 원리에 따른 자연과학적 측면 보다 '인간 본성'에 관한 사회-철학적 문제를 더 강조하고 있음을 알 수 있다. 또한 '타임 머쉰'을 통한 여행은 '영원성-진리'에 접촉하는 '사후 세계'로의 여행을 뜻하며, 실험적 창작의 일환으로 희곡에 도입된 이러한 '타임 머쉰' 모티브는 역으로 '악마'에 관한 소설에 영향을 미치면서 『거장과 마르가리따』에 유사하게 반영되어 있음을 확인할 수 있다.

IX.
불가코프 희곡에 나타난 '지시문'의 특성

불가코프 희곡에 나타난 지시문들의 가장 큰 특징 가운데 하나는 기존 희곡들의 지시문에서 보이는 전통적인 성격과 다르거나 기존의 전통성의 범위를 벗어나 일탈하는 '비전통성'이라 볼 수 있다. 이러한 비전통적인 지시문들은 크게 나누어, 지시문이 가리키는 지시 자체가 구체적이지 못하고 애매모호한 '비구체적' 지시문과 지시문 자체에 작가의 감정이 이입되어 나타나는 '서정적' 지시문으로 나누어 살펴볼 수 있다.

비구체적 지시문은 무대 위에서의 연출이나 혹은 연기를 위하여 반드시 필요하지도 않으며, 실제의 연출을 가능케 하는 어떤 구체적인 지시도 없이 연출자의 재량에 모든 것을 맡기어 버리는 지시문이다. 즉 실제의 연극에서 구체적인 행위나 동작을 구체적으로 지시함으로써 실제의 연출에 도움을 주는 지시문과는 상당히 거리가 먼 '비실제적'이고 '비구체적'인 지시문들로서 희곡을 연출하는 감독이나 희곡 대본을 가지고 무대 위에서 연기를 하는 배우를 위하여 씌어진 지시문이 아니라, 희곡을 읽는 독자들에게 제시되는 작가의 주해서이다.

서정적 지시문은 무대 위에서의 연출을 위한 구체적인 지시나 정보 전달이 아닌, 작가의 주관적인 감정을 전하는 지시문이다. 작가는 이러한 서정적인 지시문을 통하여 희곡에 등장하는 등장인물을 주관적으로 묘사하거나, 발생하는 사건에 대한 작가 자신의 주관적 견해를 전한다. 그러므로 서정적 지시문은 무대 장치나 소품의 위치들을 구체적으로 설명하거나, 배우의 동작을 구체적으로 지시해 주는 희곡에서의 지시문이라기보다는, 서사적 산문의 한 텍스트나 또는 소설 속의 화자를 연상시켜 준다. 또한 이러한 서정적 지시문들은 무대 위에서의 연출이 거의 불가능하거나 실제 배우들이 무대 위에서 연기해내기에는 매우 어려운 상황을 나타냄으로써 지시문 자체가 연출-감독이나 배우들을 위한 것이 아니라 독자들을 위한 것임을 알게 해 준다. 이는 불가코프가 극작가로서 자신의 희곡이 무대 위에서 어떻게 공연 될 것인가를 염두에 두는 것 이상으로, 작가 자신이 산문-소설의 작가로서 자신의 작품을 읽는 독자들을 항상 염두에 두고 있었음을 증명하는 것이다.

IX-1. 들어가는 글

지시문은 희곡을 구성하는 구성요소[288] 중의 하나로서 작가가 희곡의 본문 중에 삽입하여 놓은 일종의 '주의서'라고 할 수 있다. 그러므로 대사처럼 배우의 입을 통하여 진술되는 것이 아니라, 주로 배우의 동작, 무대면, 무대효과에 관한 지시로 이루어진다. 이러한 지시문은 희곡의

288) 희곡의 구성요소로서 해설, 대사, 지시문(지문)이 있다. 여기서, 해설은 희곡의 첫 부분에서 무대의 막이 오르기 전의 등장인물, 무대배경 등에 대하여 설명하는 글로서 또한 지시문의 일종이며 '무대지시문' 또는 '전치지시문'이라 일컫는다. 대사는 등장인물 상호간의 대화를 지칭하며, 지시문은 등장인물의 행동이나 동작, 표정들을 설명해 주는 글로서 '동작지시문'이라 일컫는다. 일반적으로 '지시문'하면 '동작지시문'을 가리키지만, 해설도 '무대지시문'으로서 '지시문'과 같은 부류이며, 따라서 지시문에는 '무대지시문'과 '동작지시문'이 있다.

발달과정에서 그 내용이나 성격, 그리고 분량 등이 변화하여 왔다. 원래 무대지시는 청중을 위해서가 아니라 배우나 연출자를 위해 기록된 것이다. 그리스극에는 무대지시가 아예 없으며, 셰익스피어나 몰리에르의 희곡에는 극히 간단한 지시만이 있을 뿐이다. 셰익스피어의 희곡들에서 지시문은 지극히 부차적이고 보조적인 성격만을 지니며, 지시문들 가운데는 작가와 아무런 관계도 없이 오로지 연출자 또는 편집자들을 위한 삽입문 성격의 지시문들도 상당히 있다. 몰리에르, 라신과 같은 작가들의 희곡에도 지시문은 매우 간결하게 나타나며 러시아 고전작가들의 경우에서도 마찬가지이다.

하지만 19세기 말에서 20세기 초로 접어들면서 희곡 속에서 지시문이 차지하는 비중은 점차 증대하기 시작하였으며, 내용이나 성격, 특히 분량 면에서 상당한 비중을 차지하면서 지시문은 그냥 단순하고 간결한 것이 아니라, 희곡을 읽는 독자를 대상으로 상세히 기록되기 시작하였다. 그 대표적인 경우가 입센이며 특히 그의 후기 작품들에서 무대지시는 단순한 필요물이라기보다 작품의 한 부분으로 자리매김되고 있다. 입센과 하우프트만 그리고 체홉의 희곡에서 지시문은 상당한 비중을 차지하고, 특히 작품의 심리적 측면과 깊은 관련을 맺고 있으며, 쇼(Shaw Bernard)의 희곡에서는 종종 지시문의 분량이 대사의 분량과 거의 대등하기까지 한다.[289] 이처럼 상당한 분량의 지시문이 씌어져 있는 희곡들의 대부분은 단순히 무대 공연을 위해서만 집필된 것이 아니라 독서를 위한 희곡으로 창작되었다고 볼 수 있다.

그런데 이처럼 희곡들에서 지시문의 분량이 많아지고 그 비중이 높아지며 역할이 증대된 이유 중의 하나는 19세기, 20세기 초 문학에 있어서 희곡이 소설에 가까워지려는 문학 장르간 통합적 경향에 기인한다.

---

289) Богуславский А., "Ремарка", *Словарь литературоведческих терминов*, Ред. Л. И. Тимофеев и С. В. Тураев, (Просвещение, 1974), p.320.

불가코프는 희곡문학이 산문문학에 근접하는 과정의 증인이였으며, 그 자신이 과정에 상당한 공헌을 하였다.[290] 산문적 기술에 대한 애착은 극작가를 보다 자유롭게 만들며, 따라서 작가는 지시문을 통하여 극중의 담화나 혹은 행위에 보다 적극적으로 개입함으로써 마치 소설-산문문학 속에서의 화자와 같은 구실을 하게 된다. 즉 연출이나 무대효과를 위한 단순한 지시의 범위를 뛰어 넘는 정보들을 삽입하여 지시문의 의미를 증대시킴으로써 작가는 극중 사건에 대한 자신의 견해를 마음껏 피력하게 되는 것이다. 그러므로 이러한 지시문들은 종종 '중립성'을 상실하게 되고 감정적인 색채를 띠게 된다.

불가코프 희곡들에서도 이와 같은 경향이 뚜렷이 발견되고 있다. 특히 1920년대의 그의 희곡, '조야의 아파트'(Зойкина квартира), '도망'(Бег),[291] '위선자들의 신비교'(Кабала святош), '아담과 이브'(Адам и Ева), '적자섬'(Багровый остров) 등의 희곡들에서 상기와 같은 경향의 지시문들을 자주 발견할 수 있다. 하지만 이러한 경향은 1930년대의 희곡, '지극한 행복'(Блаженство), '이반 바실리예비치'(Иван Васильевич), '알렉산드르 뿌쉬낀'(Александр Пушкин) 등에서는 현저하게 줄어들어 거의 나타나지 않는다. 본 장에서는 불가코프 희곡 전반에 씌어진 지시문들을 종합적으로 살펴보면서, 1920년대의 희곡들의 지시문에 나타난 특성들을 중점적으로 분석하고 규명하여 보고자 한다.

불가코프 희곡에 나타난 지시문들의 가장 큰 특징 가운데 하나는 기존 희곡들의 지시문에서 보이는 전통적인 성격과 다르거나 기존의 전통성의 범위를 벗어나 일탈하는 '비전통성'이라 볼 수 있다. 즉 무대 위에

---

290) Гозенпуд А., "Поэтика ремарок у Булгакова", *Михаил Булгаков: Этот мир мой...*, (СПб., 1993), p.80.

291) Гозенпуд에 따르면, 희곡 '도망'의 첫 번째 완성원고에서 지시문이 차지하는 분량은 전체 텍스트 분량의 약 30% 에 달한다.

서의 배우들의 연기나 혹은 감독의 무대효과, 무대연출 등을 위하여 반드시 필요한 기술적이고 구체적인 '지시'의 수준을 벗어나 그 한계를 초월하는 형태의 지시문들이 나타나는가 하면, 작가는 종종 무대 위에서 일어나는 행위, 담화, 장면 묘사에 대하여 자신의 감정을 직접 삽입하여 넣기까지 한다. 이러한 비전통적인 지시문들은 크게 나누어, 지시문이 가리키는 지시 자체가 구체적이지 못하고 애매모호한 '비구체적' 지시문과 지시문 자체에 작가의 감정이 이입되어 나타나는 '서정적' 지시문으로 나누어 살펴볼 수 있다. 비구체적 지시문은 무대 위에서 연출해내기에는 매우 비실제적인 지시문으로 작가의 주관적 견해를 전하며, 서정적 지시문은 무대 위에서 연기해내기에는 매우 비현실적인 지시문으로 작가의 주관적 감정을 전한다는 점에서 약간의 차이는 있으나, 둘 다 배우나 감독 또는 관객이 아닌 독자를 향하여 전달되는 작가의 주관적 메시지라는 점에서 공통성을 지니며, 크게 보아 불가코프적 지시문의 가장 큰 특징인 '비전통성'을 가장 잘 나타내는 같은 부류의 비전통적인 지시문으로 볼 수 있다.

IX-2. 비구체적 지시문

불가코프 희곡에는 무대 위에서 배우가 연기를 하거나 감독이 연출을 하는데 있어서 꼭 필요한 구체적이고 실제적인 정보를 전달하는 지시문이 아니라, 무대 위의 공연을 위하여 반드시 필요하지도 않거나 또는 무대 위에서 연출해내기에는 실제적이지도 구체적이지도 못한 비구체적인 지시문들이 종종 눈에 띈다. 예를 들어, '조야의 아파트'의 1막 2장에서 중국인 가졸린과 헤루빔의 방을 묘사하는 무대장면에 대한 지시문은 "...Появляется мерзкая комната, освещенная кероси новой лампочкой(조그마한 석유램프로 비추어진 혐오스러운 방이 나타난다)."(3:

p.84)[292)]로 시작하는데, 이때 'мерзкая(혐오스러운)' 방이란, 무대 위에서 나타내기에는 분명치 않으며 실제적이지도 못하다. 차라리 작은 방이라든지(маленикая) 아니면 더러운 방(гряз ная) 또는 낡은 가구가 딸린 방 내지는 안락하지 않은 방 등으로 표현하는 것이 더 구체적이고 연출 가능한 지시문이 될 수 있을 것이다. 또한 '조야의 아파트'에서 헤루빔이 조야의 심부름을 온 마뉴쉬카를 따라 나서면서, "Берёт фальшивый узел с бельем(시트가 든 가짜 봇다리를 집어든다)."(3: p.86)는 지시문이 이어진다. 여기서 사실적인 의미가 없는 '가짜(фальшивый) 봇다리'라는 것은 무대 위에서 연출 가능한 구체적인 지시의 수준을 벗어나는 지시문이다. 즉 무대 위에서는 어떤 장면에서든지 그 외형이 '진짜(насто ящий)' 처럼 보여져야 연극으로서의 의미가 있는 것이다.

이어서 1장 3막에서는 조야의 몰핀 주사를 맞은 아발리야니노프가 다시 원기를 회복한 후, 창문의 커튼을 열어달라고 하자 조야가 커튼을 열어 젖히는데, 이때 창 밖의 풍경을 묘사하는 지시문은 "В окне густой майский вечер(창 밖에는 짙은 5월의 저녁이다)."(3: p.87)로 표현되고 있다. 여기서도 '짙은(густой)'이란 어휘의 의미가 분명치 않다. 즉 밝기가 어둡다는 뜻인지, 아니면 창 밖의 봄 색 기운이 완연하여 푸른색 풍경의 모습이 짙다는 뜻인지가 분명치 않은 것이다. 또한 '조야의 아파트'에서 중국인 헤루빔이 용과 뱀이 그려진 자신의 문신을 보여준 후, "Становится странен и страшен(이상하고 무시무시하게 된다)."(3: p87)는 지시문이 나온다. 물론 여기서 자신의 가슴을 열어 젖히면서 무시무시한 문신을 보여주는 외국인의 이국적인 행위 혹은 모습을 염두에 둔다면, '이상하게(странен)된다'는 지시문이 자연스레 보일는지 모르지만, 이 작품의 공연시기가 1920년대의 모스크바인 점을 감안한다면, 중국인의 전통적인

---

292) Булгаков М. А., *Собрание сочинений в пяти томах Том третий,* (Москва, 1990), p.84. 이하, 이 전집으로부터의 인용은 (권 수: p.페이지 수)로 본문에 약칭한다.

복장을 한 헤루빔의 외형적 모습은 그 자체만 보더라도 어떤 경우에서든 이미 '이상하게' 보일 수밖에 없는 것이다. 또한 2막 2장에서 헤루빔이 조야의 아파트 의 초인종을 누르자, 초인종은 세 번은 길게 울리고 두 번은 짧게 울린다: "Условный звонок—три долгих, два коротких. (조건부적인 벨소리—세 번 길게, 두 번 짧게)."(3: p.112) 하지만 연극적인 관점에서 벨소리에 어떤 조건을 달아 연출한다는 것은 실제로 존재하지 않는다. 즉 벨소리를 듣고 그가 헤루빔임을 알게 된다든지, 아니면 벨소리를 듣고도 두려워하지 않는다는 식으로, 특정한 벨소리에 대한 등장인물들의 구체적인 반응을 나타내는 것이 보다 더 논리적이며 구체적인 지시문이 될 것이다.

한편 희곡 '도망'은 이미 '8개의 꿈들(Восемь снов)'이라는 부제(副題)에서 느낄 수 있듯이, 희곡에 나타난 지시문들이 구체적이지 않으며 사건묘사에 주관적임을 예견할 수 있다. 꿈은 등장인물들한테만 꾸어지는 것이 아니라 바로 작가 자신에게도 꾸어지고 있으며, 따라서 작가는 각각의 장(章)에 첫 번째 꿈, 두 번째 꿈 등의 소제목을 달고 그 밑에 제사(Эпиграф)를 두어 이어지는 꿈의 뜻을 상징한다. 각각의 꿈에 앞서 제시되는 제사는 차후 묘사될 사건에 대한 작가의 주관적 시각을 앞서 예견하고 있음이 엿보인다. 패퇴한 백위군들이 모여든 콘스탄티노플을 배경으로 펼쳐지는 '도망'의 다섯 번째 꿈에서 도박 놀음의 황제라 불리우는 아르뚜르의 등장모습을 "появляется на карусели, как Петрушка из-за ширм(마치 병풍 바로 뒤의 뻬뜨루쉬까[293] 인형처럼 회전목마장에 나타난다)."(3: p.251)로 적고 있다. 작가는 등장인물, 아르뚜르가 갑작스레 빨리 나타나는 모습을 러시아의 전통적인 민속인형극에 등장하는 주역인형 뻬뜨루쉬까가 인형극 배경무대인 병풍 뒤에서 갑자기 튀어 나오는 모습에 비교함으로써 앞으로 전개될 꿈의 이야기에서 매우 중요한 이미

293) 뻬뜨루쉬까(Петрушка): 러시아 인형극의 주역 인형.

지를 차지하는 회전목마장, 솨르만카(Шарманка)[294] 그리고 가설 민간 연극 무대의 분위기를 암시하고 있다.

또한 '도망'에서 갈루브코프가 오랫동안 사모하며 걱정하였던 연상의 연인 세라피마를 마침내 다시 재회할 때, 세라피마의 유혹에 넘어가 그녀를 따라온 그리스인 그렉-돈주앙을 격분한 갈루브코프가 주먹으로 때리는 소동이 벌어지자, 창 밖에는 같은 그리스계와 아르메니아계의 구경꾼들이 나타난다: "В окнах появляются встревоженные греческие и армянские головы(창가에 불안에 떤 그리스인과 아르메니아인의 머리들이 나타난다)."(3: p.260) 여기 지시문에서도 어떤 방법으로 그리스인과 아르메니아인을 구별하여 무대 위에서 연출시키는지가 분명치 않다. 더구나 지시문대로라면 오로지 머리만 보여지게 된다. 인종을 구별할 수 있는 민족 고유의 의상이나 장식품 따위는 아예 없는 것이다. 또한 슬라브인들의 관점에서 보면 그리스인과 아르메니아인은 머리가 검고 얼굴이 거무스름하여 아주 대동소이(大同小異)하게 보인다.

그러므로 오로지 머리만으로 이들을 구별하여 관객들에게 보여지게 하는 것은 아주 간단한 문제가 아니다. 실제 관객들 가운데 누구도 이러한 세세한 사항에 관심을 기울이지 않을 것이다. 즉 작가는 무대 위의 공연을 위하여 반드시 필요하지도 않은 내용을 실현가능한 구체적인 지시도 없이 연출가나 무대감독의 재량에 맡기어 버린다. 불가코프의 희곡에 나타나는 이와 같은 '비구체적' 지시문들은 기존의 희곡들에서 쉽게 볼 수 없는 특징들이며, 예전의 규범적인 지시문들의 범위를 뛰어넘는 비전통적인 특성으로 볼 수 있다.

한편 극작가 불가코프는 지시문을 통하여 극중 등장인물의 독백에 특정한 제목을 달아줌으로써 그 독백이 등장인물뿐만이 아니라 작가에게서 나온 독백임을 암시하도록 한다. '도망'에서 파리로 세라피마의 남

294) 솨르만카(Шарманка): 등에 지고 다니는 소형 오르간.

편을 찾아간 갈루브코프가 남편 카르주힌에게 아내 세라피마를 돕기 위한 돈 1000달러를 요구하자, 카르주힌이 그 요구를 거절하면서 달러에 대한 찬양으로 가득 찬 자신의 독백을 늘어놓기 시작하는데, 이때 독백을 시작하기에 앞서 "Начинает балладу о долларе и вдохновляется(달러에 대한 발라드를 시작하며 고무된다)."(3: p.266)는 지시문이 나온다. 이처럼 자신의 아내도 모르고 오로지 돈밖에 모르는 등장인물 카르주힌의 독백에 일정한 주제의 제목을 붙임으로써 이어지는 달러 예찬론의 독백이 단순히 등장인물 카르주힌뿐만이 아니라, 작가 자신으로부터 나온 독백임을 은연 중에 나타내고 있다. 이것은 희곡이 단순히 관객을 위해서만 집필되는 것이 아니라, 희곡을 읽는 독자들을 겨냥하여 작가가 극중 등장인물을 어떻게 대하고 있으며 어떠한 모습으로 그리고 있는지를 암시하고 있다고 볼 수 있다.

또한 카드 놀음의 마지막 장면 묘사에서는 "Тихо. Никакой музыки не слышно(조용하다. 어떠한 음악소리도 들리지 않는다)."(3: p.270)는 지시문이 나온다. 그런데 이 지시문이 나오기 바로 앞에서는 "어디선가 음악소리가 들린다"는 지시문이 나오고 있다. 음악 소리를 누군가가 끈다는 식의 배우의 동작을 지시하는 구체적인 지시문도 아니고, 어떠한 음악소리도 들리지 않는 상태에 대한 지시문은 무대 위에서의 연출이라는 실제적인 관점에서 보면 아무 소용이 없는 것이다. 한편 희곡 '적자섬'의 프롤로그 시작 부분에서는 연극 감독 겸 극중 인물로 출연하는 겐나지의 외모에 대하여 "рыжий, бритый, очень опытный(불그스레하며, 면도를 하였고, 매우 노련하다)."(3: p.150)는 지시문이 나오는데, 이 또한 분명치 않으며 구체적이지 못한 지시문 가운데 하나로 볼 수 있다. 즉 방금 연극이 시작되어 이제 막 무대 위에 올라와 첫 대사를 준비 중인 배우가 어떻게 자신의 외모가 관객들에게 숙련되고 경험이 있어 보이게 할 수 있는지 분명치 않은 것이다.

희곡 '위선자들의 신비교'의 2막의 무대장치를 설명하는 지시문에는 왕의 접견실이 나오고 여기저기 도처에 수많은 횃불이 밝혀지며, "Белая лестница, уходящая неизвестно куда(어디론가 알려지지 않은 곳으로 이어지는 흰색 사다리가 놓여있다)."(3: p.292)는 지시문이 나온다. 여기서도 '알려지지 않은'이란 어휘 자체가 우선 구체적이지 못하며, 왕의 접견실에서 위로 올라가는 사다리라든지 아니면 아래로 내려가는 사다리 등의 구체적인 지시없이 그냥 알려지지 않은 낯선 곳을 향하여 연결된다고만 함으로써 연출가의 재량에 맡기어 버리고 있다.

또한 '위선자들의 신비교'에서 프랑스 왕 류도빅이 몰리에르에게 그의 희곡 '타르튀프(Тартюф)'[295]의 공연을 허락하자, 몰리에르는 "приходит в странное состояние(이상한 상태가 된다)."(3: p.296)는 지시문이 나오며 어떠한 상태가 된다는 것인지 구체적인 지시도 설명도 없는데, 나중에 가서 작가는 이와 유사한 지시문을 덧붙임으로써 그 '이상한' 상태를 설명한다: "Мольер возбужден, в странном состоянии, как будто пьян(몰리에르는 흥분하여 마치 취한 것처럼 이상한 상태가 된다)."(3: p.319). 또한 '위선자들의 신비교'의 마지막 4막에서 등장인물 리발리(Риваль)는 여느 때처럼 반나체로 출연하는데: "по обыкновению полуобнажена"(3: p.320), 여기서의 '여느 때처럼(по обыкновению)'이라는 지시문 역시 연출자나 감독에게는 실제적인 의미를 지니지 못하거니와 배우가 실제로 그 역을 연기하는데 있어서도 아무런 구체적인 설명이 되지 못한다. 이 지시문은 희곡을 읽는 독자를 향하여 씌어진 것으로밖에 볼 수가 없는 것이다.

한편 불가코프의 희곡에는 등장인물을 소개하는 '해설(무대지시문)'에서 등장인물에 대하여 지나치리만치 과잉된 정보를 남용하는 경우를 발견할 수 있다. 희곡 '적자섬'에 나오는 등장인물 목록에는 각각의 등장인물들을 미리 성격지우는 지시문들이 나타나는데, 이는 배우나 감독이

295) 타르튀프(Тартюф): 위선자. 몰리에르의 희극 '타르튀프'의 주인공 이름에서 나옴.

연출을 하고 연기를 해내는데 있어서, 꼭 필요한 실제적인 정보의 범위를 뛰어넘는 지시문들인 것이다. 예를 들면, "Кири- Куки—проходимец при дворе(키리-쿠키—궁정 사기꾼)."(3: p. 149)과 같은 해설이나, "Арапова гвардия(отрицательная, но в конце пьесы раскаялась)(아라뽀바 근위대, 부정적이다, 그러나 희곡의 말미에 뉘우쳤다)."(3: p.149) 등의 지시문들이다. 이와 같은 지시문들은 전개될 희곡의 근저에 흐르는 풍자적 기조를 나타내는 지시문들이며, 따라서 독자들은 연극을 보지 않고도 희곡 '적자섬'을 읽음으로써 희곡의 근저에 깔려져 있는 풍자적 색채를 읽게 되는 것이다.

희곡 '도망'의 등장인물 목록에는 연출자나 배우들에게 아무 소용이 없을 뿐만 아니라, 아직 작품의 내용을 잘 모르는 독자들이 이해하기 어려운 지시문들이 나온다: "Григорий Лукьянович Чарнота, запорожец по происхождению,(그리고리 루키야노비치 차르노타, 출생신분이 자뽀로쥐예 까자크임)", "Барабанчикова, дама, существующая исключительно в воображении генерала Чарноты(바라반치코바, 특별히 차르노타 장군의 상상 속에서만 존재하는 부인)", "Крапилин, вестовой Чарноты, человек, погибший из-за своего красноречия(크라삐린, 차르노타의 전령, 자신의 달변 때문에 죽은 사람)", "Артур Артурович, тараканий царь(아르투르 아르투로비치, 바퀴벌레의 황제)"(3: pp.216-7). 이와 같은 지시문들은 등장인물의 성격을 세세하게 구체적으로 나타내고 있으나, 실제 무대 공연에 있어서는 아무런 구체적인 지시가 되지 못하고, 또한 실제의 상황을 구체적으로 전달하지 못하고 있다는 점에서 '비구체적 지시문'이라 일컬을 수 있다. 사실상 이와 같은 지시문들은 '지시서'라기 보다는 '주해서'에 가까운 것이며, 연출자나 무대감독 또는 배우들을 위한 '해설'이라기 보다는 희곡을 읽는 독자들을 향한 불가코프의 작가적 '주석'으로 볼 수 있다.

한편 희곡 '아담과 이브'의 제4막의 첫 문장은 "Ночь на десятое августа,

перед рассветом(동트기 전, 8월 10일 새벽이다).”(3: p.369)라는 말로 시작하는데, 이것은 비행사 다라간(Дараган)이 비행을 떠나기에 앞서 남겨진 이주민들에게 8월 1일, 8월 2일, 그리고 8월 3일까지 비행장 위에다가 연기가 높다랗게 피어오르는 거대한 모닥불을 피워서 자신의 비행기를 맞이할 것을 명령하는 대사에서 비롯되고 있다. 하지만 이와 같은 지시문은 연극을 실제로 공연하는데 있어서는 매우 실제적이지 못한 지시문이다. 즉 연극 공연 중에 배우가 실제로 달력을 넘겨 ‘8월 10일’을 보여준다든지, 아니면 ‘8월 10일’이라고 적힌 어떤 표지판을 벽에다 붙인다든지 하는 구체적인 동작이 이루어지지 않는 한, 실제 연극 공연에서는 관객들한테 아무런 정보도 전달될 수 없는 것이다. 단지 이 희곡을 주의깊게 읽은 독자만이 그 날이 ‘8월 10일’ 이라는 사실을 알 수 있을 것이다. 이와 같이 불가코프 희곡에는 무대 위에서의 실제 공연에서는 사용되지 않거나 또는 사용될 수 없는 비구체적 지시문들을 발견할 수 있는데, 이는 불가코프 희곡의 지시문이 연출이나 또는 감독, 배우들을 위하여 씌어지는 것이 아니라, 바로 독자를 겨냥하여 씌어지고 있다는 사실을 알 수 있는 대목이다.

이상에서 살펴본 바와 같이 불가코프의 희곡들에는 기존의 희곡들에서 제시되는 지시문과 달리, 무대 위에서의 연출이나 혹은 연기를 위하여 반드시 필요하지도 않으며, 실제의 연출을 가능케 하는 어떤 구체적인 지시도 없이 연출자의 재량에 모든 것을 맡기어 버리는 비구체적인 지시문들을 찾아볼 수 있으며, 실제의 연극에서 구체적인 행위나 동작을 구체적으로 지시함으로써 실제의 연출에 도움을 주는 지시문과는 상당히 거리가 먼 ‘비실제적’이고 ‘비구체적’인 지시문들을 많이 찾아볼 수 있는데, 이러한 지시문은 희곡을 연출하는 감독이나 희곡 대본을 가지고 무대 위에서 연기를 하는 배우를 위하여 씌어진 지시문이 아니라, 희곡을 읽는 독자들에게 제시되는 작가의 주해서이며 작가의 주관적 의도라고 볼 수 있다.

IX-3. 서정적 지시문

불가코프의 희곡에 나타나는 지시문들에는 보통의 감정 상태를 뛰어넘어 보다 주관적이고 서정적인 상태를 표현하는 지시문들이 발견된다. 이러한 지시문은 무대 위에서 발생하는 사건에 대한 작가 자신의 의중이 밖으로 표현된 것이며, 전개되는 사건이나 혹은 전개될 사건에 대한 작가의 작가적 해설이라고도 볼 수 있다.

예를 들어, '조야의 아파트'에서 아파트 관리 위원장 알릴루야와 아메찌스토프 사이의 대화 중간에 아볼리야니노프가 끼어들면서 말할 때, "дико изумлен(야만적으로 놀라서)"(3: p.98)라는 지시문이 나오는데, 여기서의 '야만적'이라는 말은 보통의 감정 상태를 뛰어넘는 서정적인 표현이다. 또한 2막 1장의 무대 해설에서는 "Манекены, похожие на дам, дамы, похожие на манекенов(부인네와 비슷한 마네킹, 마네킹들과 비슷한 부인네들)"(3: p.99)이 있다는 지시문이 나오는데, 보통 이러한 말장난과 같은 유희적 표현의 지시문이 없더라도, 원래 마네킹은 사람과 매우 흡사하게 보이는 것으로서 이는 등장인물에 대한 작가의 감정이 실려져 있는 지시문으로 볼 수 있다. 또한 조야의 아파트에 알라 바지모브나가 출연할 때, "Ослепительная женщина входит(눈부시게 휘황찬란한 여인이 들어온다)."(3: p.106)는 지시문 역시 구체적인 의미를 뛰어넘는 서정적 지시문으로 볼 수 있으며, 이어서 그녀가 조야와 이야기를 나눌 때, 조야가 옷장을 열자 옷장 안에서도 휘황찬란한 감마선이 쏟아져 나온다: "Открывает зеркальный шкаф, в нем ослепительная гамма туалетов(거울로 된 옷장을 연다, 그 안에 휘황찬란한 여성정장 옷들로 눈이 부신다)."(3: p.107) 여기서의 '휘황찬란하다(ослепительная)'는 표현은 2가지로 해석될 수 있는데, 하나는 앞서와 같이 풍부한 표현력의 서정적 감정의 표현으로 볼 수도 있고, 또 하나는 옷장이 마치 쇼윈도우에서처럼 안에서 비쳐져서 그 안의 옷이 눈부시게 빛난다는 직의적(直擬的)인 뜻으로도 해석될 수 있다.

이와 유사하게, “Квартира под руками Аметистова и Манюшки волшебно преображается(아파트는 아메찌스토프와 마뉴쉬카의 손 아래서 마술적으로 변모되어진다).”(3: p.111)는 지시문에서도 풍부한 감정의 표현으로서 아파트가 아주 빨리 변모되어진다는 전의적(轉意的)인 해석도 가능하지만 ‘волшебно’의 어의(語義) 그 자체의 해석으로서 ‘신비적’으로 변모되어진다는 뜻으로도 해석될 수 있다. 이 경우 아메찌스토프와 마뉴쉬카는 어떤 순결치 못한 마법의 힘과 비교되는데, 이와 같이 작가의 풍부한 감정이 실려져 있는 서정적인 지시문들은 항상 ‘주관적’인 의미를 지님으로써 어떤 경우에서든 이중적 해석을 가능케 만들고 있다고 볼 수 있다. 한편 ‘조야의 아파트’에서 조야의 아파트에 막강한 힘을 미칠 수 있는 역량을 지닌 등장인물 구시(Гусь)의 출현은 힘 있는 고압적 벨소리가 현관에 온통 울려 퍼지는 것으로 나오는데, 이때의 지시문 “Властный звонок(힘있는, 권력있는 벨소리)”(3: p.114)는 힘차고 강하다는 소리 그 자체에 대한 특징을 성격 지우기도 하지만 아직 무대 위에 나타나지도 않은 권력있는 등장인물의 고압적인 성격을 미리 나타내는 다분히 서정적인 지시문으로도 볼 수 있다.

희곡 ‘도망’에는 아주 ‘주관성’이 강한 지시문들이 많이 나타난다. 앞서의 장에서도 살펴보았듯이, 희곡 ‘도망’은 8개의 꿈으로 이루어진 꿈 이야기로서 지시문들에는 항상 어떤 강한 어조의 톤은 존재하지 않으며, 꿈 속에서 들려지는 제3의 관찰자나 혹은 예언자의 흐릿한 억양만이 느껴진다. 마치 일어나는 사건들이 작가와 무관하게 작가를 그냥 스쳐 지나가는 듯한 분위기이며, 작가는 사건과 뚝 떨어져 저 멀리 먼 발치에서 세세히 관찰만 하고 있다. 예를 들어, 첫 번째 꿈의 첫 부분에 나오는 무대 해설 지시문을 살펴보면 다음과 같다.

“Неверное пламя выдирает из тьмы конторку, в коей продают

свечи, широкую скамейку возле неё, окно, забранное решеткою, шоколадный лик святого, полинявшие крылья серафимов, золотые венцы. За окном—безотрадный октябрьский вечер с дождем и снегом."(3: p.218)

꺼질듯 말듯 위태로운 불길이 어둠 속에서 초를 파는 사무용 책상, 그 주위에 넓은 긴 의자, 격자로 막아진 창문, 초콜릿 빛깔의 성인 얼굴, 6품 천사들의 퇴색된 날개들, 그리고 황금빛 성상 원광(圓光)들을 잡아 찢듯이 여기저기를 비춘다. 창문 밖에는 비와 눈이 내리는 10월의 침울한 저녁이다.

위의 예문에서 보듯이, 지하에서 수도사들의 합창 기도 소리가 은은히 들려오는 어두침침한 수도원 교회 안이 여기저기 비춰지는 모습을 마치 불길이 잡아 찢는 것처럼 표현한다든가, 불길에 어두침침하게 보이는 성상의 얼굴색을 초콜릿 빛깔로 나타내는 식의 지시문들은 다분히 작가의 감정이 실린 서정적인 지시문들로 볼 수 있다. 특히 위의 마지막 문장에서 지시문대로라면 무대 위에서의 모든 것이 어둠에 잠겨져 창 밖에는 아무것도 볼 수 없어야 하는데, 작가는 창 밖에 비가 내리고 눈이 내리는 것까지 세세히 보고 있으며, 거기다 '침울한' 감정까지 느끼고 있다.

또한 희곡 '도망'에는 이와 유사하게 비유적인 서정적 지시문들을 많이 발견할 수 있다. 적군 기병대 사령관 바예프(Баев)가 교회 안 이곳저곳을 수색하며 돌아다니자, 빠이시(Паисий) 수도사는 공포 때문에 사탄처럼 변하며: "сатанея от ужаса, шепчет(공포로 흉폭해지면서 속삭인다)"(3: p.220), 마침내 적군 기병대가 떠나가고 얼마 안 있어 이번에는 백군 경기병대가 들이닥치자 빠이시 수도사는 교회 안의 모든 촛불을 끄는데, 이때 어둠 속으로 사라지는 그의 모습을 그리는 지시문: "Исчезает так, что кажется, будто он проваливается сквозь землю(마치 그가 땅을 관통하여 돌연 자취를 감추어 버린 것처럼 여겨지면서 사라진다)" 역시 매우 비유적인 지시문으로 볼 수 있다. 또한 백군 경기병대의 횃불이 창문에 비추어지는 모습을 마치 불길이 창문에서 춤을 추는 것처럼 표현한다든지: “В окне затанцевали отблески пламени(불길의 그림자들이 창문에서 춤을 추었다)”(3: p.221), 사원이 어둠 속으로 사라지는 모습을 “Тьма съедает монастырь(어둠이 사원을 삼켜 버린다)”(3: p.226)와 같이 표현하는 것 또한 매우 비유적인 서정적 지시문들이다.

희곡 ‘도망’에서 두 번째 꿈의 첫 부분에 나오는 지시문들은 분량, 어휘, 억양, 문장구조 등에서 희곡의 텍스트라기보다는 한 편의 중편 또는 장편소설의 어느 한 단락을 연상시키기에 충분하다.

> На заднем плане зала необычных размеров окна, за ними чувствуется черная ночь с голубыми электрическими лунами. Случился зверский, непонятный в начале ноября в Крыму мороз. 〈...〉 Штаб фронта стоит третьи сутки на этой станции и третьи сутки не спит, но работает, как машина. 〈...〉 Хлудов курнос, как Павел, брит, как актёр; кажется моложе всех окружающих, но глаза у него старые. (3: p.227)
>
> 홀 뒤편으로 범상치 않은 크기의 창문들이 나 있고, 그 창문들 너머에는 푸른색 전기 가로등들이 즐비한 컴컴한 밤만이 느껴진다. 11월 초, 크림 지방에 까닭 모를 잔인한 추위만이 몰아닥치고 있었다. 〈...〉 전선 사령부는 벌써 3일 밤낮을 이 역에 머무르며, 3일 밤낮을 자지도 않고 기계처럼 일하고 있다. 〈...〉 흘루도프는 빠벨 황제처럼 들창코에다 배우처럼 면도를 하였다. 그는 주위의 모든 사람들보다 더 젊어 보이나, 그의 눈동자들은 이미 늙어 있다.

또한 희곡 ‘도망’에서 흘루도프(Хлудов)가 역장에게 명령을 내리는 와중에 어디선가 왈츠곡이 들려오는데, 지시문은 이 왈츠곡이 누구의 어떤 곡이라는 구체적인 서술도 없이 마치 소설 속의 화자처럼 예전에 그 왈츠곡에 맞추어 춤을 추었던 추억을 회상해내고 있다: “Вдали в это время послышался нежный медный вальс. Когда-то под этот вальс танцевали на гимназических балах(이때 멀리서 부드러운 구리음의 왈츠곡이 들려왔다. 언젠가 이 왈츠곡에 맞추어 중학교 무도회에서 춤을 추었었다)" (3: p.229). 이 밖에도 불가코프의 희곡 '도망'에는 전화기가 신음을 한다든지(3: pp.227-8), 등장인물이 죽은 목소리로 말을 한다거나(3: p.228), 갑자기 얼굴 표정이 몽롱해진다(3: p.235)는 식의 감정을 나타내는 서정적인 지시문들을 많이 발견할 수 있다. 주인공 흘루도프의 이야기를 듣던 사령관이 어두워진다(3: p.233)는 지시문(темнея)은 단순히 얼굴의 색깔이 검게 된다는 것이 아니라 등장인물의 감정 상태를 비유적으로 나타내는 것으로, 이와 유사하게 흘루도프가 자신이 처형한 전령을 회상하며 괴로워하는 회한의 감정 상태는 그가 생각하며 늙어진다는 문구의 지시문으로 나타내고 있다: "Думает, стареет, поникает(생각하고 늙어지며 머리를 숙인다)"(3: p.273).

한편 희곡 '도망'에는 무대 위의 실내장식을 나타내는 지시문에서도 객관적인 정보의 범위를 벗어나 감정이 이입되는 서정적인 지시문들이 발견된다. 세 번째 꿈의 첫 부분에 나오는 방첩특무대 취조실 안의 실내장식에 대한 해설은 왠지 방안 조명이 음울하다는 말로 시작하고 있으며: "Какое-то грустное освещение(이름 모를 음울한 조명이 비춘다)."(3: p.238), 네 번째 꿈에 나오는 백군 사령관실은 이상한 사무실로 나오는가 하면: "Кабинет в странном виде(이상한 모습의 사무실이다)."(3: p.242), 그 옆 방의 전화벨은 귀청이 찢어지듯 요란스럽게 울려대며: "Оглушительно грянул телефон в соседней комнате(이웃한 방에서 전화벨이 귀청이 찢어져라 요란하게 울려댔다)."(3: p.243), 곧 도박판이 벌어질 카르주힌(Корзухин)의 파리 사무실은 굉장히 범상치 않은 사무실로 묘사되고 있다: "Кабинет обставлен необыкновенно внушительно(사무실은 굉장히 평범하지 않게 갖추어져 있다)."(3: p.264)

이와 같이 객관적이고 사실적인 무대지시에서 멀리 떨어져 감정이 이입되고 주관적인 묘사로 서술되는 서정적 지시문의 예(例)는, 희곡 '도망'의 마지막 8번째 꿈 이야기에 나오는 무대해설 지시문에서도 선명하게 드러나고 있다.

> "За стеклами догорает константинопольский минарет, лавры и вертушка тараканьего царя. Садится осеннее солнце. Закат, закат..."(3: p.273)
>
> 유리창 너머로 콘스탄티노플의 회교사원 첨탑, 대수도원, 그리고 바퀴벌레 황제의 회전도구판이 모두 타버린다. 가을의 해가 진다. 저녁 노을, 저녁 노을...

위의 예문에서, 매우 주관적인 어휘인 'догорает(다 타버리다)' 하나만 보면, 실제로 화재가 발생한 것을 상상하게 되면서, 한편으로는 무대 위에서의 화재 장면이 어떻게 연출될 것인지에 대한 어리둥절한 생각이 떠오르게 된다. 하지만 곧이어 '해가 지고 저녁 노을이 물든다'는 서술이 이어짐으로써 화재가 실제로 난 것이 아닐까 하는 걱정을 어느 정도 해소시켜 주는 역할을 한다. 그러나 '저녁 노을'이란 단어가 두 번씩 되풀이됨으로써 지시문은 다시 아주 감정적으로 흘러가기 시작하며, 지시문 전체는 객관적 지시나 정보 전달이 아닌 주관적인 감정이입(感情移入)의 서정적 지시문이 되고 있다.

한편 희곡 '위선자들의 신비교'에서도 주관적이고 서정적인 지시문들을 많이 발견할 수 있다. 희곡의 첫 번째 장면을 묘사하는 무대 지시문에서 몰리에르의 극장의 인테리어를 묘사하면서, 첫 번째 분장실에 비추어지는 양초 불빛에 대하여 작가는 괄호 속에다가 사람들은 그 불빛을 아마도 아쉬워하지 않는 것 같다고 쓰고 있다: "свету, по–видимому, но пожалели(하지만 아마도, 불빛을 아쉬워하지 않는 것 같다)"(3: p.280). 이러한 작가의 주관적 감정은 두 번째 분장실에 대한 묘사에 가서 한층 더 강해진다: "На всем решительно, и на вещах, и на людях (кроме Лагранжа),—печать не обыкновенного события, тревоги и волнения (모두가 단호하다, 소품들에도, 사람들에도, 라그란즈만 제외하고는, 이것은 범상치 않은 사건, 불안, 그리고 소동의 증표이다)"(3: p.280). 등장인물 라그란즈(Лагранж)에 대한 인물 묘사에서 작가는 "Он молод, красив, и важен. Фонарь на его лицо бросает таинственный свет(그는 젊고, 잘생겼으며, 위엄있어 보인다. 가로등이 그의 얼굴에 비밀스런 빛을 던진다)."(3: p.280)라고 적고 있다. 여기에서 "Фонарь бросает на его лицо таинственный свет"의 어순으로 적지 않은 것은 시적 운율을 고려한 것으로 볼 수 있다. 즉 작가의 주관적 감정이 개입되는 서정적 지시문 자체가 한 편의 시구처럼 느껴지게 만들고 있다: (Он молод, красив, и важен./ Фонарь на его лицо/ бросает таинственный свет).

이처럼 등장인물에 대하여 작가의 주관적 감정이 언급되는 예(例)는 다른 등장인물의 경우에서도 무수히 찾아볼 수 있는데, 등장인물 부톤(Бутон)에 대하여는 등 뒤 모습만 잠시 봐도 관객들이 강렬한 호기심을 자아내는 인물이라고 묘사하며(3: p.280), 솨르라탄(Шарлатан)은 문에 얼굴을 삐금 내밀었다가 수줍게 사라지는 인물이고(3: p.280), 무아르론(Муаррон)에 대하여는 15세 가량의 소년으로 범상치 않게 잘생겼으나 비도덕적이며 지친 얼굴을 하고 있다고 묘사한다: "Это мальчишка лет пятнадцати, с необыкновенно красивым, порочным и измученным лицом"(3: p.291). 바르포로메이(Варфоломей) 신부에 대해서는 우선 그가 출현할 때부터 문 밖에서 이상한 노랫소리가 들리며, 그는 항상 맨발에다가 털복숭이이며 끈으로 허리를 동여매었고 눈은 현명치 못해 보인다(3: p.294). 따라서 그는 그가 언제나 없었던 것처럼 사라져 버린다(3: p.294). 한편 류도빅(Людовик) 왕에 대해서는 그가 지나갈 때, 마치 바람이 불듯이 그의 앞길을 비켜주고 있다: "За ним пошёл Людовик, и как будто по дул ветер—все перед ними расступается(그 뒤로 류도빅이 걸어갔다. 그러자 마치 바람이라도 불은 양, 그들 앞에 있던 모든 사람들이 길을 열며 비켜준다)"(3: p.296). 주인공 몰리에르(Мольер)에 대해서는 그가 걸어갈 때 마치 고양이가 살며시 다가가듯 고양이 걸음을 하며, 그의 말 한마디만 들어도 그가 무대 위에서 일류급 배우라는 것을 알 수 있으며, 그의 웃음은 쉽게 좌중을 전염시키는 것으로 묘사하고 있다: “с первых же слов становится понятно, что он на сцене первоклассен. Богатство его интонаций, гримас и движений неисчерпаемо. Улыбка его легко заражает(첫 마디에서 그가 무대 위에서 일류라는 것을 알아차리게 된다. 풍부한 그의 억양, 찡그린 얼굴, 동작들은 무한했다. 그의 웃음은 쉽게 좌중을 전염시킨다)(3: p.281).

한편 희곡 ‘위선자들의 신비교’에 나오는 서정적 지시문에는 청각적인 소리 음(音)을 눈에 보이는 시각적인 것으로 나타내는 은유적인 표현도 찾아볼 수 있는데, 즉 극장 안에 류도빅 왕이 들어서고 몰리에르가 극장 안 객석을 향하여 위대한 프랑스 왕을 외치자, 수많은 관객들의 환호성과 외침 속에 근위대의 나팔 소리가 묻혀 버리는 상황을 마치 관객의 외침 소리에 나팔 소리가 깨어 부수어져서 무너져 내리는 것처럼 표현하고 있다: “В реве прорываются ломаные сигналы гвардейских труб(울부짖는 소리 속에 깨어진 근위대 나팔 소리들이 무너져 내린다)”(3: p.282).

앞서 살펴본 희곡 ‘도망’에서와 같이, 희곡 ‘위선자들의 신비교’에서도 ‘어두운(тёный)’, ‘검은(чёрный)’ 등의 어휘들이 등장인물의 외모를 나타낼 뿐만 아니라 등장인물 내부의 감정상태까지도 표현해 준다. 류도빅 왕으로부터 희곡 ‘타르튀프(Тартюф)’의 공연을 허락 받은 몰리에르가 왕과 함께 사라지고 난 후, 무대 위에 둘만 남게 된 샬론(Шаррон) 대주교와 베르노스찌(Верность)의 안색이 어두어지고 있으며: “...на сцене остаются только Шаррон и брат Верность; оба чёрны(무대 위에 샤론과 베르노스찌 형제만 남겨진다. 둘은 안색이 검다)”(3: p.297), 아르만다(Арманда)가 몰리에르와 마드레나(Мадлена) 사이에 낳은 사생아라는 사실을 고백소에서 아르만다에게 이야기한 후, 류도빅 왕의 대접견실에 나타난 샬론 대주교는 어둡고 기진맥진해 있다: “тёмный и измученный Шаррон(어둡고 기진맥진한 샬론)”(3: p.309). 하지만 이런 어휘들(‘어두운’, ‘검은’)이 직의적(直擬的)인 뜻으로서 등장인물의 외모와 특징만을 나타내는 경우들도 찾아볼 수 있는데, 즉 시커먼 소총병들이 유령처럼 나타난다든가: "у дверей, как видения, появляются тёмные мушкетеры(문가에 마치 유령처럼 시커먼 소총병들이 나타난다)"(3: p.298), 희곡 말미에 '어두운' 라그란즈(Лагранж)가 걸어간다는 등의 지시문들이다: "На сцене выплывает фонарь, идёт тёмный Лагранж(무대 위에 가로등이 나타나고, 어두운 라그란즈가 걸어간다)"(3: p.324).

또한 희곡 '위선자들의 신비교'에는 마치 서술적 산문에서와 같은 억양과 문장구조의 요소들을 지닌 지시문들의 예를 찾아볼 수 있다. 다음은 마드레나(Мадлена)와 샬론(Шаррон) 대주교와의 담화가 고백소 안에서 이루어기 전에 사원 내부와 고백소 앞의 상황을 묘사하는 지시문이다.

> "...Необъятный собор полон ладаном, туманом и тьмой. Бродят огоньки. 〈...〉 Проходят две темные фигуры, послышался хриплый шепот: Вы видели 'Тартюфа'?..., Вы видели 'Тартюфа'?..., —и пропал." (3: p.307)
>
> 드넓은 사원은 향내음, 안개, 그리고 어둠으로 가득 차 있다. 불빛들이 여기저기 떠돌아다닌다. 〈...〉 거무스름한 형체의 두 사람이 지나간다. 이어서 쉰 목소리의 귀엣말이 들려왔다: 당신 보았어요, 타르튀프?... 당신 보았어요, 타르튀프?... 그리고는 사라졌다.

위의 예문에 이어서 마드레나와 라그란즈의 몇 마디 대사가 나온 후, 마드레나는 고백소 안으로 들어가며 밖에는 라그란즈와 아르만다만 남겨지는 상황에 대한 지시문 또한 마치 소설을 읽는 기분이다: "Арманда и Лагранж закутываются в черные плащи, садятся на скамью, и тьма их поглощает(아르만다와 라그란즈는 검은색 망토로 몸을 감싸고 벤치에 앉자, 어둠이 그들을 삼켜버린다)"(3: p.307).

희곡 '위선자들의 신비교'에 나오는 등장인물의 성격을 묘사하는 지시문에는, 배우가 지시문대로 연기해내기에는 상당히 어려울 정도로, 주관적인 감정을 표출해내면서 등장인물의 특징을 나타내야 하는 고난도의 눈빛 연기에 대한 지시문이 나온다. 왕의 대접견실에서 류도빅 왕은 몰리에르에게 희곡 '타르튀프'의 공연에 대한 전반적인 금지 명령을 하달하며 그를 심하게 질책하게 되는데, 이에 몰리에르는 금방 쓰러지기 일보 직전의 아주 참담한 상태가 되며, 바로 이때 대접견실에 들어온 샬론 대주교는 멈추어 서서 오랫동안 몰리에르를 쳐다보는데, 이때의 몰리에르를 쳐다보는 그의 눈빛에는 만족감이 서려 있다: "У Шаррона удовлетворенно мерцают глаза(샬론의 눈은 만족스럽게 반짝이고 있다)"(3: p.312). 이어서 대주교를 본 몰리에르는 대주교 샬론을 향하여 심한 욕설을 퍼붓는데, 이때의 대주교의 반응을 나타내는 지시문 'мерцая(반짝이면서)'는 예전의 그 만족감이 가득 찬 눈빛이 여전히 반짝이고 있다는 뜻인지, 아니면 대주교의 번뜩이는 의상이 반짝인다는 뜻인지 분명치 않게 제시되고 있다: "мерцая. 〈...〉 Зловеще оглядывается,(반짝이면서 〈...〉 기분 나쁘게 주위를 둘러본다)"(3: p.312). 하지만 이러한 대주교 샬론의 눈빛 연기에 대한 지시문은 나중에 다시 제시됨으로써 또한 눈길을 끈다. 즉 곧이어 등장한 아드노그라즈이(Одноглазый)와 몰리에르 사이에 결투가 벌어지는 동안에 피신하여 있던 샬론은 결투가 끝난 후 계단을 따라 내려오면서는 뭔가에 불타는 듯한 격렬한 눈빛을 하고 있다: "сходит с лестницы с горящими глазами(뜨거운 눈빛으로 계단에서 내려온다)"(3: p.314).

이 밖에도 희곡 '위선자들의 신비교'에서는 주관적 감정이 은유적으로 표출되는 서정적인 지시문을 많이 찾아볼 수 있다. 4장 첫부분의 무대해설에서 몰리에르의 아파트가 나오고 촛대 위에 촛불이 켜져 있는데, 벽에 비추어진 사람들의 모습을 이상한 '비밀스러운' 그림자들이 어른거리고 있는 것으로 나타내며: "Квартира Мольера, Вечер. Свечи в канделябрах, таинственные тени на стенах(몰리에르의 아파트, 저녁이다. 가지 달린 촛대들 위에 초들이 켜져 있고, 벽에는 비밀스러운 그림자들이 어른거린다)"(3: p.314), 라그란즈가 아파트 안을 이리저리 왔다 갔다 하는 모습이 촛불에 반사되어 벽에 나타난 그림자를 어두스름한 중세기사의 그림자라고 은유적으로 묘사한다: "За ним по стене ходит темная рыцарская тень(그이 뒤로 벽을 따라 어두스름한 중세기사의 그림자가 걸어다닌다)"(3: p.314).

한편 희곡 '적자섬'에서도 작가의 주관적 감정이 실린 풍부한 표현력의 서정적 지시문들을 발견할 수 있다. 희곡의 프롤로그에서 무대 공연을 시작하기에 앞서 무대 장치를 꾸밀 때, 무대 배경으로 나오는 화산을 옆으로 살짝 옮기는 상황을 화산이 '수줍게' 옆으로 떠나간다고 표현하는가 하면: "Вулкан скромно уезжает в сторону"(3: p.155), 무대 위로 창을 든 아랍의 병사들이 나타나는 모습을 벽이 부수어지는 것처럼 묘사하고(3: p.198), 섬 쪽으로 다가오는 배에 대항하기 위하여 섬 원주민들이 준비하는 모습을 가장 무시무시한 무장의 큰 소동이라고 표현하며(3: p.203), 희곡의 시연을 다 관람하고 난 극장주 싸바(Савва)가 희곡 '적자섬'의 공연을 금지한다고 발표하자, 연출 감독을 비롯한 여러 배우들의 애절한 탄원이 이어지는 가운데 키리(Кири)가 빈정대는 험담을 하자, 극장 안은 순식간에 고요한 적막이 흐르는데, 이때의 적막을 작가는 '가장 죽음과 같은 적막(Гробовейшая тишина)'이라고 묘사한다(3: p.209).

한편 희곡 '적자섬'에는 작가가 보는 시각에 기초하여 지시문의 억양이나 문장구조를 직설적으로 표현하는 예(例)를 찾아볼 수 있다. 즉 연극이 시작되기 전(前)의 음악 연주가 끝나고 막이 막 열리면서 눈 앞에 펼쳐지는 무대배경에 대한 해설 지시문을, 작가는 마치 자신의 눈에 보이는 대로 남에게 말하듯이 직설적인 어조로 써 내려가고 있다: "На сцене волшебство[296)]—горит в солнце, сверкает и переливается тропический остров(무대 위에 마술이다.—태양에 빛나고 반짝이며, 열대의 섬이 옮겨진다)"(3: p.161). 이와 같이 불가코프 희곡에 나타나는 무대지시문은 무대 위에서의 공연을 위하여 무대배경이 어떻게 꾸며지는가를 지시하거나 설명하는 것이 아니라, 서술적 산문에서의 관찰자나 혹은 소설 속에서의 화자와도 같은 입장에서 있는 그대로 보여지는 것을 직설적인 어조로 나타내고 있다.

또한 희곡 '적자섬'에는 직설법적인 문장구조 속에서 말줄임표(...)를 사용함으로써 무대 위에서 발생하는 사건의 급속한 전개 과정을 나타내는 경우를 찾아볼 수 있다: "Задник уходит вверх, и отрывается рад зеркал с ослепительными лампионами...Появляются парикмахеры...(무대 배경이 위로 올라간다, 그리고 번쩍거리는 장식용 소형 전구들이 딸린 거울들이 줄지어 드러난다...이발소들이 나타난다...)"(3: p.160). "Мрачно шумя, спускается океан, в оркестре настраиваются инструменты...Зеркала исчезают...Спускаются горящие софиты, какие-то блоки...(음울하게 소음을 내며 태평양이 내려온다. 오케스트라의 악기들이 조율되고... 거울이 사라진다... 뜨거운 천정 조명, 도르래들이 내려온다...)"(3: p.161). "Задник уходит вверх... Появляются сверкающие лампионы и зеркала, парики на болванках...(무대 배경이 위로 올라간다... 반짝이는 천정 조명들과 거울들, 동물 박제 탈들이 나타난다)"(3: p.213).

희곡 '아담과 이브'에서도 앞서 살펴본 희곡 '도망'에서와 같이, 제1막의 도입부분에 서술되는 무대해설 지시문은 지시문이라기보다 서사적인 산문이나 소설의 한 텍스트를 연상시킨다.

296) 이와 유사한 무대해설 지시문을 희곡 'Полоумный Журден'에서는 "Сцена волшебно изменяется (무대가 마술적으로 변모된다.)"(4: p.125)라고 적고 있다.

"Наиболее примечательной частью обстановки является висящая над столом лампа под густым абажуром. Под ней хорошо пасьянс раскладывать, но всякая мысль о пасьянсах исключается, лишь только у лампы появляется лицо Ефросимова. Также заметен громкого-воритель, из которого течет звучно и мягко『Фауст』из Мариинского театра." (3: p.327)

탁자 위에 매달려 있는 짙은 색 갓 아래의 전등만이 가장 눈에 띄는 무대장치이다. 그 아래에 카드 한 패를 늘어놓으면 딱 좋다. 그러나 카드놀이에 대한 모든 상념은 사라져버리고, 오로지 전등 불빛 주위에서만 에프로시모프의 얼굴이 나타난다. 또한 스피커도 눈에 띈다. 스피커에서는 마린스키 극장의 '파우스트'가 낭랑하고 부드럽게 흘러나온다.

또한 주인공 에프로시모프(Ефросимов)의 특징을 묘사하는 등장인물의 성격묘사에 있어서도, 서술되는 문장의 스타일은 희곡의 일반적인 지시문과는 거리가 멀며, 작가의 주관적인 시각과 관점이 제3의 관찰자의 입장에서 서술되듯이 서정적으로 묘사되고 있다.

"Ефросимов худ, брит, в глазах туман, а в тумане свечки. Одет в великолепнейший костюм, так что сразу видно, что он недавно был в заграничной командировке, а безукоризненное белье Ефросимова показывает, что он холост и сам никогда не одевается, а какая-то старуха, уверенная, что Ефросимов полубог, а не человек, утюжит, гладит, напоминает, утром подает... (3: p.329)

에프로시모프는 야위었고 면도를 말끔히 하였으며 눈에는 뿌연 안개가 끼여 있다. 하지만 안개 속에는 양초들이 있다. 아주 근사한 양복을 입은 것으로 보아, 그가 최근에 해외출장을 다녀왔음이 한눈에 보인다. 에프로시모프의 나무랄 데 없는 셔츠 깃은 그가 독신이며 그가 결코 옷을 손수 손질하여 입지 않는다는 것을 나타내준다. 에프로시모프는 반신(半神)이며 그가 사람이 아니라고 굳게 믿는 어떤 노파가 몇 번이고 다리고 또 다림질하여 아침에 내어 놓는 것이니...

이러한 유형의 지시문은 주인공 에프로시모프에 뒤이어 창문가에 나타난 등장인물 마르키조프(Маркизов)에 대한 인물묘사에서도 그대로 이어지고 있다: "Он, как описала Аня, в кальсонах и в синем пенсне и, несмотря на душный вечер, в пальто с меховым воротником(그는 안냐가 묘사하였듯이, 속바지 차림에다, 파란색 코안경을 걸쳤으며, 후덥지근한 저녁 날씨에도 불구하고, 털 깃이 달린 외투를 입고 있다)"(3: p.329).

또한 희곡 '아담과 이브'의 무대해설 지시문에는 작가 자신이 혼자 중얼거리듯이 자신의 개인적 감정을 직접 드러내 놓으며 표출하는 서정적 지시문의 예(例)를 발견할 수 있다. 희곡의 제3막 도입 부분의 무대해설에서 주위가 온통 초토화되어 오로지 대형 천막 하나만 덜렁 남게 되고 천막 안은 여러 가지의 물건들로 가득 차 있다는 해설이 나오는데, 즉 탁자, 라디오, 식기, 아코디온, 기관총 등이 들어있다는 설명의 끝부분에 가서, 그런데 웬일인지 궁정에서 쓰는 훌륭한 안락의자가 있다는 작가 자신의 사견(私見)을 덧붙이고 있다: "тут и обрубки дерева, на которых сидят, стол, радиоприемник, посуда, гармоника, пулемет и почему-то дворцовое богатое кресло(여기에 사람들이 앉는 나무 그루터기도 있고, 탁자도 있으며, 라디오 수신기, 식기, 아코디온, 기관총도 있다. 웬일인지, 궁정에서의 훌륭한 안락의자도 있다)"(3: p.356).

앞에서 살펴본 바와 같이, 불가코프 희곡에서 작가의 주관적 감정을 전하는 수많은 서정적 지시문들 가운데는 무대 위에서 연출이 되지 않거나, 아예 연출이 불가능한 일련의 지시문들을 발견할 수 있다. 이러한 지시문들은 배우가 무대 위에서 연기해내기에는 아주 어려운 장면이나 상황을 지시하거나, 아예 무대 위에서 전달하기에는 원천적으로 불가능한 상황을 나타낸다. 이는 불가코프가 극작가로서 자신의 희곡이 무대 위에서 어떻게 공연될 것인가를 염두에 둔 것 이상으로, 작가 자신이 산문-소설의 작가로서 자신의 작품을 읽는 독자들을 항상 염두에 두었음을 알 수 있다.

예를 들면, '조야의 아파트'에서 아파트 관리 위원장 알릴루야(Аллилуя)는 자신의 조끼 안 주머니에 뇌물로 받은 돈이 있음이 조야에 의해서 탄로나자 갑자기 얼굴색이 창백해진다: "Аллилуя расстегнулся, достал деньги, побледнел(알릴루야는 단추를 끌렀다. 그리고 돈을 꺼냈다. 창백해졌다)"(3: p.81). 여기서 '창백해졌다(побледнел)'는 말이 얼굴에 동요를 나타내는 소설 속의 은유적 표현이 아니고, 실제로 무대 위에서의 연출을 위한 희곡의 지시문이라면, 배우가 연기해내기에는 상당히 어려운 지시이며, 더구나 얼굴에 분장을 한 연극배우의 얼굴에서 '창백성'을 나타내기는 거의 불가능에 가까울 것이다. 또한 중국인 헤루빔(Херувим)은 조야의 아파트에서 벌어지는 화려한 파티에서 손님들에게 샴페인을 나르는 등의 여러 가지 시중을 들면서도, 한편으로는 조금 전에 중국인 가졸린(Газолин)과 있었던 다툼 때문에 근심이 가득한데, 이때의 상황을 묘사하는 지시문은 "В его агатовых глазах забота(그의 검은 눈 속에는 근심이 서려있다)"(3: p.135)라고 서술한다. 보통 배우가 '근심어린 얼굴'이면 몰라도 '근심어린 눈'을 연기하기란 매우 어려운 것이다.

한편 희곡 '도망'의 제3장, 다섯 번째 꿈 이야기에 나오는 무대해설 지시문에는 "Струится зной(폭염이 줄줄 흐른다)"(3: p.251)는 말이 나온다. 연극에 사용할 수 있는 어떤 매체나 수단을 동원해서 관객들에게 무더운 열의 느낌을 전하는 것이 의미가 있을지도 의문스럽지만, 설령 극장 안이나 혹은 무대 위에 뜨거운 공기를 흐르게 하여 '폭염'의 연출을 성공시킨다고 한들, 과연 그 연극 공연이 성공적으로 마쳐질 수 있을지는 더욱더 의심스러운 것이다. 즉 이와 같은 지시문은 무대 위에서의 실제 연출을 위하여 씌어진 것이 아니라 희곡을 읽는 독자를 염두에 둔 지시문임을 알 수 있다.

또한 희곡 '도망'에서 차르노타(Чарнота) 장군의 아내 류시카(Люська)는 겨우겨우 끼니를 때워가는 어려운 피난살이 속에서 배가 몹시 고프며, 그로 인해 눈은 반짝반짝 빛난다: "Люська голодна, от этого глаза её блестят(류시카는 배고프다, 그로 인해 그녀의 눈은 반짝반짝 빛난다)"(3: p.256). 여기서도 보통 배우가 무대 위에서 연기를 할 때, '배고픔'이나 '눈의 섬광' 같은 표정을 연기하는 것도 어렵지만, 배고픔으로 인하여 눈빛이 반짝이는 즉 두 가지 사항의 상호 인과관계를 연기해내기란 더욱 더 어려운 것이다.

한편 희곡 '아담과 이브'에서는 주인공 에프로시모프(Ефросимоф)가 가스에 중독된 비행사 다라간(Дараган)에게 자신의 기구에서 나오는 광선을 쬐이자, 꼼짝 않고 누워있던 다라간이 신음소리를 내며 되살아나고, 그의 얼굴에 났던 궤양 반점이 빨아 올려지듯이 사라진다: "тот некоторое время лежит неподвижно и стонет, потом оживает и язвы на его лице затягиваются(그는 한 동안 꼼짝 않고 누워있다가 신음소리를 내더니 다음에 되살아난다. 그리고는 그의 얼굴의 궤양이 쪼그라든다)"(3: p.346). 이와 같이 사람을 한번에 소생시키는 묘한 마술에 대한 상세한 디테일은 먼 발치의 관람석에서 무대 위를 쳐다보아야 하는 연극 공연에서보다는 얼굴 표정의 미묘한 변화마저도 정확히 잡아내어 상세한 화면으로 우리 눈 앞에 바로 클로즈업시키는 영화에서 보다 더 가까이 와 닿을 것이다.

또한 희곡 '아담과 이브'의 마지막 피날레는 거대한 비행선이 떠나가고, 그 그림자가 숲 속에 드리워지는 것으로 끝을 맺고 있다: "в лесу ложится густая тень от громадного воздушного корабля(거대한 비행선의 짙은 그림자가 숲 속에 드리워진다)"(3: p.380). 그런데 여기서 이 지시문이 나오기 전에 희곡의 대본 그 어디에도 '비행선'에 대한 언급은 없다. 그러므로 이 지시문대로라면 숲 속에 뭔가의 거대한 그림자가 드리워져야 하고, 그 그림자가 흘러가는 구름에 의한 것이 아니라 바로 거대한 비행선에 의해서 드리워지고 있다는 것을 관객이 알아차리도록 연출이 되어야 할 것이다. 거대한 그림자와 함께 어딘가에서 비행선의 우렁찬 엔진소리가 들린다는 식으로, 음향효과에 대한 지시문이 동시에 제시되지 않는 한, 이

지시문 또한 무대 위에서의 연출을 위한 것이 아님을 알 수 있다.

희곡 '이반 바실리예비치'에서 발명가 찌모페예프(Тимофеев)가 타임머쉰을 발명하느냐고 며칠 동안을 뜬 눈으로 밤을 지새우는 바람에 빨갛게 충혈되어 버린 그의 눈 또한 연극 무대 위에서 나타내기에는 매우 디테일한 것이다: "Волосы у Тимофеева всклокоченные, глаза от бессонницы красные(찌모페예프의 머리카락은 덥수룩이 헝클어져 있고, 눈은 불면으로 빨갛다)"(3: p.424).

이상에서 살펴본 바와 같이, 불가코프의 희곡에 나타나는 지시문에는 무대 위에서의 연출을 위한 구체적인 지시나 정보 전달이 아닌, 작가의 주관적인 감정을 전하는 서정적 지시문들을 많이 찾아볼 수 있으며, 이러한 서정적인 지시문을 통하여 작가는 희곡에 등장하는 등장인물을 주관적으로 묘사하거나 발생하는 사건에 대한 작가 자신의 주관적 견해와 의도를 전한다. 따라서 이러한 지시문들은 무대 장치나 소품의 위치들을 구체적으로 설명하거나, 배우의 동작을 구체적으로 지시해 주는 희곡에서의 지시문이라기보다는 서사적 산문의 한 텍스트나 또는 소설 속의 화자를 연상시켜 준다. 또한 이러한 서정적 지시문들은 무대 위에서의 연출이 거의 불가능하거나 실제 배우들이 무대 위에서 연기해내기에는 매우 어려운 상황을 나타냄으로써 지시문 자체가 연출-감독이나 배우들을 위한 것이 아니라 독자들을 위한 것임을 알게 해 준다.

IX-4. 맺는 글

1920년대의 불가코프의 희곡에 나오는 지시문들은 일련의 희곡들에서 볼 수 있는 평범한 전통적인 지시문이 아님을 알 수 있다. 흔히, '전통적'이라고 말할 수 있는 무대장치나 무대효과를 위한 구체적인 지시사항을 담거나 배우들의 연기를 위한 구체적인 동작을 정해주는 지시문의 범위를 훨씬 뛰어넘고 있다. 작가는 실제 무대 위에서의 연출의 '실제성'과 '가능성'을 전혀 고려하지도 않은 상태에서, 모든 것을 연출이나 감독에게 맡기어 버린 채, 실제로 무대 위에서 연출하기에는 비실제적이고 비구체적인 지시문을 적고 있다. 이러한 '비구체적' 지시문들은 기존의 희곡들에서 쉽게 볼 수 없는 특징들이며, 예전의 전통적인 규범적 지시문의 범위를 뛰어넘는 비전통적인 지시문으로서 희곡을 연출하는 배우나 감독보다는 희곡을 읽는 독자들을 위하고 염두에 둔 지시문으로 볼 수 있다. 그러므로 이러한 지시문들에서 우리는 등장인물의 성격을 미리 특징 지우는 작가의 주관적 감정을 읽을 수 있으며, 구체적이고 객관적인 지시나 정보 전달이 아닌, 작가의 주관적 감정이 이입된 여러 가지 '서정적' 지시문들을 찾아볼 수 있고, 아울러 작가의 숨겨진 의도가 엿보이는 여러 가지 은유적 표현의 서정적 지시문들도 발견할 수 있었다. 사실상, 이와 같은 지시문들은 '지시서'라기보다는 '주해서'에 가까운 것이며, 연출자나 무대감독 또는 배우들을 위한 '해설'이라기 보다는 희곡을 읽는 독자들을 향한 불가코프의 작가적 '주석'으로 볼 수 있다.

또한 불가코프 희곡에서 작가의 주관적 감정을 전하는 수많은 서정적 지시문들 가운데는, 배우가 무대 위에서 연기해내기에는 상당히 어렵거나, 아예 무대 위에서의 연출이 불가능한 지시문들도 상당수 발견되는데, 이는 불가코프가 극작가로서 자신의 희곡이 무대 위에서 어떻게 공연될 것인가를 염두에 두는 것 이상으로, 작가 자신이 산문-소설의 작가로서 자신의 작품을 읽는 독자들을 항상 염두에 두고 있었음을 증명하는 것이라고 볼 수 있다. 그러므로 불가코프의 희곡에 나오는 지시문은 희곡의 지시문이라기보다는 서사적 산문의 한 텍스트를 연상시키며, 희곡을 읽는 독자들은 실제 연극을 관람하지 않고도, 소설 속 화자의 메시지와도 같은 '지시문'을 통하여 마치 소설을 읽듯이 희곡을 읽을 수 있다.

X.

불가코프 희곡에 나타난 음향적 지시문의 기능

불가코프 희곡의 음향적 지시문들은 산문화된 희곡에 연극적 배경 효과를 가미시킴으로써 희곡을 희곡으로서의 장르로 구별시킬 수 있도록 해준다. 희곡 『뚜르빈가의 나날들』에서는 서로 교체되는 두 가지 종류의 음향이 서로 대조되는 세계를 예견시키며, 희곡 『조야의 아파트』의 첫 장면에 나오는 메피스토펠레스의 노래 구절은 이 희곡의 독특한 제사로 쓰이고 있다. 또한 『조야의 아파트』에서 아메찌스토프가 무대 위에 처음 등장할 때는 크리스마스 로망스 곡 '고아(Сиротка)'를 배경음악으로 사용하여 풍자화시키며, 아볼리야니노프의 경우에는 뿌쉬낀의 시를 노래한 라흐마니노프의 로망스 곡을 사용하여 그의 극중 이미지와 향후 그려질 모습을 예견시킨다.

희곡 『도주』에서 샤르만카에 의하여 연주되는 '이별'과 '행진곡'은 극중 이야기의 반전과 전개에 맞추어져 있으며, '도박' 장면의 제사는 『스페이드의 여왕』에서 나온 것이고, 도박판에서 흥얼거리는 노랫소리 또한 톰스키의 발라드로서 『스페이드의 여왕』에서의 도박판을 연상시켜준다. 『도주』의 마지막 장면에서의 배경음악은 네크라소프의 시를 노래한 것으로서 노래 속의 아타만의 운명과 주인공 흘루도프 장군의 운명이 대비되고 있으며, 제3막의 첫 도입부분에서는 여러 가지 잡다한 소음들이 독특한 '서곡'의 형태로 쓰이고 있다. 희곡 『이반 바실리예비치』에서의 '돼지 사육'에 관한 방송과 '이상한' 이름의 오케스트라 지휘자의 소개는 당시 사회-심리적 분위기에 대한 코믹적인 풍자이며, 희곡 『적자섬』에서 영국 수병들의 군가가 갑자기 혁명가로 바뀌는 것 또한 당시 소비에트 시대에 대한 풍자로 쓰이고 있음을 알 수 있다. 희곡 『도주』에서의 카르주힌의 '달러에 대한 발라드'와 희곡 『위선자들의 신비교』에서의 샤론 주교의 대사 중간에 삽입되는 배경음악과 배경음향은 무대 위에서의 구체적 시간과 공간을 잠시 추상적 시간과 공간의 세계로 옮겨가게 만드는 기능을 수행한다. 이와 같이 극작가 불가코프는 자신의 희곡을 집필하는데 있어서 무대 위에서 보여지는 연기-줄거리적인 상황과 무대 뒤에서 들리는 음향소리와의 상호관계를 매우 세심하게 고찰하여 '지시문'을 쓰고 있음을 파악할 수 있다.

X-1. 들어가는 글

희곡에서의 지시문은 희곡을 구성하는 구성요소[297] 중의 하나로서 작가가 희곡의 본문 중에 삽입하여 놓은 일종의 '명령문'이며 '주의서'라 할 수 있다. 그러므로 배우는 극중에서 이 지시문이 가리키는 명령과 주

297) 희곡의 구성요소로서 해설, 대사, 지시문(지문)이 있다. 여기서, 해설은 희곡의 첫 부분에서 무대의 막이 오르기 전의 등장인물, 무대배경 등에 대하여 설명하는 글로서 또한 지시문의 일종이며 '무대지시문' 또는 '전치지시문'이라 일컫는다. 대사는 등장인물 상호간의 대화를 지칭하며, 지시문은 등장인물의 행동이나 동작, 표정들을 설명해 주는 글로서 '동작지시문'이라 일컫는다. 일반적으로 '지시문'하면 '동작지시문'을 가리키지만, 해설도 '무대지시문'으로서 '지시문'과 같은 부류이며, 따라서 지시문에는 '무대지시문'과 '동작지시문'이 있다.

의에 따라 여러 가지 동작, 몸짓, 표정 등의 연기를 하게 된다. 이러한 지시문은 희곡의 발달과정에서 그 내용이나 성격, 그리고 분량 등이 변화되어 왔는데, 특히 분량면에서의 변화는 눈에 띄게 두드러져서 지시문이 아예 없거나 있더라도 지극히 간단한 지시만이 존재하던 초기의 그리스극 또는 셰익스피어 및 몰리에르의 희곡에서부터 시작하여 종종 지시문의 분량이 대사의 분량과 거의 대등하기까지 한 쇼(Shaw Bernard)의 희곡에 이르기까지 엄청난 변화의 과정을 거쳐 왔다. 지시문은 원래 배우나 연출자를 위해 기록된 것이었으므로 셰익스피어나 몰리에르 또는 라신과 같은 작가들의 희곡에서 지시문은 간단한 무대지시 내지는 지극히 부차적이고 보조적인 성격의 지시문들이었으며 작가와 아무런 관계도 없이 오로지 연출자나 또는 편집자들을 위한 삽입문 성격의 지시문들도 상당수 있었으나, 19세기 말에서 20세기 초로 접어들면서 희곡 속에서 지시문이 차지하는 비중은 점점 더 증대하기 시작하여 그냥 단순하고 간결한 내용의 지시문이 아니라 희곡을 읽는 독자들까지도 염두해 두는 상세한 내용의 지시문들이 나타나게 되는데, 이러한 희곡들의 대부분은 단순히 무대 공연을 위해서만 집필된 것이 아니라 독서를 위한 희곡으로 창작되었다고 볼 수 있다.

이처럼 희곡들에서 지시문의 분량이 많아지고 그 비중이 높아지며 역할이 증대된 이유 중의 하나는 19세기, 20세기 초 문학에 있어서 희곡이 소설에 가까워지려는 문학 장르간 통합적 경향에 기인한 것으로서 고젠뿌드(Гозенпуд)는 자신의 논문: "Поэтика ремарок у Булгакова"에서 이러한 통합적 경향의 예(例)로서 불가코프의 희곡을 들고 있으며 불가코프야말로 희곡문학이 산문문학에 근접하는 과정의 증인이었고, 그 자신이 이 과정에 상당한 공헌을 하였다고 증언한다.[298] 잘 알려진 바와

298) Гозенпуд А., "Поэтика ремарок у Булгакова", *Михаил Булгаков: Этот мир мой...*, (СПб., 1993), p.80.

같이 불가코프는 소설가이면서 극작가였고, 때로는 자신이 직접 연출을 맡았던 연출가이기도 하였으므로 불가코프에게 있어서 희곡문학과 산문문학은 각기 다른 표현방식을 갖고 있는 문학 장르 간의 차이일 뿐, 하나의 작품 세계를 이루고 있다고 해도 과언은 아닐 것이다. 그러므로 불가코프의 소설은 언제든지 드라마화할 수 있다는 이야기가 공공연하며, 반대로 그의 희곡은 마치 한 편의 소설을 읽듯이 읽을 수 있다고들 이야기한다. 불가코프의 희곡이 산문소설처럼 느껴지게 만든 1등 공신은 단연코 그의 희곡에 나타난 지시문들이며 이러한 지시문들이 갖는 특성에 대하여는 "불가코프 희곡에 나타난 지시문의 특성"[299]에서 기존의 전통적 지시문과 다른 비전통적 지시문으로서의 비구체적 지시문과 서정적 지시문의 특성이 있음을 살펴보았다.

본 장에서는 앞서의 장에서 간과한 지시문들 가운데 음향적 지시문들만을 모아서 중점적으로 살펴봄으로써 불가코프 희곡들 가운데 어느 작품 어느 장면에서 어떠한 음향적 지시문이 나타나며, 또 그것이 갖는 기능은 무엇인지를 구체적으로 살펴보고자 한다. 비구체적 지시문과 서정적 지시문들이 불가코프의 희곡을 산문화시켜 소설처럼 느끼게 만들었다면, 음향적 지시문들은 반대로 산문화된 희곡에 연극적 배경 효과를 가미시킴으로써 불가코프의 희곡을 희곡으로서의 장르로 구별시킬 수 있도록 해주고 있다고 볼 수 있다.

X-2. 본론

불가코프의 희곡 『뚜르빈가의 나날들』(Дни Турбиных)에는 서로 다

299) 정연호, "불가코프 희곡에 나타난 지시문의 특성", 『슬라브학보』 제23권 2호(2008년 봄), 139-164.

른 종류의 2가지 소리들이 상호 대조되며 배경 음향을 이루고 있다. 하나는 평화로운 생활모습과 안락한 보금자리를 연상시키는 시계추의 은은한 시간 알림 소리이며, 다른 하나는 소총 사격소리, 전화벨 소리, 고문받는 자(者)의 비명소리 등과 같이 전쟁 상황을 연상시키는 소리이다.[300] 처음에 막이 열리면 뚜르빈가의 집 안 모습이 비춰지면서 따뜻한 불이 지펴진 뻬치카가 보이고 이어서 9시를 알리는 시계추 소리가 은은하게 9번 울려 퍼지면서 고풍스런 프랑스 무용의 미뉴엣 곡이 부드럽게 연주된다. 곧이어 동생 니콜까가 자신의 기타 반주에 맞추어 부르던 자작곡의 노래 소리는 중간에 형 알렉세이의 주문에 의하여 경쾌한 근위대생도 행진곡으로 바뀌게 되는데, 이때 갑자기 전깃불이 나가면서 노랫소리는 중단되고 멀리서 대포소리가 들려오기 시작한다(3: pp.8–9).[301] 이와 같이 희곡 『뚜르빈가의 나날들』의 첫 장면에서 서로 교체되며 들리는 시계추의 울림소리, 기타반주와 행진곡, 그리고 대포소리는 향후 전개될 희곡에서 서로 대조적인 2가지의 세계, 즉 뚜르빈가의 집 내부의 편안하고 안락한 보금자리의 세계와 집 밖의 무시무시한 전쟁의 세계 사이의 갈등과 마찰을 예견하고 있다고 볼 수 있다.

한편 불가코프는 자신의 희곡을 집필하면서 이러한 음향적 배경에 대하여 매우 심사숙고하였으며, 특히 무대 위에서 일어나는 행위와 무대 밖에서 들려오는 음향적 배경 사이의 상호작용에 대하여 아주 세심하게 주의하고 있었음을 알 수 있다. 그것은 그가 『조야의 아파트』(Зойкина квартира)의 프랑스 파리 해외공연을 앞두고 연출가(M. Рейнгардт)에게 보낸 편지(1934년 8월 1일자 편지) 속에서 잘 드러나고 있다.

300) Гозенпуд А., 같은 곳, p.80.

301) Булгаков М. А., *Собрание сочинений в пяти томах Том третий,* (Москва, 1990), p.8–9. 이하, 이 전집으로부터의 인용은(권 수: p.페이지 수) 본문에 약칭한다.

Двор громадного дома за окнами звучит все время, но все вместе, то есть голоса, обрывки музыки, не сливаются в бессмысленный гам, а по временам начинают звучать даже музыкально. (5: p.526)

거대한 집안 내부의 소리가 항상 창문 밖으로 울려 나갑니다. 하지만 모든 소리가 함께 울려 나갑니다. 그 속에는 목소리들도 있고 음악 소리 단편들도 있으나, 의미 없는 왁자지껄 떠드는 소리로 합쳐지지는 않습니다. 간간히 음악적이기조차 하게 들리기 시작합니다.

이토록 무대 위에서 나는 모든 소리들이 관객에게 어떻게 전달될 것인가에 이르기까지 세심한 주의를 기울였던 극작가 불가코프는 『조야의 아파트』의 1막 1장의 첫 장면에서부터 작품 전체의 중심 모티브를 암시하는 음악을 도입시키고 있다(3: p.78). 즉 막이 열리고 조야의 아파트 집안 내부가 보이면서 곧이어 축음기를 통하여 흘러나오는 음악 소리는 바로 유명한 오페라 가수 샬랴핀(Шаляпин)이 부르는 오페라 '파우스트' 가운데 한 대목인 악마 메피스토펠레스(Мефистофель)의 노래 구절[302]로서 이는 돈과 재물에 눈이 멀어 파멸해 가는 인간들에 대한 테마를 노래 부르고 있는 것이다. 이것은 『조야의 아파트』에서의 독특한 제사(題詞)라고 볼 수 있다.

『조야의 아파트』에 등장하는 거의 모든 등장인물들은 황금을 우상처럼 숭배하는 사람들이며 황금우상의 끝없는 욕망 속에서 돈과 재물에 노예가 되어 춤추는 인간들과도 같다. 사실상, 『조야의 아파트』에서 벌어지는 그날 밤의 그 비극적인 야회(夜會)도 메피스토펠레스 노래 구절의 가사 내용을 거의 글자 그대로 실현시키고 있다.[303] 즉 강철 검의 칼

302) 축음기에서 흘러나오는 노래는 프랑스 작곡가 구노: Charles Francois Gounod(1818~1893)의 오페라 『파우스트』에 나오는 메피스토펠레스의 아리아 『황금 송아지』의 한 구절이다.

303) Гозенпуд А., 같은 곳, p.82.

날을 따라 인간의 피가 강물처럼 흐른다(И людская кровь рекой / По клинку течет булата)[304]는 노래가사처럼, 돈에 눈이 먼 헤루빔(Херувим)은 칼로 구시(Гусь)의 뒤통수를 강타하여 죽이는 것이다.

> Херувим : Плюесь деньги. Смесной. У тебя деньга есть, мадама нет. У меня мадама есть, деньга нет. Дай погладить червонцы.
> Гусь : Гладь.
> Херувим : А, цирвонцики, цирвончики миленьки.
> Гусь : Как мне забыться? Алла!
> Херувим ударяет Гуся под лопадку ножом. Гусь умирает.
> (3: p.143).
>
> 헤루빔: 돈에다 침을 뱉다니. 우습다. 너 한테는 돈은 있는데 여자는 없다. 나한테는 여자는 있는데 돈은 없고. 돈 다려 줄게 줘라.
> 구시: 그래 다리려무나.
> 헤루빔: 아, 지폐, 지폐는 사랑스러워.
> 구시: 내 어찌 잊으리요? 알라!
> 헤루빔은 칼로 구시의 견갑골 밑을 세게 강타한다. 구시는 죽는다.

이와 같이 무대 위에서 일어나는 돈에 눈이 먼 인간들의 타락적 행위와 무대 밖에서 들려오는 메피스토펠레스의 음악소리를 상호 작용시킬 뿐만 아니라, 불가코프는 희곡 『조야의 아파트』에서 등장인물 아메찌스토프(Аметистов)와는 전혀 어울리지 않는 음악을 삽입시킴으로써 그와 조야(Зоя) 사이의 관계를 풍자화시키기도 한다. 즉 아메찌스토프가 무대 위에 처음 등장할 때 흘러나오는 배경음악은 크리스마스 로망스 곡인 "고아(Сиротка)"[305]로서 깨진 피아노 소리 반주에 맞춰 가늘고 높은

---

304) Там же.

305) 고아(сиротка): Карл Александрович Петерсон(1811–1890)의 시 『고아Сирота』에 곡을

톤의 순진하고 귀여운 목소리로 다음과 같이 노래 부른다.

Вечер был, сверкали звезды,
На дворе мороз трещал...
Шел по улице...
Аметистов : (появился в передней). Малютка.
Голос : Боже, говорил малютка,
Я озяб и есть хочу.
Кто накормит, кто согреет,
Боже добрый...
Сироту. (Ставит замызганный чемодан на пол и садится на него) (3: pp.90–91)

밤이 오고, 별들은 반짝였네,
뜰에는 차가운 바람이 몰아쳤다네...
길을 따라 걷고 있던...
아메찌스토프: (현관에 나타났다) 어린아이.
목소리: 오 하느님, 어린아이가 말했네,
저는 춥고 먹기를 원합니다.
누가 먹여주시나요, 누가 따뜻하게 해 주시나요,
오 하느님 어느 선량한 이가...
이 고아를. (더럽혀진 트렁크를 마루에 내려놓고 그 위에 걸터 앉는다)

여기서 추위와 배고픔에 떠는 어린아이–고아(Малютка–Сирота)를 노래하는 음악소리가 배경에 깔리면서 처음 등장하게 되는 아메찌스토프는 노랫말의 고아처럼 기차를 타고 머나먼 길을 홀로 달려와 매우 지치고 배고픈 상태를 나타낸다. 하지만 그는 극이 점차 진행되면서 순진하고 가냘픈 어린아이–고아의 이미지와는 전혀 다른 간사하고 약삭

붙인 로망스로서 당시 러시아에서 성탄절 때 많이 불리며 상당히 유행하였었던 것으로 알려져 있다. К. А. Петерсон, *Русская поэзия детям. В 2 т. Т.1*, Е. О. Путилова, СПб.: Академический проект, 1997, сс.148–149, сс.680–681. 참조.

빠른 사기꾼으로 밝혀지며, 조야는 자신을 찾아온 그를 맞이하여 주고 먹여주며 일자리까지 줌으로써 마치 노래 속에서 춥고 배고픈 어린아이-고아를 구해주는 선량한 노파와 같은 역할을 한다. 또한 불가코프는 노래에 나오는 추운 겨울날의 배경도 자신의 희곡에서는 뜨거운 여름날로 바꾸고 있으며,[306] 노래에서 "누가 먹여주시나요, 누가 따뜻하게 해 주시나요"하는 가사(歌詞)가 나올 때, 극중 배우 아메찌스토프가 마치 자기 자신이 '고아'인 것처럼 노랫말 가사 '고아(Сироту)'를 직접 따라 부르게 함으로써 관객의 시선을 집중시키면서 연극의 극적 효과를 꾀한다.

이와 같이 불가코프는 자신의 희곡에서 극중 등장인물이 처음 무대 위에 등장할 때, 그 등장인물의 이미지와는 전혀 어울리지 않는 음악을 배경음악으로 선택하고 있으며, 향후 전개되는 스토리에서 등장인물의 이미지와 상호관계를 변형시켜 묘사함으로써 배경음악에서 가리키는 노랫말 가사의 내용을 풍자화하고 있음을 알 수 있다.

또한 이와 같이 등장인물이 무대 위에 처음 등장할 때 등장인물과 관계된 음악을 배경으로 삽입시키는 경우는 아볼리야니노프(Обольянинов)가 무대 위에 처음 등장할 때의 장면에서도 찾아볼 수 있는데, 이러한 면에서 희곡 『조야의 아파트』는 한편의 오페라를 연상시킨다고 해도 과언은 아닐 것이다. 즉 그가 무대 위에 처음 등장할 때 어디선가 멀리서 뿌쉬낀의 시[307]를 노래한 라흐마니노프(Рахманинов)의 로망스 곡이 들려오

306) Гозенпуд А., 같은 곳, p.88.

307) 뿌쉬킨의 시 『Не пой, красавица...』는 1828년 6월 12일에 씌어져서 1829년에 문예지 『Северные цветы』에 발표된 시로서 이는 뿌쉬킨이 1828-29년 사랑에 빠졌던 여인 Анна Алексеевна Андро-Оленина 에게 바쳐진 헌사(獻詞)이다. 뿌쉬킨은 그녀와 관련하여 『Ты и вы』, 『Её глаза』, 『Я вас любил』 등의 많은 시들을 썼다. Оленина는 노래를 아주 잘 불렀으며, 뿌쉬킨이 우연히 듣게 된 그녀의 그루지야 멜로디가 이 시를 쓰게 된 계기가 된 것으로 알려져 있다. А. С. Пушкин, *Соб. соч. в 10 тт.*, М. 1974, т. 2, с.144, сс.570-572.

기 시작한다.

> Не пой, красавица, при мне
> Ты песен Грузии печальной... 『......』
> Напоминают мне они другую жизнь и берег дальний.. (3: p.83)
>
> 아름다운 여인이여, 노래 부르지 마오, 내 앞에서
> 그루지야의 슬픈 노래들을... 『......』
> 그 노래들은 내게 다른 삶과 먼 옛날의 강가를 떠오르게 하오...

로망스 곡에서 노래하듯이 『조야의 아파트』에서 아볼리야니노프는 마치 향수병에 걸린 사람처럼 항상 자신의 과거 귀족의 삶을 회상하는 인물로서 늘 새로운 다른 삶을 꿈꾸는 인물로 그려지고 있다. 이처럼 극작가 불가코프는 자신의 희곡을 집필하는데 있어 극중 등장인물이 무대 위에 처음 등장할 때 그 등장인물의 극중 이미지나 혹은 향후 그려질 모습 등과 관련된 음악을 배경음악으로 세심하게 선정하고 있음을 알 수 있다.

또한 이와 유사하게 새로운 다른 세계를 향해 탈출해 가려는 등장인물 알라(Алла)의 경우에도, 파리에서의 환상적인 삶을 꿈꾸는 그녀의 속마음을 재촉이라도 하듯이 오페라 '라 트라비아타'의 아리아가 배경음악으로 삽입되고 있다. 즉 조야의 아틀리에에서 '마네킹 걸'로서 일만 하면 돈과 파리행 비자를 주겠다는 조야의 제의를 놓고 갈등하는 그녀에게 사기와 용기를 북돋아 주는 내용의 가사가 멀리서 들려오는 것이다.

> Зоя: До Рождества только четыре месяца. К Рождеству вы свободны как птица, в кармане у вас виза и 『......』 Слышите, никто не узнает, как Алла работала манекенщицей.. 『......』 Голос под рояль поет глухо: <u>Покинем, покинем край, где мы так страдали...</u> (3: p.109)

조야: 크리스마스 전까지 오로지 4개월 뿐이에요. 크리스마스 경에 당신은 마치 새처럼 자유롭게 되고, 당신 호주머니에는 비자가 있게 될 거예요. 그리고 『......』 들으세요. 아무도 알라 당신이 마네킹으로 일하였다는 사실을 알지 못할 것이고... 『......』 그랜드 피아노 소리에 맞추어 은은하게 노래한다: 떠나자, 떠나자, 우리들이 이토록 고생하였던 이 지방을 ...

이처럼 조야가 알라를 유혹하는 에피소드에서 알맞은 배경음악을 선정하여 무대 위의 연출상황에 가장 부합되는 노래가사를 스토리 전개의 가장 알맞은 타이밍에 맞추어 내보내는 음향적 효과에 대하여, 극작가 불가코프 자신이 얼마나 세심한 주의를 기울였는지는 그가 연출가(M. Рейнгардт)에게 보낸 편지(1934년 8월 1일자 편지) 속에서 다시 한 번 잘 드러나고 있다.

В сцене, когда Зойка соблазняет Аллу, происходит одно из Зойкиных чудес. Когда Зойка распахивает дверь шкафа, он наполняется светом и в этом свете загораются ослепительные платья. В этот момент из музыкального шума за окнами отчетливо начинают слышаться голоса мужчины и женщины, которые сладко поют из『Травиаты』:『Покинем край, где мы так страдали...』. (5: p.526)

조이까가 알라를 유혹할 때 무대 위에서는 조이까다운 기적이 하나 일어납니다. 조이까가 옷장의 문을 세게 열어젖혔을 때, 옷장은 온통 빛으로 가득하며 그 빛 속에서 휘황찬란한 옷들이 붉게 타오르기 시작합니다. 바로 이 순간 음악적 소음 속에서 창문 너머로 분명하게 『트라비아타』 가운데 한 대목인 『우리들이 이토록 고생하였던 이 지방을 떠나자...』를 부드럽게 노래하는 여성과 남성의 목소리가 들려오기 시작합니다.

한편 희곡『도주』에서는 2개의 멜로디를 연주하는 샤르만카(Шарманка)[308)]

308) 샤르만카(Шарманка): 어깨에 걸어서 등에 지고 다닐 수 있게 만든 소형의 자동 오르간

음악 소리의 이미지가 매우 중요한 역할을 하고 있음을 알 수 있다. 극중에서 자신의 헤어진 옛 연인 세라피마(Серафима) 부인을 찾아, 온 방방곡곡을 누비는 젊은 대학생 갈루브코프(Голубков)가 무대 위에 등장하기 전에 연주되던 곡은 분명 이별(Разлука)이었다. 하지만 그가 무대 위에 등장하여 자신의 샤르만카를 땅 위에 내려놓고 연주하기 시작한 곡은 처음에 잠시 '이별'이였다가 곧이어 활기찬 '행진곡'으로 바뀐다(3: p.259). 마치 불가항력적인 전시상황 속에서의 자신들의 운명과 이별을 그냥 피동적으로 받아들이던 상태에서 뭔가의 탈출구를 찾아 적극적으로 대응하며 미래를 향하여 힘차게 행진해 나아가는 극중 분위기의 반전을 암시하는 듯하다. 따라서 이 '행진곡'은 차르노타(Чарнота)가 갈루브코프와 함께 세라피마의 남편을 찾기 위하여 마침내 파리 행(行)을 결정하고 힘차게 큰 소리로 "В Париж так в Париж!(파리로, 파리를 향해!)" (3: p.263)를 외침과 동시에 바로 또 연주되기 시작한다.

이처럼 희곡 『도주』에서는 샤르만카 악기에 의하여 연주되는 2개의 멜로디 '이별'과 '행진곡'이 극중의 이야기 전개에 맞추어 음향적 배경을 이루고 있을 뿐만 아니라, 파리에서 벌어지는 카드놀이 도박판 장면에서도 카드 게임 중에 차르노타가 흥얼거리는 노랫소리가 또한 유사한 음향적 효과를 나타낸다. 그는 부인을 배신하고 떠난 세라피마의 남편 카르주힌(Корзухин)과의 마지막 한 판의 카드 도박에서, 차이코프스키의 『스페이드의 여왕』에 나오는 톰스키(Томский)의 발라드를 계속하여 흥얼거린다.[309]

이다. 건반 없이 손잡이를 돌려 연주하는 러시아 전통 악기다.

309) 뿌쉬킨의 『스페이드의 여왕』을 차이코프스키가 곡(曲)으로 만듦, Гозенпуд А., 같은 곳, p.88. 참조.

Чарнота : Ага... Угодно карточку?
Корзухин : Да. Сто шестьдесят долларов.
Чарнота: Идёт. Графиня, ценой одного рандеву... Девять. 『.....』
Чарнота : (напевает). Получишь смертельный удар ты... три карты, три карты, три карты... Жир. (3: pp.269–270)

차르노타: 아하... 한 장 더 받겠나?
카르주힌: 주게. 160 달러 걸겠네.
차르노타: 좋아. 백작부인이여, 한 번만 만나 주신다면... 9. 『.....』
차르노타: (흥얼거린다) 그대 죽음을 부를 일격이오, 받으시오... 세 장의 카드, 세 장의 카드, 세 장의 카드... 제로.

이와 같이 희곡 『도주』의 7번째 꿈 이야기에서 차르노타가 카르주힌을 상대로 카드놀이 게임을 벌여 그의 전(全)재산을 빼앗는 도박장면의 팽팽한 결투적 분위기는 마치 『스페이드의 여왕』에서 꿈에 노백작부인의 '트리 카드' 비법을 전수 받은 게르만(Германн)이 체카린스키(Чекаринский) 도박판에 나타나 벌이는 팽팽한 긴장 분위기를 연상시킨다. 실제로 불가코프는 『스페이드의 여왕』에서의 "...Три карты, три карты, три карты..."를 7번째 꿈 이야기의 제사(Эпиграф)로 사용하고 있음을 확인할 수 있다(3: p.264).

또한 희곡 『도주』의 마지막 장면에서는 네크라소프의 시[310)]를 노래한 음악이 이야기 전개에 맞추어 배경음악으로 사용되고 있음을 알 수 있다. 즉 주인공들이 마침내 조국으로 돌아가려는 결정을 내린 후 어디선가 아코디언 반주에 맞춘 노래 소리가 들리기 시작하며: "Жили двенадцать

310) 네크라소프의 서사시(поэма) 『Кому на руси жить хорошо(러시아는 누구에게 살기 좋은가)』의 제2부 "Пир—на весь мир"중에 나오는 시구절: (Господу богу помолимся,/ Древнюю быль возвестим,/ 『.....』/ Было двенадцать разбойников,/ Был Кудеяр—атаман,/ Много разбойники пролили/ Крови честных христиан,) Н. А. Некрасов, *Соб. соч. в 8 тт.*, М. 1965, т. 3, стр. 371.

разбойников и Кудеяр–атаман...(열 두 명의 도적들과 아타만[311] 쿠제야르가 살고 있었다네...)"(3: p.278), 차르노타가 마지막 작별을 고하는 대사를 읊조린 후에 발코니로 향하는 문을 세차게 열어 젖히자 노래소리는 합창소리가 되어 더욱더 크게 울리기 시작하고:"Много разбойники пролили крови честных христиан...(수많은 도적들이 순수한 그리스도교도들의 피를 흘렸네)"(3: p.278), 마침내 홀로 남겨진 흘루도프(Хлудов) 장군이 자살을 감행하기 바로 전에 발코니로 향하는 문 쪽으로 다가가 저 멀리 먼 곳을 바라보자 다시 합창소리가 울려 퍼지기 시작한다: "Господу Богу помолимся, древнюю быль возвестим...(주 하느님께 기도합시다, 먼 과거의 일을 주께 고하고...)"(3: p.278).

이처럼 희곡『도주』의 마지막 장면에 사용된 음향적 배경은 극중 등장인물들의 지나온 과거의 삶과 유사한 운명적 상황을 연상시키는 합창소리가 배경음악으로 사용되면서, 자신의 죄를 속죄하고 보상하려는 흘루도프 장군과 역시 자신의 지난 날의 과오를 참회하는 아타만 쿠제야르(Кудеяр)가 서로 유사하게 대비되고 있음을 확인할 수 있다. 하지만 마지막 장면에서 흘루도프 장군의 권총 사격 소리는 앞서의 배경음악 소리를 금방 단절시켜 버리며, 이어서 그는 권총으로 자신의 머리를 쏘아 자살함으로써 쿠제야르의 전설적인 운명과는 다소 다르게 상호 대조되고 있음을 발견한다.

한편 희곡『도주』에서의 음향적 지시문이 앞서 살펴본 것처럼 반드시 악기 연주나 노래소리 또는 합창소리와 같은 음악적 소리만을 나타내는 것은 아니다. 희곡의 제3막은 여러 가지 잡다한 소리들이 혼합되어 들리는 독특한 서곡의 형태로 시작된다. 즉 막이 열리면서 거리 악사의 샤르만카 소리, 시장 상인들의 외침 소리, 신문팔이 소년의 외침 소리 등이 서로 뒤엉키고 혼합되어 이상한 심포니를 이룬다.

---

311) 아타만(атаман): 까자크의 대장, 수령, 두목.

> Странная симфония. Поют турецкие напевы, в них вплетается русская шарманочная Разлука, стоны уличных торговцев, гудение трамваев. 『......』 Слышны звоночки продавцов лимонада. Где−то отчаянно вопит мальчишка: 『Пресс дю суар』. (3:p.250)

> 이상한 심포니이다. 터키 민요 소리들이 들리고, 그 속에 러시아 샤르만카의 '이별' 연주 소리, 거리 상인들의 신음 소리, 전차들의 구적소리가 뒤섞여 들려온다. 『......』 레몬수를 파는 상인들의 외침 소리들이 들린다. 어디선가 어린 소년이 "저녁 신문요"하고 목청껏 큰 소리로 외친다.

이러한 잡다한 소음의 소리들은 크림(Крым)에서 패퇴한 백위군들이 그들을 따라온 동행(同行) 피난민들과 함께 찾아들게 되는 콘스탄티노플(Константинопол)의 극중 분위기를 전달하는 배경음향으로 쓰이고 있음을 알 수 있다.

한편 코메디적인 희곡 『이반 바실리예비치』의 제1막은 돼지 사육사의 아침 라디오 방송으로 시작하고 있으며, 제1막의 끝부분에 가서도 돼지 사육에 관한 같은 방송 멘트가 나오면서 막이 내린다.

> Начинаем нашу утреннюю лекцию свиновода... 『......』 Итак, товарищи, продолжаем нашу лекцию о свиньях... 『......』 Плодовитостью, дорогие товарищи, свинья уступает только кролику. На десятом году две свиньи могут дать один миллион свиней! 『......』 Древние римляне за плодовитость обожали свиней... 『......』 Многие считают свинью грубой, глупойи неопрятной. Ах, как это несправедливо, товарищи! Не следует ли отрицательные свиные стороны отнести за счет обхождения с этим зверем? Относитесь к свинье хорошо, и вы получите возможность её дрессировать... (3: p.424, p.435)

> 지금부터 돼지 사육사의 아침 방송을 시작하겠습니다. 『......』 이래서, 동무들, 돼지에 대한 우리의 강의를 계속하겠습니다. 『......』 친애하는 동무들, 번식력에 있어서 돼지는 오로지 집토끼에게만 양보를 한답니다. 10년도에 돼지 2마리가 100만 마리

> 의 돼지를 낳을 수 있었으니! 『......』 고대 로마 시민은 번식을 위하여 돼지를 숭배하였으며... 『......』 많은 사람들은 돼지를 거칠고, 멍청하며, 더럽다고 생각합니다. 아, 이 얼마나 잘못된 정의입니까, 동무들! 이 동물에 대한 이러한 취급으로 인해, 돼지의 부정적인 측면을 계속하여 따라야만 할런지요? 돼지를 좋게 여겨보십시오. 그러면 당신은 돼지를 길들이는 가능성을 얻게 될 터이니...[312]

이처럼 희곡의 줄거리나 내용과 전혀 무관한 돼지 사육에 관한 방송은 시간과 공간을 뛰어 넘어 16세기, 23세기 등을 마음대로 날아다닐 수 있는 타임 머쉰의 발명에 빠진 찌모페예프(Тимофеев)와 같은 사람의 존재를 대변하는 사회–심리적 분위기를 나타내고 있다고 볼 수 있다. 즉 이 작품이 씌어지던 당시 소비에트 시대는 새로운 이데올로기가 강요되던 시대였을 뿐만 아니라, 물체적–신체적으로도 돼지 사육에 관한 방송에서와 같이 새로운 노동–향상성 및 생산성–증대가 강조되었던 시대로서 주인공 찌모페예프와 같이 엉뚱한 생각에 쉽게 빠져 버릴 수 있는 당시의 사회적 분위기와 당시 동시대인들의 심리적 상태를 간접적으로 나타낸 것으로 볼 수 있다. 이는 『이반 바실리예비치』의 완성본에는 빠져 있지만 초기 원고본에 씌어져 있는 찌모페예프의 마지막 대사에서 다시 '돼지들'이 언급되고 있는 것에서 확인해 볼 수 있다. 즉 그는 희극의 마지막 장면에서 앞서의 라디오 방송에서 나온 돼지들에 대하여 다시 언급하면서, 자신은 실험을 하였을 뿐이지만 그러나 그런 돼지들로써 어떠한 유용한 것이 과연 만들어질 수 있을까? 하고 의미있게 반문하고 있다. (Да, я сделал опыт. Но разве можно, <u>с такими свиньями</u> чтобы вышло что–нибудь путное?)[313]

이와 같이 돼지 사육에 관한 강의 방송이 나타내는 풍자적인 색채는

---

312) 불가코프, 『이반 바실리예비치』, 정연호 역, (대구가톨릭대학교 출판부, 2008), p.8, pp.29–30.

313) М. А. Булгаков, *Пьесы 30–х годов*, СПб, 1994, с.403.

다른 부류의 음악 방송에 의하여 다시 그 맥을 이어 나아간다. 즉 돼지 사육에 관한 방송이 끝나고 다른 목소리로 색다른 음악 연주에 관하여 아나운서가 소개할 때에도 이어지는 것이다: "А теперь оркестр гармониийи сполнит популярныйтанец Анитры...(그러면 지금부터 아니트라의 인기 무용곡을 아코디온 오케스트라가 연주하겠습니다)"(3: p.435). 여기서 유명한 오페라 베르디의『아이다』에 나오는 한 단편인 인기 무용곡을 교향악 오케스트라가 아닌 아코디온 오케스트라가 연주한다는 음향적 지시문에서 느껴지는 풍자적 색채는 희곡 마지막에 나오는 음악 연주를 소개하는 아나운서의 색다른 멘트에서도 다시 한번 확인된다. 즉 아나운서는 서양음악과 동양음악을 동시에 전하겠다고 하면서 '요상한' 이름의 오케스트라 지휘자를 소개한다.

> Милиция выводит всех из квартиры.
> Голос в рупоре: Передаем час западнойи восточной музыки. Оркестр под управлением Сигизмунда Тачкина исполняет падеспань. Музыка в рупоре. (3: p.462)
>
> 경찰이 모두를 아파트 밖으로 연행해 나간다.
> 스피커에서 나는 소리:『서양과 동양 음악 시간을 방송하겠습니다. 시기즈문드 타츠킨이 지휘하는 오케스트라가 왈츠 무용곡을 연주합니다.』스피커의 음악 소리.[314)]

여기서 '시기즈문드'[315)]라는 이국적인 이름과 쉽게 타츠카(тачка)[316)]를 생각나게 하는 '타츠킨'이라는 성(姓)의 결합은 연극을 관람하는 관객이

---

314) 불가코프,『이반 바실리예비치』, 정연호 역, (대구가톨릭대학교 출판부, 2008), p.86.

315) 시기즈문드(Сигизмунд): '시기즈문드'라는 이름은 러시아적인 이름이 아니며, 러시아인들이 들으면 독일이나 폴란드, 체코 등의 왕조에 등장하는 왕의 이름을 쉽게 생각나게 하는 매우 '이국적'인 이름이다.

316) 타츠카(тачка): 외바퀴 손수레.

나 희곡을 읽는 독자에게 매우 우습게 들리는 코믹적 효과를 자아낸다. 이처럼 불가코프 희곡에 나타난 음향적 지시문들은 종종 희곡에 유머러스하게 코믹적인 효과를 자아내면서 풍자적인 색채를 가미하는 기능을 수행하고 있음을 발견할 수 있다.

또한 이러한 음향적 지시문의 풍자적인 기능은 희곡 『적자섬』에서도 발견된다. 무원칙과 정치적 획일주의가 주요한 풍자 대상으로 그려지는 이 희곡의 제3막은 극장주 사바(Савва) 앞에서 연극의 시연(試演)을 벌이는 가운데 막이 내리게 되는데, 막이 내리면서 나오는 음악이 처음에는 영국의 수병들이 불렀던 군가였다가, 감독 로르드(Лорд)가 지휘자를 위협하는 제스처를 취하자 갑자기 극장주 사바의 기호에 맞는 혁명의 노래로 바뀌게 된다.

> Дирижер взмахивает палочкой. Оркестр начинает『Ах, далеко нам до Типперери!』[317] Лорд за спиной Саввы грозит дирижеру кулаками. Оркестр мгновенно меняет мотив и играет『Вышли мы все из народа...』[318]. (3: p.199)

> 지휘자가 지휘봉을 흔든다. 오케스트라는 『Tipperery까지의 머나먼 길!』을 연주하기 시작한다. 로르드가 사바 등 뒤에서 지휘자를 주먹으로 위협한다. 오케스트라는 순간 멜로디를 바꾸어 『우리 모두 인민으로부터 나왔다...』를 연주한다.

위와 같은 혁명가가 울려퍼지자 등장인물 키리(Кири)가 깜짝 놀라면

---

317) It's a Long Way to Tipperary : 1차 세계대전 때 영국 수병들에게서 불려진 노래, 상당히 경쾌한 멜로디로서 "판을 튼다고 영국의 왕이 되나/ 베르너 소위도 즐겁게/ 암호 장교도 즐겁게/ 승조원들도 즐겁게/ 대서양을 항해하는 U-96/..."등의 가사가 나온다.

318) 혁명가『Смело, товарищи в ногу』에 나오는 가사 가운데 하나이다. "Смело, товарищи, в ногу!/ Духом окрепнув в борьбе,/ В царство свободы дорогу/ Грудью проложим себе./ *Вышли мы все из народа*,/ Дети семьи трудовой./ Братский союз и свобода —/ Вот наш девиз боевой!/ Долго в цепях нас держали,/ Долго нас голод томил,/ Черные дни миновали,/..."

서 "유럽의 수병들은 이런 노래를 부를 수 없다고!"(3: p.199)하며 외치는 대목에서 우리는 상기의 음향적 지시문이 풍자적으로 쓰이고 있음을 다시 한번 확인할 수 있다.

한편 불가코프 희곡에 나타난 음향적 지시문 가운데는 단순히 무대 위에 보여지는 시간적-공간적 개념의 범위를 벗어나서 진행되는 무대 위의 구체적인 사건과 장면에 추상적이고 '초시간적'인 성격을 부여하는 기능의 지시문도 눈에 띄인다. 희곡 『도주』에서 젊은 대학생 갈루브코프(Голубков)가 세라피마의 남편 카르주힌(Корзухин)에게 1000달러의 돈을 요구하자, 카르주힌은 '달러'에 대한 예찬과 찬양으로 일색하는 일대의 발라드(баллада)를 읊어대기 시작하는데: "Ах, молодой человек! Прежде чем говорить о тысяче долларов, я вам скажу, что такое один доллар. 『......』 Доллар! Великий всемогущий дух! Он всюду! (오, 젊은이! 1000달러에 대하여 이야기하기 앞서 내 자네에게 1달러가 무엇인지 이야기해 주지. 『......』 달러! 위대하고 전능한 영혼이여! 그가 온 세상을 지배한다!)"(3: p.266), 달러에 대한 그의 발라드가 절정에 다다랐을 때 어디선가 멀리서 군대가 행진하며 부르는 군가(軍歌) 소리가 들리기 시작한다: "Где-то далеко послышались звуки проходящей военной музыки."(3: p.266).

이러한 음악 소리는 등장인물들이 무대 위에서 엮어가는 이야기 줄거리와 아무 관련이 없을 뿐만 아니라, 현재 무대 위에서 보여지는 시간과 공간의 구체적인 범위를 벗어나 오로지 카르주힌의 발라드 주제가 흐르는 '추상적' 시간과 공간으로 옮겨 가게 만든다. 따라서 이러한 군사 관련 음악이 배경으로 흐르자 카르주힌은 더욱더 흥분되고 고무되어 마치 자신이 전쟁판에라도 서 있는 듯 다음과 같이 외쳐대기 시작한다.

> И вот они уже идут! Идут! Их тысячи, потом миллионы! Их головы запаяны в стальные шлемы. Они идут! Потом они бегут! Потом они бросаются с воем грудью на колючую проволоку! Почему они кинулись? Потому что где-то оскорбили

божественный доллар! (3: pp.266–267)

자, 저기 저들이 행진하고 있어! 행진! 그들은 수천명, 다음 수백만 명이야! 그들의 머리 위에는 강철 투구가 씌워져 있다. 그들이 행진한다! 다음에 그들은 달려 나간다! 그리고 그들은 가시 철조망을 향해 울부짖는 가슴을 부딩켜 안고 돌진하지! 그들은 왜 저토록 달려들었을까? 왜냐하면 어디선가 신(神)의 달러에 모욕당했기 때문이야!

그리고 카르주힌의 이러한 격앙된 외침 소리는 그의 달러에 대한 전쟁 발라드에서 달러에 모욕당했던 사람들이 마침내 달러를 정복하고 달러의 영광을 노래함으로써 전쟁 상황이 종식되어 모든 세상이 잠잠해지자 점차 조용해지며, 이와 동시에 그동안의 전쟁 관련 배경음악 또한 점차 멀어져 가며 사라진다(3: p.267). 이처럼 『도주』에서의 음향적 지시문은 등장인물의 특정한 발라드 풍의 대사(баллада о долларе) 중간에 배경음악을 삽입시킴으로써 무대 위의 구체적인 시간과 공간의 개념을 뛰어넘어 추상적인 시간과 공간의 세계로 잠시 옮겨 가게 만드는 역할을 하고 있음을 발견할 수 있다.

또한 이러한 유사한 기능의 음향적 지시문은 희곡 『위선자들의 신비교(Кабала Святош)』에서도 찾아볼 수 있다. 무대 위에서의 장면을 구체적인 시간에서 상징적인 미래의 시간으로 옮겨 가게 만드는 것이다. 즉 고백소에서 마드레나(Мадлена)가 샤론(Шаррон) 주교 앞에서 죄를 고백할 때, 샤론 주교가 “너는 영원한 예배를 듣게 될 것이다(Будешь слушать вечную службу).”라고 말하자, 어디선가 언덕 위에서 어린 아이들이 손에 촛불을 들고 행렬을 지어 지나가면서 노래 부르는 소리가 들리기 시작한다(В высоте со свечами прошла процессия и спели детские голоса. Потом это все исчезло. 3: p.308). 마치 하나의 삽화와도 같이 잠시 삽입되었다가 곧 사라져 버리는 어린아이들의 노래 소리는 ‘영원한 예배(вечная служба)’ 라는 말과 함께 경건한 분위기를 자아내면서 영원한 미래의 시간 속으로 잠시 빠져 들게 만들고 있다.

X-3. 맺는 글

소설가이면서 극작가였던 불가코프의 희곡을 읽는 것은 마치 소설을 읽는 듯한 느낌이 든다. 이는 그의 희곡에 나타난 지시문들 가운데 비구체적 지시문과 서정적 지시문들이 갖는 특성에 따른 것이었다.[319] 본 장에서는 불가코프의 희곡에 나타난 지시문들 가운데 음향적 지시문만을 중점적으로 고찰하였으며, 구체적으로 불가코프의 어느 희곡, 어느 장면에서 어떠한 음향적 지시문이 사용되고 있으며 그것이 갖는 기능은 무엇인가를 살펴보고자 하였다. 그 결과, 희곡『뚜르빈가의 나날들』에서는 서로 교체되는 두가지 종류의 음향이 서로 대조되는 두가지 세계를 예견시키고 있었으며, 희곡『조야의 아파트』의 첫 장면에 나오는 메피스토펠레스의 노래 구절은 이 희곡의 독특한 제사로 쓰이고 있음을 알 수 있었다. 또한『조야의 아파트』에서 아메찌스토프가 무대 위에 처음 등장할 때는 크리스마스 로망스 곡 '고아(Сиротка)'를 배경음악으로 사용하여 풍자화시키고 있으며, 아볼리야니노프의 경우에는 뿌쉬낀의 시를 노래한 라흐마니노프의 로망스 곡을 사용하여 그의 극중 이미지와 향후 그려질 모습을 예견시키고 있다.

희곡『도주』에서 샤르만카에 의하여 연주되는 '이별'과 '행진곡'은 극중 이야기의 반전과 전개에 맞추어져 있으며, '도박' 장면의 제사는『스페이드의 여왕』에서 나온 것이고, 도박판에서 흥얼거리는 노랫소리 또한 톰스키의 발라드로서『스페이드의 여왕』에서의 도박판을 연상시켜 준다.『도주』의 마지막 장면에서의 배경음악은 네크라소프의 시를 노래한 것으로서 노래 속의 아타만의 운명과 주인공 흘루도프 장군의 운명이 대비되고 있으며, 제3막의 첫 도입부분에서는 여러 가지 잡다한 소음들이 독특한 '서곡'의 형태로 쓰이고 있다.

---

319) 정연호, 같은 곳, pp.139~164.

희곡『이반 바실리예비치』에서의 '돼지 사육'에 관한 방송과 '이상한' 이름의 오케스트라 지휘자의 소개는 당시 사회-심리적 분위기에 대한 코믹적인 풍자이며, 희곡『적자섬』에서 영국 수병들의 군가가 갑자기 혁명가로 바뀌는 것 또한 당시 소비에트 시대에 대한 풍자로 쓰이고 있음을 알 수 있다. 희곡『도주』에서의 카르주힌의 '달러에 대한 발라드'와 희곡『위선자들의 신비교』에서의 샤론 주교의 대사 중간에 삽입되는 배경음악과 배경음향은 무대 위에서의 구체적 시간과 공간을 잠시 추상적 시간과 공간의 세계로 옮겨 가게 만드는 기능을 수행한다.

이상에서 살펴본 바와 같이, 극작가 불가코프는 자신의 희곡을 집필하는데 있어서 무대 위에서 보여지는 연기-줄거리적인 상황과 무대 뒤에서 들리는 음향소리와의 상호관계를 매우 세심하게 고찰하여 '지시문'을 쓰고 있음을 파악할 수 있으며, 이러한 지시문들 가운데는 극 전반에 흐르는 대조적인 두 세계의 음향을 나타내거나 혹은 극 전체에서 느껴지게 될 전반적 분위기의 음악을 마치 에피그라프처럼 미리 제시하는 지시문들을 찾아볼 수 있다. 또한 불가코프는 극중 등장인물의 이미지나 혹은 등장인물의 극중 대사와 관련된 배경음악을 통하여 등장인물들과 유사한 이미지나 혹은 풍자화된 이미지를 나타내는가 하면, 극중 이야기의 전개나 혹은 이야기의 반전, 극중 분위기, 줄거리적 상황 등의 전달에 있어 가장 알맞은 음악이나 음향을 배경으로 사용하고 있으며, 이러한 음향적 지시문들에 종종 유머러스한 코믹적 효과를 가미시킴으로써 풍자적 색채를 나타내고 있음을 발견할 수 있다. 한편 극작가 불가코프는 등장인물의 대사 중에 그와 관련된 음악을 중간에 삽입시킴으로써 무대 위에서의 구체적인 시간과 공간을 추상적인 시간과 공간의 세계 속으로 잠시 빠져들게 만들고 있음도 살펴볼 수 있다.

참고문헌

Альтщулер А. М., “『Дни Турбиных』и『Бег』М. А. Булгакова в истории советского театра 20–годов”, Автореф. канд. дис., Москва, 1972.

Андреев Л., Дневник Сатаны, Гельсингфорс, Библион, 1921.

Афанасьев А. Н., Поэтические воззрения славян на при роду: В 3 томах. Москва: Индрик, 1994.

Бабичева Ю., “Фантастическая дилогия М. Булгакова:『Блаженство』и 『Иван Васильевич』”, М. А. Булгаков, Драматург и художественная культура его времени, Москва, Союз Театральных Деятелей РСФСР, 1988.

Баженова И. Н., Булгаков Михаил: Я хотел служить народу—Проза, Пьесы, Письма, Образ писателя, Москва, Педагогика, 1991.

Бахтин М., Творчество Франсуа Рабле и народная культура средневек овья и ренесанса, Москва: художественная литература, 1965.

Белобровцева И., Кульюс С., “Иностранец в романе М. Булгакова 『Мастер и Маргарита』” Булгаковский сборник, Таллинн, 1998, Выпуск 3.

Белозерская–Булгакова Л. Е., Воспоминания. Москва: Худо жественная литература, 1989.

Богданов К. А., Врачи, пациенты, читатели: Патографическ тексты русской культуры XVIII~XIX веков, Москва, 2005.

Богуславский А„ “Ремарка”, Словарь литературоведческих терминов, Ред. Л. И. Тимофеев и С. В. Тураев, Москва, 1974.

Булгаков М. А., Собрание сочинений в 5 томах, Москва, Художественная литература, 1989–1990.

————, Собрание сочинений: в 8 томах. Москва, Астрель, 2007.

————, Под пятой: Мой дневник, Москва, Правда, 1990.

————, Пьесы 1920–х годов, Ленинград, Искусство, 1990.

————, Пьесы 1930–х годов. СПб.: Искусство, 1994.

————, Великий канцлер: Черновые редакции романа『Мастер и Маргарита』, Москва, Новости, 1992.

Булгакова Е., Дневник Елены Булгаковой, Москва, 1990,

Бурмистров А. С., “К биографии М. А. Булгакова :1916–1918”, Творчество Михаила Булгакова :Исследования. Материалы. Библиография. Ленинград, 1991, кн.1.

Великая Н. И., “『Белая гвардия』М. Булгакова. Пространственно–временная структура произведения, её концептуальный смысл”, Творчество Михаила Булгакова, под. ред. Ю. А. Бабичевой, Издательство Томского университета, Томск, 1991.

Виленский Ю. Г., Доктор Булгаков, Киев, 1991.

Галинская И. Л., Загадки известных книг, Москва: Наука, 1976.

Гаспаров Б. М., Литературные лейтмотивы: Очерки русской литературы XX века, Москва, Наука, 1994.

Гозенпуд А., “Поэтика ремарок у Булгакова”, Михаил Булгаков : 『Этот мир мой...』, СПб., 1993.

Гудкова В., “Повесть Михаила Булгакова”, Собрание сочинений в пяти томах Том второй, Москва, Художественная литература, 1989.

Гура А. В., Символика животных в славянской народной традиции. Москва: Индрик, 1997.

Даль В. И. Толковый словарь живого великорусского языка : В 4 томах. Москва: Русский язык, 1981.

Докукина–Бобель А., “О коньке–горбунке, драконе и прекрасной царевне: К вопросу о лунной реалии в романе 『Мастер и Маргарита』 М. Булгакова.”, Творчество Михаила Булгакова: К столетию со дня рождения писалеля, Киев, УМК ВО, 1992.

Достоевский Ф. М., Собр. соч. в 10 тт, Москва: Художест венная литература, 1957,

Зайцев А. В., “Нравственные искания интеллигенции в раннем творчестве М. Булгакова,” Вестник Московского университета. Серия 9, Филология, Москва, 1991, No.6.

Зеленин Д. К., Восточно славянская этнография. Москва: Наука, 1991.

Земская Е. А., Михаил Булгаков и его родные, Москва, 2004.

Иваньшина Е. А., Автор—текст—читатель в творчестве Михаила Булгакова 1930–х годов: 『Адам и Ева』,『Мастер и Маргарита』, Дисс. канд. филол. наук. Воронеж, 1998.

————, Метаморфозы культурной памяти в творчестве Михаила Булгакова. Воронеж: Научная книга, 2010.

Каганская М., “Белое и красное” Литературное обозрение, 1991, No.5.

Керлот Х. Э., Словарь символов, Москва, 1994.

Кисельгоф Т. Н., “Годы молодости”, Воспоминания о Михаиле Булгакове, Москва, Советский писатель, 1988,

————,“Из семейной хроники Михаила Булгакова [Воспоминания Т. Кисельгоф]”, Паршин Л. К., Чертовщина в Американском посольстве в Москве, Москва, 1991.

Клингер В. Животное в античном и современном суеверии. Киев: Типография Императорского университ ета Св. Владимира, 1911.

Колесникова Е. А.,“Обзор биографических материалов М. Булгакова в Пушкинском Доме”, Творчество Михаила Булгакова: Исследования. Материалы. Библиография, Кн.3, СПб., 1995,

Конан-Дойль А. 『Омолаживание』, Петроград-Литературный альманах. Москва, 1923. No.1.

Кораблев А., “Время и вечность в пьесах М. Булгакова”, М. А. Булгаков-драматург и художественная культура его времени, Москва, 1988.

Кухта Е. А., “Блаженство”[Комментарии], Булгаков М. А. Пьесы 1930-х годов, СПб., Искусство Санкт-Петербург, 1994.

Лакшин В. Я. “Мир Михаила Булгакова” Булгаков М. А., Собрание сочинений, Т.1, Москва: Художественная литература, 1989.

————, Берега культуры, Москва, 1994.

Лосев Виктор, “Рукописи не горят”, Булгаков М., Великий канцлер: Черновые редакции романа 『Мастер и Маргарита』, Москва, Новости, 1992.

Лотман Ю. М., Избранные статьи: в 3 тт, Таллинн: Алек сандра, 1992, т.2.

Лурье Я. С. “Белая гвардия” Булгаков М. А., Собрание сочинений Т.5, т.1, Москва: Художественная литература, 1989.

————. “Историческая проблематика в произведениях М. Булгакова (М. Булгаков и『Война и мир』Л. Толстого)” Гудкова В. В. ред, М. А. Булгаков-драматург и художественная культура его времени, Москва: Союз театральных деятелей РСФСР, 1988.

———, "Иван Васильевич"[Комментарии], Булгаков М. А., Пьесы 1930-х годов, СПб., Искусство-СПб, 1994.

———, "М. Булгаков и Марк Твен", Известия Академии наук СССР Серия литературы и языка, Т.46, No.6, 1987.

Маяковский В. В., Полное собрание сочинений в 13 томах т.6, Москва, 1955-1961.

Менглинова Л. Б., "Гротеск в повести М. А. Булгакова『Роковые яйца』", Художественное творчество и литературный процесс, Москва, выпуск 8, 1988,

———, "Гротеск в романе『Мастер и Маргарита』", Творчество Михаила Булгакова, Томск, Издательство Томского университета, 1991.

Меньшой А., "Москва в 1928-м году", Булгаковский сборник. Вып. 3, Таллинн, 1998.

Мифы народов мира. Энциклопедия: В 2 томах. 2-е изд. Москва: Советская Энциклопедия, 1991-1992.

Мягков Б. С., "Булгаковская Москва", Московский рабочий, Москва, 1993.

———, "Последние дни Михаила Булгакова: Фрагменты литературно-биографической хроники", Булгаковский сборник, Таллинн, 1994, Вып.2.

———, "Михаил Булгаков в Смоленском крае", Край Смоленский, 2001, No.11-12.

Некрасов, Н. А., Соб. соч. в 8 тт., т.3, Москва, 1965.

Никонова Т. А., "『дом』 и 『город』 в художественной концепции романа М. А. Булгакова『Белая гвардия』", Поэтика русской советской прозы, Уфа, 1987.

Нинов А„ "О драматургии и театре М. Булгакова (Итоги и перспективы изучения)", М. А. Булгаков-драматург и художественная культура его времени, Москва, Союз театральных деятелей РСФСР, 1988.

Новиков Вас., "Ранняя проза М. Булгакова", Г. С. Файман(ed) М. А. Булгаков-Повести. Рассказы. Фельетоны, Москва, Советский писатель, 1988.

Нусинов И., “Путь М. Булгакова”, Печать и революция IV, (1929).

Перчёнок Ф. Ф., “Академия наук на『Великом переломе』”, Звенья. Москва, 1991, Вып. 1.

Петров В. Б., “Внедраматургические элементы в трагикомедии М. А. Булгакова『Бег』”, Филологические науки, 1988, No.1.

————, “Эпическое в драматургии М. Булгакова : Трагикомедия『Бег』”, Художественное творчество и литературный процесс, Томск, 1988, Выпуск 9.

Петровский М., “Мифологическое городоведение Михаила Булгакова”, Театр No.5, Москва, 1991,

————, Мастер и Город: Киевские контексты Михаила Булгакова, Киев, 2001.

Пинский Л. Е., Реализм эпохи возрождения, Москва, Наука, 1961.

Писарев Д. И., Литературная критика: В 3 томах. Ленинград: Художественная литература, 1981.

Попов П. С., “М. А. Булгаков (Вместо предисловия)”, Булгаков М. А.『Я хотел служить народу...』: Проза. Пьесы. Письма. Образ писателя, Москва, 1991.

Пропп В. Я., Исторические корни волшебной сказки. Ленинград: Изд. Ленинградского университета, 1986.

Пушкин А. С., Собрание сочнений в 10 томах, Москва, 1974–1978.

Светлана М., “Булгаковская Москва не исчезла”, Отчизна, Москва, No.5(май 1990).

Сендерович С. Я., Георгий Победоносец в русской культу ре. Москва: Аграф, 2002.

Славянская мифология: Энциклопедический словарь. Моск ва: Эллис Лак, 1995.

Славянские древности. Этнолингвистический словарь: В 5 томах. Москва: Международные отношения, 19 95–2009.

Смелянский А. М., Михаил Булгаков в Художественном театре. 2-е изд. Москва: Искусство, 1989.

Соколов Б., Энциклопедия булгаковская, Москва, Миф, 1996.

Тан А., “Москва в романе М. Булгакова”, Декоративное искусство, Москва, No.2(1987).

Толстой Л. Н. Толстой Собрание сочинений в 20 т, Москва: Художественная литература, 1979.

Тургенев И. С., Собрание сочинений: В 12 томах. Москва: Художественная литература, 1976.

Фиалкова Л. Л., "Пространство и время в романе М. А. Булгакова 『Белая гвардия』", Жанр и композиция литературного произведения, Петрозаводск, 1986.

————, "Москва в произведениях М. Булгакова и А. Белого", М. А. Булгаков–драматург и художественная культура его времени, Москва, 1988.

Химич В. В., Странный реализм М. Булгакова, Екатеринбург, 1995.

Чудакова М. "Творческая история рамана М. Булгакова『Мастер и Маргарита』", Вопросы литературы, No 1. 1976.

————, Архив М. Булгакова, Записки ОР ГБЛ. Москва, 1976. Вып. 37.

————, Жизнеописание Михаила Булгакова. Москва: Книга, 1988.

————, "Рассказы. Записки на Манжетах [Комментарии]", Булгаков М. А. Собрание сочинений в пяти томах Том первый, Москва, 1989

Шкловский В., Сентиментальное путешествие Москвы, Берлин: Геликон, 1923.

————, Гамбургский счет: Статьи–воспоминания–эссе. 1914–1933, Москва: Советский писатель, 1990.

Шмелев И. С., Пути земные. Москва: Советский писатель, 1991.

Шнеерсон Мария, "Что может выйти из этого Шарикова?", Грани, Год XLII No 150, 1988.

Эндрюс Э., "Взаимосвязь творчества Булгакова и Замятина: Развитие символики Замятина в романе 『Мастер и Маргарита』: Тема революции в аспекте интертекстуального анализа", Вестник, Санкт–Петербургского гос. ун–та. Сер.2, 1992, Вып.2.

Яблоков Е. А., Художественный мир Михаила Булгакова, Москва, 2001.

————, "Роман Михаила Булгакова 「Белая гвардия」", Языки русской культуры, Москва,

————, Текст и подтекст в рассказах М. Булгакова: 『Записки юного врача』,Тверь, 2002,

————, "Уснуть, чтобы проснуться: Подтекстные мотивы рассказа М. Булгакова『Крещение поворотом』", Славяне. Письменность и культура, Смоленск, 2002.

————, "Комментарии", Булгаков М. А. Собрание сочинений: В 8 томах, Москва: Астрель, 2007-2011.

————, "Сплошная контр-эволюция, или Ф. Преобра женский перед судом Ш. Холмса", Рациональное и эмоциональное в литературе и в фольклоре. Ч.1. Волгоград: Волгоградское научное издательство, 2008.

————, "Аспекты питекоморфного кода в русской литературе 1920-х годов", Универсалии русской литературы. Воронеж: НАУКА-ЮНИПРЕСС, 2010. Вып.2.

————, "Они сошлись...", Михаил Булгаков, Владимир Маяковский: диалог сатириков, Москва, Высшая школа, 1994.

Яновская Лидия, Творческий путь Михаила Булгакова, Москва, Советский писатель, 1983.

***

Abraham P., Роман 『Мастер и Маргарита』 М. А. Булгакова, Брно, Masarykova Univerzita, 1993.

Bassett A., H. G. Wells and Mikhail Bulgakov: A Study of Influence and Intertextuality, M. A. diss. University of Alaska, Anchorage, 1996.

Gutkin Irina, "Michail Bulgakov' Novella 'Rokovye Jajca' in the context of its mythological subtexts", Russian Literature XXXI (1992).

Haber Edythe C., "The Lamp with the Green Shade: Mikhail Bulgakov and His Father", The Russian Review, vol.44, 1985.

————, "Dwellings and devils in early Bulgakov", SEEJ, Vol.37,

————, "The Social and Political Context of Bulgakov's 『The Fatal Eggs』", Slavic Review 51 no.3, (Fall, 1992).

Larsen S. K., "『I'm an Actor, Not a Writer』: Acting and Authorship in Bulgakov's Works", Theater, 1991. V.22. N.2

Milne L. Mikhail Bulgakov: A Critical Biography, Cambrige, 1990.
Natov Nadine, "Structural and typological ambivalence of Bulgakov's novels interpreted against the background of Baxtin's theory of 'Grotesque realism' and Carnivalization", American Contributions to the Eighth International Congress of Slavists, ii (Columbus, Ohio, 1978).
Philip Thomson, The Grotesque, 김영무 역, 서울: 서울대학교 출판부, 1986.
김욱동,『대화적 상상력』, 서울: 문학과 지성사, 1988.
도스또옙스키,『도스또옙스키전집-(1) 악령』, 이철 번역, 서울: 정음문화사, 1983.
미하일 불가코프,『거장과 마르가리따』하, 박형규 옮김, 서울: 한길사, 1991.
미하일 불가코프,『백위군』, 유승만 옮김, 서울: 열린책들, 1996.
미하일 불가코프,『개의 심장』, 정연호 번역, 서울: 열린책들, 1998.
미하일 불가코프,『비운의 달걀』, 정연호 번역, 대구: 대구효성가톨릭대학교 출판부, 1999.
불가코프,『불가코프 중편선』, 정연호 번역, 서울: 신아사, 2010.
불가코프,『수탉을 수놓은 수건』/『비운의 달걀』, 정연호 번역, 대구: 대구효성가톨릭대학교출판부, 1999.
불가코프,『이반 바실리예비치』, 정연호 번역, 대구: 대구가톨릭대 학교 출판부, 2008.『세계의 옛날 이야기 러시아편』, 임은경 옮김, 서울: 글동산, 1995.
정연호, "불가코프의『백위군』에 나타난 톨스토이적 모티브", 한노회, 한국노어노문학 10권 제1호, 1998.
정연호, "불가코프 초기 작품에 나타난 '도시'의 형상", 노어노문학 제13권 1호, 2001.
정연호, "불가코프 희곡에 나타난 지시문의 특성",『슬라브학보』 제23권 2호, 2008.
체프리 호스킹,『소련사』, 김영석 역, 서울: 홍성사, 1988.

불가코프 연보

1891년: 미하일 아파나시예비치 불가코프는 1891년 5월 15일 당시 키예프 신학교 교수였던 아버지 아파나시야 이바노비치 불가코프와 어머니 바르바라 미하일로브나 사이의 장남으로 태어났다(밑으로 두 남동생과 네 여동생이 있었음).

1900년: 키예프 제2중학교에 입학.

1901년: 키예프 제1중학교에 재입학. 여기서 소년 미하일은 약 8년간을 수학하게 되며, 이 중학시절의 추억과 인상은 후에 장편『백위군』에 그대로 나타난다.

1902-1908년: 불가코프네 가족은 키예프 시내 여러 곳으로 이사를 다니다가 마침내 1906년 지금의 "뚜르빈가의 집"이라 일컬어지는 안드레예프스키 언덕길 13번지에 정착하며, 현재 이곳은 불가코프의 박물관으로 사용되고 있다. 장편『백위군』과 희곡『뚜르빈가의 나날들』은 모두 이 집을 배경으로 씌어진 것으로 알려져 있음.

1907년: 이 해 3월에 아버지 아파나시야 이바노비치 불가코프는 신장 경화증으로 사망하며, 어머니 바르바라 미하일로브나는 7명이나 되는 자식의 양육을 위하여 교직을 얻는다.

1909년: 소년 불가코프는 키예프 제1중학교를 졸업하고 8월에 키예프 대학교 의과대학에 입학한다.

1913년: 이 해 4월 불가코프는 사라또프 출신의 따찌야나 니콜라예브나 라빠(불가코프의 첫 번째 부인)와 결혼한다.

1914년: 제1차 세계대전이 발발하자, 불가코프는 사라또프에 있는 참전 부상병을 위한 조그만 진료소에서 의료행위를 돕는다.

1915년: 학업을 계속하기 위하여 키예프로 돌아오며, 총장의 허락으로 키예프 국군병원에서 수련의 과정을 밟으면서 졸업시험 준비를 한다.

1916년: 마침내 이 해 2월에 불가코프는 의사 최종 자격 시험에 합격하며, 5월에서 8월 사이에는 일선 국군병원(우크라이나 남서부)에서 군의(軍醫)로 일한다. 이때 그의 아내 따찌야나는 곁에서 그가 수술하는 것을 도왔다. 스몰렌스크 의사 자치회의 소집명령에 따라, 9월에는 아주 외딴 산간벽지 니콜리스코예 마을의 지방자치병원 의사로 전보발령 되는데, 이 조그만 병원에서의 이야기는 모두 『젊은 의사의 수기』의 단편이 된다. 그리고 불가코프에게 있어 1916년에서 1917년의 이 기간은 그의 최초 '문학 경험기'라고 볼 수 있다.

1917년: 2월에 아내와 함께 처가 사라또프로 여행 갔다가 그곳에서 짜리즘 붕괴의 2월 혁명 소식을 접한다. 3월에 다시 니콜리스코예 병원으로 돌아옴. 그러나 디프테리아에 걸려 그 고통을 감소하려고 자신에게 몰핀을 주사하였다가 사경을 헤메인다. 아내의 도움으로 간신히 건강을 회복한 불가코프는 훗날 이때의 경험과 인상을 단편 『Недуг(질병)』(보존되어 있지 않음)에 적었다가 다시 『Морфий(모르핀)』으로 개작한다. 9월에 뱌지마 도시 지방자치 병원으로 옮김. 이 병원에서 불가코프는 전염병과 성병 전문의로 일하면서 틈틈히 니콜리스코예 지방 병원에서 일어났던 여러 가지 사건들을 일련의 단편들로 쓰기 시작한다. 12월에는 모스크바와 사라또프로 여행하며 혁명의 처참한 실상을 몸소 목격한다.

1918년: 2월에 건강상의 이유로 군의관 제대 허가를 받으며, 3월에 아내와 함께 키예프로 돌아와 정든 옛 고향집(안드레예프스키 언덕길 13번지)에 정착한다. 자신의 집에서 불가코프는 성병-전문의로서의 개인 의사 영업을 시작하나, 곧 키예프 전체가 내란의 소용돌이 속으로 휘말린다.

1919년: 2월 봄, 내란의 소용돌이 속에서 불가코프는 시시때때로 바뀌는 키예프 정권의 군대에 의해서 군의관 소집 명령을 받는다. 이때의 인상을 작가는 자신의 수상기 『Киев–город(키예프–도시)』에서 상세히 적고 있다. 여름—가을 초, 불가코프는 『Наброски земского врача(지방 의사의 스케치)』(『젊은 의사의 수기』 단편집의 초안), 『Недуг(질병)』, 『Первый цвет (첫 번째 꽃)』을 집필함. 9월–10월, 제니낀이 이끄는 백군이 키예프에 들어오고, 마침내 불가코프는 백군 산하의 까자크군 군의관으로 징집되어 종군하기 시작한다. 이 해 겨울 불가코프는 백군을 따라 Владикавказ(블라디까프까즈)에 도달한다. 블라디까프까즈에서 불가코프는 군의관의 임무를 수행하기 위하여 여러 도시를 왕래하면서도 한편으로는 틈틈히 신문에 원고를 투고하였다. 이때, 『Дань восхищения; 황홀한 갚음』, 『Юнкер; 사관생도』 등의 Фельетон(문학칼럼)들이 신문에 게재되었다.

1920년: 2월에 블라디–까프까즈의 최초 일간지인 『까프까즈』의 창간호가 발행되었으며 투고자의 명단에 불가코프의 이름도 실리게 된다. 불가코프는 이무렵 의사로서의 경력을 버리고 작가로 살 것을 결심하며 블라디까프까즈의 문단에 자주 출입하기 시작한다. 2월-3월, 불가코프가 티푸스에 걸려 앓아 누워있던 동안, 블라디까프까즈의 정권이 바뀌어 소비에트의 군대가 들어옴. 불가코프는 백위군에 종군했던 자신의 경력을 감추기 위하여 자신이 알고 지내던 작가가 책임을 맡고 있는 블라디까프까즈 인민교육부 예술분과위원회 산하의 문학과(ЛИТО) 주임으로 일하게 된다. 7월-8월, 불가코프는 4막으로 구성된 드라마 『Братья Турбины(뚜르빈가의 형제들)』을 집필한다. 10월, 『뚜르빈가의 형제들』이 상연되어 크게 호평을 받음(블라디-까프까즈 제1소비에트 극장에서 한달에 4번 공연됨).

1921년: 1월-2월, 희곡 『Парижские коммунары(파리 콤뮨의 사람들)』을 집필함. 이 해 5월 블라디-까프까즈를 떠나 9월에 돈 한푼 없이 모스크바에 도착한다. 사도바야 거리 10번지 50호에 세들어 살면서, 불가코프는 교육인민위원회 산하 문학부회(ЛИТО)의 비서로 일하기 시작함. 11월 ЛИТО가 해산되는 바람에 면직된 불가코프는 『상업-산업 통보』지의 사회부 주임으로 자리를 옮김. 이 해 가을에서 겨울 불가코프는 『Записки на манжетах (소맷동 위의 수기)』를 타이피스트에게 받아 적게 한다.

1922년: 1월에 『상업-산업 통보』가 폐간되자 또 다시 실직하며, 이어서 어머니 바르바라 미하일로브나의 티푸스로 인한 사망 소식을 접한다. 이 슬픈 소식이 장편 『백위군』의 작품 구상을 촉발시키는 자극제로 작용한다. 2월-3월, 주코프스키 공군 아카데미 과학-기술 위원회 군사-출판부의 책임자로서 잠시 일한다. 3월, 『Необыкновенные приключения доктора(의사의 이상한 모험)』을 집필한다. 4월에, 신문 『Гудок;경적』지에서 편지 및 신문 칼럼의 교정 일을 맡아본다. 5월에는 신문 『Накануне; 전야』지에 기고하기 시작함. 5월 말에서 6월 초, 잡지 『Рупор; 메가폰』에 단편 『의사의 이상한 모험』이 게재되어짐(이것이 작가 불가코프의 완전한 이름하에 발표된 최초의 작품임). 6월, 『전야』지에 『소맷동 위의 수기』 제1부가 실림. 12월부터 후에 "Столица в блокноте (서류철 속의 수도)"라는 이름하에 묶여지는 수상기들(очерки)을 『전야』지에 연재하기 시작함. 단편 『No 13—Дом Эльпит-Рабкоммуна』가 잡지 『Красный журнал для всех: 모든 사람들을 위한 붉은 잡지』에 게재됨.

1923년: 1월 『소맷동 위의 수기』 제2부가 잡지 『러시아』의 동년 제5호에 실림. 1월-2월, 『백위군』의 제1부를 "Жёлтый прапор(황색의 소위보)"라는 이름으로 비평잡지 『Ревизор;검찰관』에 실으려다 거절당함. 4월, 수상기 『Сорок сороков』가 『전야』지에 실림. 4월–5월,『전야』지의 출장으로 키예프에 가며, 거기서 수상기 『키예프 도시』를 집필하고, 『백위군』의 완성을 위한 자료를 수집한다. 7월, 펠리에톤 『Самогонное озеро: 자가 양조의 호수』가 『전야』 지에 실림. 9월, 단편 『Псалом;성가』가 『전야』지에 실림.

1924년: 이 해 1월에 레닌이 사망. 『백위군』을 모스크바 문학써클에서 낭독함. 2월에 중편 『Дьяволиада(악마의 서사시)』를 문예잡지 『Недра;내부』(no–4, 3월호)에 발표한다. 단편 『Ханский огонь: 칸의 불』이 잡지 『모든 사람들을 위한 붉은 잡지』에 실림. 3월 계속하여 『백위군』을 모스크바 문학써클에서 낭독함. 4월, 문학칼럼 『Багровый остров(적자색의 섬)』이 『전야』지에 실림. 첫 번째 부인 따찌야나와 이혼함. 5월–6월, 『백위군』의 몇 개의 장을 『전야』지에 "Вечерок у Василисы(바실리 집에서의 조그만 야회)"라는 이름하에 발표. 9월, 문예잡지 『내부』의 청탁으로 중편 『Роковые яйца(비운의 달걀)』이 씌어짐. 10월–12월, 장편 『백위군』의 완성. 두 번째 부인 류보피 예브게니예브나 벨로제르스까야와 동거 시작.

1925년: 1월, 단편 『Богема(보헤미안)』을 잡지 『Красная нива; 빨간 경지』(제1호)에 발표. 잡지 『러시아』 제4호에 『백위군』 제1부 발표, 『백위군』은 제6부의 중간까지 연재되었으나 동지가 폐간되어 전편을 발표하지 못함. 모스크바 예술극장의 청탁에 따라 『백위군』의 각색을 스케치하기 시작함. (이 과정은 후에 소설 『Театральный роман(극장소설)』 속에서 상세히 표현되고 있다) 1월–3월, 중편 『개의 심장』을 집필함. (2월에서 3월에 걸쳐 몇몇 지기들의 개인 아파트에서 『개의 심장』의 낭독회가 이루어짐. 하지만 이 작품은 소비에트의 현실에 대하여 노골적인 적의를 나타냈다는 혹평하에 검열을 통과하지 못함) 4월, 두 번째 부인 류보피와 정식으로 결혼. 7월, 작품선집 『악마의 서사시』가 출판된다. (이 작품집 속에 중편 『악마의 서사시』, 『비운의 달걀』과 3개의 단편 『No13.—Дом Эльпит–Рабкоммуна (13번지 엘리삐트–노동 콤뮨의 집)』, 『Китайская история (중국의 역사)』, 『Похождения Чичикова(치치코프의 편력)』이 수록됨). 7월–8월초, 희곡 『백위군』의 첫 번째 완성원고(5막12장)가 탈고됨. 8월, 희곡 『백위군』이 모스크바 예술극장(MXAT)에서 상연된다. 9월, 스따니슬라브스키(Станиславский)의 참석하에 모스크바 예술극장의 배우들이 모인 가운데, 희곡 『백위군』의 낭독회가 이루어진다. 이어서, 희곡 『Зойкина квартира (조야의 아파트)』를 쓰기 시작함.

1926년: 1월, 바흐딴고프의 극장에서 희곡 『조야의 아파트』의 낭독회가 이루어짐. 단편 『Вьюга(눈보라)』가 잡지 『Медицинский работник(의료인)』(제2호-3호)에 게재된다. 5월, 전년도에 『개의 심장』이 검열에 통과하지 못한 것과 관련되어 가택수색을 당한다. 이때 『개의 심장』을 타이핑한 원고와 필사원고 노트("Мой дневник;나의 일기")가 압수 당함(그 후 몇 년이 지나서 고리끼의 탄원서가 있은 후에야 되돌려 받을 수 있었다). 6월, 희곡 『백위군』의 최초의 완성된 총체적 시연(試演)이 이루어짐(합창과 오케스트라 그리고 완전한 장식이 겸비된다). 7월, 단편 『Тьма египетская(칠흑같은 어둠)』이 잡지 『의료인』(제26호-27호)에 게재된다. 8월, 모스크바 예술극장에서 희곡 『백위군』의 이름이 "Семья Турбиных (뚜르빈가(家)의 가족)"에서 "Дни Турбиных(뚜르빈가의 나날들)"로 개칭되어 시연됨. 9월, 최종적인 이름을 "뚜르빈가의 나날들"로 확정하면서 희곡 『뚜르빈가의 나날들』의 텍스트가 완성되어짐. 단편 『Полотенце с петухом(수탉을 수 놓은 수건)』이 잡지 『의료인』(제33호-34호)에 발표된다. 10월5일 마침내 모스크바 예술극장(MXAT)에서 희곡 『뚜르빈가의 나날들』의 첫 공연이 이루어지며, 10월28일에는 극장 바흐딴고프에서 희곡 『조야의 아파트』의 첫 공연도 이루어진다.

1927년: 12월, 단편 『Морфий(모르핀)』이 잡지 『의료인』(제45호-47호)에 발표됨. 파리의 『콩코르드』 출판사에서 『백위군』(제1권)을 단행본으로 출판(제2권은 1929년에 출판됨).

1928년: 1월, 모스크바 예술극장과 희곡 『Бег(도망)』에 대한 협약을 맺음. 1월-2월, 희곡 『도망』을 집필한다. 그러나 5월, 희곡 『도망』은 초연도 되기 전에 상연금지 당함. 이어서, 『조야의 아파트』와 『뚜르빈가의 나날들』도 극장에서 철회 당하는 운명을 맡는다. 12월, 연극 『적자색의 섬』이 까메르느이 극장에서 초연된다. 이해 6월 중순 경부터 불가코프는 새로운 소설(『거장과 마르가리따』의 첫 번째 원고인 『악마에 대한 소설』)에 대한 구상과 집필에 들어간다.

1929년: 2월, 세 번째 아내가 될 옐레나 세르게예브나 쉴로브스까야와 사랑에 빠진다. 3월, 『뚜르빈가의 나날들』, 『적자색의 섬』이 다시 상연금지 당하며, 평론가들의 반(反)불가코프 운동이 계속되면서 신경성의 병을 앓게 된다. 마침내, 불가코프의 모든 희곡들이 상연목록에서 철회되는 결정이 공표됨. 7월 초, 불가코프는 스탈린, 고리끼 등의 인사에게 국외이주를 청하는 탄원서를 쓴다. 9월, 옐레나 세르게예브나와 관련되는 『Тайному Другу(비밀스런 친구에게)』를 집필하는데, 이것의 발췌본은 후에 『Записок покойника (사자의 수기) – Театральный роман(극장소설)』의 토대를 이룬다. 10월, Мольер(몰리에르)에 관한 희곡 집필에 착수함. 12월 몰리에르에 관한 희곡의 첫 번째 완성원고(필사본)가 "Кабала святош(위선자들의 신비교)"라는 제목으로 탈고된다. 소설 『Театр(극장)』의 집필.

1930년: 1월, 자먀찐, 삘리냑과 만난다. 3월, 희곡 『몰리에르』의 상연금지. 불가코프는 소비에트 정부에 창작활동에 대한 탄원서를 다시 제출하며, 『극장』, 『거장과 마르가리따』의 초기원고, 희곡 『Блаженство(지극한 행복)』의 필사본들을 불태운다. 4월에 마야코프스키가 자살함. 4월18일, 스탈린이 불가코프에게 전화를 걸어 극장 일을 자유롭게 할 수 있게 될 것을 약속한다. 5월, 모스크바 예술극장의 의뢰로 고골의 원작 『죽은 혼』의 각색을 시작함. 이 작품은 11월에 탈고되지만 스따니슬라브스키와 의견이 대립되는 등의 이유로 인하여 2년 뒤에 상연됨. 12월, 『Адам и Ева(아담과 이브)』의 집필을 착수.

1931년: 1월, 희곡 『죽은 혼』의 시연이 이루어짐. 5월, 스탈린에게 자신의 창작활동과 해외휴가를 청하는 편지를 쓴다. 봄에서 여름사이, 훗날 『거장과 마르가리따』의 여주인공 상을 제공하는 스미르노바 부인과 알게 됨. 8월–9월, 레닌그라드로 여행을 하며, 거기서 볼쇼이 드라마 극장과 톨스토이 원작 『전쟁과 평화』의 각색에 관한 계약을 체결하고 다음 달부터 집필에 들어간다. 10월, 희곡 『몰리에르』의 상연금지가 해제됨. 11월, 해외로 떠나는 자먀찐을 전송한다.

1932년: 1월, 모스크바에서 『뚜르빈가의 나날들』에 대한 공연재개의 허락이 정부로부터 내려진다. 2월, 『전쟁과 평화』의 각색을 완성하나 최종적으로 상연되지 못함. 7월, 출판사와 "Жизнь замечательных дюдей(훌륭한 사람들의 생애)"시리즈로서의 Мольер(몰리에르)에 대한 전기 집필을 계약한다. 이와 전후하여 유리 자바드스키의 극장과는 희곡 『몰리에르』를 『Мещанин во дворянстве(귀족평민)』으로 번역하는 계약도 체결한다. 10월, 두 번째 부인 류보피 예브게니예브나와 이혼하고 세 번째 부인 옐레나 세르게예브나와 결혼한다. 『거장과 마르가리따』의 집필이 재개됨. 11월28일 모스크바 예술극장에서 희곡 『죽은 혼』이 초연된다.

1933년: 3월, 몰리에르에 대한 전기소설이 『Жизнеописание господина де Мольера (신사 몰리에르의 생애)』라는 이름으로 탈고된다. 하지만 4월에 편집자 찌호노프에 의해서 출판이 거절당함. 5월, 4년 전부터 구상해왔던 희곡

『Блаженство(지극한 행복)』에 본격적으로 착수한다. 9월, 고리끼와의 대화. 친지의 집에서『거장과 마르가리따』의 몇 개의 장을 낭독함.

1934년: 3월,『죽은 혼』의 영화 시나리오 집필을『Союзфильм(소유즈 필름)』과 계약한다. 4월, 희곡『지극한 행복』의 완성. 5월,『죽은 혼』의 영화 시나리오를 탈고하나 채택되지 않음. 6월 20일, 연극『뚜르빈가의 나날들』의 500회 공연. 8월,『Украин фильм(우크라이나 필름)』과 고골 원작『검찰관』의 영화 시나리오 집필을 계약한다. 10월 말, 최초의 완전한 변이체로서의『거장과 마르가리따』가 37개의 장으로 구성되어 완성됨.

1935년: 4월, 부인 옐레나와 함께 미국 대사관에서 주최한 한 무도회에 참가하게 되는데, 이때의 인상이『거장과 마르가리따』의 장면 가운데 한 장면의 주제에 영향을 미친다. 9월, 희곡『뿌쉬킨』,『이반 바실리예비치』의 완성. 10월, 안나 아흐마또바가 불가코프에게 와서 자신의 남편과 아들의 체포 소식을 전한다. 불가코프는 안나 아흐마또바가 스탈린에게 탄원서 쓰는 것을 도와준다(11월에 그들은 곧 석방되었다).

1936년: 2월, 스탈린에 대한 희곡을 쓰기로 결심한다. 연극『몰리에르』의 첫 공연. 6월, 볼쇼이 극장과 오페라 대본『Минин и Пожарский(미닌과 뽀좌르스키)』를 쓰기로 계약. 모스크바 근교의 별장(Дача)에 머물면서『거장과 마르가리따』 필사본 원고 텍스트에 마지막 추가 교정 노트를 작성하기 시작한다. 9월, 모스크바 예술극장(MXAT)에 사직서를 제출하고 동시에 볼쇼이 극장에 원서를 낸다(이로써 불가코프는 스따니슬라브스키와 완전 결렬하고 MXAT를 떠나게 된다). 11월,『Записки покойника (Театральный роман); 극장소설』을 쓰기 시작함. 12월,『미닌과 뽀좌르스키』의 탈고. 아내 옐레나가 스탈린에 대한 불가코프의『Устные рассказы (구술 이야기들)』을 적기 시작한다.

1937년: 3월, 볼쇼이 극장이 의뢰한 대본『Чёрное море(흑해)』를 완성. 오페라 대본『미닌과 뽀좌르스키』를 완성한다. 9월,『Записки покойника(사자의 수기:극장소설)』의 집필을 중도에 포기함. 12월,『악마에 대한 소설(거장과 마르가리따)』의 새로운 완성원고 집필에 정력을 기울임.

1938년: 겨울에서—봄,『악마에 대한 소설(거장과 마르가리따)』에 대한 집중적인 원고집필. 이 소설의 제6고가 완성됨.『악마에 대한 소설』의 몇 개의 장을 친구와 친지들에게 낭독함. 5월,『거장과 마르가리따』의 최종적인 필사원고를 마무리하기 시작함. 소설 두 번째의 완전한 변형으로 “거장과 마르가리따"라는 표제가 처음으로 주어짐. 6월, 『거장과 마르가리따』의 타이프 원고(제7고)가 완성되어짐. 10월, 『Дон–Кихот(돈키호테)』의 각색을 완성한다.

1939년: 3월, 희곡 『Батум (바툼)』의 착수. 4월–5월, 『거장과 마르가리따』에 에필로그가 덧붙여짐. 이 마지막 소설의 완전한 텍스트를 친구들에게 읽어준다. 7월, 희곡 『바툼』의 완성. 9월, 불가코프의 건강이 악화. 아내와 함께 레닌그라드에 가게 되는데 거기서 시력의 심한 악화를 자각하게 된다. 모스크바로 돌아와 진찰한 결과 고혈압성 신장 경화증임이 드러남. 9월 16일부터 아내 옐레나 세르게예브나는 병상기록을 쓰기 시작한다. 10월 4일, 옐레나는 『거장과 마르가리따』의 교정을 받아 적기 시작하며, 이 작업은 불가코프가 죽기 바로 전까지 거의 계속된다. 11월, 레닌그라드의 볼쇼이 드라마 극장과 희곡 『돈키호테』의 상연에 관한 계약을 체결함. 12월, 친구들에게 『거장과 마르가리따』를 읽어 주고 몇 가지를 더 추가 보충한다.

1940년: 1월 25일, 아내와 함께 마지막 외출, 1월 29일 병세 악화. 2월 13일, 아내에게 마지막으로 『거장과 마르가리따』에 대한 교정을 받아적게 한다. 3월 10일 오후 4시39분 미하일 아파나시예비치 불가코프는 그 생애를 마감한다. 3월 12일 유해는 화장되어 노보제비치 수도원 묘지에 묻힌다.

1954년: 12월 소비에트 작가동맹 제2차대회에서 까베린은 불가코프의 명예회복을 요구한다.

1966년: 비록 검열로 삭제당한 불완전한 형태이긴 하지만 『거장과 마르가리따』가 최초로 『모스크바』지에 발표되어짐. 그 뒤 여러 나라의 언어로 번역되어 온 세계에 센세이션을 불러일으킴. 『젊은 의사의 수기』와 『백위군』도 발표된다.

1973년–1980년: 예술문학출판사에서 『거장과 마르가리따』의 완전한 출간.

1989년: 구소련에서 서간집, 회상록 등의 본격적인 불가코프 작품집(전5권) 간행이 시작되어짐.

정연호

저자 정연호는 1960년 경기도 가평–설악에서 태어나 한국외국어대학교 노어과를 졸업하고 동대학원에서 "불가코프 작품에 나타난 서술기법의 특징연구"라는 논문으로 문학박사 학위를 수여받았다.

현재 대구가톨릭대학교 러시아어과 교수로 재직 중이며, 대표 논문으로는 "도스토옙스키 문학에 있어서 '자유'의 주제", "불가코프적 그로테스크 특성", "불가코프 작품에 나타난 '타임 머쉰'의 모티브", "불가코프 작품에 나타난 '동물'의 형상", "불가코프 작품에 나타난 '의사'의 형상" 등이 있고, 저서와 역서로는 『체계적으로 배우는 생활 러시아어 문법』, 『러시아 문학영화 감상법』, 『슬라브 문화의 이해』와 『불가코프 중편선』, 『비운의 달걀』, 『이반 바실리예비치』 등이 있다.

홈페이지: http://wachon.hihome.com(와촌정스키)
서버운영: http://rus.cu.ac.kr(러시아 문학영화 감상)
카페운영: http://cafe.naver.com/ruski(러시아 러시아어)

불가코프 문학의 이해

초판 1쇄 발행 _ 2013년 12월 30일

저　　자 • 정 연 호
발 행 인 • 정 현 걸
발　　행 • 신 아 사
인　　쇄 • 예지인쇄
출판등록 • 1956년 1월 5일 (제9–52호)
주　　소 • 서울특별시 은평구 녹번동 28–36번지 2F
전　　화 • (02)382–6411 • 팩스 (02)382–6401
홈페이지 • www.shinasa.co.kr
E–MAIL • shinasa@daum.net

ISBN: 978–89–8396–836–4 (93890)

정가 13,000원